9787537181834

企鹅哲学史（上卷）

the history of PHILOSOPHY

[英] A.C.格雷林——著　　赵英男　张瀚天——译

上海文艺出版社

目录
Contents

前言   i

致谢   iii

导论   iv

第一部分
古代哲学

柏拉图之前的哲学   003

前苏格拉底哲学家   009

苏格拉底   011

柏拉图   068

亚里士多德   083

亚里士多德之后的希腊和罗马哲学   101

第二部分
中世纪和文艺复兴哲学

中世纪哲学   144

    奥古斯丁   144

    波爱修斯   149

    安瑟伦   152

阿伯拉尔	155
阿奎那	158
罗杰·培根	166
邓斯·司各脱	169
奥卡姆的威廉	172

文艺复兴哲学   176

文艺复兴时期的柏拉图主义	179
文艺复兴时期的人文主义	183
文艺复兴时期的政治思想	193

第三部分

现代哲学

现代思想的兴起   203

弗朗西斯·培根	205
笛卡尔	209
霍布斯	215
巴鲁赫·斯宾诺莎	219
洛克	226
贝克莱	235
莱布尼茨	242
休谟	249
卢梭	260
康德	265
18 世纪启蒙运动	277

19 世纪的哲学   287

边沁	288
格奥尔格·威廉·弗里德里希·黑格尔	295

叔本华	305
实证主义	310
密尔	311
马克思	315
尼采	322
观念论	329
实用主义	339

第四部分

20 世纪哲学

分析哲学	350
罗素	356
弗雷格	368
摩尔	376
维特根斯坦：早期哲学	382
逻辑实证主义	389
卡尔纳普	398
蒯因	401
波普尔	408
维特根斯坦：后期哲学	413
日常语言哲学	417
语言哲学	430
心灵哲学	446
伦理学	457
政治哲学	471
女性主义哲学	480

欧陆哲学　　485

　胡塞尔　　487

　海德格尔　　491

　梅洛－庞蒂　　497

　萨特　　501

　伽达默尔　　509

　利科　　513

　德勒兹　　516

　德里达　　520

　欧陆思想：落选者沙龙　　523

第五部分
印度、中国、阿拉伯－波斯以及非洲哲学

印度哲学　　539

中国哲学　　555

阿拉伯－波斯哲学　　574

非洲哲学　　595

结语　　602

附录：逻辑学概要　　604

　非形式逻辑的谬误　　613

哲学家年表　　617

参考文献　　620

索引　　636

译后记　　731

前言
Preface

本书作为对哲学之历史的研究，面向的是对此感兴趣的普通读者，或是初学哲学的人。对想要进一步探究的人，另有精微的学术研究来呈现哲学史上的各个具体时期。我希望本书能激励一些读者去读这些专门研究，最重要的是去读哲学本身的一手文献。并非所有的哲学经典都像太多的当代哲学作品一样，蒙上了一层由学术专门知识和术语组成的难以穿透的面纱，这是哲学学科相对晚近的专业化造成的。曾经，人们理所当然地认为，受过教育的人会对哲学思想感兴趣。像笛卡尔、大卫·休谟和约翰·斯图尔特·密尔这样的哲学家都是为所有人写作的，而不是仅仅为了某一专业内受过训练的研修者。

讲述哲学的历程就是发出一个邀请，指出一个门径，就像伯特兰·罗素在他的《西方哲学史》中所做的那样。罗素的书，因其行文与思想中闪光的明晰性，而获得了近乎经典的地位，即便它不总是那么准确、详尽和不偏不倚。尽管如此，那本书依然是我学童时代所爱读的，另外还有它在 19 世纪的前辈，刘易斯（G. H. Lewes）的《哲学历史传记》（*A Biographical History of Philosophy*）。在这两本书写成很长时间之后，虽然人们知道更晚近学术的爆炸性进展已经极大增加了我们对哲学史的理解，虽然哲学史本身也已经变得历时更长、更为丰富，但人们依然乐于读这两本书，这就是对二者成就的证明。而本书的抱负就是，在我们的时代重复它们的成就，并且对它们的贡献做出补充。为此，本书不仅（虽然主要还是）着眼于西方传统，而且涵盖西方之外的其他伟大思想传统——印度、中国以及阿拉伯–波斯的传统，即便只是概要，也可互为参照。

一个历史概览显然不能自诩完整处理了所涉及的诸多思想家和主题。要做到这一点，我们必须阅读一手史料以及对这些史料的学术研究。但有些读者可能无意深入到哲学史的具体研究中，为了满足这些读者的需求，重要的是对构成哲学伟大历程的那些思想家与论争给出可靠的陈述。

因此，我的方法是尽我所能清晰简明地陈述哲学中的主要人物和思想。脚注减到最少，而且几乎全是旁白或补充故事情节，而不是引用文本。还有一个参考书目，包括了书中提到的主要文本，以及一些供进阶阅读的作品。

在写到哲学思想的时候，有一种几乎无法抗拒的诱惑诱使你去讨论与争辩、批判和辩护，因为这恰恰是哲学的本质。但在本书这样的作品中，这种诱惑必须受到相当程度的克制。这不仅是因为屈服于这种诱惑会使书的篇幅翻番，更是因为做这些事并不是本书的重点。但时不时地，会有必要说明特定哲学家的思想**为什么**会产生深广的影响，或是激起即时的反对，因此本书中并非完全没有评价性的成分。

致谢
Acknowledgements

我要感谢我在伦敦人文新学院（New College of the Humanities）的同事们，特别是娜奥米·古尔德博士（Dr Naomi Goulder）、大卫·米切尔博士（Dr David Mitchell），以及学院中哲学领域的朋友和同侪，他们让我在新学院的经历充满意义。他们是：西蒙·布莱克本（Simon Blackburn）、丹尼尔·丹尼特（Daniel Dennett）、彼得·辛格（Peter Singer）、克里斯托弗·皮考克（Christopher Peacocke）、肯·杰姆斯（Ken Gemes）、史蒂芬·平克（Steven Pinker）、丽贝卡·戈尔茨坦（Rebecca Goldstein），以及已故的罗纳德·德沃金（Ronald Dworkin）。我也要感谢企鹅维京（Viking Penguin）的丹尼尔·克鲁（Daniel Crewe），感谢最先决定出版本书的比尔·斯温森（Bill Swainson）。感谢凯瑟琳·克拉克（Catherine Clarke）、莫莉·查吉（Mollie Charge），以及多年来的许多学生，关于本书所探究的思想家和思想，他们教给我很多，证明了"教学相长"（docendo disco）的格言确实不谬。

导论
Introduction

哲学史，在今天的哲学教师和哲学学生看来，是一个回顾性的建构。人们从更宽广的思想史脉络中拣选出哲学史，从而使今日的诸多哲学关切能知道自己的来路。我们必须指出下面的事实，以免有人弄不清"哲学"（philosophy）与"哲学家"（philosopher）这两个词的含义。在"哲学"的大部分历史中，它都笼统地指"理性的探究"，尽管从文艺复兴以来的现代开始，直到19世纪，"哲学"都特指我们今天所说的"科学"（science），尽管"哲学家"依然是指那些研究任何事物和一切事物的人。因此李尔王会对埃德加说："让我先跟这位哲学家谈谈，天上打雷是什么缘故？"在刻于1830年的威廉·赫兹里特（William Hazlitt）的墓碑上，这位著名散文家被称为"这个时代第一（且无与伦比的）形而上学家（Metaphysician）"，因为那时的人们把我们今天称为"哲学"的东西叫作"形而上学"（metaphysics），从而把它与我们今天叫作"科学"的东西区分开。它们先前是以"道德哲学"和"自然哲学"这组标签加以区分的，前者指的是我们现在所说的"哲学"，后者则是我们现在说的"科学"。

"科学家"（scientist）这个词晚至1833年才被造出来，它也赋予了"科学"一词我们今天熟悉的含义。从那以后，"哲学"和"科学"两个词就一直保持着它们现行的含义，同时科学也日益专门化和技术化，而与作为普遍研究的哲学进一步分道扬镳。

在当代哲学中，主要的研究领域有认识论（epistemology）、形而上学、逻辑学（logic）、伦理学（ethics）、美学（aesthetics）、心灵哲学（the philosophy of mind）、语言哲学（the philosophy of language）、政治哲学

（political philosophy）、以上研究领域中论争的历史，以及对科学及社会科学的其他领域中的预设、方法及主张的哲学研究。以上的大部分领域，尤其是前三项，是英语世界的大学和欧洲大学中哲学科系的主体。

相应地，以上这些研究领域决定了总体思想史中的哪些部分被选入今天的"哲学史"，而其他部分，如古代以来的技术史、天文学史、生物和医学史、17世纪以来的物理学和化学史，以及18世纪以来作为固定学科而崛起的诸社会科学的历史，均被排除在外。

因此，要想知道什么因素决定了思想史的哪些部分被剖分出来作为"哲学史"，我们就要从当代哲学的上述分支的视角往回看，而这要求我们对这些分支是什么有初步的理解。

认识论，或者"知识论"（theory of knowledge），探究知识之本质以及知识是如何获取的。它研究知识、信念与意见之间的区别，并试图确定，如果有人主张"知道某事"，那么要确证这一说法，需要什么条件，它也研究对知识的诸种怀疑主义挑战，并做出回应。

形而上学研究的是实在（reality）与存在（existence）的本质。何物存在，其本质是什么？什么是存在？存在物最根本的种类有哪些？存在或存在物（existing thing）有不同的种类吗？除了时空中的具体之物如树木石头，那些在时空之外的抽象实体，如数字和共相[1]，是否存在？在自然界之外，是否有超自然实体——例如神——存在？实在是一个东西还是多个东西？如果人类完全是宇宙的自然因果秩序的一部分，还可能会有自由意志（free will）这种东西吗？

形而上学和认识论是整个哲学的核心，它们曾经是，而且现在也是哲学的物理和化学。理解这两个领域中的问题与疑难，是哲学其他领域中讨论的基础。

逻辑学，即研究合理有效的推理的科学，是哲学的通用工具，它与哲学的关系就像数学之于科学。在附录中，我概述了逻辑学的基本思想，并

---

[1] 即某一类具体事物所共有的普遍属性。——译者注

解释了它的关键术语。

伦理学，作为哲学课程的科目之一，伦理学研究关于何为善、何为对错，以及道德选择与行动的概念和理论。这里之所以说"作为哲学课程的科目之一"，是因为"伦理学"一词有不同的用法。即便是指称哲学的一个研究领域，它也能指称两种不同的问题：一是对伦理概念和伦理推理的研究——这一领域更精确的名称是"元伦理学"（metaethics）；二是对"规范性"（normative）道德的研究，这些研究试图告诉我们应该如何生活和行动。为了把规范性的道德与更加理论化的元伦理学研究区分开，人们把规范性的道德称为"一阶"的探究，而把元伦理学叫作"二阶"的探究。哲学就其本质而言是一种二阶的探究，因此在哲学研究的语境中，"伦理学"一般是指元伦理学。

但是，与此相关的是，"伦理"一词也可以指个人或组织关于自身价值观，以及他们如何行动，如何看待自己的观点和态度。这是一种常见的恰当用法。而且有趣的是，仔细思考这个用法，我们会发现"伦理"和"道德"的含义是不同的。如果注意到两个词的词源，就更容易理解这一点："伦理"（ethics）一词源自希腊语的 ethos，意为"性格"，而"道德"（moral）一词是由西塞罗从拉丁语词 mos, moris（复数为 mores）所造，mos 意为"习惯"甚至"礼节"。因而道德关乎我们的行动、责任和义务，而伦理则关乎"一个人是怎样的人"。两个词明显相关，但它们又显然不同。

这一区别自然也出现在元伦理学和规范性道德的辩论场上。在确定"价值取决于什么"时，一些元伦理学理论关注主体的性格，另一些关注行为的结果，还有一些关注一个行为是否符合义务。当价值取决于主体的性格时，我们所讨论的伦理学就是上述 ethos 意义上的伦理学；而当价值取决于行为结果或对义务的遵守时，我们所说的就是更狭义的道德。

美学研究的是艺术与美。什么是艺术？美是自然事物或人造事物的客观属性，还是仅仅存在于观看者眼中的主观判断？是否一个物体不论美丑、不论是否为艺术品，都在美学上有价值？自然事物（风景、日落、面容）的美学价值是否不同于我们认为人造物（油画、诗歌、乐曲）所含有的美学价值？

心灵哲学研究的是精神现象与意识的本质。它曾经是形而上学的必要组成部分，因为后者在研究实在的性质时，必须考虑实在是否仅仅是物质的，还是另有非物质的方面，例如精神，又或者如"观念论"哲学家所主张的那样，纯粹是精神的。但人们逐渐达成共识，认为世界在根本上完全是物质的，而精神现象是大脑物质活动的产物。于是理解这些现象，尤其是理解意识的本质，成为热门的话题。

语言哲学研究的是我们如何在语音和符号上附加意义，使我们可以相互沟通，表达思想，并能够超越最初的基础水平来产生思想。语言意义的单位是什么，是词语、句子还是语篇？"意义"本身又是什么？当我们"知道某种语言中某个语句的意义"时，我们知道的是什么，又是怎么知道的？存在某个可以被称作"一门语言"的东西吗，例如英语？还是说，存在的是许多英语的语型（idiolect），其数目等于说这些不同语型的人数，于是**一种语言**实际上是一组并不完全重叠的个人语型的集合？我们如何阐释和理解别人的语用（language-use）？我们对语言、意义和语用的理解，在认识论和形而上学上有什么后果？

在最近的哲学学界，心灵哲学和语言哲学目前已经很合理地结合为一种综合的研究，许多书名和大学课程的名称都明白地确证了这一点。

政治哲学研究的是社会与政治组织的原理，以及对二者的证成。政治哲学会问：组织并管理一个社会的最好方式是什么？什么为政治体制赋予了正当性？在国家和社会中，获得权威的基础是什么？民主制、共产主义、君主制以及其他形式的政治结构，各有什么优缺点？

哲学史，透过以上领域的视角回顾，是哲学本身的必要组成部分，因为所有这些领域的进展历程，都是不同国家、不同环境中的思想者的伟大对话，而这些对话都被纳入了一些共同的基本问题的范畴。因而了解这些论争的历史"判例法"（case law），对理解这些论争十分关键。这使我们能避免重复地做无用功，使我们能避开错误和陷阱，使我们能从前人的努力和洞见中获益，为我们理解所讨论的主题提供材料，并使我们能试着就这些主题提出正确的问题。[1]

对其他研究领域的预设、方法和主张的哲学研究，亦即"科学哲学""历史哲学""心理学哲学"或其他类似标签所指的哲学领域。每种研究都基于一些预设，并应用一些方法论，因此对这些的自知是必需的。例如，不只是哲学家，科学家自己也会问一些关于科学的哲学问题；历史学家在讨论他们的方法和目的时，也会问一些关于历史研究的哲学问题。接下来让我们更具体地依次考虑这些问题。

我们应该从实在论的角度还是工具主义的角度来理解科学？也就是说，科学中的术语所指称的实体是真实存在的事物，还是一些为了方便我们对所研究的现象形成理解而使用的理论构造？科学推理是演绎的还是归纳的？存在一种叫作科学**知识**的东西吗？还是说，既然一切科学都可能被进一步的证据所推翻，那么科学就应该被看作一个系统，这个系统虽然由一些经过有力证明的理论所组成，但本质上仍是可以驳倒的？

至于历史，如果有人宣称过去发生过某件事情，而没有证据能够证明或证伪它，那么这个说法是确定地对，还是确定地错，或者二者都不是？历史是我们在当下，基于那些保留到今天的证据（或我们是如此判断的）而写成的，这些证据包括日记、信件、考古遗迹等。这些证据是局部且零碎的，过往的许多痕迹都消失了。因此，到底是否存在关于过去的**知识**这种东西？还是说，最多只有对过去的阐释性重构，而且经常可能只是臆测？

对各种研究及其激发的各种问题的反思，说明了哲学就是在充满疑惑、困难、晦涩和未知的各个生活和思想领域，努力去把事情弄明白，获得理解和洞察。也就是说，在我们的各项事业中，哲学都处于最前沿。我是这样跟我的学生们描绘哲学的角色的：我们人类身处一小片光明中，而周围是无知的广阔黑暗。每个学科，都在这片光明边缘的某一段有其岗

---

[1] 在哲学和哲学史中，所有事情都可以讨论。整个哲学传统就是一种漫长的对话，这种说法会受到一些人的质疑。他们认为，我们只有把过去的哲学家牢牢安放在他的时代背景中，才能理解他的哲学思想。这是对的，但这并不排除我们能在他的思想、关切与我们的关切之间找到连续性。我们自己的思想和关切常常源于这些哲学家的思想和关切，或源于同样激发他们思想的那些东西。

位。它们睁大眼睛向外看，想在黑暗中分辨出形象，从而把光亮的边界向外扩展一点。哲学则在这片光明的整个边界上巡行，在还没有专门学科来站岗的那些边界，哲学会付出额外的努力，试图提出正确的问题，使我们有可能构想出答案。

提出正确的问题这个任务确实至关重要。直到16、17世纪，哲学家们还不总是能以正确的方式提出关于自然的正确的问题。等到他们能经常提出正确的问题，自然科学就由此诞生，并发展为许多辉煌而作用巨大的研究领域，从而造就了现代世界。在那两个世纪，哲学就这样生出了科学；在18世纪它又生出了心理学，19世纪生出了社会学和实证语言学；在20世纪，它在人工智能和认知科学的发展中扮演重要角色。哲学还在持续支持神经科学和神经心理学各个方面的发展。

然而，在认识论、形而上学、伦理学、政治哲学、各种科学研究的"哲学"以及其他哲学领域中，核心的问题一直不变。这些问题是恒久的，也一直是紧迫的，因为回答这些问题的尝试，是人类伟大冒险的一部分，在这个冒险历程中，人类力图理解自己，以及自己在宇宙中的位置。在这些问题当中，有些看起来无法回答，但如果就此认定它们无法回答，并据此行动，那就放弃得太早了。而且，如保罗·瓦莱里（Paul Valéry）所说，"一个困难就是一束光。一个无法克服的困难就是一个太阳"（Une difficulté est une lumière. Une difficulté insurmontable est un soleil）。多么妙的说法！它教会我们，努力解决那些看似无法解决的问题，会使我们受益无穷。这一点也为哲学史所确证。

接下来的内容，就是由今天"哲学"一词的含义所界定的哲学史，它展现了今天哲学各领域中的各个主题是如何开始和演变的。我在本书中主要描绘的是西方哲学史，但也会有印度、中国和阿拉伯-波斯哲学的概览（以及对非洲哲学的考察），从而指出这些伟大思想传统之间的联系和区别（参见第五部分的开头几页）。我总是不可避免地聚焦于主要人物和思想，而且在谈到非西方的诸传统时，我极不熟悉梵文、巴利文和中国的古文，因而是作为身处语言藩篱另一边的观察者来写作的。

这本哲学史和其他哲学史的一个不同，在于它没有绕远路去详细介绍大部分哲学史会讨论的部分，即奥古斯丁的**神学**、基督教早期的诸教父以及中世纪晚期的"经院哲学家"（Schoolmen）如阿奎那和邓斯·司各脱（Duns Scotus）。这是一部哲学史，不是神学和宗教史。在一部哲学史中，把神学家纳入哲学家行列的古怪之处在于，我们没有合理的理由纳入基督教神学家而排除犹太教或伊斯兰教神学家，也没有合理的理由在哲学史中纳入神学而不纳入科学的历史（其实后者更有理由进入哲学史）。哲学与神学之间的根本差别在于，哲学的努力方向是通过探问应该如何思考及其原因，来试图理解我们自己和我们的世界；而神学的努力方向是探索和扩展关于一神或诸神的思想，其中神被认定为实际存在或可能存在的；而且神或诸神作为存在，应该与我们有着显著的和关键性的不同。我在第五部分就对照着阿拉伯-波斯哲学写到了这一点："如果思考的起点是接受一个宗教的教条，那么接下来的思考就是神学，或神义论（theodicy），或解经学（exegesis），或决疑论（casuistry），或护教学（apologetics），或圣经解释学（hermeneutics），但唯独不是哲学"，这是我整部书所用的划界原则。

我们也可以用一种说法来增强这一观点的批判性，那就是哲学之于神学，就像农业之于园艺：相比于神学具体地、局部地、专注地"谈论或研讨一个神"［这也是 theo（神）-logos（言说）的原本含义］，哲学的事业更大更广，而且更多样。当然，在哲学中，人们也时不时会问超自然的实体或能动主体是否存在，以及如果一个或多个超自然实体或能动主体确实存在，我们对自我和世界的构想会有何不同。也有哲学家借用自然神学（亦即对超自然意志或主体的一般性思考）中的神祇概念，用它来确保知识是可能的（如笛卡尔做过的），或用它作为存在的基础（如贝克莱及其他不少人做过的）。这些观点将会在后面章节中适当的地方加以讨论。但那些为了理解神祇而做出的努力，如果是要把神祇理解为传统宗教希望人们认为的那样——全能、永恒、全知，等等，那么这样的努力并不是哲学的历程中富有成果的部分（或者只在不切题的方面有所建树），因此还是留给它自己的史家去记述吧。

第 一 部 分

古代哲学
Ancient Philosophy

柏拉图之前的哲学
Philosophy before Plato

在我们与古代世界之间，耸立着一道墙：罗马帝国衰亡与基督教统治兴起的那段时期。爱德华·吉本把这两个现象联系起来，怪后者导致了前者。他在很大程度上是对的。要知道，君士坦丁（Constantine）皇帝在公元313年颁布米兰敕令（Edict of Milan），给予基督教合法地位和法律保护，不久之后，在380年，皇帝狄奥多西一世（Theodosius I）在帖撒罗尼迦敕令（Edict of Thessalonica）中宣布基督教为帝国的国教，并禁绝其他宗教。这一改变马上有了后果。公元（Common Era，即 CE，旧称主后若干年，即 AD）4世纪以降，大量的古代文献和物质文化消失了，其中相当一部分是被故意毁灭的。在持续数个世纪的狂欢中，基督教的狂热信徒抹除了过去的文化：他们砸烂雕像和碑刻，涂污绘画，焚烧"异教"书籍。有人估计，多达百分之九十的古代文献湮灭在了这场劫难中。基督徒用古代神庙倒塌掉落的石头修建他们的教堂，在诗人和哲学家的手稿上覆写他们的经文。这意味着文学、哲学、历史和一般文化遭受巨大的损失，这些损失不但难以估量，更难以原谅。不仅如此，当时的基督教有一系列互为敌对、互相竞逐的教派，为了就基督教的正确教义达成某种程度的共识——这一努力最终成功——就必须把别的教派当作异端，而离经叛道者必须被镇压，包括暴力的镇压。

在对"过去"施暴时，基督教得到了来自其他群体的支持，他们一样不关心高雅的古典文明。这些群体有匈人、哥特人、西哥特人以及其他人——统称"野蛮人"。他们迁入和入侵了日益孱弱的罗马帝国，加速了它的灭亡。[1] 精神和文化生活的萎缩既是教育衰败的原因，也是其结果。写成并流传的书少了，还有禁令限制人们能读什么、谈什么，这样的环境自然导致日益增长的无知和狭隘。今天基督教自夸说，它的僧侣在后来的几个世纪里抄写了一些幸存的手稿，从而保存了这些侥幸逃过野蛮人破坏时代的古典文献残篇。尽管这种保存只是对更早先信徒们无节制狂热的一种局部的、迟到的、不充分的回应，基督教竟然还认为人们要对此心存感激。

正如读者所料，只有那些被认为最重要和最杰出的人所认证的最重要和最杰出的文本能够幸存，而且即便如此，还是有一些最伟大的人物的许多作品都佚失了。想想看，阿里斯托芬（Aristophanes）只是公元前五至四世纪雅典众多剧作家中的一位。根据引文和转述，我们知道了大约 170 位其他喜剧作家的名字和他们所写的 1483 部剧作的题目。所有这些作品都佚失了，只有阿里斯托芬自己 40 部剧作中的 11 部幸存下来。在肃剧作家（tragedian）埃斯库罗斯（Aeschylus）的剧作中，我们知道 70 部剧的题目，但只留下了 7 部剧本。想象一下，假如在莎士比亚第一对开本（First Folio）中的 36 部戏剧中，只有 4 部现存于世会怎样 [在实际佚失的两部剧本中，我们至少知道有一部名叫《卡丹纽》（Cardenio），据说是由莎士比亚和约翰·弗莱彻（John Fletcher）合写的]。假如我们知道佚失的 32 部戏剧的题目，那会激发多大的猜想。想象一下，如果多年以后，我们的后人只有 4 部莎士比亚的剧本，没有塞万提斯或歌德的作品存世，而只有他们的姓氏和声名，还有一两份席勒的残篇，没有简·奥斯丁或乔治·艾略特的作品，只有她们仰慕者的称颂，还有他人作品中引用的几句马克思，米开朗基罗的大卫雕像的一条腿，普桑一幅油画的仿作的仿作，孤零零一首波德莱尔的诗，济慈的几行诗句，等等等等。过去的文献只留下一鳞半爪，而且不总是来自那个时代最好的作者，这就是古典时代

---

[1] 我们所说的当然是西罗马帝国。拜占庭则延续下去，这使得几个世纪以后入侵的穆斯林仍能从古典思想的遗存中获益。

和希腊化时代遗物的现状。（仔细想想，历史的变故和劫难确实可能会只给未来的人们留下这点东西。）颇为反讽的是，有一群属于另一个东方宗教——伊斯兰教——的人们，在几个世纪以后，也闯入了这个古典世界（毋宁说那时已经是古典世界的残骸了），这些人保存了残骸中的一些遗产，使之免于湮灭。[1]

以上的回顾告诉我们，我们关于柏拉图（Plato）的哲学先辈们的知识——这些人在传统上叫作"前苏格拉底哲学家"，即便其中一些是苏格拉底（Socrates）的同代人——是零零散散地流传下来的。我们对这些人的了解有两个来源：残篇（fragments），即从后来评注者的作品中得来的引文，以及文献记录（testimonia），即后来作者所写的报告、转述或概括。鉴别和编纂这类资料的学术工作叫作"学述"（doxography），而"学述家"一词也用于称呼古代那些转引或记述前苏格拉底著作和思想的片段，从而把它们保存下来的人们。

柏拉图和亚里士多德都概括和引述过前苏格拉底思想家。这些概括和引述有时并不准确，这也充分说明，做学述必须非常认真，因为即便是这两位巨人所做的学述也可能出错。亚里士多德是我们了解前苏格拉底哲学家的主要知识来源之一，因为他经常谈到这些人，并让自己的三个学生欧德谟斯（Eudemus）、美诺（Meno）和提奥弗拉斯图斯（Theophrastus）写了一些关于多位前苏格拉底哲学家的论文。美诺专注于他们的医学著作，欧德谟斯则评述他们的数学和天文学。这两位写成的著作现在只有一些踪迹留在后代作者的引用和概述之中。提奥弗拉斯图斯在他的《论感官》（On Sensation）中讨论了前苏格拉底哲学家们的知觉理论，并在《自然哲学原理》（Tenets of Natural Philosophy）中讨论了他们的科学研究。前一本书有几章流传下来，而后一本只留下了题目。

亚里士多德及其学生所述及的思想家，有些距他们有两百年的时间。

---

[1] 要知道，到这个时代，东罗马帝国已经完全转变为基督教的拜占庭帝国，它和基督教世界的其他地方一样，再也无心去认真且完整地保存基督教之前的文化了。

下一个重要的资料来源西塞罗，则生活在公元前 1 世纪，距亚里士多德的时代又有两百年。因此到西塞罗的时代，记忆和史料流传的线索已经变得更加久远薄弱（人们根据手稿制作抄本，又以上一代抄本为底本制作新的抄本，于是不断混入舛误）。西塞罗严肃认真地学习哲学，想要向同时代的罗马人传播希腊思想。在他的时代，哲学天才辈出的第一个时期已经过去了，而在他之后的几个世纪，又有源自其他方面的舛误，更不要说批驳，影响了对前苏格拉底哲学家的学述。例如亚历山大里亚的革利免（Clement of Alexandria）在他公元 2 世纪的著作中比较了基督教思想和希腊哲学，并贬抑了希腊哲学。尽管如此，他还是引述了一些前苏格拉底哲学家，并为学述增添了内容。

公元 2 世纪有相当丰富的学述成果。怀疑主义哲学家塞克斯图·恩培里柯（Sextus Empiricus）就长篇引述了前苏格拉底哲学家对知识和知觉的论述，而普鲁塔克（Plutarch）在他的《道德论集》（*Moralia*）中谈到各种话题时也都引用了他们。同一时期还有一部佚名作品叫作《学说集》（*Placita*），也是如此。人们一开始以为这本书是普鲁塔克所著，因此为方便起见，今天人们称其不知名的作者为"伪普鲁塔克"。2 世纪后期，又有阿芙罗狄西亚的亚历山大（Alexander of Aphrodisias）在他对亚里士多德的评注中引用了一些前苏格拉底哲学家。

3 世纪早期，罗马的西波吕都斯主教（Bishop Hippolytus）写了一篇《驳诸般异端》（*Refutation of All Heresies*），认为基督教异端源于希腊哲学，并在论证过程中从希腊哲学传统中引用了大量内容，以图批驳这个传统，但这也反过来保存了他要攻讦的那些观点。

希腊哲学史最有用的史料之一，就是第欧根尼·拉尔修（Diogenes Laertius）的《名哲言行录》（*The Lives of the Philosophers*）。这本书读起来既有教益又很愉快，虽然和上述许多书一样，它并不全然准确。而且它有时会依赖传说和街谈巷议，甚至可以说是依赖过多了，这有损它的价值。尽管如此，它依然宝贵。书中不仅概述了哲人们的生平和观点，还列出了哲学著作的书目，这也使我们明白，有多少作品佚失了。

还有一部更早的作品曾被《学说集》引述，但也已佚失。这部佚书后来在公元5世纪约翰·斯托拜乌斯（John Stobaeus）的《自然哲学选集》（'Selections on Natural Philosophy'）中被引为史料。这部书的作者据信是生活在公元100年左右的埃提乌斯（Aetius），人们认为他在写书的时候用了提奥弗拉斯图斯的书。5世纪的另一重要史料是普罗克洛（Proclus）的作品。他是建立于九个世纪之前的柏拉图学园（Plato's Academy）的最后几位领袖之一。到公元529年，柏拉图学园（亦即"雅典学园"）被查士丁尼皇帝（Emperor Justinian）下令关闭，皇帝同时下令全面禁止讲授哲学，因为哲学与基督教相悖。

另有一件史料，虽然距前苏格拉底哲学的开端已有一千年，仍然是重要的学述资料，那就是公元6世纪辛普里丘（Simplicius）的著作。在辛普里丘对亚里士多德《物理学》（Physics）卷一的评注中，他引用了一些较为重要的前苏格拉底哲学家，其中一些引述是关于某些哲学家观点的唯一史料。值得注意的是，他提到了自己大段引用其中一位哲人——巴门尼德（Parmenides）——的原因：他所引用的文本超过了论证所必需的量，这是因为巴门尼德著作的抄本稀少难得，所以他感到有必要保存其中一部分。

以上就是前苏格拉底哲学的主要史料，但并不是全部。在其他著作中还散落着一些相关的记述、轶事和趣闻，已经被学述研究的密网所捕获。例如，这些史料有的来自公元前3世纪地理学家阿伽塞美鲁（Agathemerus）的著作残篇，有的来自雅典的阿波罗多洛斯（Apollodorus of Athens）作于公元前2世纪的《历代记》（Chronicles），还有的来自公元3世纪罗马文法家肯索里努斯（Censorinus）的《论生辰》（On Birthdays）一书，等等。

如我已经指出的，不论是残篇还是**文献记录**都不能被视为完全可靠（后者大概尤其不能）。不仅因为它们本身就粗略简短，还因为这些引文和概述的作者都有自己的意图，有时甚至对他们所引用或转述的哲学家观点抱有敌意。在理解残篇或所概述的观点的真义时，语言的问题、阐释的问题、上下文的问题以及与其他残篇之间的关系问题都会造成困难。我们要对这一点保持警觉。

19 世纪伟大的学术成就使人们对学述史料的研究能从语文学（即对历史文本所用语言的研究）的进步中受益，于是关于早期哲学的一种叙事出现了，并很快成为正统看法。而更晚近的学术研究则使得 19 世纪这种正统观点所描绘的图景变得复杂起来，并使这个图景的一部分受到挑战。这些研究包括新文本的发现，例如载有恩培多克勒（Empedocles）佚散文句的斯特拉斯堡纸草（Strasbourg Papyrus）以及载有俄耳甫斯教祷歌和哲学语录的德尔维尼纸草（Derveni Papyrus）。[1] 尽管受到挑战，这一正统叙事的主旨要点依然是我们进入这个主题的很好的指南。如果明白了近期的学术是针对什么做出修正和批评的，我们就能更好地理解这些修正和批评。

以下就是正统叙事。

---

1 斯特拉斯堡和德尔维尼的纸草是这方面的著名例子。后者是迄今发现的最早的希腊文原始文本，大约写于公元前 330 年。1962 年，它被发现于帖撒罗尼迦北部的一处墓地，学者们耗费了多年的努力来释读它，这个任务到现在仍未完成。这个纸卷之所以能保存下来，是因为它在火葬柴堆中部分碳化了。它载有阿那克萨戈拉（Anaxagoras）、巴门尼德和赫拉克利特（Heraclitus）的语录，这些语录混杂在一首俄耳甫斯教的创世祷歌中，旁边还有评注说这首歌是比喻性的。斯特拉斯堡纸草载有恩培多克勒的一首诗，这首诗在人们关于如何阐释他的思想的论辩中起了关键作用。

前苏格拉底哲学家
The Presocratic Philosophers

前苏格拉底哲学家这个名称得自前述的 19 世纪学者。之所以如此命名，不是因为这些人都在苏格拉底之前（其中有些人与苏格拉底同时代），而是因为学者们发现他们与苏格拉底在旨趣上有显著的不同。前苏格拉底哲学家们关心的是世界的本质和起源，而苏格拉底全心研究的是伦理学。因而学者们就参照亚里士多德对他们的称呼，称前苏格拉底哲学家们为 phusikoi，即物理学家（physicist）。[1]

在分别叙述各个主要人物之前，有必要说明一下他们在哲学史的第一个一千年中所处的位置。

第一个物理学家并非来自雅典，而是来自爱奥尼亚（Ionia），这是爱琴海东岸由雅典人始建的一批繁荣的城邦。在这些城邦中，有一个名为米利都（Miletus），它是泰勒斯（Thales）的故乡。泰勒斯被希腊人自己，以及其后所有的历史学家公认为"哲学之父"。当然，他不可能是。在公元前 6 世纪之前的千万年人类历史中，不可能没有人猜测过宇宙的本质和起源。实际上，在泰勒斯之前数千年，几个伟大的文明就已经在美索不达米亚与尼罗河流域繁荣滋长。它们通晓天文与建筑，建立官制，创设文字，境内有宏伟的大城和有序的生产。在这些精巧复杂的文化中，肯定有成千上万的居民沉思过哲学问题。但我们明确知道的第一个思考过宇宙本质和起源的人，是泰勒斯。他不仅思考过，而且针对这些问题提出了有明

---

[1] 也有汉译为"自然哲学家"的。这里照作者原意译作"物理学家"，此译法也得到部分学者支持。所谓"物理"学家，即研究自然之物本性的人。——译者注

确哲学性而不是宗教性或神话性的看法。我们很快会再提到这一点，因为它实在是个重要的问题。

我们不知道泰勒斯的生卒日期，但我们知道他曾预言到公元前585年发生的一次日食，因此这个时间被粗略地当作他人生的中点，或称他的全盛期（floruit）。看待早期哲学史的传统方式是把思想家相互关联成为不同地域的思想"流派"，就好像他们真在某个学派中师徒相承。这可能是对的，我想也很可能是实情，虽然有时被当成某人学生的人，更确切的身份可能是他的追随者或年轻学友。不论如何，历史书给了泰勒斯一个学生——阿那克西曼德（Anaximander），后者也有一个学生——阿那克西美尼（Anaximenes）。这三人被归为一派，作为最早的爱奥尼亚哲学家。

泰勒斯和他在爱奥尼亚的后继者们居于爱琴海东岸，而早期哲学历程中的下一个重要阶段，则发生在西岸，在南意大利的希腊殖民地上。毕达哥拉斯（Pythagoras），也就是提出勾股定理[1]的那个人，其实出生在爱奥尼亚，但他迁居到了意大利半岛脚跟上的克罗顿（Croton）。离克罗顿不远的另一个城市埃利亚（Alea）是早期哲学史上杰出人物巴门尼德的出生地。于是"埃利亚的"这个形容词就被加在他和他创立的哲学学派身上。他最重要的追随者是芝诺（Zeno）和麦里梭（Melissus），而来自西西里岛阿克拉加斯（Acragas）的恩培多克勒则是与芝诺同一时代的人。

巴门尼德是两位最伟大的前苏格拉底哲学家之一，另一位是赫拉克利特，生于希腊世界另一边的爱奥尼亚。在两人之中，赫拉克利特稍年长一些。巴门尼德一直活到苏格拉底出生的公元前470年，此后哲学的重镇变成了雅典，其后几个世纪，雅典几乎独占这个地位。雅典不仅见证了苏格拉底本人的一生，而且是普罗泰戈拉（Protagoras）、智术师（the sophists）、原子论者留基伯（Leucippus）和德谟克利特（Democritus）以及后来的柏拉图和亚里士多德的活跃之地。在亚里士多德之后，还有伊壁鸠鲁（Epicurus）学派、犬儒派（Cynics）和斯多亚派（Stoics）。

---

[1] 毕达哥拉斯定理，我国称勾股定理。——编者注

在公元前一千年中的最后一个世纪，哲学又开始有多个中心，其中包括罗马和亚历山大里亚，它们是日益重要的学术辩论与学术研究中心。古典时代最后一个重要的哲学运动，新柏拉图主义（Neoplatonism），在公元3世纪由普罗提诺（Plotinus）肇端，并一直繁荣到7世纪。这一运动中的思想家生活在罗马、亚历山大里亚、雅典和其他城市。

以上就是古代哲学一千年历史的概览。它发端于爱奥尼亚的泰勒斯，经过柏拉图和亚里士多德、伊壁鸠鲁主义（Epicureanism）、斯多亚主义（Stoicism，在基督教时代到来之前，它影响了许多有教养的希腊人和罗马人的人生观），最后结束于新柏拉图主义。现在让我们更细致地了解这一历程中的领军人物。

泰勒斯（Thales）

泰勒斯在传统上被认为是古希腊七贤之一。他的全盛期在公元前585年，这让后代评注者将其生年定为公元前625年，因为他们假定人的生命中点大约是四十岁。他的出生地米利都位于爱琴海东岸，是一座富裕繁荣的城邦。他是一位天文学家、数学家和著名工程师——尽管也有着喜好出世玄想的名声。

对他不食人间烟火的非议源于一个故事。柏拉图在他的《泰阿泰德篇》（Theaetetus）中详述过这个故事：泰勒斯有一次仰望星空过于专注，没有看路，以至于掉进了井里。[1] 这一形象又被亚里士多德所讲的另一个故事所强化。他在《政治学》（Politics）中讲到，泰勒斯忽视世俗的欲求，这意味着他很贫穷，并因为贫穷而被时人指摘。

落井的故事，其根源可能在于一个事实：如果下到井底，你甚至能在白天看到星星。泰勒斯当时可能正是这么做的，其他证明他具有实干的证

---

[1] 柏拉图说，他因此受到了一位"机智而迷人的色雷斯侍女"的嘲笑。

前苏格拉底哲学家

据也支持这种可能性。当别人批评他贫穷的时候,他什么也没说,而是去认真研究天气。直到有一年,他成功预测到橄榄会大丰收。在其他人也看出这一点之前,他租下了米利都所有的橄榄榨油厂。等到后来焦急的榨油厂主央求他的时候,他又把它们高价租还给厂主。亚里士多德说:"他就这样证明了,哲学家如果想发财,很容易就能做到,但他们感兴趣的并不是发财。"

关于泰勒斯的实干能力,有一个关键的故事可以证明。他曾受雇于邻邦吕底亚(Lydia)的国王克罗伊斯(Croesus),去找一种方法,让国王的军队不必建桥就能渡过哈吕斯河(River Halys)。泰勒斯做到了。他的办法是让军队在河边扎营,然后沿河挖沟,把一部分河水引到营地的另一边,于是营地两侧的河水都变浅了,军队可以轻易地涉水通过。

泰勒斯的这些资历有助于我们评价他的观点,以及他抱持这些观点的原因。他显然有深邃的头脑,而他在哲学史上的继任者们公推他为第一个享有哲学家之名的人,也是有充分理由的。

我们还记得,前苏格拉底哲学家的主要旨趣之一,就是探寻世界的本质和起源(这里的世界是指"宇宙",他们所用的词是 *kosmos*),因而他们有了 *phusikoi*,也就是物理学家的称号。他们最鲜明的特点就是拒斥传统神话对宇宙的解释。赫西俄德(Hesiod)在他写于公元前700年左右的《神谱》(*Theogony*)中提供的版本就是这种解释之一。这本书有着强大的诗性魅力,但对一个有智慧且真正想要理解世界本质的探究者来说,这本书就不够了。赫西俄德告诉我们:"最早生出的是混沌……虚冥和漆黑的夜从混沌中生。天光和白天又从黑夜中生,她与虚冥相爱交合,生下他俩……"[1]

为了得到一个在理智上更让人信服的说法,泰勒斯试图确定宇宙的本原(arche),这个词也可以翻译为"始基"。在这一语境中,本原是指那些构成宇宙的东西,或者指宇宙的起源,或者二者皆指。亚里士多德在谈

---

[1] 译文选自赫西俄德《神谱笺释》,吴雅凌译,华夏出版社(2010),第100页以下。——译者注

到前苏格拉底哲学家，其实是在专门谈到泰勒斯的时候说道："一切存在之物由本原而构成，最初来自其中，而最终也将没入其中……他们说这就是存在之物的元素与本原……"泰勒斯提出的本原是水。

为什么泰勒斯指定了水？我们可以这样重建他的思考过程：水无处不在，它在海中，它从天而降，它流淌在你的血管中；如果你切开一株植物，就能看到其中也有液体；如果你揉搓一团泥土，你的手也会变湿；我们人类、所有动物和植物都不能离开水而存活，因而它是生命的必需。而且，大地本身也可以看作由水产生的，你只要看看尼罗河每年泛滥之后产生的巨量土壤（这里泰勒斯指的是河水从上游冲刷下来的泥沙）。进而，相当关键的一点是，水是泰勒斯所知道的唯一可以有全部三种物态的物质：固态（当它冻结）、液态（它的一般状态）和气态（当它沸腾成为蒸汽）。你确实可以说，无处不在、不可或缺、滋养万物而又千变万化的水，对一个生活在公元前 6 世纪的人来说，是一个相当聪明的本原候选项。

但泰勒斯选择了什么作为本原，远不如他如何以及为什么这样做来得重要。他没有依靠传说、神话、古代的经书、教谕或者传统，他依靠的是观察和理性，这才是他成为第一个哲学家的原因。这种对宇宙的解释，与赫西俄德所给出的解释之间，有着鲜明的区别。赫西俄德自己无疑是把他的说法当作比喻和象征，但两人还是有着巨大的不同：一人满足于比喻性和象征性的说法，另一人则想要提出一种由观察和理性所支撑的理论。

亚里士多德还告诉我们，在他的解读中，泰勒斯认为是"灵魂"（anima）导致了运动，因为有人记述说泰勒斯曾说磁石有灵魂，因为它可以吸引铁；泰勒斯还认为，"灵魂与整个宇宙混合在一起，这或许是他之所以认为万物都充满神灵的原因"。在此我们必须考虑到，在哲学的最开端，也就是科学的最开端，对运动和变化的概念化解释是很少的。要解释物体为什么会运动和变化，一个可用的类比就是我们从自身的能动性中得到的经验：我捡起了一块石头，把它扔进了池塘，溅起了水花，是我让这一连串的事件发生。因此作一类比，一定有某种相似的本原导致了世界上的运动和变化。[1] 其实我们会说某物激活了另一样东西，这就呼应了上述思想，即认为动物（animal 这个词本身就表示"被生气激发的东西"[animated things]）之外的其他物体也有一种能动的力量，可以移动、改变或影响其他物体。因此泰勒斯在探寻的是一种理论，可以对这些现象做出概括，这种概括从我们对能动性的经验以及磁石吸铁的能力出发，最终能对位置和状态的变化做出总括的解释。既然那时还没有足够的词汇来实现这种解释，那么在谈论这个主题的时候，除了说磁石有"灵魂"，从而指向一种有生气的本原、一种起因性的力量、一种与其他物体相互作用的力量之外，还有什么别的办法呢？

人们还把那句著名的神谕"认识你自己"归于泰勒斯名下。据说他在年老时死于"炎热和干渴"，当时他正在烈日下观看一场体操竞赛——简言之是脱水而死。对一位认为水是宇宙本原的人来说，这是个充满反讽的结局。第欧根尼·拉尔修记载了关于泰勒斯死因的另一种说法。他引用了一封据说是阿那克西曼德（我们马上要谈到他）写给毕达哥拉斯的信。这个版本的故事说，一天晚上，泰勒斯和他的侍女一起出门观星，"然后，他忘记了自己的所在，在一个陡坡的边缘踏空跌落"。为了证明泰勒斯作为哲学源头的地位，阿那克西曼德接着说："让我们这些他的学生，纪念这个人，并以他的话语互相致意。让我们所有的讨论都从泰勒斯开始吧。"

阿那克西曼德（Anaximander）

泰勒斯的学生阿那克西曼德以惊人的幅度推进了本原这个概念，他说本原是无限定（apeiron）[2]，即"无边者""不确定者"或"无限"。与

---

[1] 英语中的"主体"（agent）、"行动者"（actor）、"能动性"（agency）、"活动"（activity）、"行动"（action）都有同一个词源，就是拉丁文动词 *ago agere egi actum*。这是个很复杂的动词，在拉丁语中有许多不同的含义，但其中有两项是"做"（do）和"驱使"（drive），与其他短语相组合也可以表示"使某事发生"的意思。

[2] 或音译为"阿派朗"。——译者注

一开始认为本原必须由某种物质构成的那种思想相比，这是个显著的跃进。与他的老师不同，阿那克西曼德写了一本书，名叫《论自然》(*Peri Phuseos*)。辛普里丘从此书中引用的一段话，是历史上记录下来的最早的哲学文字。

和所有其他早期哲学家一样，阿那克西曼德也多才多艺。人们认为他是第一个绘制出全世界地图的人，当然是依当时人们对世界的认识来绘制的；据说他还曾预测出地震。后世的作家把这种预见惊人自然现象的能力（泰勒斯也预测过日食）视为天才的标志。即便当时已经可以勉强预测日食，但预测地震仍然远远超出当时的科学水平。

据优西比乌（Eusebius）说，阿那克西曼德发明了几种日规，[1] 可以确定"回归日、时间长度、时日（horai）和春秋分日"。现代研究表明，他所制作的是一种日晷，它能标定季节，而不是一天的各个时辰。显然，在公元前350年以前，没有一种已知的日晷可以显示一天中的时刻，而且希腊文中的horai（时日）一词既可以指各个时辰，也可以指四季。第欧根尼·拉尔修记载说，阿那克西曼德在斯巴达竖立了一个日规。这表明他曾离开城邦游历。据说他做了许多事情，其中包括参与建立了黑海沿岸的一个米利都人殖民地。

阿那克西曼德认为人最初源自鱼，这听起来像是演化论的先声。但如果真这么想，那就是看到古代思想而望文生义，于是从中读出现代思想了。他说我们不应该吃鱼，因为它们是我们的亲属。[2] 他说太阳是纯粹的火，而且并不像当时大部分人认为的那样比地球小。他说月亮发光是靠反射太阳的光，而蒸汽上升则成云致雨。他试过计算太阳、月亮和大地的相对大小，并说大地是圆柱形的。它是个矮胖的圆柱，顶上的平面是我们居住的地方，由海洋环绕。第欧根尼·拉尔修却记载说他认为大地是球形的。不论大地是圆柱还是球体，它都在无垠宇宙的中心不动，没有什么原

1　日规是直立在日晷上投下日影的装置。——译者注
2　演化论告诉我们。所有生物都有亲缘关系。即便是稻米也和人有四分之一的基因相同，因此照阿那克西曼德的说法，我们什么东西也不该吃。

因使之上升或下落,或向任何方向运动。

不过,阿那克西曼德最独特的论点还是关于本原的。他说,无限定,即"无边者"或"不确定者",万物从中形成,又最终复归于其中,其过程就像一个互相补偿机制。辛普里丘所引用的以下这些名句,作为哲学最早的文字,表达了这一思想:"根据必然性,万物始于何处也将消失于何处。它们遵守时间的训令,为它们的不义而接受正义的惩罚并相互补偿。"此处的概念是,自然依照律法运行,而当律法被扰乱,就会有"补偿"来恢复律法的正常运作。如果把"正义"解释为"平衡",这一点就更加清楚了。他的这一观点,在普鲁塔克的书中有更详细的记载:"无限定是宇宙中生与灭的普遍原因。天空是从中分出的,无限数目的诸世界都是如此。他说灭亡以及之前的创生,都从古老的过去就开始了,相同的事物周而复始。"

亚里士多德在他的《物理学》中讨论了为什么无限定可能被认为是万物的本原,并展示了阿那克西曼德观点背后的推理过程。首先,阿那克西曼德指出,除了成为本原之外,无限定不可能有其他目的,无限定本身也不可能有本原,亦即不能从比它自己更根本的东西中衍生出来,因为如果可以,那它就不会是本原。亚里士多德评论说,当我们思索时间和数学的本质时,无限定的思想很吸引人。而且,如果我们认为"诸天之外的区域是无限的,那么物体和诸世界看来也是无限的,因为虚空之中,为什么物体要在'这里'而不在'那里'呢?如果物体在任何地方都存在,那么它在所有地方都存在。于是如果虚空和空间是无限的,那么物体也是无限的,因为对永恒的物体而言,可能存在与实际存在之间没有区别。"亚里士多德接着举出了一种可能与阿那克西曼德的观点更加密切相关的看法:"生成与消灭最终会停下来,除非有一个无限的东西,新生成之物可以从中析出。"

阿那克西曼德的兴趣甚广,他的思考也很精妙。他的思想富于想象力且引人入胜。从绘制世界地图,到测量时间、季节以及日月的相对大小;从构想自然的律法及其平衡,构想多个世界,到最终把宇宙构想为是从无限定中产生……所有这些思想都表明,他有着天才的头脑。在所有早期爱奥尼亚哲学家当中,他是最有想象力的。[1]

阿那克西美尼(Anaximenes)

作为阿那克西曼德的学生或年轻学友,阿那克西美尼从他的两位前辈身上都学到了东西。他赞同阿那克西曼德,认为本原是无限定,但他不认为它是不可知的。相反,他和泰勒斯一样,认为本原是物质的,但他认定的是另一种不同的物质。他认为这种物质有比水更强的改变形态的能力,因此更有能力作为世间千差万别之物的起源。他提出的是气(aer),也可以粗略地翻译为"空气",但其实它指的是一种厚重湿润的空气或蒸汽。

辛普里丘引用提奥弗拉斯图斯的话,阐述了阿那克西美尼的观点要旨:"阿那克西美尼如阿那克西曼德一样,认为基础的自然是独一且无限的。但他不像阿那克西曼德一样认为它是不确定的,而认为它是确定的,就是气。依其所形成的物质不同,气可以或稀或密。气变得稀薄,则成为火;当它凝聚,则成为风,然后成云;进一步凝聚则成为水,然后成土、石,而其他东西则从这些物质中产生。在他的理论中,运动是永恒的,变化则通过气的永恒运动而发生。"请注意,最后这一观点为运动和变化提供了基础,而不需要假定物体中有灵魂。

阿那克西美尼认为大地是平的,它像一个盖子一样,居于气上(这是亚里士多德对他观点的描述)。他的这种理论使他可以说,云是"变浓的"湿气,当云受挤压时则会降雨,雨冻结则成为冰雹,而当湿气中混有风时则会降雪。当大地过湿或过干时会地震,因为大地过干就会开裂,而过湿会崩塌。

---

[1] 马丁·海德格尔曾讲授过辛普里丘作品中的阿那克西曼德残篇,并写有文章《阿那克西曼德之箴言》(1946)。

日月星辰是精炼为火的气，它们也是平的，并"御气而行"。我们感觉不到星星的热，是因为它们太远了。太阳不是在日落时沉入地下并在早晨重现，而是在平坦大地的边缘环绕，就像人旋转自己头上的帽子一样。当落日往它清晨的起点运动时，我们因为距离的遥远和山川的遮挡而看不到它，这也是夜晚之所以黑暗的原因。

一个非常值得关注的要点，就是阿那克西美尼的凝聚和稀释的概念，他把二者当成气在变形时所经历的机制。泰勒斯并没有说明他所说的本原是如何从液态变成固态和气态的，但阿那克西美尼做到了。而且阿那克西美尼认为冷和热是气的属性，二者本身并不是实体。普鲁塔克写道：

> 古人阿那克西美尼认为，冷或热不该被列为物质，而是应该作为物质的普遍属性，冷热是物质变化的结果。他还宣称，物质的收缩状态和凝聚状态就是冷，而稀薄松散的状态（他就是用松散一词来称呼这种状态）就是热。因此他主张，说一个人从他口中同时放出冷和热，并不是不合理的。因为当呼气被嘴唇压缩并凝聚时，就会变冷；而当嘴巴放松，呼出的气息就因为稀薄而变热。

这一观察，即从紧闭的双唇间吐出的气是冷的，而从张开的嘴中呼出的气是热的，是可以被证实的：我们可以做一个简单的实验，并用手背来感受结果。这说明阿那克西美尼的观点试图对观察做出解释，并且——关键是——以系统的、综合的理论来解释，把所有现象纳入一个由可观察的事实所限定的解释框架。当时发展这样的框架所能使用的概念和实践资源都很原始，这些思想家都是从头做起的，这使我们更加崇敬他们。

毕达哥拉斯（Pythagoras）

按照历史顺序，下一位人物是毕达哥拉斯，他的身上充满神秘。我们可以肯定，曾有一个毕达哥拉斯学派或毕达哥拉斯秘教，可能是一个教团，它和一位名叫毕达哥拉斯的富有魅力的人物有关。这个教团对数学和相关领域做出了相当的贡献。它的教义影响了柏拉图，但柏拉图只有一次指名提到了那个叫毕达哥拉斯的人，并说他的追随者全身心地拜服于他。这个评论出现在柏拉图《理想国》的第十卷："毕达哥拉斯也因［他的教诲］而深受爱戴……直到今天，他的后代追随者们践行着毕达哥拉斯式的生活之道，并在同时代的人中与众不同。"[1] 亚里士多德在他卷帙浩繁的著作中也只提到两次毕达哥拉斯，但他写过一本关于毕达哥拉斯学派的书，只是佚失了。后来的史料中引用过此书，我们从中知道，亚里士多德主要写的是毕达哥拉斯主义的宗教方面。关于这位名叫毕达哥拉斯的人的故事，其实主要来自后代的学述传统，因而在写作时依靠的是可疑的传说和神秘主义传统。

最早提到毕达哥拉斯的是色诺芬尼（Xenophanes）的诗句，诗中说毕达哥拉斯曾制止一个人打狗，因为他从狗吠声中听到了亡友的声音。这个故事符合毕达哥拉斯派的轮回（metempsychosis）学说，即灵魂的轮回转生之说。据说毕达哥拉斯禁止其信徒吃豆子，因为其中有死者的灵魂。

另一个提及毕达哥拉斯的文本是赫拉克利特的著作残篇。赫拉克利特是毕达哥拉斯的后一代人，称赞了后者在科学方面做出的成就，但也说他滥用了这些成就，将其用来行骗。这促使我们相信，毕达哥拉斯社团不只是个哲学团体，而且也致力于一种宗教生活方式。

毕达哥拉斯生于爱奥尼亚。他的全盛期被定在公元前 532 年。据此，他的生年大约是公元前 570 年。他生于萨摩斯（Samos）岛，靠近以弗所（Ephesus）和米利都之间的爱奥尼亚海岸。其时萨摩斯的统治者是波利克

1　600b，译文根据 Loeb 本有所修改。——译者注

拉底（Polycrates）。据说毕达哥拉斯后来为逃离波利克拉底的暴政而离开了爱奥尼亚，前往意大利的克罗顿城。这个情节是不合情理的，因为其他史料说他曾受波利克拉底之命出使外国，而且无论如何，他在波利克拉底的宫廷中都被认为是有见识的人，当时这个宫廷中还有诗人阿纳克里翁（Anacreon）和著名工程师麦加拉的优帕里诺斯（Eupalinos of Megara）。且不论是什么原因促使毕达哥拉斯离开了萨摩斯，传说记载，他先是广泛游历了埃及和东方（the East）[1]，然后定居在克罗顿。传记作家把和他有关的一些学说归于他在克罗顿进行的研究。各位学述家都几乎是条件反射地认定，早期希腊思想家之中的几位是"从东方"得到了智慧。直到今天，我们仍然会有类似的想法，认为东方是深邃智慧的源头。

毕达哥拉斯派宗教方面的重点，似乎是对阿波罗的崇拜。这一教团一度在意大利东南部的希腊城邦中有着可观的政治影响力，但在公元前510年克罗顿摧毁了锡巴里斯（Sybaris）城后，爆发了一场起义，这导致教团失去了影响力。毕达哥拉斯的一位信徒名叫米罗（Milo），是著名的摔跤冠军。他领导克罗顿人战胜了锡巴里斯人，但克罗顿人后来却认为米罗想在克罗顿实行独裁，于是发起了针对毕达哥拉斯派的暴动，把米罗和其他毕达哥拉斯信徒一起烧死在他们的教派会堂，只有两个信徒逃脱。照第欧根尼·拉尔修的说法，当会堂遭受攻击的时候，毕达哥拉斯本人就在现场，并想逃跑，但当他来到一片豆田边，由于对轮回的顾虑，他没有穿过豆田，于是被人抓住。"就这样，"第欧根尼说，"他被追兵割断了喉咙。"其他城市中的会堂也被烧毁，于是教团的凝聚力被摧垮，幸存的成员也散去了。

柏拉图和亚里士多德都未曾引用过毕达哥拉斯的话，而据称是他教诲的那些记载，后来大部分都被证明是伪造的。但我们至少清楚，毕达哥拉斯信徒相信轮回转世，而且吃素（虽然如我们所知，他们不吃豆子），原因是动物和人类有亲缘关系，因而吃肉是另一种形式的吃人。实际上，一些被认为属于毕达哥拉斯的教谕，尤其是口传教谕（akousmata），即教团

---

[1] 古希腊所称的东方，约略指今天的埃及和近东。——译者注

的符号性仪轨，都显示出原始禁忌（taboo）概念的遗存。这些规矩包括：禁止掰开面包，禁止迈过门闩，禁止触摸白色的小公鸡，禁止在大路上行走，禁止让燕子在自己的屋檐下做窝，禁止靠近灯光照镜子。毕达哥拉斯信徒被命令在早上起床以后要把自己的铺盖卷起来，并要把自己身体留在床垫上的压痕抚平。

对我们理解毕达哥拉斯的哲学来说，不幸的事实是，在他身后数个世纪中围绕他而生出的传奇故事使我们无法看清他对柏拉图以及其他人有多大的影响。在晚至公元3到4世纪的新柏拉图主义哲学家波菲利（Porphyry）和杨布里科斯（Iamblichus）的文字中，毕达哥拉斯被描绘成先知一样的圣人，受到了神的启示。杨布里科斯在其著作《论毕达哥拉斯派的生活方式》（On the Pythagorean Life）中，称他为"通神的毕达哥拉斯"。而波菲利则说："我们归之于他的伟大超凡之事，比归之于任何人的都多。"（《毕达哥拉斯传》[Life of Pythagoras]）这种看法中的一部分导致了一种理论，认为柏拉图的思想大部分是出自毕达哥拉斯。

人们很容易认为，毕达哥拉斯派只是基于原始信仰的众多秘教和运动中的一种。但这一学派对数学和科学的贡献，使我们无法忽视它。其实即便是它那些更接近秘教的方面，也有许多值得关注的地方：毕达哥拉斯信徒相信音乐能净化灵魂，而这对一个想要帮助灵魂摆脱"重生之轮"（the wheel of rebirth）的信仰体系来说，尤为重要。摆脱"重生之轮"也是俄耳甫斯教（Orphism）及其他神秘宗教的目标。而且，毕达哥拉斯比照运动会，把人分为三类：一些人是为了争胜，一些人是为了在看台下面做买卖，还有一些人是为了观看——这个动词的希腊文是theorien，从这个词衍生出了"理论"（theory）一词。哲学家就是以观看的方式研究世界的人。因而毕达哥拉斯说，这最后一种人是最好的，也是最接近灵魂之净化的，从而也最容易逃脱轮回。

数学家阿里斯多塞诺斯（Aristoxenos）说过，是毕达哥拉斯首先使算术研究超越了商业的实际需要。毕达哥拉斯学派引入了一种表示数的方法，就是把一些点排成三角形、正方形或矩形，并通过这些排布方式的几何特征来展示一些算术性质。这种"形数"（number-shape）也有宗教意义：毕达哥拉斯信徒们宣誓的对象是"四行十点三角"（tetractys of the decad），即由点摆成的三角形，底边有四个点，再上一行有三个点，再上一行两个，顶点一个。毕达哥拉斯学派认为，十是计数的自然基数，并赋予它神秘的意义。当然，存在无数个"三角数"，三表示为两个点和上方一个点组成的三角形，六则表示为六个点按"3-2-1"排列组成的三角形，我们已经看到了十，十五则是"5-4-3-2-1"，以此类推。如果行与列的点数相同则产生"方形数"，而如果每行的点数比列少，则是"长方形数"：

我们今天所用的数字归根结底是来自印度（虽然它们现在被叫作"阿拉伯数字"，那是因为阿拉伯人把它们传到了世界各地），但我们仍然常常把数字叫作"数目"（figures）[1]。

如果有一件关于毕达哥拉斯的事情是几乎所有人都知道的，那一定是"毕达哥拉斯定理"，即直角三角形斜边的平方等于另外两边的平方和：若 a 是斜边，则有 $a^2 = b^2 + c^2$。泰勒斯其实也知道这一点，埃及人丈量土地所用的几何学中就有这一定理，巴比伦人和印度人也早就知道了。但其证明是由毕达哥拉斯或其追随者发现的。

毕达哥拉斯学派的主要成就之一，就是发现一个音的音高取决于振动发声的弦的长度，并发现简单整数比可以解释音阶中的和谐音程：2:1 是

---

[1] 英文中的 figure 一词既有"数字"的意思，也有"图形"的意思。——译者注

八度，3:2 是完全五度，4:3 是完全四度，等等。为了理解这一点，可以想象两根吉他弦，其长度、松紧和粗细都一样。如果两根弦同时被拨动，它们发出的声音是一样的。如果两根弦各有不同长度的一段被拨动，它们发出的两个乐音，有时是和谐的，有时是不和谐的。这后一个观察方法，就是测量和谐音程的基础，其中音程是指两个音之间的距离，而和谐音程是指两个音合起来好听时的音程。实验证明，如果有两根长短、松紧和粗细一样的弦，在拨动一根的同时拨动另一根恰好一半的长度，就会产生一对和谐音，这就是八度。如果第二根弦被拨动的长度是第一根的五分之二，结果就是一对完全五度和谐音（去找一架钢琴，同时弹中央 C 和中央 C 上方的 G，就是一个完全五度）。

这一发现——甚至不是关于斜边平方的那个定理——被誉为真正的科学所迈出的第一步，因为它为一个可观察的现象提供了定量的描述。这个发现进一步拓展为"天体和声"（harmony of spheres）的思想，从而把和声思想推广至整个自然。毕达哥拉斯学派认为，天体在空间中飞行时会发出一种蜂鸣声，这些蜂鸣声之间的音高距离，构成了一个音阶：地球和月亮之间相差一个全音，月亮和水星之间是一个半音，金星和太阳之间是一个小三度，火星和木星以及木星和土星之间各是一个半音，而土星到恒星所在的天球是一个小三度。

对毕达哥拉斯学派以及其他人——包括柏拉图——而言，和声的思想渐渐有了更多的含义，而不只是"一些比例能产生和谐音"这一数学意义。它成为思考伦理学和心理学问题时的一个关键隐喻。但是，即便没有这些进一步的哲学应用，这个发现本身也是一个重大进步。

毕达哥拉斯学派在数学上的洞见和发现，不仅引出了一些伦理学思想，而且导致了一种形而上学。在这种形而上学中，实在本身被认为是由数构成的。据说有座毕达哥拉斯派的会堂，它的入口门楣上刻的格言是"一切皆数"。我们可以把形数中的点想成原子。虽然毕达哥拉斯学派并没有这么说，但这种联系是自然的，尤其是如果我们想到有形的物体——例如一个晶体——可以用几何语言翔实地描述出来。这可能并非毕达哥拉斯学派想说的意思，因为亚里士多德记述过，他们给某些抽象概念，如正义和婚姻，都赋予了一个数值：正义是四，婚姻是三，"恰当的时间"是七。他们说奇数是公的，而偶数是母的。这些观点的含义尚不清楚。但他们很可能是把世界的结构看作由整数以及整数之比构成的，**无理数**的发现对他们造成的惊吓，就凸显了这种可能性。这一点可以说明如下。

试考虑正方形的一条边与其对角线的长度关系。我们无法把边长与对角线长度之比表示为一个整数比。毕达哥拉斯认为这种不可通约性是个可怖的，甚至是邪恶的现象。

要理解这个问题为什么事关重大，我们可以设想一个边长为一米的正方形。要算出对角线的长度看起来很容易，因为对角线就是它与正方形两边所组成的直角三角形的斜边。我们知道，斜边的平方是两条直角边的平方之和，即两平方米，因为（1 × 1）+（1 × 1）= 2。但 2 的平方根是多少呢？显然，它就是那个与自身相乘之后得 2 的数。这个数是多少呢？它不可能是 1，因为 1 × 1 = 1，也不可能是 2，因为 2 × 2 = 4。因此它是 1 到 2 之间的一个数。但不论它是多少，都不可能表示为两个整数之比，即不是个简分数。我们最好用小数的概念来理解：一个无理数的小数部分既不能写完，也不会循环。自然怎么可能由这么胡来的数构成呢？

无理数的发现对毕达哥拉斯学派的打击过大，以至于据传说，做出这个发现的人（或者根据有些传说记载，是在教团成员发誓保守秘密之后公开这一发现的人），即梅塔庞都的希帕索斯（Hippasos of Metapontum），被溺毙以示惩罚。

毕达哥拉斯学派的发现和观点与他们的爱奥尼亚前辈们太过不同了，但当我们转向他们的宇宙学时，会因其更容易理解而松一口气。在这方面，他们似乎同时借鉴了阿那克西曼德和阿那克西美尼两人。亚里士多德说，毕达哥拉斯认为在诸天之外存在一种"无边的气息"，世界会吸入这种气息，从而获得一致性和秩序。这有点儿让人想到阿那克西美尼，因为这一观念扩展了阿那克西美尼的"气是本原"的理念，进一步认为黑暗是极度浓缩的气。阿那克西美尼的气是无边无际的，阿那克西曼德的无限定也是如此，而毕达哥拉斯把黑暗定为"无限者"（the Unlimited），把光明定为"阈限"（the Limit）。

人们认为，毕达哥拉斯将大地看作球体，后代作者也记述说，他认为宇宙是以太阳为中心的，这也是为什么开普勒的日心说宇宙模型被认为具有"毕达哥拉斯色彩"。毕达哥拉斯说行星星系之外的诸天，不管如何排列，都是燃烧的气构成的环。我们通过天空下表面的孔隙可以看到这些环，所谓的孔隙就是恒星。这一观念可能是毕达哥拉斯学派从阿那克西曼德那里得来的。阿那克西曼德认为有三个这样的环，而毕达哥拉斯学派很可能把这些环之间的孔隙和他们所发现的三个音程联系起来。这三个音程就是八度、五度和四度，即"天体音乐"（music of spheres）。

毕达哥拉斯教派的伟大遗产，就是在音乐上发现了各个和谐音程可以表示为一些简单整数比。而**和声**（harmonia）的思想，开启了一系列概念上的可能性，这些可能性在日后影响深远。这一思想表明相反者可以达成和谐，或在它们的互相作用中产生和谐，尤其是靠混合达成和谐，例如干与湿、冷与热相互平衡，或调和对方的过度。实际上，早期医学中的调和思想就是一例：黄胆汁、黑胆汁、黏液和血液四种"体液"的和谐平衡，被认为是健康的构成条件。作为冷热之间关系的温度概念也是一例。还有伦理学上的"中道原则"（Doctrine of the Mean），即在两个恶的极端之间存在的高尚的中间道路（例如勇敢这种美德，就是处于怯懦和鲁莽两种恶之间的中道），所有这些观念都以种种方式得益于和声的思想。研究古代哲学的历史学家约翰·伯内特（John Burnet）写道："以下的说法并不过分：从此以后，希腊哲学就被完美调谐的琴弦这一观念所主宰。"

色诺芬尼（Xenophanes）

色诺芬尼的**全盛期**是公元前6世纪中叶之后的某个时间，因此他是与毕达哥拉斯同一时代的人。但他活了很长时间，一生四处游荡，最后在九十多岁时去世。我们知道一句别人引用他的话，是这么说的："到现在，我的灵魂已在希腊的土地上颠簸了六十七年；（这样的游荡）从我出生后二十五年就开始了。"我们以此确定，他在写这些话的时候是九十二岁。

我们可以把上面的话想成是他在回答自己的一首诗中提出的问题："这是在冬日的火炉旁谈的事情，当我们躺在柔软的长椅上，喝着美酒，嚼着鹰嘴豆：'你从哪里来，伙伴，你多大年纪？米提亚人来的那年，你有几岁？'"这里提到的"米提亚人"（the Mede）指的是哈尔帕格（Harpagos）对爱奥尼亚的征服。哈尔帕格是一位米提亚人，在波斯王居鲁士（Cyrus）麾下为将。爱奥尼亚诸城之前是在吕底亚王克罗伊斯治下。当居鲁士进攻吕底亚时，他请求爱奥尼亚人反叛吕底亚以支持自己。爱奥尼亚人拒绝了，因此公元前540年居鲁士在取胜之后，派军远征，要惩罚爱奥尼亚人。许多希腊人没有屈服于波斯人的统治，而是乘船离开了他们的城邦，福西亚（Phocaea）的全部居民都撤离了，重新定居在西西里。色诺芬尼酸楚的问句"米提亚人来的那年，你有几岁？"无疑与爱奥尼亚难民的流散相呼应，他们仍能记起自己在爱琴海东岸的故土。

我们虽然无法确定色诺芬尼的生卒年，但有几件事可以框定其范围。一件是，据说他听过阿那克西曼德讲课。另一件是，他在提到同时代的毕达哥拉斯时，用的是过去时，这暗示毕达哥拉斯死在他之前。还有个不可靠的传说记载，他曾是巴门尼德的导师，这表明在公元前6世纪的最后二十年中，他可能在南意大利停留过一段时间。而赫拉克利特在提到色诺芬尼的时候用了过去时，这说明到了公元前5世纪初期，即赫拉克利特的成熟期，色诺芬尼已经去世。

色诺芬尼生于克洛丰（Colophon），一座位于米利都和以弗所之间的爱奥尼亚城邦，邻近毕达哥拉斯的出生地萨摩斯。如果假定他残篇中的文段就是它们字面上的意思，那么他在哈尔帕格率军攻陷克洛丰时离开了城邦，那时他二十五岁，从那以后，他至死都在颠沛流离。他写的诗主题广泛，有些涉及哲学，但关于他是否写过严格意义上的哲学诗，人们仍有争议。有哲学倾向的诗句主要来自他攻讦荷马和赫西俄德的讽刺作品，因为他鄙夷二人对神的拟人化描写。

最后这一点是色诺芬尼最特别的一个方面：他坚决反对传统宗教，反对其中拟人化的奥林匹亚诸神。他主张，不存在神祇这种东西，像地震和彩虹这类自然现象也不是神的讯息，人们应该以自然主义的方式研究和理解它们。

他还批评了希腊人对竞技运动和竞技者的痴迷，并批评在二者上花费公帑的行为。他说："我们的艺术（即诗学）远比人和马的膂力要好！在人和马的竞赛中只有未经深思的评断，而且把膂力置于优美的艺术之上，也不合适。"他还指出，即便出现了比所有人更强的拳击手，更快的跑步者，更高超的摔跤者，"城邦的治理也不会因此而有丝毫改善。一个人即便在运动会上取胜，如果这不能充实城邦的仓库，那对城邦而言还是没什么好高兴的"。

与他在研究中的取向一致，他对自然界有着浓厚的兴趣。他记录过在山巅发现的鱼和海草的化石，对气象现象提出过猜想，推测过世界的广度和厚度。在最后这个方面，他认为大地向下无限延伸，因此夜晚的太阳并不能在地下运转。因而每天都有一个新的太阳，它由"许多小火焰"汇集而成。

毕达哥拉斯曾从犬吠中听出故友的声音，这件逸事就出自色诺芬尼的作品。色诺芬尼把它写成了讽刺作品，因为他觉得轮回转世的学说很愚蠢。他对荷马和赫西俄德出言刻薄，是因为他们"安在诸神身上的，是被凡人看作耻辱和羞惭的种种事情：盗窃、偷情还有欺骗"。他还说："如果牛、马或狮子有手，可以像人一样用手作画和制造艺术品，那么马会把神的形象画得像马，而牛会画得像牛。"他的想法是，存在一个神，这个神和我们所知的任何东西都不同，而且可能其实就是世界本身（见下文）。

他在一些段落里处理了他的爱奥尼亚前辈思想中的一些中心论题。他展现出对这些思想的熟稔，也表明了这些思想对自己的影响。"万物始于大地，万物终于大地……万物都是滋长的水和土。"他似乎认为大地在逐渐溶于大海："当大地被送进海洋，成为泥浆，所有人类都会毁灭。这种变化在一切诸世界都会发生。"

这最后一句话在学者中引起了争论。它表明，色诺芬尼受了阿那克西曼德的影响，认为存在着多个世界；但在对色诺芬尼的另一处评注中，以及在亚里士多德对他的评论中，他的观点看起来是"世界是唯一的"。后文会写到，巴门尼德也有这个理论，而他受到过色诺芬尼的影响，即便色诺芬尼没有真的教过他。但以上这些色诺芬尼观点中的模糊之处和显然的不一致之处，并不能全怪他自己。亚里士多德所创立的学派——逍遥学派（the Peripatetic School）——后期有一位成员，他写了一篇论文讨论色诺芬尼和其他两位思想家。在文中，他说色诺芬尼主张世界既不是有限的，也不是无限的，既不是运动的，也不是静止的。多年以后的辛普里丘坦承，这样的主张让他感到莫名其妙。

然而，不论色诺芬尼真正想说的是什么，在他的观点中引人联想的线索，都把他和巴门尼德联系起来。亚里士多德在《形而上学》中说，是色诺芬尼首先主张，实在是"一"，而柏拉图则称色诺芬尼为"第一位埃利亚派"，埃利亚派是指巴门尼德学派的哲学家，所坚持的学说就是：实在是独一、不变、永恒之物。亚里士多德接着说，色诺芬尼认为世界与神是同一样东西。在色诺芬尼的一份残篇中，他确实说过，世界与神"在一切方面都相同"。

评注者们提醒我们，不要误用久远的后代对神的看法，例如犹太教和基督教中的常见看法，来理解此处语境中对神的讨论。因为究其效果，色诺芬尼否定传统诸神的存在，并说神和世界是唯一且同一的，这两条合起来是为了暗示"不存在神，只有世界"。这些观念如果是色诺芬尼的真实想法，那它们除了和巴门尼德有关联之外，也预示了两千年后斯宾诺莎（Baruch Spinoza）的哲学。[1]

在色诺芬尼的残篇中，有一样内容是所有读过的人都会喜爱的，那就是他所描绘的一次哲学家的晚餐。他写道："地面洁净，我们的手亦

---

[1] 见下文边码第 211—217 页。

然，杯盘也是如此……桌上有一个拌菜碗，还有一碗有着柔和花香的葡萄酒……这里有甘甜冷冽的清水，有金黄的面包，还有摆满乳酪和蜂蜜的壮观的餐桌……""愉快的男人们"（很遗憾，总是只有男人）在奠酒时发誓永远"做正义之事"；饮酒是节制的，刚好能让所有人在宴会后自己回家；席间的谈话也不涉及神话和战争，而是关于人的"卓越"（arete）。

赫拉克利特（Heraclitus）

想要在哲学史上留名，牢靠的办法之一就是发表惊人之见，但又说得艰深或晦涩——如果既艰深又晦涩，就更好了。赫拉克利特就是一例。他以"晦涩者""隐秘者"和"出谜者"的称号而闻名，又以傲慢和厌世为自己的晦涩增色。他是个贵族，在约公元前540年或不久之后生于以弗所。他的家族属于城邦的统治精英，但他把自己继承到的权位"巴西琉斯"（Basileus）让给了一位兄弟，之后自己过起了乡野隐士的生活。但他在患病后回到了城邦，并在六十岁时去世。

他写过一本书，剧作家欧里庇得斯（Euripides）曾把其抄本送给苏格拉底（第欧根尼·拉尔修是这么说的，但这大概只是个传说）。欧里庇得斯问苏格拉底怎么看这本书，苏格拉底回答说："我所读出的内容是极好的，我没读出的内容大概也是极好的，但要靠一个提洛潜水者才能探到这部书的最深处。"[1]

要理解赫拉克利特的哲学，最大的困难是，现存的他的著作残篇本身就晦涩难懂，而且我们不确定要如何排列这些残篇。这是个问题，因为不同排列顺序下的文本支持不同的解读。亚里士多德在《修辞学》中抱怨说，人们很难确定要如何给赫拉克利特的文章断句，以明确其意义。亚里

---

[1] 提洛潜水者大概是指当时地中海沿岸以采集海绵为生的潜水者。他们通常赤身裸体，带着配重，可以潜入水中约三十米。——译者注

士多德还给出了一个句子作为例证，这是在全篇中我们唯一知道确切位置的一句话，即开头的那句："这一说法（logos）成立永远人们无法理解。"这句话是说这个说法永远成立呢，还是说人们永远无法理解呢？

我们甚至不知道他的书的题目，而本来我们可以通过题目大概知道它是关于什么的。后代的学述家说，这本书有三部分，一部分论自然，一部分论政治，还有一部分论神学。这异于此前的哲学传统，因为它所涉及的论题远比宇宙学要广泛。那么在这些领域中，赫拉克利特想说的重点在哪个领域呢？这本书看来是有意写成神谕体的——我们可以在想象中把它与尼采的《查拉图斯特拉如是说》相比（或许也可以把两个作者相比），就可以体会到这种文体如何增大了解读难度。

赫拉克利特的残篇中除了对世界本质的解释，还有关于知觉、知识和探究的评述："自然喜欢藏匿起来……眼睛是比耳朵更准确的见证者。"（他的意思是不是：自己观察要好过听别人讲？）他说，即便是像毕达哥拉斯那样从事科学研究的人，做研究的方法也不对："关于众多事物的丰富学识并不能给予人们理解力，不然赫西俄德、毕达哥拉斯还有色诺芬尼和赫卡塔埃乌斯（Hecataeos）就应该已经从他们的学识中获得了理解力。"赫拉克利特认为他已经把握了正确的"逻各斯"（logos）。逻各斯这个词在希腊哲学家那里有太多不同的用法，它可以指"说法""理论""框架""词语""理性""意义""原理"，不一而足，还可以表达我们现在所说的"（某件事的）内在逻辑"这样的意思。无论如何，以下是对赫拉克利特理论的一种合理的重构。

万物都在流变之中。柏拉图在《克拉底鲁篇》（Cratylus）中写道："赫拉克利特说过，万物皆会过去，无物可以停留。他把存在之物比作河中的水流，并说你不能两次踏入同一条河流。"赫拉克利特的学生克拉底鲁十分确信万物都在持续地流变，于是他在别人对他讲话的时候并不会回应，只会摇摇手指，表明他已经听到了，因为在他准备回答的时候，世界已经变了。

一些评注者不认为赫拉克利特的原意是柏拉图认为的那样。相反地，他们说他的意思是事物只有通过变化才能保持同一，就像河流一样。它的流变并不破坏它作为同一条河流的连续性，而恰恰构成了这种连续性。

这后一种解读与赫拉克利特的另一个关于"对立统一"的学说更为一致。对这个学说的一种解读是，一个事物可以把两种对立的属性结合在一起："海洋既是最纯净的水，也是最恶劣的水：对鱼来说，海水是可以喝的，是有益健康的；而对人来说，海水是有害而不能喝的。"类似的，青春与衰老、梦与醒、生与死都是"我们身上的同一样东西……一会儿它们是这一样，再过一会儿它们又是那一样"，尽管在这些例子中，对立的属性并不同时存在。然而他的其他一些残篇又似乎说，对立的东西其实是一样的："梳毛轮中的轨迹既是直的也是弯的……向上的路和向下的路是同一条。"[1] 这些说法都是对的，一个楼梯同时既是上行的也是下行的，其区别只在于你是在上楼，还是在下楼。"人们不理解内有分歧的东西如何能与自身相容。这是相反张力间的调和，就像弓和里拉琴。"

另一段把对立者视为同一的残篇，则需要更细致的研究才能释读。这段残篇说："善与恶为一。"这是否隐含了哈姆雷特的那个观点："世事并无好坏，人的想法让它们成为好或坏"？真正的含义很可能更深，因为赫拉克利特似乎认为，只有通过冲突或对峙，相反者才能共存，存在本身才是可能的。他说："荷马的这句话是错的：'但愿争斗从神和人的生活里消失！'[2] 他不明白，他所祈求的是宇宙的毁灭，如果神听从了他的祈祷，万物都会消逝……万物都由争斗而来，也随争斗而去……斗争就是正义，万事万物都依据斗争和必然性而发生。"

---

1 此处残篇有缺损，因而有不同释读。作者所用的译文将轨迹解为"毛梳的"（gnapheon, of fuller's comb）轨迹，这里改为"梳毛轮的"（gnaphon, carding wheel）轨迹。根据是 Kahn, Charles H., ed. *The Art and Thought of Heraclitus: A New Arrangement and Translation of the Fragments with Literary and Philosophical Commentary*. Cambridge University Press (1981) 中的考证，见第 190—192 页。按：梳毛轮是用于梳理粗羊毛的机械，由一个大滚筒及其上的一系列小滚轮组成。羊毛在大滚筒上滚过并被滚轮压平。这句话大概是讲羊毛经过弯曲的滚筒压制却变直了。——译者注

2 译文根据罗念生译《伊利亚特》。——译者注

沿袭亚里士多德的看法，许多评注者都认为，赫拉克利特遵从了先前的爱奥尼亚哲学家的传统，是一个唯物的一元论者，即认为世界有一个单一的、根本的、物质的本原。我们已经看到，他的前辈们先后认定水、无限定或者气为本原，而他提出的是火。"世界对一切都是同一的，它不是神或人所造，但它曾是、现在是、也将是永生的火，一部分被照亮，一部分在熄灭……火既是匮乏又是充足……万物都是用火换来的，火是由万物所换来的。"火变成水，而一半的水变成土，另一半变回火。这些变化都是斗争的结果，而斗争实现了正义，正义就在于不断逆转某物的优势地位，而改由他物来主导。

永恒的流变似乎让知识变得不可能，柏拉图也认为赫拉克利特是这么想的。但他对学识之价值的评价，以及批评其他人即便学习钻研之后仍未达到理解，都说明情况并非如此。实际上，赫拉克利特似乎认为知识有重大的伦理价值："可靠的思考是最大的美德和智慧。[它就是]说出真理，并依据对事物本性的恰切理解而行事。"

毕达哥拉斯教导人们采取一种生活方式，而赫拉克利特的智慧教导人们采取另一种。和其他许多人一样，他劝人在诸如饮食等事项上要节制和克己。但与其他许多人不同，他坦然地推崇对声名的追求："最优秀者偏爱一件事物胜过其他所有，那就是长久的声名。"他不一定指的是哲学上的声名，因为他也认为最好的死亡是战死沙场。他说，"性格就是命运"，还说总能得到自己想要的东西并非一件好事。

在政治上他提倡法治——"人们必须像保卫城邦的城墙一样保卫城邦的法律"，还提倡明智地选任统治者。这两条建议，都与宇宙之逻各斯的思想相一致，这一思想可以解释为：宇宙受普遍法则的支配。这两条主张还隐含了，理性即是对这些普遍法则的理性把握，而理性既适用于宇宙学，也适用于伦理学和政治学。但赫拉克利特不是一个原始民主派，他对"傻瓜们"和"群氓"没什么耐心。"大部分人的老师是赫西俄德，这些人相信，他知道大多数事情，但他甚至不明白，日与夜是同一的。"

不可否认，后代哲学家们被赫拉克利特的观点所震惊，但我们不能说他们受了这些观点的"影响",因为他们像我们一样都不太确定这些观点到底是什么意思。当然,他的同代人和后代人对他的观点有自己的解读,并肯定受到了这些解读的影响,但从这些影响出发,我们可以外推出很多种不同的思想史结果。一些人认为,巴门尼德有意将自己的哲学建立在赫拉克利特的对立面上,另一些人觉得德谟克利特在他的伦理学主张中呼应了赫拉克利特。人们在解读柏拉图时,也经常认为他是运用了对赫拉克利特的一种解读,来论证可感世界的短暂和无常,又运用了巴门尼德来论证可知世界(intelligible world)的永恒不变。在一些人看来,赫拉克利特完全处在爱奥尼亚物理学传统之中,而另一些人认为他是怀疑主义者。这就是"出谜者"这一身份所带来的命运,也是它的用处。

巴门尼德(Parmenides)

巴门尼德生于埃利亚的一个富裕家庭。他的生年或如第欧根尼·拉尔修所说,是公元前515年,或者是一二十年之后,这样柏拉图说青年苏格拉底在公元前450年左右见过他,就可能成立。第欧根尼采纳了亚里士多德的说法,说他是色诺芬尼的学生,但不同意色诺芬尼的观点。然而,巴门尼德和他的老师一样,都以诗体来写哲学,用的是荷马的六音步格律。荷马史诗,尤其是《奥德赛》中的意象为他的这些诗歌增色不少。第欧根尼说,也有人宣称巴门尼德是跟随阿那克西曼德学习的,而且在人生中的某个阶段,和一个名叫阿弥尼俄斯(Ameinias)的毕达哥拉斯主义者走得很近。他非常喜欢这位阿弥尼俄斯,在后者死后,他"像致敬英雄一样",为其修建了一座神庙。这份深情的原因之一是阿弥尼俄斯说服了巴门尼德,使之毕生致力于哲学。在学述传统中,一些人把巴门尼德描绘成一个毕达哥拉斯主义者。我们没有理由认为他在早年不是如此,但到他开始写诗的时候,他已经不再是毕达哥拉斯主义者了。

巴门尼德的诗讲的是一个年轻人被一架马车载着上升,去见一位女神。这位女神许诺他可以从自己这里学到一切。[1]但她说,虽然她告诉他的一切都是真的,他还是要自己来检验她的话。她说:"要靠论争来判断我所说出的饱受争议之论。"在一大段导言之后,诗的正文才进入了两部中的第一部,题为"真理"。我们现有全诗中的 150 行,其中超过三分之二是来自这一部分。第二部分的题目是"意见",女神警告说,这部分包含了关于世界的欺骗性的观点。这部分写的是我们平常的、由感官得来的对世界的看法,而感官是会误导人的。与之相对,第一部分"真理"告诉我们,名实相符的知识,只有在与"存在"(What Is)、与**实在**相连时,才是可能的,因为"非存在"(What Is Not)本身就是不可思议、不可言说的。只有理性能把我们引向"存在"的真理。

这一真理就是,存在必定是一个独一、不变且完整的东西,完美、整全而且永恒。而其他哲学家的观点,都基于以下前提:有一种本原,因其运动和变化,而转化成多种事物,这些转化都基于相互作用、流变、补偿、混合或者这些哲学家所提出的其他作用。但这些观点在理性审视之下,都是假的,因为只有一个永恒不变而且无所不包的"一"是可思议的。

在题为"意见"的部分,女神在开头说道:"我要就此停下我关于真理的可靠言说和思虑。接下来,了解凡人的看法,倾听我言语中虚假的指引吧。"她接着宣讲了一种宇宙学,其中火构成了诸天,而反面是"黑夜,一个密实厚重的物体……万物都同时充满了火和黑夜,二者等量,因为二者互不相干。"在诸天上,"必然性"(Necessity)固定了星辰日月,而银河和其他现象或者是"不定的火",或者是含有部分的黑夜,这解释了它们的差异。而"在这些东西中间的,是指引万物运行的那个神,她是一切痛苦的生育过程的肇始者,驱使雌性投入雄性的怀抱,也使雄性投入雌性的怀抱"。

---

[1] 这是一种修辞手法。而在伊斯兰典籍中,这种修辞就会被人们认为确实是真的。这是宗教与哲学的诸多差别之一。

但如前所述，这一"意见之路"或"假象之路"是虚假的，这条路上"游荡着无知迷茫的凡人"，他们认为自己生活在一个充满偶然、杂多和变化的世界。从感官所得到的骗人的知觉，让他们以为物体可以既存在又不存在——例如一个物体可以有时具有某种性质，而有时又没有。"不要依靠你的感官，出于惯习而走上这条路"，女神再次警告年轻人："用理性来决断。"但了解这条"假象之路"也很重要，因为这样就可以把它和真理之路相对照。她告诉他："你要发现一切，既有周密真理中牢固的核心，也有凡人的俗见。依这些俗见，则不存在真理，但你还是必须了解它们。"

巴门尼德理论体系的核心要点，建立在他名之为"存在"的那种东西之上。他借女神之口说存在是"不生不灭的……一个独一的整体……不动……完美而圆满"。女神接着说："没有'曾存在'，也没有'将存在'，因为存在是现时、同一、连续的。"这一观点会引起的问题是，"存在"是有形的呢，还是一个无形之物、一个抽象概念如"无限定"或者神？如果"存在"是有形的，那么我们要如何解释，在绝大多数视角下，时空中有形之物的属性是各异的，而且是有界的，而巴门尼德的"存在"既是所有存在之物（包含全部的空间），又不会变化（这至少让人难以理解时间，如果时间还存在的话）？

这个解读式问题显然会引起争议，但大部分人的共识是，巴门尼德认为"存在"是有形的。一段残篇把它描述为一个球体，且亚里士多德说巴门尼德不相信任何一种无形的实在。巴门尼德也没有提到现实中存在着"神"或者"众神"（诗中的女神只是一种修辞手段），他似乎把"存在"视为宇宙本身，即把万物的总体视为一个物——有形实在的满盈体（plenum）或者完全整体。

这引出了下一个问题：这个球体是否无限，如果不是，那么空间必定也是有限的，这样这个球才能完全充满空间。不论答案是肯定还是否定，如果球是有形的，它就必须包含所有的空间，因为它不动也不变。而既然它不变，我们要么必须认为不存在时间这种东西，要么必须认为"存在"把所有时间包含在一个不变的现在之中。这似乎就是下面这段残篇的意思:"在存在之外,没有时间,也不会有时间,因为命运已经把它固定在不动的整体之上。"这一解读至少和巴门尼德的中心论题相一致,即实在是个不变的一。如果认为时间只有在有变化的地方才存在,那么在设想中,被"存在"所充满的空间中不会有变化,因而也没有时间,或只有一个永恒的现在。

既然在"存在"之外不会有他物,那么变化和运动的概念就是无意义的。在这种意义上,只有当"存在"之外有"非存在"的时候,才会有变化和运动:如果你认同阿那克西曼德,认为**本原**会变稀或凝聚,那么从一种状态(较稀薄的)到另一种状态(较凝聚的)或者反过来的变化,就预设了:本原所变成的那种状态,原先是不存在的——原先并不存在"更凝聚"这一状态,以供"较不凝聚之物"变过去。因为如果先前没有一种"当时不存在"的状态,也就不会有其他状态的物体变成这样的状态。毕达哥拉斯派关于宇宙之外的气的说法,也是这样。他们说这些气进入宇宙并把它分成了不同的单元,这也预设了"非存在"的存在,"非存在"即通过运动和变化成为"存在"之物。

巴门尼德强调的要点是,人不能思考**非存在**,因而任何可思议的东西一定存在。"可思议的和可能存在的是同一个物……一定是可言说和可思议的东西才存在,因为只有这样的东西才可能存在,而无则不可能存在。"这段话的另一种表达方式是:如果你思考,你一定是在思考某个东西,因而不存在**无**。"只有可以思考的东西是存在的……思考是为了'存在'而存在。"

请注意,巴门尼德在论真理的部分不但给出了主张,还做出了论证。全诗两个部分之间的鲜明对比在于,在前一部分,作者要我们思考,**存在**必须是整全的(说"任何存在之物都存在"带有同义反复的特征),而且人不能思考或谈论**非存在**,因为**非存在**依其定义就是无。认为人可以把无作为思考的对象,似乎是自相矛盾的。当然我们可以很合理地说,实际上很多时候我们都在谈论非事实的情况(但这些情况或者是可能的,或者是发生过的，或者将来会发生但还没有发生，等等）。我们也可以质疑巴门尼德的主张，询问真实存在的世界和可以想见的世界是否必然是同一且排他的。但巴门尼德的这些论点至少是深刻的挑战，而哲学在其整个历史中都在努力应对这些挑战。这完全不同于说"有火和黑夜以及二者的混合物，在万物中间，神指引它们的运行……"。从早期前苏格拉底哲学家中，我们看到，这样的理论化说明——"本原是水……是气"——并非单单是一种说法，而是建立在某种观察和推理的基础上。但巴门尼德诗中的"假象之路"就没有这种特征，尽管它在宣称诸天由火构成时，其基础确实得自观察，因为如果天体本身不是火或者着火的东西，那么它们的光从哪里来呢？而事实上，它们也确实是火球——或者就更近的天体而言，是反射了火光。

作为写作者，巴门尼德不像赫拉克利特那样隐晦，但他借以阐述自己理论体系的六音步诗体，还是让人们很难得出一个清楚的解读。尽管如此，他标志着哲学史上的一个重要时刻。他是一个转折点，对之后的哲学家而言，不论他们是否接受巴门尼德的观点，他对他们的影响都是巨大的。他的追随者芝诺和麦里梭捍卫了他关于一的理论。芝诺用他的著名悖论——阿基里斯追乌龟等等（参见下文）——想要证明时间和变化的不可能性，而任何思想家想要承认变化和杂多是实在的，都必须回应巴门尼德的论证，并找到解决它们的办法。

从其后的整个哲学史来看，受巴门尼德影响最大的，是柏拉图和柏拉图主义者。柏拉图十分崇敬巴门尼德。在一篇晚期对话中，他让巴门尼德打败了苏格拉底。他从巴门尼德的思想中阐发出自己的观点，认为感官以及感官所呈现给我们的表象世界（即我们周围熟悉的世界，看起来杂多且有时间和变化），在实在的真正本质这一点上欺骗了我们。哲学以及后来的科学，都正是在这一主题之下，做出了数不胜数的成就。

埃利亚的芝诺（Zeno of Elea）

柏拉图的《巴门尼德篇》和第欧根尼·拉尔修的《名哲言行录》几乎是目前仅存的关于芝诺生平的史料。如果柏拉图的说法正确，那么芝诺生于公元前490年，并在公元前450年同巴门尼德一起去往雅典，在那里他们见到了青年苏格拉底。

芝诺据说不只是巴门尼德的学生，也是他的养子和爱人。柏拉图说他是个高大英俊的男子，第欧根尼说他的著作"充满智识"。亚里士多德则说芝诺发明了"辩证法"（dialectic），即旨在达到真理的哲学论辩形式（其反面是"辩论术"[eristic]，仅仅为了论证而论证，或为了取胜而论证）。辩证法这一发明，部分源自芝诺的论证法，即从对手的观点出发，证明这个观点会导致荒谬的结论。

第欧根尼说芝诺"作为哲学家和政治家都品格高贵"，在试图推翻僭主尼阿库斯（Nearchus）失败之后，他被逮捕，受到拷打并被处死，但他始终没有出卖自己的朋友。[1] 关于他的死，有多种传说。据说，芝诺告诉尼阿库斯，有些私人的话想对尼阿库斯说，请他附耳过来，然后芝诺"用牙紧紧咬住耳朵，一直不松口直到被刺死"。另一个版本说芝诺咬的是僭主的鼻子而不是耳朵，而且鼻子被咬掉了。第三个版本说他不愿泄露秘密，咬下了自己的舌头并吐在了僭主身上，这唤醒了城邦公民，他们用石头砸死了僭主。当尼阿库斯叫芝诺说出政变的幕后参与者时，芝诺说："就是你，城邦所受的恶咒！"随后尼阿库斯命人把芝诺丢进了一个巨大的石臼，并把他捣死。

人们可能会觉得这些栩栩如生又鲜血淋漓的细节，是为了让这些在思考中获得最大乐趣的人的乏味经历显得更鲜活。但其实哲学家们的传记常常表明，他们过着活跃的生活，因为思想可能是危险的，而依自己的思想生活或传播思想都需要勇气。第欧根尼曾给芝诺写过如下的献词："芝诺，

---

[1] 尼阿库斯是巴门尼德和芝诺所生活的城邦埃利亚的僭主。

你曾许下高贵的愿望，要杀死僭主，把埃利亚从枷锁中解脱。但你被击败了，众人皆知那僭主抓住了你，把你放在石臼里猛击。但对此我要说的是什么呢？被打击的是你的肉体，而不是你。"

柏拉图《巴门尼德篇》所描绘的芝诺说，他关于运动和杂多不可能存在的论证，是为了支持巴门尼德的论点，即认为实在是不变的一。他说："我的这个作品实际上是为巴门尼德的论证辩护，反对那些试图取笑他的论证的人。这些人说，从他那个'存在是一'的前提，会导出许多和前提矛盾的荒谬的结论。我的文章是对支持杂多的人的驳斥，有意把他们的攻击加倍返还给他们。我想要证明，从他们的'有多个存在'的前提所导出的结果，比从'存在是一'这个前提导出的还要可笑。"换言之，芝诺的论证采取了归谬法的形式，从一个初始假设出发，证明这个假设会导致矛盾。

芝诺创造了大约四十个悖论，其中十个为我们所知。亚里士多德的《物理学》是记载芝诺反对"运动"的论证的主要史料。这些论证可以描述如下：假设你正从体育场的一端走向另一端，为了做到这一点，你必须先走到路程的中点，但为了走到中点，你要先走到去中点那段路的中点。不论要走到哪个点，你都必须先走到该路程的中点，但在此之前你还必须先走到中点的中点，以此类推直至无穷。但人无法在有限的时间内经过无限个点，因此运动是一种错觉。

另一个例子是阿基里斯追乌龟。如果乌龟一开始领先，不论领先多少，阿基里斯都永远追不上它。这是因为，要追上乌龟，阿基里斯必须先到达乌龟的出发点，但当他到达时，乌龟已经往前走了，因而阿基里斯必须到达这个新的出发点。但当他再次到达时，乌龟又往前走了，以此类推。

第三个论证是这样的：设想一支箭瞄准了一个目标。这支箭在飞行中的任何时间都占据着等于其长度的那段空间。因此在这段空间里，箭是不动的，因为（芝诺说）当任何物体占据等于其大小的空间时，都是不动的。于是，由于这支箭在飞行中的每个时间点都占据着等于其大小的空间，因此在飞行中的任何时间点，它都是不动的。

对这些论证，亚里士多德自己提出了一些回应。芝诺的论证假定，要在有限的时间内经过无限个点是不可能的。但这个论证没有区分无限的可分性和无限的广延性。人不能在有限的时间内经过无限的广度，但人可以在有限时间内经过一个无限可分的空间，因为时间本身就是无限可分的。于是人就可以在无限可分的时间内经过无限可分的空间。

至于芝诺的箭论，亚里士多德说它基于一个假设，即"时间是由许多'现在'（即一些离散的时间段）组成的"。如果不承认这一前提，这个演绎就无法进行。

芝诺构建自己论证的方式表明，他的脑中想着的主要是毕达哥拉斯派的理论。毕达哥拉斯派主张数是实在的基础，同时也相应地认为物体是一些单位的总和。据记载，芝诺曾说："如果任何人能向我说明一个单位是什么，我就能说出物体是什么。"他接着提出了从"存在着许多物"这个前提如何导出一个矛盾的经典案例。他说："如果物是多的，那么它们必定如它们所是的那么多，不多也不少。如果它们如它们所是的那么多，它们在数量上就是有限的。但如果物是多的，那么它们的数量应该是无穷的，因为两个物体之间总会有其他物，这些物之间还有其他物。于是物在数量上应该是无穷的。"

反对"多"的另一个论证，围绕着一个猜想展开，即物体是可分的。我们还要假定分出的部分也是物，因为如果将物体细分到最后是无物，那某样东西怎么可能由无物构成呢？假定你认为物体的部分不是无物，但没有大小，那么这些部分所组成的物怎么会有大小呢？因为没有大小的物，无论多少都不能组成一个有大小的物。于是我们只能假定，物的基本组成要素一定是某种物，而且有大小。但如此一来，这些基本要素也不再是基本要素了，因为它们还可以进一步分割。如果它们分出的部分也有大小，那就还可以分割，这些分割出的部分也是一样，因此分割永远不会停止。

在芝诺反对空间的论证中，他所瞄准的靶子似乎是毕达哥拉斯派，因为他们的理论认为气从宇宙之外进入了宇宙中。"如果存在空间，那空间就在某物之中，因为所有存在之物都在某物之中，而在某物之中的物，也在空间之中，于是空间就在空间之中，以此类推以至无穷。因此不存在空间。"在此，芝诺假设空间是一个容器，处在类似牛顿的绝对空间中的某物之中，而不是假设空间是物体之间的一系列关系。他对词语"某物"和"之中"的使用也失于模糊（使用了同一个词的多种含义）。但芝诺的论点确实引出了一个问题：为什么无限空间这个概念本质上是自相矛盾的？

这又引起了另一个问题，即芝诺对无限这个概念的发展。后来被人们叫作芝诺运动悖论的"标准解答"的是微积分学，由牛顿和莱布尼茨（Leibniz）在17世纪各自独立发明。芝诺关于无限的说法也激发了对潜无穷（potential infinity）和实无穷（actual infinity）的讨论，而后一个概念直到19、20世纪之交，才在数学家理查德·戴德金（Richard Dedekind）和格奥尔格·康托尔（Georg Cantor）的著作中得到充分的规范证明。对芝诺悖论的深入思考还启发了其他思想，它们以各种方式提出：有形实在的元素不可能是无限可分的；空间的概念与作为整体的可感实在的概念是矛盾的；有必要构建次协调逻辑（paraconsistent logics），其中的两条矛盾结论可以都是真的。

关于体育场悖论和阿基里斯悖论，有一种思考方式是，如果你把 ½ + ¼ + ⅛……求和，你就能得到，时间间隔和空间间隔的和都是1。因此如果你把人到达每个中点所经过的路程（体育场的中点，这个中点的中点，以此类推）加起来，你得到的就是一个体育场两端之间的有限的路程。到达这些中点所用的时间也是如此。于是我们又得到了之前的结论，人可以在有限的时间内经过一段无限可分的空间。

深思这些悖论，我们能得到一个引人联想的结论：这些悖论的根源，是我们用以组织我们经验的那些概念性工具之间的冲突。例如，当我们把运动理解为在一段时间内持续发生的事件时，我们所想的是一个物体相对于背景中固定的参照点，从一个位置移动到另一个位置。从这个角度出发，我们不会认为，也有理由不能认为，这个物体在空间中是连续而确定地在各个分离的时刻，位于一系列各自不同的相邻的点上。但当我们从这后一种不同的视角来看待物体，把它看成是处于路程中的某一点时，我们就不会，也有理由不能再从第一种视角把它看作正在经过这个点，因为第一种视角中不存在特定的"一个时刻对应一个位置"，而这恰恰是我们在第二种视角中采取的立场。因此，问题出在我们自己身上。有时我们为了不同目的、从不同角度描述一件事的各种方式间会互相矛盾。但这并不导致运动本身成为错觉。

不论芝诺的论证本身是否站得住脚，也不论对这些论证的驳斥是否成立，实际情况是，它们都进一步激发了对巴门尼德思想的深入思考。这一思想极大影响了柏拉图和其后的一大部分哲学，这个思想就是：表象并非实在。

恩培多克勒（Empedocles）

如巴门尼德一样，恩培多克勒也生在一个富贵人家，并参与了他出生的城邦——西西里岛的阿克拉加斯的政治。[1] 尽管他是贵族，却支持民主派，但他显然也保持着贵族的做派：衣着华丽，自称有着超人的天才，而且不屑于对才能保持谦虚。他说过："我从你们中走过，是一位不朽的神，而不再是凡人，你们向我致敬，用花环和王冠将我环绕。"他获得这样的名声，部分原因可能是，作为一个医师，他有着卓著的医疗业绩，曾把西西里的另一座城邦塞利努斯（Selinus）从瘟疫中拯救出来，据说还曾施展巫术和魔法。他说自己的力量包括呼风唤雨、返老还童和被除邪恶。他写道："不论我到哪座名城，都被男男女女所赞誉，被千万人簇拥。人们渴求解脱，有些人来求预言，有些人求我治疗疾病。"

他作为医师的名望看来不只来自装神弄鬼。盖伦（Galen）说他是医学中的意大利学派的创立者，而这一学派与当时其他医学传统同等重要。他的学派认为，疾病由冷、热、干、湿之间的不平衡导致，而这些属性的

---

[1] 恩培多克勒生于公元前5世纪早期。

不同组合与四种元素有关。他认为这四种元素是万物的基础：火、气、水、土。这一学派的有些学说是富有洞见的，例如认为呼吸是通过身体上所有的孔洞发生的，而不仅仅通过肺，呼吸还与血液流动有关。但在其他一些方面，这一学派也带着原始思想的印记，例如认为心脏是意识之所在。

据说恩培多克勒曾跟随巴门尼德（作为芝诺的同学）与毕达哥拉斯派学习。由于他的出生地邻近克罗顿和埃利亚，这个说法很可能是真的。有个故事说他其实是个毕达哥拉斯派，但因为窃取论文而被教团开除了。他的素食主义和对转世重生的相信，也佐证了他至少曾经是个毕达哥拉斯派，而且肯定受到这一学派的影响。

恩培多克勒以诗体写作，这和巴门尼德一样，而且他是最后一位这样写作的希腊哲学家。从他之后，到公元前 1 世纪卢克莱修的《物性论》（*De Rerum Natura*）之间，再也没有别的伟大的哲学诗篇了。恩培多克勒作品的存世量远多于其他前苏格拉底哲学家，一种估算认为他的诗篇《论自然》（*On Nature*）有五分之一的诗行保留下来。在他的其他诗篇中，有一篇题为《净化》（*Purifications*），据说他还撰文讲述过薛西斯（Xerxes）入侵希腊，写过一篇阿波罗颂歌、一篇医学论文，还有一些戏剧。对他思想的解读受到了 20 世纪发现的一部纸草书——斯特拉斯堡纸草的影响。这部纸草书载有他的文句，这些文句使人想到排列它们的一种新方式，从而提示了对他思想的几种不同的阐释。

恩培多克勒的宇宙学的前提是认为有四种永恒不坏的元素，或照他的说法称为"根"，而元素的组合则产生了万物。他是第一个提及这种四本原学说的人。他说，万物是由四种根以不同比例混合而成，变化则是四根受到两种动力之一的作用而结合或分离的过程。他称这两种动力为"爱"（love）和"冲突"（strife）。这些力之间的相对强弱变化不定，这就解释了前者如何导致物的聚合，而后者如何导致物的分离。

宇宙是永恒的，经历着周期循环，这些循环则取决于爱与冲突两种力量何者占上风。在最好的状态下，宇宙是不动的，两种力量也静止，四根相互独立，不相混合，处于平衡之中。此时的宇宙是个球体，由爱所联结，而冲突则守护着外围的边界。这种静止不动的球体观念，其灵感来自巴门尼德，但恩培多克勒的球体不会长久保持静止，因为在两种力量中，冲突渐渐增长，牵动着爱所造成的纽带，引发两种力量之间的拉锯，并产生了多种多样的事物。当冲突的力量进一步增强，力量间的斗争最终使宇宙陷入混沌。在循环过程中的这一阶段，没有生命可以存在。但接下来，爱的力量开始增强，宇宙于是经历了另一段拉锯，此时万物从元素的混合中产生。最终爱的胜利使这个循环来到了另一个静止的停靠点，而后循环又一次开始。

恩培多克勒的理论中有个引人注意的方面，那就是他认为元素的组合是随机的。这种组合会产生众多奇怪的东西，例如人的身体上长着动物的头、没有胳膊的肩膀、雌雄同体的生物以及其他类似的畸形。这些畸形出现得快，消失得也快，因为只有那些适应环境的变种，才能生存和繁衍。

他认为我们的视觉是靠眼睛放出光束来照亮所看的物体。我们的皮肤表面整个是一个感觉器官，可以接收周围物体散发的东西，而构成我们的那些元素组合对应着外界物体的元素组合，于是我们可以了解它们，因为我们与它们相似。

恩培多克勒从巴门尼德那里学到，感官是有欺骗性的。因此他主张，我们必须靠理性，从各个角度把握万物的本质。从毕达哥拉斯派那里，他承袭了转世重生的学说，并和他们一样，认为获取知识可以净化灵魂，使之摆脱重生的循环。

围绕恩培多克勒之死，存在多种多样的轶事，其中最广为人知的是他跳进了埃特纳（Etna）火山，想要彻底消失，这样人们就会以为他已经升天而没有死，从而可以确证自己是神。但他的计策被人识破了，因为沸腾的岩浆把他著名的金凉鞋中的一只喷到了火山口的边缘。这个故事还有其他版本，它们都呼应了下面这组对句："伟大的恩培多克勒，风采闪耀 / 跳进埃特纳火山，整个烤焦。"还有一个不那么夸张的版本，第欧根尼·拉尔修也曾详述过，说恩培多克勒在晚年摔断了一条大腿，不久就去世了。他葬在麦加拉，古代人都知道他的墓在那里。

当我们认真审视恩培多克勒的观点，就会发现，像其他前苏格拉底哲学家的理论一样，这些观点并不像初看时那样古怪。恩培多克勒选定的四"根"——土、气、火、水——可以看作是体现或代表了有形之物的各种存在形式，如固体、液体或气体或这些物态的结合。亚里士多德说，恩培多克勒想让我们明白，火与其他三种根处于特殊的关系之中。在其他这些根由爱和冲突所推动的相互作用过程中，火会作用于这些根。他在四根中包括了气，并称之为"以太"（aither）而不是"空气"（aer），使自己的观点与阿那克西曼德的观点相区别。这是基于一个发现，即空气是有形的物质。据说他曾用实验演示过这一点，用的是水钟（clepsydra）[1]。他用拇指堵住水钟的出水口，把它倒置过来浸入水中，然后松开手指让水钟里容纳的空气冒出成气泡，从而向那些主张空气不存在的人们证明了它确实存在，这些人会在自己的面前摆手，以证明那里空无一物。有人不无夸张地主张，这是载于史册的第一个科学实验。

下面让我们考察一下恩培多克勒对两种力的说明。这些力——"爱"（philotes，有人译为"友爱"[friendship]）和"冲突"（neikos）——通过使诸元素聚合和分散来推动变化。在人的身上，这两种情感支配着人与人之间大量的交往。就如其他前苏格拉底哲学家那样，他对变化和运动的相关现象的解释，都巧妙地源自对我们自身主体经验的普遍化。在此，吸引和排斥的情绪总体上解释了我们与他人之间的亲密或疏远。在没有其他可选的推动力时，从这样一个清晰而习见的例子投射到其他领域，是合情合理的选择。

亚里士多德称芝诺为辩证法的开创者，而把恩培多克勒称为修辞学的开创者。这无疑是因为恩培多克勒作为伟大演说者的声名，以及他雄辩的诗篇。

---

[1] 古希腊水钟形制各有不同，但基本是一个上宽下窄，底部有小孔的管状物。——译者注

阿那克萨戈拉（Anaxagoras）

公元前 467 年，一个突发事件让希腊世界骚动起来：一颗大陨石——"像一车货物那么大"——从天而降，落在达达尼尔海峡旁的埃戈斯溪（Aigospotamos）。据记载，大约同一时间，人们还看到了一颗彗星，今天人们认为那是哈雷彗星。一般而言，传说都是围绕着大人物而编织出来的，据说阿那克萨戈拉预言过这颗陨石的坠落。这是不可能的，但这主要不是说明他作为科学家的能力，而是说明他在当时以及后世作为科学家的声名。除此之外，他还有另一项声名，是作为刻板印象中那种忘我的思想者，放弃了世俗之物而潜心于探究和沉思的生活。

约公元前 500 年或略早，阿那克萨戈拉出生在爱奥尼亚的克拉佐梅奈（Clazomenae），与恩培多克勒同一时代而略为年长。学述家们说，他是阿那克西曼德的学生，但这极不可能，因为目前最可靠的生卒年估算告诉我们，阿那克西曼德死于阿那克萨戈拉出生以前。然而，这种说法可能的意思是，他在走上哲学道路时受到了阿那克西曼德思想的影响。这是很可能的，提奥弗拉斯图斯的记载也支持这一点，他说阿那克萨戈拉是"阿那克西曼德哲学的认同者"。

阿那克萨戈拉的经历中的一个有趣的点是，他是第一位在雅典成名的著名哲学家，而且他是在公元前 480 年到达雅典的。那年爆发了萨拉米斯（Salamis）海战，提米斯托克勒（Themistocles）指挥希腊联军大败薛西斯的波斯军队，从而终结了后者对希腊世界的侵略威胁。在此之前，波斯人早就已经控制了爱琴海东岸的希腊城邦，当然也包括爱奥尼亚的诸城邦。这意味着，严格说来，阿那克萨戈拉是波斯的臣民。而这又表明，他可能是随着波斯军队到达雅典的。

不论实情是否如此，他当时已经是个哲学家了，日后还将更加知名。柏拉图在《斐德罗篇》（Phaedrus）中告诉我们，他后来成了青年伯里克利（Pericles）的导师，这位青年日后成了那个时代最伟大的政治家。柏拉图说，阿那克萨戈拉教给伯里克利"天上之物的道理"以及"关于心灵和知性之真正本质的知识"。[1] 据一个不太可靠的传说记载，阿那克萨戈拉也是剧作家欧里庇得斯的导师。

与伯里克利的交游，其结果是灾难性的，它很可能是阿那克萨戈拉在公元前450年因不虔敬而受审的原因之一。这一指控是克里昂（Cleon）提出的，他是第一次伯罗奔尼撒战争中的雅典将军。克里昂是伯里克利的政敌，修昔底德和阿里斯托芬都说他是个不择手段的人。在他对阿那克萨戈拉的指控中，他的指责涉及阿那克萨戈拉关于日月本质的理论，即太阳是一块红热的石头，而月亮在物质上和大地是一样的。据说伯里克利曾在审判中为阿那克萨戈拉辩护，后来又安排人把他从狱中释放（或者也许是帮助他出逃），使其离开雅典。他回到了爱奥尼亚，并长期定居在特洛阿德（Troad）的一个米利都殖民地兰普萨库斯（Lampsacus）。在他去世时，兰普萨库斯人建了一座献给真理与心灵的祭坛来纪念他，此后他的忌日成了学童每年的假期。显然他在生前要求过人们这么做。

第欧根尼·拉尔修说，阿那克萨戈拉写了一本雄辩而好读的书。今天这本书只有第一部分的一些引文通过辛普里丘的著作得以保留。

和恩培多克勒一样，阿那克萨戈拉必须努力应对巴门尼德提出的挑战：在巴门尼德的论证既反对杂多又反对变化的情况下，如何解释这个杂多的世界以及我们的感官所感受到的变化，又如何解决"究竟何物存在"这个形而上学问题。他接受了巴门尼德的观点，认为终极意义上的存在一定是不变而永恒的，无法增添任何东西，也不能从中减去任何东西。他或者是认同了恩培多克勒（假定他了解后者的成果，这是相当可能的），或者是独立做出了相同的结论："形成"和"消逝"并非创生和毁灭，而其实是重新组合，即永存的元素之间的混合与分离。

但他又加上了一条，构成万物的最根本元素，或曰"种子"（panspermia），总是在一切物中一起存在。不同物体之间的区别只在于其中某种元素对其

---

[1] 在《斐德罗篇》中并未找到这两条引语。原文对应的段落说，伯里克利"在与阿那克萨戈拉交往的时候获得了高度思辨的能力，认识了智慧和愚蠢的本质"。见 Phaedrus, 270a。——译者注

他元素的优势，而不会缺少某种元素。这也说明各元素不可能相互分离而以各自纯粹的形态存在，而恩培多克勒恰恰认为，在他所描绘的宇宙循环的静止状态中，一定会发生这种元素分离。

阿那克萨戈拉说，在世界形成以前，最初存在的是未分化、无边界的一团物质，由四种种子不可区分地混合而成，每种种子本身则由无限小的部分所组成。此外还有"努斯"（nous），意为"心灵"或者"理性"。它作用于这团物质，使之运动，种子因此聚合，产生了各种物体，同时种子也会分离，使物体消灭。每个物体之中都有每一种种子，但如上所述，哪一种种子的数量最多，决定了各个物体的不同特征。不存在虚空，没有"虚无"。宇宙就是存在之物的总和。为支持这一观点，他像恩培多克勒做过的那样，用实验证明了空气是真实有形的存在，并表明了空气并不像感官所见的那样是"虚空"。

"努斯是外部起因并作用于种子"这一思想，是为了回应巴门尼德"物体本身没有推动力"的观点。阿那克萨戈拉的爱奥尼亚前辈们似乎简单地假定，本原可以推动自己，或者自己就可以构成原因，但恩培多克勒和赫拉克利特的观点引入了诸元素之外单独的推动因素：爱和冲突，以及逻各斯和努斯的运作。但我们如果认为，阿那克萨戈拉的努斯就像后来人们所说的"心灵"一样，是一种非物质的东西，那就错了。他说过，努斯是"万物中最稀薄者"，能在种子之间任意穿行，而且是"纯粹的"，未掺入其他东西，这使它能成为其他一切事物的起因，或者按他的话说，努斯"支配"其他东西。令人费解的是，他还说努斯"知道一切"，就像一个无限的心灵一样，除非他想说的是努斯与其他东西相"联系"，所以"认识"它们。

亚里士多德对阿那克萨戈拉的努斯概念的批评是，它只是个权宜手段，用以填补解释上的漏洞："每当他不知道如何解释某物为什么必然存在，他就会扯到努斯。"这个概念的作用就像"填充空隙之神"[1]这种论证

---

1 即把未解的现象归为神灵的作为。——译者注

一样，一有机会就请出一位神祇来解释那些看似无解的现象。我们当然很难在残篇中找到段落，能证明努斯是如何让万物最初的混合物做"旋转运动"，并使得冷与热、稀与稠、干与湿等相互分离（虽然从不会完全分离）的。干的东西中总有一些湿，热的东西中总有一些冷，反之亦然。最终，旋转分离的过程产生了两团分开的物质，一团中热、光、干、稀的元素占主导，另一团中冷、暗、湿、稠的元素占主导。前一团就是以太或火，后一团就是气。

因为以太中轻的元素多于重的元素，它就构成了世界的"外面"，而气更为浓稠，于是构成了世界的"里面"。气进一步聚成云、水和土，土又变成石头。有段残篇说，有多个世界，如果阿那克萨戈拉确实是这个意思，那他就遵循了在他之前的爱奥尼亚传统。他认为大地是平的，它御气而行；地震则是源自大地下面气的扰动。他说，河流从降雨中得到水，海洋则从河流中得到水，但尼罗河的水是来自埃塞俄比亚的融雪。星辰是从大地上分出的石头，因为速度快而变得红热，但因为距离太远，我们感觉不到它们的热。日月也是炽热的石头，它们和星辰一起被以太带动，做旋转运动。太阳比其他星辰更热（或者更准确地说是感觉起来更热），是因为它不是那么远。太阳比伯罗奔尼撒半岛大，它的光经过月亮反射，成为月光。当月亮处于太阳和大地之间，就会进入大地的影子而发生月食。

这些理论大部分都很精到。阿那克萨戈拉一定有着异常敏锐的视力，因为他说过，月亮的物理构成和地球一样，其上也有平原和峡谷。他在其他方面也很有洞察力。他说，植物是活物，它们自然和动物源自同样的原初泛种（即万物的种子），动植物的差别只在于其中元素的混合方式。他的知觉理论是，我们"通过反差"来感觉事物。当我们的手是热的，就会觉得一碗水是冷的，而如果我们的手是冷的，同一碗水感觉起来就是热的。为了看到物体的像，落在瞳孔上的像必须和瞳孔不同色。我们在夜间视力较差，是因为夜间的物体颜色更接近我们瞳孔的颜色。

在哲学的前苏格拉底阶段中，阿那克萨戈拉是个有趣的个案，因为他的理论结合了演绎推理和从观察出发的归纳，这种结合在他的理论中有着清晰的轮廓。这种结合不仅是哲学起源阶段的特征，更是历史上一切哲学的特征。他对河水来源的说法，对月食和感官知觉上一些现象的说法，不仅预示了后来的见解，而且是对这些现象进行经验验证的先驱。他从巴门尼德那里接受了关于实在之属性的看法，即实在的根本性质是永恒不变的。而要解决随之而来的问题（变化和消长如何可能？），他也有自己的办法。他的看法和他的办法是一个范例，说明了哲学在早期是如何努力应对表象与实在这一问题的。他处理中心问题的方法在另一方面也是范例：当观察是展开探究的唯一工具时，他用理性处理观察之所见。

留基伯和德谟克利特（Leucippus and Democritus）

我们尚不清楚，阿那克萨戈拉的"种子"理念是否影响了德谟克利特和留基伯的原子论（atomism），但二者在基本概念上至少有表面的相似性。

原子论认为，万物都由微小而不可见的物体组成，而这些物体是"不可分割的"（*atomos* 这个词的意思就是"不可切割"或"不可分"）。对柏拉图和亚里士多德的体系而言，原子论是主要的对手。柏拉图和亚里士多德的理论虽然在其他方面不同，但都不像原子论这样是机械论（mechanistic）的。巴门尼德留给后人的那些问题，经过其他前苏格拉底哲学家的讨论，到了留基伯和德谟克利特的原子论这里似乎得到了很好的处理。这使得亚里士多德虽然不认同他们的原子论，却十分钦佩，并觉得有必要仔细研究它。因此，他写了一本长达数卷的书研究德谟克利特。可惜，这本书已经遗失，只靠辛普里丘的引用留下了几段残篇。[1]

关于留基伯，我们几乎一无所知，他甚至有可能不存在。我们在后文

---

[1] 哲学家之间的影响，或对其他哲学家的兴趣，往往是出于他们地理上的接近。亚里士多德的出生地斯塔基拉，就离德谟克利特和留基伯的家乡阿布德拉不远。

讲到的伊壁鸠鲁就不承认留基伯真实存在过。其他的学述家也对他的出生地众说纷纭，有说是爱奥尼亚的米利都，有说是意大利的埃利亚，而这两地分处希腊世界的两端。在人们归于留基伯名下的哲学理论中，结合了爱奥尼亚和埃利亚的成分，因而也不能为确定出生地提供什么证据。还有流传下来的其他说法，说他生在色雷斯的阿布德拉（Abdera），在希腊世界的最北端，这是他的学生德谟克利特的家乡。

假定留基伯这个人存在（他很可能是存在的），归于他名下的书《论心灵》（On Mind）和《大宇宙系统》（The Great World System, 'Macrocosmos'）写于公元前 440 年到公元前 430 年之间。因此他是和恩培多克勒与阿那克萨戈拉同一时代的人。同他们一样，留基伯的思想也是围绕着对巴门尼德的回应而形成的。德谟克利特则生于约公元前 460 年，而且据说他活到了一百岁。这意味着他不仅和苏格拉底和柏拉图处在同一时代，而且到亚里士多德跟随柏拉图学习时，他还在世。他是个伟大的旅行家，在许多书中都留下了环游古代世界的行纪。据一些学述家说，他甚至到过印度。他是个非常多产的作家，在关于形而上学、伦理学、数学和自然科学的哲学著作之外，他也写过论农事、艺术、医学、句法、文学和军事的著作。一些更晚近的评注者认为，这些书可能许多都是他在阿布德拉的学生们写的。就像那些归于希波克拉底（Hippocrates）名下的文章一样，这些书是一个学派的作品，而不是一个人的著作。无论如何，我们还是有把握把一些哲学作品归于德谟克利特名下的。其中有一本题为《小宇宙系统》（The Little World System, 'Microcosmos'），这是在致敬其师留基伯。

德谟克利特的作品也在古代世界佚失的宝藏之列，和其他许多作者一样，他的作品也只在引述和文献记录中有所遗存。还要考虑到一点，绝大部分的引述和记载来自亚里士多德以及亚里士多德的评注者。也就是说，我们是通过其反对者的视角来了解原子论的。

原子论的实质，就是认为存在着无限多的不可切割、不可拆分的基本实体，这些实体除了位置之外，其他方面永恒不变。它们的永存不变使它们满足了巴门尼德对实在的要求。在这些实体之外还有虚空，即空无一

前苏格拉底哲学家

物,但虚空是真实存在的。这与巴门尼德的主张相反。巴门尼德认为虚空不可能存在。虚空就像空间一样分开了原子,原子于是可以在虚空中运动,并相互碰撞。它们有着各异的形状,使之可以互相联结成为更大的凝聚体,也使这些凝聚体可以再分裂开。可感世界中一切的物体及其变化都由此而来。这把握住了恩培多克勒和阿那克萨戈拉也提到过的一个思想,即"形成"和"消失"并非存在之物的创生和消灭,而只是它们的变化。

原子论者把原子叫作"存在",而把虚空叫作"非存在"。在《形而上学》中,亚里士多德将原子论者对原子如何构成万物的解释重述如下:"他们说这些差异(原子或'存在'之间的差异)有三:形状、次序、位置。他们说'存在'只因韵律、接触与趋向三者而成千差万别;韵律即形状,接触即次序,趋向即位置;例如 A 与 N 形状相异,AN 与 NA 次序相异,Z 与 N 位置相异。"他接着说:"至于变化的问题——事物从何而生?如何产生变化?——这些思想家和其他的人一样,懒惰地略去了。"[1]

对原子论最权威的记述,是辛普里丘所引用的一大段亚里士多德论德谟克利特的书。他写道:

> 德谟克利特认为永恒之物的本质是数量无穷的微小物质。他假设了另一种东西作为这些物质的处所,这种东西巨大无边,他称之为"虚空""虚无""无限"。他把这微小物质称作"物""坚实者"和"存在"。它们有各种结构和形状,大小也不同。他说从这些元素产生了可见的物体。因为形状不同以及其他差异,它们在虚空中运动而互不相容,在运动中它们互相撞击并纠缠……这些物体互相拼合并紧密结合在一起。它们之中有些是粗糙的,有些是有钩的,有些是凹的,有些是凸的,还有其他的形状,有着无数不同的性质。因此他认为它们相互紧贴并保持紧密,直到环境中有某种更强的必然性出现,将它们打散。

---

[1] 译文参考吴寿彭译亚里士多德《形而上学》,商务印书馆,1997年,第15页。——译者注

请注意，在这段引文中，亚里士多德记述了原子论者对运动提出的一种解释："因为形状不同以及其他差异，它们在虚空中运动。"提奥弗拉斯图斯记载说，留基伯说过，我们都见识了物体永不止息的变化和运动，于是我们可以从中推断出，它们的组成部分也一定在不停地运动。因此原子论者并不像亚里士多德指责的那样，在运动和变化的问题上偷懒，而是对运动和变化提出了一种自然主义的（naturalistic）理论，这种理论摒弃了那些借助隐喻的解释，如"爱""冲突"和"正义"。

至于"事物从何而生"这个问题，我们可以提出两条注解。原子论确实对可感的现象提供了一种解释，即原子的结合与分离。在这个意义上，原子论者所做的，就是爱奥尼亚的前苏格拉底哲学家们曾做过的，即说明本原如何产生或者构成了我们所经验的世界。与之相对，在巴门尼德的理论中，就很难找到一种解释，来说明世界为什么看起来如我们所见的那样，是一个杂多和变化的领域。他只说，我们的感官是"骗人的"。亚里士多德想说的当然是，原子论者没有解释原子和虚空一开始是怎么出现的。但也没有任何人说过，实在，或者他们提出的任何一种本原，一开始是怎么出现的。

但是，对巴门尼德的难题，亦即任何实在之物都必须是永恒不变的，原子论者做出的回应中有趣的地方在于，这个回应既接受了这一观点，又坚持了多元论。巴门尼德的观点是，如果存在许多物体，那么它们必须和那个"一"有着同样的性质。而原子论者实际上说："好吧，但为什么不能存在着无穷多的物体，它们的形而上学性质都和埃利亚学派所说的'一'一样呢？"在无限可分性这个问题上，他们实际上通过接受芝诺的观点又反驳了他的观点。芝诺说过，无限可分性是自相矛盾的，而原子论者说："我们同意，所以我们主张原子如其名字所示，既不是无限可分的，也不是有限可分的。"[1]

如他们的前辈一样，原子论者也讨论了天体、知觉以及德谟克利特所

---

[1] 这里作者想表达的是"原子是根本不可分的"。——译者注

前苏格拉底哲学家

说的"嫡出的"与"私生的"知识之间的区别。虽然古代的宇宙学观点的背后蕴含了形而上学和认识论的观点,但它们主要只有历史的价值。原子论者对日月星辰的看法也是如此。他们还谈到天体的旋转,其中更重的天体处在宇宙的中心(这有些奇怪,因为在离心运动的系统中,重的物体其实会被甩到最外侧)。提奥弗拉斯图斯的书是记载原子论者在这些问题上观点的主要史料。

除柏拉图和亚里士多德的哲学之外,原子论是古代哲学中最有影响的一派。它启迪了后来的伊壁鸠鲁,并通过他启迪了卢克莱修用拉丁文创作的形而上学诗篇《物性论》,并最终启发了现代世界的科学,体现在伽桑狄(Gassendi)和17世纪的"粒子论者"(corpuscularians)的思想中("粒子"[corpuscle]实际就是"原子"的别名,虽然它指的是"微小的物体"而不是"不可分之物")。很多学者都把原子论誉为前苏格拉底哲学的高峰,如乔纳森·巴恩斯(Jonathan Barnes),就把原子论称为"早期希腊思想的巅峰";西奥多·贡珀茨(Theodor Gomperz)认为它是"古老的爱奥尼亚物质学说之树上熟透的果实"。如前所述,这一爱奥尼亚学派的果实被原子论者盛放在了埃利亚学派的盘子里,于是极大地增加了它在智识上的趣味性。

智术师(The Sophists)

"智术师"一词的原本含义,是指在一个或多个知识领域有所专精的饱学之士(sophos的意思是"聪明的""娴熟的""智慧的")。到了公元前5世纪,"智术师"开始指称更特定的对象:专职教授修辞术和演说术并以此为生的人。在古典时代的希腊城邦,擅长公共演说是一项极受重视的技能。这主要是一种口头言辞的文化,其中个人的声望和地位也对公共辩论(主要是法庭辩护)中立场的成立有极大的作用,这一技能依赖的是雄辩的口才、说服力和影响听众的能力。既然这一技能如此重要,教授这个技能的智术师也因此生活优渥。这个技能在公元前 5 世纪的雅典民主制中尤为吃香，因为政治和法律辩论处于城邦生活的中心。

苏格拉底和柏拉图不喜欢智术师，因为他们认为，智术师收钱讲授的，是说服别人接受任何观点的能力，也就是说，他们是教人如何在辩论中取胜，而不是如何发现真理。在《欧绪德谟篇》（*Euthydemus*）中，柏拉图举出了智术师们所教授的在辩论中胜过对手的一些技巧。许多智术师无疑用过这些技巧，而由于苏格拉底和柏拉图对他们的批判，现在"智术师"这个词已经变成了贬义。[1] 我们说耍弄机巧的观点是"诡辩的"（sophistical），把巧言欺骗别人的行为叫作"诡辩"（sophistry），而"精致"（sophisticated）一词虽然现在用来形容高雅的品位、卓然的风度等等，但它的最初含义是指故弄玄虚来误导别人。

对智术师们的这种苛责，虽然有理由成立，但并不完全公允。除了讲授修辞和演说，智术师们还教授公共演说者所需的其他素质，因为如果没有主题可讲，纵使你辩才无碍，也毫无用处。你要了解历史和文学，熟悉各种思想，深思何为对错，何为社会，以及如何成功地度过一生。希腊社会在公元前 5 世纪总体上变得更有文化修养、更富有也更进步，人们越来越需要在传统的算术、识字和体育教育之外，学习更多的东西。哲学家们的理论，以及对地理、历史和其他社会、其他文化的兴趣，激发了人们对理性讨论和学理辩论的热情。因而智术师们也不只教人修辞，他们所教的，有一部分是一种"生活哲学"或伦理学。智术师在这方面的作为引起了苏格拉底的特别注意，他关心的首要问题就是真正的好生活是由什么构成的。为此，他不只和智术师辩论，还广泛与人论辩，诘问别人，要他们阐明并证成自己在这一问题上的看法。

虽然智术师们被归为一类人，但他们并不是一个学派，也没有共同的观点或学说。他们是独立的教师，是游历四方的授课者，甚至也是表演者，因为他们还会演示修辞术。从柏拉图对最知名的智术师普罗泰戈拉的

---

[1] 通常译作"智者"或者"诡辩家"。——译者注

记述来看，这些智术师似乎不愿掩藏自己的锋芒。

普罗泰戈拉生于阿布德拉，和德谟克利特是同乡。他生活在公元前490年到公元前420年之间，在伟大的政治家伯里克利在世时，他是伯里克利的伙伴。柏拉图对他有可信的描绘，他笔下的普罗泰戈拉说："我的孩子，如果你和我交游，结果就是，从第一天开始，到回家时你会是一个更好的人，第二天也会如此。每天你都会有进步。"普罗泰戈拉还说，学生会收获许多忠告，因此能有效地经营自己的家事和城邦的事务，也会"强于行动，敏于言说"。

斯托拜乌斯、伪普鲁塔克和其他一些人记载了普罗泰戈拉的其他语录，这些语录说明上面的说法并非空谈。他说过，学习必须从小开始，必须扎牢根基才有用，学习也需要实践和专注："没有实践的技艺和没有技艺的实践，都等于无。"但他也给了柏拉图厌恶他的理由：他不喜欢数学（"其主要课题是不可知的，而其术语令人反感"）。而且，据说他第一个提出，关于任何问题都有两个相反的观点，这也是后来的怀疑主义者认为知识不可能存在的理由之一。在这一基础上，他又说，在任何一件事上，人们都可以证立两面观点中的任一面。一位学述家说："普罗泰戈拉能让较强的论点变弱，又教他的学生同时赞扬和批评同一个人。"

柏拉图在他的书中写到，普罗泰戈拉同意了苏格拉底的观点，认为值得教授的知识是如何管理一座城邦并培养好公民。接着，柏拉图为普罗泰戈拉安排了一段演说，来论证好公民要靠践行正义和自我克制来养成。他说，教育可以、也应当在人们身上培育这样的自然倾向，因为这些倾向有助于保持良好的社会秩序，从而也有助于社会成员的生存。这些观点都无可指摘。

但在《泰阿泰德篇》中，柏拉图叙述了普罗泰戈拉另一个更具争议的观点。他说："人是万物的尺度，是存在者存在的尺度，也是不存在者不存在的尺度。"据说这是他的佚书《真理》开篇的第一句话。这似乎表达了一种相对主义，隐含的意思是，不存在客观的真理，对一个人为真的东西，对另一个人可能为假。真理对不同人的不同经验与境遇而言，是相对的。在反驳这一观点之前，苏格拉底先是探究了在何种情况下，看似相互矛盾的不同观点可能会同时成立。例如，某个城邦可能会有法律禁止一样东西，而在另一个城邦，这样东西却是允许的。于是前一个城邦的公民可以说"某某事情是错的"，第二个城邦的公民会说"这件事情不是错的"，而他们可以都是对的。但这并不是普罗泰戈拉的同代人及其后继者所理解的他的意思，他们认为他想说的是主观相对主义：当两个人在同一问题上持有相反的意见，而且都有同等的理据时，要在二者之间做出决断是不可能的。

有一种思想似乎与这种观点无法调和。人们认为，为了社会的存续，也为了人类的生存，人们必须普遍接受正义和节制的原则。而据柏拉图记载，这恰恰是普罗泰戈拉自己的思想。这是个重大的问题，因为公元前5世纪最大的论争之一，就是"习俗或法律究竟是自然的还是人造的"这个问题，即律法（nomos）与自然（phusis）之争。道德戒律是人们约定俗成的结果，还是根植于实在的自然本质？那时的人们普遍认为，道德确实是实在而不可更改的，那么道德就必须根植于自然。于是批评传统道德的人可以主张，道德仅仅是人类偶然偏好的产物，所以道德可以被拒斥。而为传统道德辩护的人则回应，道德确实源于自然。

当时，这个争论非常激烈。在以另一著名智术师命名的对话《高尔吉亚篇》（*Gorgias*）中，作者柏拉图让高尔吉亚的学生伽里克勒（Callicles）提出了如下主张：传统的道德是弱者发明出来用以对抗强者，保护自己的。这些传统道德禁止强者做的事，实际上是他们自然有权去做的事，那就是随意利用比他们弱小的人。真正的律法是野兽所示范的律法，因为野兽是全然遵循自然的旨意来行动的。而在柏拉图的《理想国》第一卷中，色拉叙马霍斯（Thrasymachus）持有的是这个观点较为温和的版本，他称赞一位僭主突破传统道德的约束，维护了自己的权威。[1] 伽里克勒和色拉

---

1 这些观点好像是尼采的先声，但它们只是部分如此。尼采确实说，"奴隶道德"（slave morality）就是弱者把自己的苦难和羸弱提升为一种德性。他还说，"超人"应该更积极地成就自己。但我并没有从中读出要牺牲较弱者来成就自己的意思。

叙马霍斯看法的共通之处是，他们都认为，积极自利的生活是最快乐的生活，因为它是符合自然的生活。

在《普罗泰戈拉篇》中，普罗泰戈拉站在认为"道德习俗源于自然"的人们一边，发表了一段演说。这个演说与他著名的"人是万物的尺度"之间的矛盾，使我们不禁疑惑，他的真正意思究竟是什么。由于只有零星的证据，确实可能存在一种解读可以消除这种矛盾。这种解读体现在一段残篇中，其中有一个词"被用物"（chremata，即"为人所用之物"）。这个词表明，人们在主观态度上的不同，只适用于那些由人的选择和思想所产生的东西，尤其是信念、态度和判断，而不适用于那些由自然决定的东西。既然普罗泰戈拉认为，道德的基础是自然，那么不同的道德主张就不是矛盾的，而是共同支持了道德的真实性，这就有点像在同一天的同一个地方，有人觉得热有人觉得冷一样。

然而，这种调和普罗泰戈拉观点间矛盾的方式，会遇到一个困难。他著名的格言"人是万物的尺度"，使我们想起亚里士多德与之相反的对真伪的定义："是什么说不是什么，不是什么说是什么，这就是假的；是什么说是什么，不是什么则说不是什么，这就是真的。"普罗泰戈拉的意思似乎是，我们所说的话让事物成为我们所说的样子，而亚里士多德的定义告诉我们，要想让自己所说的话是真的，我们所说的话必须反映事物本来的实况。哈姆雷特说，"世事并无好坏，人的想法让它们成为好或坏"，普罗泰戈拉似乎说的是，人们说万物是什么样，它们就是什么样，而不是其独立于我们的好恶而客观所是的样子。这一观点和《普罗泰戈拉篇》中归之于他的那种观点实在相悖，在那篇对话中，他认为人们自然地倾向于展现克制和正义感。

在柏拉图的作品中还出现了其他一些大智术师的名字。我们已经知道了高尔吉亚，此外值得一提的还有普罗迪科斯（Prodicus）、西庇阿（Hippias）、安提丰（Antiphon）和克里提亚斯（Critias）。

高尔吉亚是普罗泰戈拉的同代人，生于西西里的雷昂提尼（Leontini）。他一直活到一百岁，并以口头和书面的精妙修辞风格而闻名。据说，他在公元前427年出使雅典，结果在雅典迅速走红，因为他在公共场合展示了自己的演说和修辞技巧。他通过为特洛伊的海伦辩护，来示范言辞说服的威力。为展示自己的技巧，在海伦跟随帕里斯去特洛伊的种种理由中，他选了一种最难辩护的——帕里斯说服了海伦跟他走（其他更容易辩护的理由包括：命运，或者现实所迫，或者阿芙洛狄忒的咒语让她无法自主，因而她这么做无可厚非）。这一辩护是使较弱的论点变强的一个例子。

普罗迪科斯是凯俄斯（Ceos）人，凯俄斯是爱琴海上邻近阿提卡海岸的一座岛屿。人们估计，他生于约公元前460年，也就是与苏格拉底同一时代。据说他还是苏格拉底的伙伴，或甚至是其老师。盲人狄迪莫斯（Didymus the Blind）有一条附注写道，普罗迪科斯不认为驳论是可能的，因为如果两个人在对话中相互反驳，那么他们所谈的就不可能是同一件事。据说他还否定了诸神的存在，这让他成了普罗泰戈拉的同路人。对普罗泰戈拉被他引用的某些文句的解读表明，他也是一个不可知论者或者无神论者。这可能是柏拉图讨厌智术师的另一个原因。

普罗迪科斯作为教师和演说家的盛名使他致富，这群知名智术师中的第四位——西庇阿，也是如此。西庇阿生于伯罗奔尼撒半岛上的伊利斯（Elis），生卒年不详。但我们知道，在苏格拉底于公元前399年去世时，他还在世。他是个兴趣广泛的人，在讲授修辞术和记忆术（mnemonics）之外，还做出了一些数学成果，并写成了一部诗歌和哲学的文集。他因演说而闻名，观众提出任何一个主题，他都能针对这个主题即兴论述。他的兴趣与才干之广泛，让柏拉图忍不住打趣他，说他多才多艺，甚至会缝补自己的鞋子。色诺芬（Xenophon）记载了他的一句话："人们怎么会把法律当真呢？同一拨人先是立法，过后又把法律推翻，再换别人来做同样的事情。"

安提丰是雅典人，生于公元前约480年。他也参与了"道德究竟是习俗还是自然"的争论。他说，人在身处社会之中时，应该遵守约定俗成的法律，但当他独自一人的时候，就应该遵守自然的法律。他认为，约定的法律常常违背自然的法律，这使人们"在能够少受苦时却多受苦，能多享乐时却少享乐，在不必受伤害的时候受伤害"。他和普罗泰戈拉一样，认为修辞术的力量能在论辩中让较弱的观点看起来变强。这大概也意味着，虽然违背自然而遵守约定的法律会让人们受更多的罪，但人们依然有能力为传统道德辩护。他说："不论指控方的指控多么令人信服，辩护方的辩护也可以同样可信，因为胜诉要靠言辞。"

克里提亚斯也是雅典人，是苏格拉底的伙伴。他还是柏拉图的长辈亲属，因此和柏拉图一样是贵族。他在习俗与自然之辩中持有相反的立场，为习俗辩护："先前，人类的生活没有秩序，如同野兽一样依靠蛮力。善行没有奖励，恶行也没有惩罚。后来，人们制定了法律作为惩戒者，于是正义就成为强有力的统治者，平等地对待所有人，并使暴力成为它的奴仆。"对克里提亚斯而言，就像许多个世纪之后的霍布斯（Hobbes）认为的那样，自然状态是恶的源泉而非善的源泉，要想为世界带来正义，必须运用理性。

从随后的历史来看，柏拉图对智术师们的反感产生了重大的后果。苏格拉底和柏拉图哲学的关键点在于，哲学是对真理的追寻，它不应该被"赢得一场官司"或者"挣得一份学费"这样的现实需求所左右。在我们这个时代，我们会正确地怀疑那些收了钱而发表的意见，例如报纸上的"受赞助的社论"，医药公司付钱让医生开某种药，政客为捐款人的利益而活动，等等。苏格拉底和柏拉图所坚持的观点认为：真理不应该被售卖。

苏格拉底
Socrates

"苏格拉底"是柏拉图对话中的人物,在柏拉图笔下,他是哲学家的典范。他追求真理不计个人利害,热心教给人们明晰的思想、深邃的洞察和关于德性的知识。柏拉图、苏格拉底的朋友们和年轻人都认为他和善睿智,极为机敏,因而十分爱戴和敬仰他。

但"苏格拉底"也是一位真实人物的名字。有个重大问题,"苏格拉底问题",问的就是柏拉图的对话在多大程度上是在呈现历史上的苏格拉底。我们可以确认的是,"苏格拉底方法",即提问、对话和互相究问的方法,确实为苏格拉底所采用。而且他主要的、甚至几乎是唯一的旨趣,就是伦理学。但是,柏拉图对话所写的哲学,有多少是苏格拉底的哲学呢?可能的答案是,柏拉图的早期对话在很大程度上呈现的的确是历史上的苏格拉底,但到了中期以后,对话中的"苏格拉底"就变成了一种文学手段,用来表达柏拉图自己的观点。

苏格拉底于公元前约470年生在雅典,并最终在公元前399年死在雅典狱中。他因为"不敬神和败坏雅典青年"而被判死刑。尽管人们给了他种种脱罪的机会,但他选择了遵守法律。陪审团定他为有罪,并判他死刑,于是他服从判决,饮下了毒芹汁,遵照他的同胞们的决议,死去了。

我们对苏格拉底的了解,主要来自柏拉图的著作,还有一小部分来自苏格拉底的另一位学生色诺芬,二人对老师的记述有所不同。例如,柏拉图(一个城里人)说苏格拉底喜欢城市,不喜欢乡村;而色诺芬(他热爱乡村)的记述恰恰相反。对苏格拉底的记载,还见于安提西尼(Antisthenes)、阿瑞斯提普斯(Aristippus)和埃斯基涅斯(Aeschines)

的书中。在阿里斯托芬的喜剧《云》以及其他几部萨提尔剧（satirical play）[1]中，他则是作为最大的笑料出场。

他在原则问题上始终如一，在战场上表现英勇，而且忠于自己的使命，潜心劝说同伴们认真思考善（good）和良好生活的本质。著名而又恶名昭彰的阿尔喀比亚德（Alcibiades）是一位英俊的政治家和将军，他最后导致了自己城邦雅典的衰落。而这位阿尔喀比亚德据说曾爱上过苏格拉底，并意欲勾引苏格拉底而不成。虽然苏格拉底已婚（妻子是赞西佩 [Xantippe]，人们恶称其为"泼妇"），但他对漂亮小伙儿并非没有兴趣，这种爱好在他的时代是为社会所许可的。在《卡尔米德篇》（*Charmides*）中，他承认，那位名为卡尔米德的少年的魅力让自己心旌摇动，但他也想和这位少年谈谈，看看他除了身体的美之外，有没有更重要的东西，亦即高贵的灵魂。

有个著名的故事说，有个名叫凯勒丰（Chaerephon）的人在德尔斐（Delphi）求神谕，问谁是活着的人里面最有智慧的，神谕回答说："苏格拉底。"苏格拉底听说以后，吃了一惊，但他转念想到，确实没错，因为他知道自己一无所知。苏格拉底把自己看作一只牛虻，不停地叮咬自己的同胞，让他们思考关于德性和最好生活的问题。

没有记载表明苏格拉底写过任何著作，但据说他合写了或者至少参与了他的朋友欧里庇得斯的几部戏剧。上文说到，我们可以认为柏拉图的早期对话相当准确地描绘了苏格拉底真实的举止和思想，但到了中期和晚期对话中，柏拉图自己的哲学来到台前，而对话中的"苏格拉底"变成了他的代言人（在一些对话中，苏格拉底甚至不引领讨论而只是参与讨论，偶尔还会在辩论中落败，如《巴门尼德篇》）。

对苏格拉底最准确的刻画，可能是在《申辩》中。《申辩》是苏格拉底在对自己的审判中所做的申辩演说。这部作品很可能在各个主要方面都准确记录了他的演说，因为其中的内容在当时是广为人知的，而且直到柏

---

[1] 最初为纪念酒神的跟班、半人半羊的萨提尔（Satyr）而在酒神节上排演的剧种，以夸张的动作与台词讥讽剧中人物。——译者注

拉图发表《申辩》时依然留在很多人的记忆中。另外，柏拉图还说自己当时就在审判现场，这一说法如果为假，很容易受到当时人们的质疑。如果柏拉图确实想要虚构一些重要内容，他肯定会宣称，苏格拉底临终之时，自己就在床边。但柏拉图的说法是，自己那天并不在场，因为生病了，关于苏格拉底在去世之日与朋友们的对话，他是通过转述得知的。[1] 我认为，这进一步表明柏拉图不在苏格拉底最亲密的熟人圈子里（如果他在这个圈子里，在苏格拉底去世当天，他不论病得多重，都应该会在苏格拉底身边）。苏格拉底去世时七十多岁了，柏拉图那时则是二十多岁。柏拉图许多对话的"戏剧时间"都在他出生以前，而且他从来没有把自己放在对话中。简言之，他们两人之间的关系就像是一位教授和他课上的大部分大学生的关系一样。只不过，柏拉图是这些学生中天赋异禀的一个。

如果我们认为对苏格拉底的记述以及夸张的戏剧表现说明了真实苏格拉底的某些方面，而柏拉图的早期对话使我们了解了苏格拉底哲学中的观点与方法，那么把两方面合起来，我们可以试着对苏格拉底做如下描述。[2]

我们知道，苏格拉底时代的雅典是凯歌高奏的雅典。先前她领导着希腊世界战胜了波斯，并由此获得了强权与财富。这是伯里克利的雅典，他用新的雅典帝国中诸城邦的贡赋，在城中修建美丽的庙宇和雕塑，并资助艺术。在古典时代的这个高峰期，最重要的理想是美，不仅是男性的形体与面容之美，也是社会与政治技艺之美，这些技艺得自教育，而教育则掌握在那些大智术师的手里；这些技艺可以带来声名、荣耀、财富、权势以及公共机构中的高位。苏格拉底其人，还有他的生活方式，实际上就是对

---

1 柏拉图著作中，与苏格拉底的受审和去世有关的是《游叙弗伦篇》(*Euthyphro*)、《克力同篇》(*Crito*)、《斐多篇》(*Phaedo*) 和《申辩》。今天游览雅典的人还能看到，在柏拉图时代的雅典广场（agora）旁边，有一座监狱的轮廓，苏格拉底就曾在其中受拘禁并去世。在喝下毒芹汁的那天，他洗了个澡。而我们今天可以从地基的轮廓看出，在这座监狱所有的囚室中，只有一间附有浴室。因此我们所站之地，很可能就是这个标志性事件发生的地方。对那些会被这种事情触动的人，这个地点非常引人遐想。

2 相关的早期对话录是《拉凯斯篇》(*Laches*)、《卡尔米德篇》(*Charmides*)、《游叙弗伦篇》(*Euthyphro*)、《克里同篇》、《申辩》、《普罗泰戈拉篇》、《美诺篇》(*Meno*)、《高尔吉亚篇》。

这一切的拒斥。他出名地难看，双眼外凸，鼻子大而扁，嘴唇也厚，身形魁梧而不修边幅。他还有一些怪癖，比如好几天站着出神，沉浸在思考中。他不要荣耀，不求公职，但在战场上，他和同胞并肩勇猛作战。因此他与众不同，是个异类，一个怪人，尤其是他还会不停地究问别人，并在对话者努力回应时，把他们搞糊涂。有个对话者名叫美诺，在以他命名的对话中，他好几次想要定义德性，但都被苏格拉底驳倒了，于是他对苏格拉底说："你就像是一条魟鱼，你让我的灵魂和舌头都麻痹了，我不知道怎么回答你！"[1] 苏格拉底回答说："太好了！现在你知道了，你并不明白你在说的东西，现在我们可以有点进展了！"[2]

苏格拉底的贫穷和无意于世俗事务，被后来的犬儒主义者（Cynic）所模仿；而他对思考的执着以及对原则的忠贞遵守，则启发了其后的斯多亚派；启发亚里士多德认为理性是人类的独特之处，又启发他认为实践理性（phronesis）是伦理之基础的，也是苏格拉底关于"经过省察的生活"的教诲。当然，柏拉图也是以苏格拉底为出发点，做出了自己主题广泛而影响深远的哲学成就。

作为哲学家的苏格拉底身上值得关注的第一点，就是他的方法，所谓"苏格拉底式方法"，人称"反诘法"（refutation，elenchus）。它的过程是：苏格拉底先让他的对话者就一个重要的伦理概念——如正义、节制或勇敢——给出定义。他问的是（例如）勇敢的本质是什么，哪一样根本的东西定义了所有勇敢的行动和勇敢的人。他不想要例子，也不想要对话者罗列勇敢的行为或勇敢的人有哪些特点，而胆小怯懦的人没有这些特点。一旦对话者提出了定义，苏格拉底就会证明，对话者所相信的其他一些事情和这个定义相矛盾。

《拉凯斯篇》（*Laches*）中就有这种方法的一个好例子。拉凯斯是雅典军中的一位将军，他知道苏格拉底在战场上的英勇（苏格拉底曾作为重装步

---

[1] 魟鱼又名魔鬼鱼，体扁平，多栖息于海底，背鳍演化为毒刺，能使猎物麻痹。"灵魂和舌头"，此处原文为"嘴唇和舌头"，据《美诺篇》原文改。——译者注
[2] 此句在《美诺篇》原文中未找到。——译者注

兵[hoplite]参加了波蒂戴亚[Potidaea]战役，而当雅典人从德里恩[Delium]撤退时，他和拉凯斯同在军中）。他们在对话中讨论了怎样把年轻人训练成重装步兵，于是遇到了"勇敢的本质是什么"这个问题。苏格拉底要拉凯斯定义勇敢。拉凯斯说，"勇气就是灵魂的韧性"，他指的是坚定不移。但苏格拉底向他证明了，并非各种坚定不移都是好的。例如，这种坚定不移可能只是顽固，或者匹夫之勇，或者当坚定表现为医生坚决不给需要禁食的病人喝水，这也不是一种勇敢。因此，"坚定不移"不是勇敢的本质。

还有一位讨论者是尼西阿斯（Nicias），他是智术师普罗迪科斯的伙伴。普罗迪科斯的"分开诸词语"的技术（即划定词语在语义上的细微区别，并以此故弄玄虚）在这部对话中受到了苏格拉底的批评。尼西阿斯给出了一个不同的定义，说勇敢是一种知识，即知道希望与恐惧的原因。拉凯斯反对尼西阿斯的这种定义，因为这样我们就不能说狮子或其他动物是勇敢的了。对此，尼西阿斯回答说："对，你确实不能称它们勇敢，但你可以称它们无畏：二者是不一样的。你不能称它们勇敢，就像你不能说一个婴儿把手放进火里是勇敢的，因为当你对可能的后果一无所知的时候，那就不可能是勇敢。"这是个有力的观点。尽管苏格拉底说，"他是从普罗迪科斯那儿学到这个观点的，在所有智术师当中，普罗迪科斯是最擅长分析词汇的"，但苏格拉底并没有反对这个观点。不过，他确实不同意"知道希望与恐惧的原因"是对勇敢的充分的定义，因为（以下为我复述的话）"希望和恐惧关乎未来之事，但德性则适用于一切时间，既然勇敢是一种德性，就一定也适用于所有时间，而不仅仅是未来的可能性。因此，尼西阿斯给出的只是一个偏颇的定义"。

像所有早期对话一样，交谈到这里就停止了，止于一个未决的疑难（aporia），并没有找到一个定义。但对话至少已经揭露了一些错误的和不充分的定义。在这个过程中，人们也学到了一些东西，即不论某物 X 是什么，人们对 X 的本质是无知的，因而要进一步思考其本质。

澄清谬见，并使人认识到自己的无知，这都是好事。但如果反诘法是为了导向知识，那么仅仅使人知道个人的局限性，还不完全令人满意。核心问题似乎在于苏格拉底对本质定义的追寻。万物是否都有一个本质,并可以通过一个定义来把握?实际情况难道不是:当一样东西符合一组特征中的某个子集,我们就可以用某个概念去描述这个东西,而这些子集之间虽有所重叠,但合起来并不能完全构成这个东西的"本质"?试想,战场上的勇敢、牙医手术椅上的勇敢、第五次赴考的勇敢、在晚年的病痛中积极生活的勇敢,以及每天早上不顾悲伤失落而起床的勇敢,这些勇敢的表现,有什么共同的本质吗?

不管怎样,并没有证据表明:一个人只有定义了勇敢的本质,才算是理解了什么是勇气。回答说"当我看到实例的时候,我就知道它是不是勇敢的表现",在许多情况下是不错的回答。而且,一个人可能只有或多或少了解一样事物,才能进一步获取对这件事物的知识。这表明,即便事物有本质,在把握这个本质之前,我们已经可以在某种程度上获得关于它的知识了。这种思路的另一版本是问:"我们难道不是在了解一件事物的许多个例(具体的这只狗或那只狗)之后,才能上升到关于这个事物(所有狗)的普遍知识吗?"

而亚里士多德恰好说过,这正是苏格拉底的方法,一种从特殊到一般,或从个例类比到整体的归纳法。即便诚然如此,问题还是没有得到令人满意的解决,因为归纳论证本身就是不可靠的。[1] 但我们可以感觉到,尤其是从早期对话中感觉到,苏格拉底本人并非完全不诡辩。以拉凯斯给出的定义为例,当他提出"坚定不移"的时候,他指的当然是"面对挑战、困难、威胁或险境时的坚定"。而苏格拉底反驳他时,举的例子都不是这样的情况。看来逻辑上有谬误的是他而不是拉凯斯,这是言辞含糊导致的谬误,这种谬误的来源是,说话者没有考虑把一般概念具象化为具体案例时本来要考虑的那些限制条件。

苏格拉底说过,他年轻时听哲学家们讲过实在和宇宙的本质,但是(就像奥马尔·海亚姆的《鲁拜集》中写到的诗人一样,"每次出来的门,

---

[1] 见关于逻辑的附录。

总是与进去时是同一扇")没有哪个人更高明,因为各种理论都在徒劳地兜圈子。更严重的是,它们都忽略了苏格拉底认为真正重大的问题:应该如何生活。他关心的是德性(*arete*),这个词的意思是"品德"和"卓越",而他将其解作"道德上的卓越"。他认为最重要的德性是勇敢、正义、节制和智慧。他说,德性本身就是知识。他认为,如果一个人知道应该做什么事,成为什么样的人,他就不可能做相反的事,或成为相反的人。恶即是无知,而且恶使无知成为可能。这就是说,好生活就是经过审视和选择的生活,即"经过省察的生活"。他甚至说:"未经省察的生活是不值得过的。"经过省察的生活,就是以关于对错的知识为基础的生活。这也是苏格拉底主张说"没有人会明知一件事是坏事而故意去做"的原因,做坏事对自己是有害的,而没人会明知地、故意地伤害自己。

这些观点确实很高贵,却经不起太多推敲,因为它们在心理学上是不切实际的。一方面,这些观点没有考虑人意志力的薄弱(akrasia),而我们大部分人都经常体验这种状态(想想节食、戒烟或拒绝诱惑的艰难)。其实,苏格拉底直白地否认了意志力薄弱这件事的存在。他在柏拉图的《普罗泰戈拉篇》中问:"一个人怎么可能明知一件事是错的还去做呢?"但答案是,这种情况总在发生。这个证明法叫作"从事实到可能性"(ab esse ad posse),即"从一件事发生了,推导出这件事是可能的"。

苏格拉底还相信各种德性具有统一性,即如果一个人有了一种德性,他就有了全部德性。但这也和经验不符。一个不义之人可能是勇敢的,一个正义之人也可能是怯懦的。确实,一个没有智慧的人不太可能是节制的,但这也引出了另一个问题:智慧和节制本身都不是单一的共相,因为一个人可能作为父亲是智慧的,而在生意上又缺乏智慧,或者对酒精节制,却对巧克力不节制,等等。

不论我们是否认同苏格拉底说过的一切,他无疑都是哲学家的好典型:他认真地全心投入,想要理解、把握和辨明最好的生活,而他的办法是思考、讨论、发现、质疑和反思。简言之,他是一个思考者,矢志不渝地追求思想的明晰,发现可能发现的真理。

柏拉图
Plato

65 关于古典时代的哲学辉煌时期，有一种标准的、但也有些简化的图景，其中苏格拉底、柏拉图和亚里士多德这个师承序列，构成了某种圣三位一体，柏拉图是苏格拉底的学生，又是亚里士多德的老师。这个序列本身没错，但如果说得这样简略，就会造成误导。柏拉图是苏格拉底的忠实追随者之一，也被人视为苏格拉底的教诲所"败坏"的青年之一。但要注意，苏格拉底的教学法不是传统的说教，他不讲课，也不指导学生，而是与学生讨论和探究。他并没有开设学校，也没有提出要当谁的教师。柏拉图则相反，他建立了一个学术机构，开设了一些课程（入学条件是懂数学），而柏拉图本人则在学校讲授一套内容广泛、深刻且相互关联的学说。他最著名的学生亚里士多德也建立了学园招收学生，继续研究和处理这套学说。

柏拉图（约公元前 425 年—前 347 年）来自一个富有的贵族家庭。因为负有盛名，很快就出现了很多关于他身份和生平的传说。据说他是古时雅典王的后裔，也是古代七贤中某个人的后代。当他还是婴儿的时候，蜜蜂落在他的嘴唇上，预示着日后他的唇间会吐出蜜一样的话语。我们可以确定的是，他的人脉很广：他的对话中出现的很多人物都是亲戚，其中有许多在雅典的政治生活中居于关键的位置。但他很少谈到自己，甚至连他的名字都有可能是个假名。人们认为，他的家族给他起的名字可能是阿里斯托克勒斯（Aristocles），而"柏拉图"（Plato）这个名字源自"宽阔"（platon）一词，是个绰号。这个绰号可能是他的摔跤教师起的，因为他有着健壮的体格；也可能是他的仰慕者起的，因为他的学说十分广博。

无疑部分是因为出身贵族，柏拉图是雅典民主制的反对者。这一民主制的诸多缺陷导致城邦在伯罗奔尼撒战争中败于斯巴达。他也是民主这个概念本身的积极反对者。苏格拉底的审判和处决，其根源很可能在于公元前404年雅典战败后的政治动荡。苏格拉底在公元前399年被处死，而柏拉图相信，政治混乱必然导致僭主统治（因为僭主会借机上台重建秩序，这会让情况进一步恶化）。基于这一看法，他认为国家应该由"哲人王"（philosopher-king）来统治，这些人过着僧侣式的生活，不受发财欲望和裙带关系的腐化，因而不会让这些因素扭曲自己的判断。

有学者提出，柏拉图的早期著作属于文学创作而非哲学创作。[1] 希腊的各大运动会，包括泛雅典运动会（Panathenaic Games）、奥林匹亚运动会（Olympic Games)和其他运动会，是希腊文化生活中最重要的周期性盛会，其中不仅有体育比赛，也有文学竞赛。学者的这种看法认为，柏拉图早期以未决的疑难（aporetic）收尾的那些对话不是为了达到某个哲学结论，因为这不是它们的重点。他的著作受人喜爱，不仅因为其知识上的内涵，也由于其美学上的价值。他最早的作品与其他时期作品最大的区别，不在于其达到的结论，而在于其写作风格。依此观点，直到苏格拉底去世以后，柏拉图才更加严肃地思考起哲学思想，而在此之前，他是把哲学思想作为自己文学志向的载体。

虽然有些古代哲学家是纯粹的理论家，是今天所说的象牙塔里的学者，但也有许多古代哲学家参与了他们城邦的实务和政治生活。在苏格拉底死后，柏拉图并没有在雅典政治中积极活动，但他对西西里岛上的希腊城邦叙拉古（Syracuse）有着长期的兴趣。叙拉古统治者曾三次邀请他去顾问政事。他接受了邀请，因为他与叙拉古僭主迪翁（Dion）交好，迪翁在一次叛乱后，成为叙拉古的统治者。迪翁是柏拉图的学生和仰慕者，他给了这位哲学家一个机会，把自己关于政体的思想付诸实践。结果，迪翁

---

[1] 这一说法是吉尔伯特·赖尔（Gilbert Ryle）在他所著的《柏拉图的进程》（*Plato's Progress*）（1966）中提出的。

不是个好的统治者，在他统治的时期，他想要建立一个柏拉图式的贵族制，最后导致叙拉古在他倒台以后，又经历了数十年的动乱和衰败。要说这怪柏拉图的思想，怪他给迪翁提的建议，只说对了一部分；无法改变的人性和经济现实，以及迪翁本人的缺点，无疑是同等重要甚至更为重要的原因。

柏拉图的哲学是一个体系，或者至少力图成为一个体系（他对自己十分苛求，因此这个企图无法完全实现）。柏拉图想让这一体系的各个部分相互符合，共同回答一些根本问题。他认为这些问题必须得到回答，而且所有问题的回答合在一起也要成立。这一点他比自己的前辈看得更清楚也更全面。这些根本问题包括：何种生活是正确的，何种社会是最好的？什么是知识，我们如何得到知识？实在的本质是什么？你会发现，这些问题之间有一个次序，要回答第一个问题就要先回答第二个问题，要回答第二个问题就要回答第三个问题。

柏拉图之后的许多哲学家也都认识到，要回答伦理学的重大问题，就必须回答关于世界的本质以及世界之中人的本质的问题，从而也要回答，我们怎样得到关于这两个问题的知识。这就意味着我们必须为一系列子问题找到答案。例如，要懂得知识和获得知识的途径，我们必须了解真理和理性，了解心灵的能力以及心灵的本质，还要了解心灵与实在的其他部分之间的关系。

整个哲学几乎都是在提出各种途径，以处理柏拉图提出的这一系列相互关联的问题。因为这些问题是柏拉图提出的，他也指明了这些问题的相互关联，于是阿尔弗雷德·诺斯·怀特海（Alfred North Whitehead，一位数学家和哲学家，他与伯特兰·罗素合著了《数学原理》[*Principia Mathematica*]）说："哲学就是对柏拉图的注脚。"这种说法虽然夸张，但不太过分，因为几乎所有重要的哲学问题，都被柏拉图讨论过或至少触及过。与他之前和之后哲学史上的进展相比，柏拉图的成就都是巨大的，就像高山俯视着丘陵。

走进柏拉图哲学的路径之一，是关注他所引入的一个类比。他用这个类比来说明，当人在理解世界和生活时，人所处的境况是怎样的。这就是《理想国》第 7 卷中的洞穴比喻（Allegory of the Cave）。我们像囚徒一样被关在洞穴里，还被绑了起来，只能看到洞穴的后墙。在我们背后，在我们和离开洞穴的通道之间，是一团火。关押我们的人举着东西在我们和火堆之间走来走去，在洞穴的后墙上投下影子。我们看到的是影子。如果我们被松绑，就会看到火和走来走去的看守们，就会明白影子的来源。但如果我们被放出洞穴，看到了阳光，最后看到了太阳，我们就会认识万物如其真正所是。

柏拉图说，大多数人就像观看影子的囚徒一样。有些人则达到了更高的理解层次，能在洞穴里四处走动了。但我们最终的目标是走进阳光，看见最光辉的真理。

这如何做到呢？在《美诺篇》中，我们得到了第一个提示。这篇对话十分重要，因为它标志着柏拉图的对话脱离了苏格拉底式的疑难未决的状态，在这种未决状态中，对提出的问题至多只有一些否定性的回答。《美诺篇》离开了这种状态，开始给出柏拉图式的肯定回答。我们还记得，苏格拉底认为德性就是知识，于是"什么是知识，如何获得知识？"这个问题，对理解何为最好生活，就十分关键。那么，我们如何获得知识呢？柏拉图被他的哲学前辈们说服了，尤其是被巴门尼德说服了，认为感官有欺骗性，它并没有向我们揭示实在的真正本质。因此，要获得知识，我们必须有一种独立于感官的办法。感官呈现给我们的世界，最多只能让我们获得关于世界的意见，在这样的世界中有许许多多短暂而不完美的事物。不论真正的知识的对象是什么，它们都不可能如此，它们一定是永恒、完美而不变的。在巴门尼德所指定的真正存在之物的各个本质特征之中，它们一定至少有其中一部分。

为了处理这一问题，柏拉图提出了以下论点。他主张，有两个世界，存在世界（Realm of Being）中有着完美不变的事物，而生成世界（Realm of Becoming），也就是我们的感官呈现给我们的世界，其中是不完美的、短暂的事物，它们总在变化之中（总在生成其他事物，这一世界也由此得名）。生成世界中的万物是对存在世界中的万物不完美的摹仿。存在世界中的万物就是形式（Forms，或称理念[Ideas]），它们是生成世界中那诸多不完美而短暂的摹仿品的模型和范例。诸形式是永恒、完美而不变的，它们是"真正的实在"，而我们感官经验中的世界只是这个实在的影子。

我们无法从这些不完美的摹仿推测出形式的存在，因为我们的感官不可靠，而且我们的智力有限。因此，一定存在另一条途径，让我们知道了形式的存在。这条途径就是：我们有着不死的灵魂，当我们还未出世时，这些灵魂不具形体，处于存在世界之中，并和诸形式直接接触。因此，在那种状态下，我们知道一切。但当我们的灵魂进入身体，它们就忘记了一切。而教育的过程，就是让我们（部分地）回想起我们在无实体状态下知道的事情。这里，柏拉图字面上写的是，"不再遗忘"我们在无实体状态下知道的东西（"不再遗忘"就是"回忆"[anamnesis]这个希腊词的字面意思）。在英语中，这个观点叫作"回忆理论"（theory of recollection）。

在《美诺篇》中，柏拉图用一个例子证明了回忆理论。这个例子说的是，苏格拉底通过"提醒"一个懵懂的奴隶男孩，让他回想起自己不朽的灵魂曾经知道的事，引导他做出了一个几何证明。批评者指出，苏格拉底的问题提得都很有技巧，在这些问题的引导下，任何聪明的小孩大概都能完成那个证明。但这个例子的意图是要说明，如何能通过这样的提示，使人获得关于德性的知识，或者更准确地说，是重新获得这种知识。在《会饮篇》中，有对这一过程的说明：对他人美貌的爱是一条捷径，它通向对美本身的爱，又进而通向对最高之美的爱，这种美，就是"善"（the Good）。在洞穴比喻中，善是由太阳代表的。

在《美诺篇》的讨论中出现了好几个重要的思想。其一是关于知识和正确的意见之间的区别。假设有人相信，可以沿着某条路到达某城，且这是对的。假如他只是碰巧对了，他自己没有去过那个城市，但觉得自己记得某人说过这条路是对的。那么，他关于这条路的意见是对的，但你不能说他知道这条路，因为他之所以如此认为的原因并不够好。如果他自己到过那座城，或者参考了权威的地图，他就能说自己知道这条路。柏拉图说知识和正确的意见的区别是，当后者被"捆住"，也就是得到了充分的证成，就会变成知识。

柏拉图的这一理论要求我们接受我们有灵魂，而且灵魂是不朽的。对这一点的证明出现在《斐多篇》中，这一对话的场景也很应景，是在苏格拉底的囚室之中，那时他马上就要饮下毒芹汁了。在这篇对话中，柏拉图重新安排了知识之间的相互依存性、理念论和回忆说这三者的逻辑顺序，从而使得"我们知道某件事情"可以作为"灵魂不朽"的原因，如若不然我们就不可能知道这些事情。

《斐多篇》中还有对灵魂不朽的另外两个论证。一是，灵魂就像理念，亦即它不是一个有形、可感、由各部分组成的东西，而是一个无形而单一的东西。因此，就像理念一样，灵魂一定是永恒而且不可毁灭的。这当然也就使得灵魂像理念一样，满足了巴门尼德对实在之物的要求。

"最终的论证"是，灵魂的概念与死亡的概念不兼容。灵魂是有生命的东西，当死亡靠近时，它就逃开，否则它的本质就会被否定。

这些论证并不充分。而且我们会发现，这些论证一开始就基于一个假定，即存在灵魂这种东西。那么，什么是"灵魂"？《斐多篇》并未给出确切的答案，只是假定灵魂不同于身体，而且可以在身体死后存活。在对话中的一个段落里，柏拉图列举了身体所做的各种事情，又说，与之相反，灵魂只有一种活动，就是思维。这个说法有点奇怪，因为如果存在灵魂这种东西，我们大概应该认为精神生活的其他方面也属于它，例如记忆、希望、意欲、渴望等等。然而在另一个段落，柏拉图似乎把灵魂等同于灵魂所有者的人格。但当别人问苏格拉底他想被怎样埋葬时，他回答，实际上，"**我**不是我的身体；要被埋葬的不是**我**"。

在《理想国》第4卷中，柏拉图提出了一个稍微精细一些的灵魂理论。他说，灵魂由三部分组成：理性、意气和欲望。我们靠理性来学习，并以理性探究来追寻真理；我们靠意气来感受情绪，例如气愤或者决心，这也是追求荣耀的那部分灵魂；而第三部分则着眼于身体的欲念，比如食物、美酒和性爱。

在《斐德罗篇》中，柏拉图解释了我们为什么会偶尔与自己相冲突。原因就是灵魂的不同部分把我们牵引向不同的方向。他把我们比作一辆飞翔的马车，有两驾马和一位驾车人，驾车人就是理性，而两匹马，一是意气，一是欲望。欲望想把马车拉向地面，而意气则听从理性的指引，要把车拉向天空。这就产生了两股相反的力量，驾车人必须与之斗争。对此，柏拉图在《理想国》中给出了更多实践中的例子。其中之一，就是一个人想要满足某种欲望，但也因为有这样的欲望而对自己感到愤怒。

以上就是柏拉图理论体系的要点。这些要点在他最著名的著作《理想国》中展示得最为充分。这篇对话讨论的是正义，它在人和城邦（国家）之间建立了类比关系，来阐明二者之中的正义之德。正义的实现，要靠国家各方面的平衡与和谐，而这又类比于灵魂各方面的平衡与和谐。

一些学者认为，《理想国》的第一卷是一篇常见的"诘问－不确定答案"的早期苏格拉底式对话，而后面的几卷是柏拉图在发展自己的确切答案时所做的补充和扩展。这么判断的原因是，在第一卷中，苏格拉底的对话者们给出了正义的一些定义，一个人说它是"帮助朋友、损害敌人的技艺"，另一个人色拉叙马霍斯说它就是强者乐意做的任何事，而苏格拉底证明了这些定义都不够好。但在第二卷里，其他人继续讨论色拉叙马霍斯的观点，提出了各种主张。有人说，正义的来源是为保护弱者免受强者侵害而订立的社会契约，也有人说，不义之人不会受惩罚，因为他们可以利用自己的不义致富，然后献上令诸神喜悦的祭品，这样神就会原谅他们。这些论点使得苏格拉底提议，与其寻找正义之人的定义，不如看看城邦中的正义是什么意思。在接下来的几卷，在讨论"怎样建造一个理想的城邦"时所提出的思想，又被用来讨论"什么使一个人成为正义的人"。

《理想国》的主要论点是，理想的社会应该由护卫者或者"哲人王"来统治。这些人从小就按知性的高下被挑选出来，并受到细致而全面的培养，这使他们成年以后能够成为不受腐化、德性崇高、公正无私而又富有智慧的统治者。在讨论护卫者时，苏格拉底岔开话题，谈到了理想的教育。首要的理念是，儿童应该由国家抚养，而不知他们的生身父母是谁。由国家根据各种条件来决定哪些男女适合交媾，这就是一种优生学。等小孩子在国家的育儿所长大，他们会被分成三组：适合训练为护卫者的，适合训练为战士的（"辅助者"），以及剩下的人。男女都可以成为护卫者，而且应该受到同样的训练。他们所受的教育应该在智慧、节制、正义和勇敢这些德性方面。他们应当在运动场上练就强健的体魄，以确保健康。他们不能有私人财产，因而也就不会受到诱惑想要积累私财，同时应该共享妻子来避免偏爱。他们的生活和饮食都应该节制。

柏拉图的理想城邦是贵族统治，即由"最好者"来统治。"贵族"（aristocrat）一词在那个时代指的并不是一种世袭的社会阶层，而是理解成"贤能统治者"（meritocrat）更好，指的是在才智和德性上最优秀的公民。如果诸种德性在各个等级的公民身上都能恰当地表现出来，城邦就会是快乐的。护卫者有智慧，辅助者有勇气，所有人都节制，如此政体就会是正义的。城邦会充满和谐，这是城邦与个人之间的类比中的关键点，因为如果一个人的内在达到了和谐，他也同样会有德性。

在第 8 卷中，柏拉图按照德性高低的顺序描述了一系列的政体。其中第一种是他所提倡的，而最后一种是最坏的，也就是僭主制（tyranny）。他认为僭主制是最坏的政体，因为——如很久之后阿克顿勋爵（Lord Acton）所说的——"权力倾向于腐败，而绝对的权力会彻底地腐败"。如果权力被掌握在一个人手里，对权力的恣意行使就会产生极大的危害。

在作为理想政体的贵族制和作为最坏政体的僭主制之间，有几种中间形态。在最理想的政体中，城邦是由公民中最有知识、德性和智慧的人统治的。这些人的统治是公正无私的，因为如上所述，他们没有任何既得利益，唯一的利益就是城邦的福祉。次优的政体是精英统治（epistocracy），即由有知识的人治国，或者说是专家治国。贵族制与精英统治之间的区别在于，在理想城邦中，统治者不仅仅是专家，而且是有德性的专家。他们的专长不仅限于政事和其他实务，而且深知善的本质。

柏拉图希望他的统治者是有德性而且公正无私的，除了明智地统治以外，别无他求，不然城邦就会堕落为勋阀政体（timocracy）。在现代的语境中，这个词指的是由某个最低财产标准以上的人们来统治，但在柏拉图的用法中，它指的是由追求荣耀、地位和军功的人来统治。对这些东西的渴望会导致人们混淆善与善的外在表现：人们会错误地把财富和名声当作最大的善。贵族制可以保证政体的稳固，因为没有内部分歧的威胁，而在勋阀统治以及其他更次一等的政体中，就出现了内部敌对，并由敌对而生出动荡。

勋阀政体很容易变成寡头政体。柏拉图笔下的寡头政体指的是由富人来统治人数众多的穷人（这种形式的寡头制 [寡头制的本义是少数人统治]，今天称为富人统治 [plutocracy]）。勋阀统治之所以蜕变成寡头统治，是因为勋阀们可以积累资财，而财富也会助长邪恶：追求舒适和奢华，并认为财富的积累比德性更重要。柏拉图说，勋贵们可能在意荣誉，但寡头们只在意金钱。

这一过程不可避免的结果就是民主制。对柏拉图来说，这是个坏词。富人享受自由，因为他们用财富买来了自由。而对自由的嫉妒，导致寡头制被民主制所取代。民众（demos）为了夺取寡头的财产而起来反抗寡头，这往往伴随着暴力和动荡。但当民主制建成以后，每个人都获得了原来寡头的自由，以及寡头制定法律、违反法律的权利。于是，柏拉图说，紧随而来的就是无政府状态，因为这种自由不是自由，而是恣意妄为。

这种从理想政体开始的政体嬗变思想，其中隐含了柏拉图的另一主张，即民众缺乏哲人王所具有的知识和德性，而知识和德性是使哲人王适合统治的原因。他认为从民主状态到无政府状态的崩溃过程是不可避免的，原因在于一般大众（polloi）的特性是无知、自私、偏见、嫉妒和敌对。无政府状态很快就会让一位强人介入来恢复秩序。因为无政府状态从根本上不得人心，所以他一开始会受到人们热烈的欢迎。但他一旦掌权，想要推翻他就难了，而人们会陷入最坏的境地：生活在僭政之中。

正如最好的城邦是由智慧和德性所统治的，要想过最好的生活，人也要同样用智慧和德性来制御自己。柏拉图的正义理念就是平衡或者和谐，即城邦中人民的三个阶层之间的平衡，以及个人灵魂中三个部分之间的平衡。不同类型的城邦可以类比于不同种类的人：有人受智慧和德性的制御，有人受荣誉的驱使，也有人渴望财富，还有人受制于无知和不受控制的激情。

《理想国》可以说是柏拉图哲学的一个高峰，其中融汇了他关于理念的形而上学、"回忆"的认识论以及他伦理学中以德性为知识的观念。这些方面在《理想国》中形成了一个体系，得出了关于好人和好城邦的观点。要是其他思想家构建出这样相互关联的体系，并把它应用于关键问题，他们大概会对自己感到满意，这也合情合理。但柏拉图从不会自满。在《理想国》之后，他的思想继续发展，他开始挑战自己的一些最重要的思想，包括他的理念论和认识论。在这一过程中，他把对这些问题的哲学审思带到了新的高度。

在柏拉图的哲学中，存在世界中的诸理念是实在之物，它们不仅仅是心灵的对象。这些形式包括美、真、善，也包括人、树、马、山和其他万物（虽然柏拉图关于毛发或者灰尘是否也有其形式，各处的说法不一）。美丽的面容之所以美丽，是因为其中的美"分有了"美的理念，或者说是对美的理念的一种不完美的摹仿。一座山之所以是一座山，是因为它同样"分有了"山的理念，或者是对山的理念的一个摹仿。

要明白这个理论有许多地方很成问题，我们先要注意到，"分有"和"摹仿"是两个很不一样的概念。柏拉图想说的到底是哪一个？这一问题导向了一个重大的哲学难题。这个问题涉及以下两类概念之间的重要区别：物体，例如桌子、苹果、飞机和兔子，与这些物体可能有的性质，如白色、红色、平的或圆的。我们会很自然地谈到很多物体都有同样的性质：这块桌布是红色的，那个苹果是红色的，那个人的鼻子也是红色的。这似乎表明，存在某种东西可称为红色性，是所有这些具体事物所共有的。

桌布和苹果被称为殊相（particular），而像红色或者平坦这种属性被称为共相（universal），因为许多殊相都表现出这些共相。在柏拉图之后许多年，中世纪晚期，哲学上的"经院学者"（当时的哲学家被统称为这个名字，见下文关于中世纪哲学的章节）在共相是否真的存在这个问题上截然分为两派，一派认为像"红色"或"平坦"这些词汇只是我们给不同殊相之间的相似点所起的名字，另一派则不这么认为。有些经院学者认为，共相是实在之物，在一个个红色物体之外，宇宙中真的有红色这个共相独立存在，即便没有红色的物体，红色这个共相依然存在。因此他们被称为实在论者（realist）。其他人则不认为共相真实存在，而认为"红色"只是我们为了描述方便而用的名称，因此他们被称为唯名论者（nominalist）。[1] 实在论与唯名论之争，是中世纪哲学中争论最为激烈的问题之一。

如我们所见，在谈论理念时，柏拉图是个实在论者，而在因为理念这一概念而起的其他疑难问题上，他也是个实在论者。他在《巴门尼德篇》中讨论了这些问题。在这篇对话中，他让老年巴门尼德诘问青年苏格拉底，请后者为理念论辩护，而苏格拉底发现，这种辩护相当困难。巴门尼德既审视了"个别之物'分有'理念"这个思想，也检验了另一个相当不同的观念，即殊相"相似于"理念或者是理念的摹本。

首先，巴门尼德问苏格拉底，哪些种类的物有理念。美和善，有；诸如"相等"或"大于"这样的关系，有；人、火和水，有；泥土、毛发、灰尘，没有。其实苏格拉底对"人和火有没有理念"这个问题的回答，和他对"美与相等有没有理念"的回答，是不一样的。而他否认泥土和灰尘有理念，这让人迷惑，因为从理念论背后的形而上学来看，一块泥土之所以是泥土之所是（或所应是），是因为它有（分有了，或者摹仿了）"泥土性"，或者说（如果我们在形而上学上不是那么迂腐的话，就可以说）分有了泥土的理念。如果一只靴子沾了泥，另一只靴子也沾了泥，那它们都有沾泥这个属性，因此它们不就在一个方面共有或者表现了一种属性——

---

[1] 这个词来源于拉丁文 nomen（名称）。——译者注

沾泥性？

这个问题没有得到充分的回答。接着巴门尼德抓住了"分有"这个词（柏拉图有时说的是"参有"或"分享"）。如果一个个别的苹果之所以是红的，是因为它"分有"了红色的理念，那么它其中是有一小部分的理念呢，还是有整个的理念？形式是被分进了所有那些分有它的物体之中，还是说它以某种方式被很多物体"分有"而自身仍保持完整？苏格拉底在回答中提出，应该像看待一天那样看待形式：同一天在很多地方同时存在，但它仍是一件东西。这个回答还是没有说清"分有"这种关系的本质。红色如何独立存在于这一个或那一个个别的苹果之外，而又和苹果这样的有形殊相有不同的本质（因为它不是时空中的物体），但仍能在每个苹果"之中"呢？

选择"相似"或者"摹仿"这样的说法似乎更加合理，因为至少这些观念更好理解。但此时就出现了所谓的"第三人"问题。之所以叫"第三人"问题，是因为亚里士多德在讨论这个观点时举的例子是具体的人与人的理念之间的关系。问题是这样的：一个人之所以是人，因为他相似于人的理念。他和人的理念都共有一种属性，"人性"。那么有两种可能性，一是这个人以及人的理念（后者称为"人之理念 1"）之所以相似，是因为有某个东西使它们相似，即它们都相似于另一个更大的"人的理念"，称为"人的理念 2"。但如果它们都与这一更大的理念相似，那么一定存在一个更加大的理念（"人的理念 3"），使得这个人与"人的理念 1"之间的相似性进一步与"人的理念 2"相似，如此以至无穷。

另一个可能性是，每个殊相都有一个单独的理念供其摹仿，因此需要无穷多或至少无限大数量的理念。但一方面这不太合理，因为如此一来就没有必要复制这么多个别的东西，每个物体都可以是它自己的理念，这样就省去了那个由一一对应的理念所组成的平行宇宙；另一方面，这个说法不能解决理念论想要解决的一个问题，即不同的殊相为什么有（或者分有）同样的属性。

第一种选择假定了诸理念是"自谓述"（self-predicate）的，亦即可以适用于自身：美的理念本身就是美的，大的理念本身就是大的，人的理念本身就是一个人。结果如我们所见，会造成递归。而第二种选择所给出的解决方案更难使人信服。即便如此，即便柏拉图无法对这些质疑做出令人满意的答复，他还是没有放弃理念论。在一部非常晚期的对话《蒂迈欧篇》(*Timaeus*)中，这一理论依然存在。柏拉图在论述中运用这一理论，来说明宇宙的创造者（"德穆格"[Demiurge]或"神匠"）如何用理念制造出多样的仿制品，而这些仿制品组成了世界。

柏拉图也质疑了自己的认识论。那是在他最难读的对话之一《泰阿泰德篇》中。我们首先要知道，有三种定义知识的方式：对"某个事物的实情为何"的知识，关于"如何做某事"的知识，以及在"知道有X，听说过X"这个意义上的知识，例如我们说"我知道纽约"或者"我知道弗雷德"的时候所谈的知识。柏拉图措辞的方式，似乎常常指向他对知识的基本观念是最后一种。这在理念论的背景下是说得通的，因为《美诺篇》和《理想国》告诉我们知识的唯一对象就是理念（而对其他东西，我们只有意见和信念），因此知识就是"对理念的知晓"。就像我们说"我知道纽约"一样，我们也可以说"我知道美"或者"我知道真理"。

但在《泰阿泰德篇》中并没有提到理念。讨论的焦点是另外三个论题：知识是通过感官知觉获得的，知识是"真信念"，以及知识是"得到证成的真信念"。第一个论题被驳斥了，理由是知识包含了判断，而判断是心灵的活动而不是感官的活动。这一论证为后两个论题铺平了道路。这两个论题的基础都是认为知识是特定条件下的判断或信念（希腊语中的 doxa 一词既可以译为"信念"，也可以译为"判断"）。第二个论题是，知识就是真确的信念。我们在《美诺篇》的论证中已经看到，柏拉图否认这个论点，但在这里他又补充说明了如何可能有错误的信念。在《美诺篇》中，柏拉图提出，一个人可能持有正确的信念，但我们不能说那是知识，因为持有这一信念的理由是错误的，这就不能使之成为知识。这一点在《泰阿泰德篇》中重现，并导向了第三个论题，即知识是经过证成或阐释（逻各斯）的真信念。

这篇对话想要确定哪种逻各斯能让信念成为知识，但没有得到结论。最后，苏格拉底对年轻的泰阿泰德说："那么，泰阿泰德，知识既不是感官，也不是正确的意见，也不是在正确意见上附加的定义或说明？"这又是以一个疑难作结尾的对话。但在探究知识需要哪种逻各斯的过程中，柏拉图展开了一场漫长细致的哲学辩论，来讨论知识的本质，这个问题直到今天依然存在。在我们今天，知识的一个定义就是"得到证成的真信念"，也就是柏拉图的第三个论题。这个定义，使我们今天依然被"这种证明的本质是什么"这个问题所困扰（更不用说还有"什么是真"这样的问题了）。

柏拉图身上还有一个谜团。有人认为他传授了一种"未成文学说"（agrapha dogmata），亦即他没有写在著作中而是在学生圈子里秘传的一些观点。亚里士多德在他的《物理学》中间接提到了这种学说的存在。几个世纪以后，新柏拉图主义的创立者普罗提诺似乎知道这些学说，或听说过它们的存在，或对其内容有所猜测。近世图宾根学派（Tübingen school）的柏拉图研究者们想要重建这些学说，他们说柏拉图在讲学时"翻转了"自己的关于事物本原的观点。翻转后的观点有两个：一，实在是一；二，"不定的二"（Indefinite Dayd）作用于实在，使得实在显现自身。这个"不定的二"表现为**大和小、缺和盈、定与不定**等等，也就是说，这些对立面作用于那个一，从中生出了整个实在。

这些学者进一步提出，一就是善。亚里士多德记载，柏拉图讲授过"善"，在柏拉图成文的学说中，善是最高的理念。所以把一和善等同起来，是可能成立的。但这一点，包括对"未成文学说"的整个猜测本身，都富有争议。亚里士多德说的不是"未成文学说"，而是"所谓的未成文学说"。"所谓的"这个词，含义是中性的吗？抑或亚里士多德说"所谓的"，是要给相信未成文学说存在的人们泼冷水？而在他的其他著作，例如《形而上学》中，亚里士多德也提到了不见于书面记载的柏拉图学说。我们还注意到，继任柏拉图成为学园领袖的人，先是斯珀西波斯（Speusippus），然后是色诺克拉底（Xenocrates），两人都发展了关于"一"

和"一种本原"的思想，与这种本原的对立产生了实在。斯珀西波斯谈的是"杂多"（plurality），而色诺克拉底谈的是"不等"（inequality）。

是否存在过一种"未成文学说"？如果存在，它是否因为过于宝贵而无法公开，只能在学生圈子中隐秘传播？有人喜欢这种说法，它使人兴奋，而且模糊地许诺了一种深刻而幽暗的秘传。但实情更可能是，学院论坛上讨论的话题非常广泛，许多思想虽然经过研讨，但没能形成书面记载；柏拉图提出了很多思想，并不是所有思想他都有机会写成对话发表。这种解释完全符合那些曾经发生、而且今天也到处发生的哲学讨论的实况。

柏拉图创立的学园延续了将近八百年，直到公元 529 年。那年，信奉基督教的罗马皇帝查士丁尼下令关闭学园，并禁止讲授"异教"哲学，因为它与基督教信条不符。在此之前，学园在其漫长的历史中，见证了哲学史上许多重大的变化和发展。在柏拉图死后约八十年，在阿尔克西拉乌斯（Arcesilaus，公元前 316 年—公元前 241 年）掌管学园的时期，学园开始处于怀疑主义（sceptism）的影响之下。这让西塞罗为学园起了一个新名字叫"新学园"。哲学史家承认了这个标签，并认为这个怀疑主义阶段一直持续到公元前 90 年。此时阿什凯隆的安条克（Antiochus of Ascalon）拒斥了他在学园中从拉里萨的费隆（Philo of Larissa）那儿学到的怀疑主义。接下来就是"中期柏拉图主义"（Middle Platonism），在这一阶段，人们引入了亚里士多德和斯多亚的（Stoic）思想元素，修改了柏拉图的学说。中期柏拉图主义持续到公元 3 世纪，那时普罗提诺发展了柏拉图传统，使之成为一个强有力的思想流派，史学家称之为新柏拉图主义。

柏拉图所产生的最直接的后果，也是他最大的遗产之一，无疑就是他的明星学生——亚里士多德。亚里士多德对老师的反驳，加上他自己的天才，共同成就了哲学史上又一重要的进展。

亚里士多德
Aristotle

亚里士多德如果活在今天，会成为一个科学家，尤其可能成为生物学家。他会对科学方法和科学逻辑有浓厚的兴趣。他对科学方法的热情让他即便不会赞同 20 世纪生物学家 J. H. 伍杰（Woodger）的尝试，至少也会表示理解。这位生物学家把罗素和怀特海在《数学原理》中提出的逻辑应用于生物学的基础理论。这表明亚里士多德的天才既是广博的，也是体系性的：他想把一切知识纳入一个宏大体系。

当代的一些亚里士多德研究者可能会不同意最后一点论断。他们认为亚里士多德不是一个体系性的哲学家，而是一个"设疑式的"（aporetic）哲学家，即他遵循苏格拉底式的、以疑难结尾的、无结论的探索过程。他审视着我们所经历的世界中涌现的各种意见、问题和疑惑，而常常不会得出确定的观点。但亚里士多德自己对这一点的想法有所不同，他在《天象论》（Meteorology）的导言中说："我们已经探讨了自然的第一因，探讨了一切自然运动（见亚氏《物理学》），以及排布在高处轨道上的诸天体（见亚氏《论天》[On the Heavens]），还有物质诸元素的数目、本质及其互变，以及生成和消灭的一般情形（见《论生成和消灭》[On Generation and Corruption]）。这门学问中剩下的部分，贤者称之为'天象学'（他指的是较低诸天中的现象）……然后我们可以看看能否讨论一下……动物和植物……"

这段话表明，亚里士多德的意图是体系性的，他想要建立一个百科全书式的科学体系。这个体系的范围，从"实在本身的本质"这样最根本的问题（见亚氏《形而上学》），到他上述的那些科学探究，再到他对人类的心理学的研究（见亚氏《论灵魂》[*On Soul*]和《论自然诸短篇》(*Short Treatises on Nature*]），再到艺术和文学（见《诗学》[*Poetics*]和《修辞学》(*Rhetoric*)中对"制作的科学"的讨论），再到伦理学和政治学问题（见《尼各马可伦理学》[*Nicomachean Ethics*]、《欧德谟伦理学》[*Eudemian Ethics*]和《政治学》）。在这个宏伟规划之外，还有他对逻辑和推理的开创性研究。在六本著作中，他几乎是从无到有地创立了逻辑学。这六本书是《范畴篇》(*Categories*)、《论解释》(*On Interpretation*)、《前分析篇》(*Prior Analytics*)、《后分析篇》(*Posterior Analytics*)、《论题篇》(*Topics*)以及《驳智术师》(*Sophistical Refutations*)。

不论以何种标准来看，这一工程的体量都极其惊人。当我们第一次接触亚里士多德的时候，还会发现一件更加惊人的事实，那就是所有这些著作都是他讲课时的讲义或者研究笔记。更准确地说，这还只是他的讲义和笔记里流传至今的部分，而他打磨之后专门发表的著作都已经失传了。这些打磨过的著作是柏拉图式的对话体，而且与存世的这些草稿性质的著作不同，这些对话据说文学水准极为出色。柏拉图的希腊语已经很优美了，但作为拉丁文文体大师的西塞罗评价说，柏拉图的文体是白银，而亚里士多德的则是"一条黄金之河"。

亚里士多德已经失传的这些对话，大部分大概是他早年的作品。当时他还是柏拉图学园中的学生和教师，还在其师的影响之下。这一点可以从一些证据推知。例如，在他失传了的论修辞学的对话《格吕洛斯》(*Gryllos*)的残篇中，他似乎提出了和柏拉图的《高尔吉亚篇》相同的观点，大意是说修辞学不是一门技艺（techne）。我们只能从残篇和文献记录中获知这些佚作的内容，这带来了一个困境：这些只言片语可能会让作者看上去持有某种观点，而实际上他提出这个观点是为了批判它。我们更要想到，亚里士多德是个会不断反思、发展和更新自己观点的哲学家。在写出收录在今天《修辞学》一书中的那些文字之前，亚里士多德还有一部关于同一主题的作品，被称为《诸艺汇编》(*Technon Sunagoge*)，人们认为它记载的是亚里士多德对修辞问题的早期思想。是这些作品，而非《修辞学》，构成了西塞罗修辞学著作的基础。

我们今天能有这么多亚里士多德著作存世，是一个幸运的偶然，因为古代著作极易佚失。柏拉图的对话能流传下来，是因为他的学派延续了近一千年，而亚里士多德的对话几乎全都失传了。之所以失传，（斯特拉波 [Strabo] 告诉我们）是因为这些对话传给了亚里士多德学园的继任者提奥弗拉斯图斯，而他又传给了自己的学生涅莱乌斯（Neleus）。涅莱乌斯把这些书带回了自己的家乡，特洛阿德的斯基普西（Scepsis），又接着传给了自己的后代，而这些后代中，没有一个人对亚里士多德哲学有哪怕一点儿兴趣。他们把这些手稿藏在地窖里，于是手稿受潮发霉，又被虫吃鼠咬。所幸公元前 1 世纪，有一位富有的雅典爱书人和收藏家阿佩利康（Apellicon）把它们买下来了。到了公元前 86 年，在第一次米特拉达梯战争（First Mithridatic War）中，罗马征服了希腊。罗马将军、独裁官苏拉占领了雅典，把阿佩利康的众多藏书掠为战利品。于是这些文献就被带到了罗马。在罗马，亚里士多德学派（这一学派在公元前 3 世纪就已衰落）仅存的几位成员之一——罗德岛的安德罗尼库斯（Andronicus of Rhodes）着手编辑了这些著作。我们今天看到的亚里士多德作品，其形式和编排都由安德罗尼库斯确定。

亚里士多德生于公元前 384 年，也就是苏格拉底死后十五年。他生于马其顿的斯塔基拉（Stagira），六十二年后在喀尔基斯（Chalcis）去世。他的人生跨越了一整个时代。当少年的他进入柏拉图学园学习时，正是雅典作为独立城邦的最后的古典时期，此后他见证了整个希腊被并入马其顿王国和亚历山大大帝的帝国。

亚里士多德的父亲是马其顿国王阿明塔斯三世（Amyntas III）的宫廷医师，这意味着他的家族属于阿斯克勒庇亚德（Asclepiads）的医师公会，这个公会因医药之神阿斯克勒庇俄斯（Asclepius）而得名。亚里士多德的父亲在他幼年时就去世了，于是他就在监护人普罗色努斯（Proxenus）的照顾下长大。到了十八岁，监护人送他去雅典跟随柏拉图学习。在其后二十年里，他一直是学园的成员，先是作为学生，后来成为教师，直到柏拉图在公元前 347 年去世。然后，他和一位同学色诺克拉底离开了雅典。人们认为原因是他们不赞同任命柏拉图的侄儿斯珀西波斯为学园的新任领袖。亚里士多德可能是园长位置的候选人之一，但落选了；或者他可能不同意斯珀西波斯显然是毕达哥拉斯主义的哲学立场。不论原因是什么，他和色诺克拉底去了伊奥利亚（Aeolia）的城邦阿索斯（Assos），在学园的一个分校中教学。

这个城邦的统治者赫米阿斯（Hermias）是个非凡的人物，他出身奴隶，靠自己杰出的才干上位。他为人开明，鼓励学园人士在他的城邦活动。亚里士多德在这里度过了满意的三年，其间和赫米阿斯的侄女皮西厄斯结婚，然后移居到了邻近的莱斯波（Lesbos）岛。我们几乎可以确定，他搬家是为了开展海洋生物学方面的经验研究。

公元前 343 年，亚里士多德来到马其顿国王腓力的驻地——佩拉（Pella）。他被任命为王位继承人、一个十三岁男孩的导师（很可能是几位导师之一）。这位年轻人就是历史上有名的亚历山大大帝。伟大的哲学家是伟大帝王的导师，围绕着这层关系，有许多猜想。但稍加思考就能发现，亚里士多德不可能对这位君主有很大影响。亚里士多德欣赏的是小的共和政体，而亚历山大建立了一个大帝国，一直延伸到印度的亚穆纳河（Jumna）岸边。亚里士多德的伦理学教人凡事要节制，而亚历山大在很年轻的时候就饮酒而死。因此，如果真有什么影响，这种影响大概也是负面的。但这两个大名并列在一起，还是生出了许多传说。这些传说都不加判断地引用了据说是这位哲人和国王之间的通信，而这些信件几乎可以肯定是伪造的。

腓力在公元前 336 年被杀，亚历山大继位。亚里士多德离开马其顿回到雅典，在雅典建立了自己的学园。学园位于吕刻昂（Lyceum），这是雅典北郊的一座运动场。他的学派后来被称为逍遥学派（Peripatetic school）[1]，

---

[1] 或译"漫步学派"，因为古希腊语"散步"与"回廊"同根而形近，接下来作者讨论了学派名称到底来源于散步还是回廊。——译者注

因为他在运动场的柱廊（peripatos）中讲学。"逍遥"（peripatetic）的意思是"走来走去"，亚里士多德不太可能边走边讲自己的精妙学说，而学生跟着他疾走。这个学派的得名，应该是因为建筑，而不是因为课堂活动。

这个学园在亚里士多德的直接领导下开办了十二年。那时，他昔日的学生亚历山大已经是已知世界中很大一片土地的统治者了。亚历山大突然带着恶意关注起了自己的老师，他认为亚里士多德参与了暗杀自己的阴谋，于是指令他派驻雅典的总督安提帕特（Antipater）逮捕亚里士多德。亚里士多德受此牵连，是因为他的一位表亲卡利斯提尼（Callisthenes），后者是亚历山大的宫廷史官，受命记录亚历山大的征服战争。那时亚历山大已经开始染上他所征服的那些东方君主们的作风，模仿他们的排场和威仪，还要求他的臣民觐见时要匍匐在地。这使他的希腊追随者们感到不满。卡利斯提尼也因此批评亚历山大，惹怒了亚历山大（还好不久之后他就放弃了这种"东方专制君主"的做派）。卡利斯提尼被控煽动亚历山大的侍从刺杀亚历山大，于是被处以绞刑。亚历山大认为这个阴谋的背后指使是亚里士多德。

对亚里士多德提出的指控是个很方便的指控，"不敬神"，和对苏格拉底的指控一样。不敬神表现在他二十年前写来颂扬赫米阿斯的一首诗中。指控者说，亚里士多德写这首诗，意在神化一个凡人。勇者贵在审慎，而亚里士多德也有常识，于是离开了雅典，并说这是为了让雅典免于再次对哲学犯罪（这里影射的是雅典对待苏格拉底的方式）。他和学生们去了优卑亚（Euboea）的喀尔基斯（Chalcis），一年之后死在了那里。

在《物理学》中，亚里士多德阐述了他所认为的哲学（或"诸科学"，二者是一回事）的各个门类。这就是上文提到的亚里士多德系统性研究方法的总体研究框架。最总括的分类是理论的或"静观的"哲学与实践哲学之间的区分。

理论哲学有三个组成部分：最具总括性的是"第一哲学"，后来被称为"形而上学"，然后是数学，再是物理学。物理学研究自然（phusis）以及自然中的万物，从天体到动植物。物理学所研究的现象是有形的，而且是运动的。这是诸理论科学中最具体的一门。数学研究的是尺寸和数量。比之物理学，它较不具体，更为普遍。形而上学是其中最为普遍的科学。它研究的是"存在本身"，是实在之中万物的根本的、普遍的特征。

实践哲学指的就是一个学科：政治学，而伦理学是这一整体中的一部分。"政治学"指的是对城邦（国家）的研究，而既然国家是组成国家的那些人的联合体，伦理学与政治学就密不可分。有人会说，亚里士多德认为政治学是普遍的"关于行为的理论"。在他的晚期思想中，实践哲学一般被安排为三个分支：伦理学、家政学和政治学。但亚里士多德依然认为，这些研究之间的联系十分紧密，不能分离。

有些研究者在亚里士多德的总体规划中加入了第三个分类，纳入了古希腊意义上的技艺，包括各种手艺和技能。《修辞学》和《诗学》可能属于这个门类，但它们和亚里士多德的其他著作不同，它们不是对其主题的批判性研究，而是一种实用手册。

如果我们真的要扩展亚里士多德研究计划所包含的门类，那么应该添加的项目是他所说的"分析学"，即逻辑的科学。因为逻辑是一切科学所必需的，所以他并不把逻辑学视为一个独立的研究门类，而是作为其他研究门类在方法论上的前提，为其他研究门类奠定规则和程序。

以下叙述的是亚里士多德在这些领域的贡献，从逻辑学开始。应当指出的是，由于现存的亚里士多德著作都是经过编纂的讲稿和研究笔记，其中的内容常常会相当模糊，有些尤其难解，从而引发了学术争论。我们在阅读以下概要时，要记住这一点。

亚里士多德的逻辑学各篇著作总称《工具论》（*Organon*），这一希腊词的意思是"器具"，说明这些文章讨论的是研究和推理的方法。亚里士多德对逻辑科学的天才的系统化，见于《范畴篇》《论解释》和《前分析篇》。而在《后分析篇》中，他处理了"何为科学中有效成立的推理"这个问题，这可以看作一种认识论。在《论题篇》和《驳智术师》中，则分别讨论了试探性推理和或然性推理，以及推理中的谬误。

了解一些亚里士多德逻辑学是很有用的，因为后来哲学的重要进展，或是依靠他的逻辑学，或是由扩展延伸他的逻辑学而引发，其中尤为突出的是戈特洛布·弗雷格（Gottlob Frege）、伯特兰·罗素以及 20 世纪其他"分析哲学家"的成果。

亚里士多德认定，逻辑判断的最小单位是命题（proposition），即一句话"所说的内容"，这个"所说的内容"或是真的，或是假的。一个命题不同于一个句子：以各种语言所说的"雪是白的"这句话，包括英语的"snow is white"，德语的"Schnee ist wieß"，法语的"la neige est blanche"，表达的都是同一个命题。下面三个句子："雪是白的"，"白色是雪所表现出的一种属性"，以及"结晶在大气微粒周围的冰晶一般会反射所有波长的可见光"，这三句话所表达的命题也是同一个。类似地，我说"我头痛"可能是假的，但你说"我头痛"可能是真的，因此在这里，同一个句子表达了不同的命题。

亚里士多德把各种命题的结构分析为两个主要部分：主词和谓词。主词即是或真或假的那个说法所关涉的东西，而谓词则是关于主词所说的事情。因此在"雪是白的"这句话中，主词项是"雪"这个词（主词是雪），谓词项是"是白的"（白色"述说"了主词）。这些词项（term）是亚里士多德关注的焦点。关于词项的分类，在他的逻辑学著作中有两种略为不同的说法。一种是范畴（category）体系（有时也用 predicament 一词），另一种后来被称为"五词"（five words）或者"五称"（five predicables）。

范畴概念背后的意图是要揭示我们说的这些不同形式句子的真正意思："A 是 B"，"A 是一个 B"，"诸 A 是诸 B"。例如，如果我说"A 是白的"，那么谓词就属于"性质"（quality）范畴，亦即告诉我们 A 是什么样的。如果我说"A 是一片雪花"，那么谓词就在"实体"（substance）这个范畴中，亦即告诉我们一样东西是什么。如果我说"这里有五片雪花"，谓词就属于"数量"（quantity）范畴，告诉我们某物有多少。如果我说"一片雪花在另一片雪花之后落下"，谓词就属于"关系"（relation）范畴，说的是事物事件如何相互关联（在这个例子中是时间关系，而"约翰是彼得的父亲"是关系范畴的另一个例子，即亲缘关系）。

86

实体、性质、数量和关系是四个主要范畴。亚里士多德还补充了其他六个：场所（place）、时间（time）、姿势（position）、状态（condition）、动作（activity）和承受（passivity）。他没有说这个列举穷尽了所有范畴，而且因为这个分类在柏拉图的书中就有雏形，所以亚里士多德有可能是从柏拉图的分类出发的。

亚里士多德注意到，我们经常说到一群事物的全体、一部分（或至少其中一样事物）具有某种属性，或者否认它们有某种属性，于是他区分了全称（universal）命题和特称（particular）命题，以及肯定（affirmative）和否定（negative）命题。"所有的 A 都是 B"是一个全称肯定命题，而"没有一个 A 是 B"则是一个全称否定命题。"有些 A 是 B"和"有些 A 不是 B"则分别是特称肯定命题和特称否定命题。如果把命题中的词项想成各类事物，那么当我们说"所有的 A 都是 B"，我们可以把属于 B 的事物看作一个圆，而把属于 A 的事物看作另一个圆，这个圆的大小与 B 圆相等或小于 B 圆。那么当我们说所有的 A 都是 B，我们的意思就是代表 A 的圆与代表 B 的圆重合或在 B 圆之中。[1] 类似地，当我们说"有些 A 是 B"，我们的意思就是代表 A 的圆与代表 B 的圆有重叠。以此类推。

亚里士多德以这种表达式来研究事物类别之间的关系，并由此提出了他的分类法，即分为属（genus）、种（species）、种差（differentia）、特性（property）和偶性（accident）。后世逻辑学家称这五项为"五称"（quinque voces），这五称列明了谓词与主词相联系的诸种方式，或者换言之，我们谈论事物的诸种方式。我们可以具体地谈论某物，也可以一般地谈论，这就是种和属。我们也可以谈论把两种事物区分开的那些差异，这就是种差。我们还可以在讨论一个事物时谈论它所属的那类事物的所有个体都有的特征，这就是特性。我们也可以谈论一个事物碰巧有的特征，这个特征它也可以没有，也就是说这个特征是偶然的，这就是偶性，如鞋的形状或衬衫的颜色。

---

[1] 这种关系可以由韦恩图（Venn diagram）很好地表示出来。

事物的"种"（亚里士多德一开始称之为事物的"定义"）与其本质有关，本质就是"使其成为其所是者"的要素。对每个事物而言，它的种都是专属于它的。而属是事物本质中不专属于它的那部分，它与同一更普遍类别中的其他事物共有这些本质。因此"狮子"是"动物"这个属中的一种。（生物分类学与这种分类法不同，有着更为精密的从高到低的分类级别：界、门、纲、目、科、属、种。）而种差则区分了同一属中的一个种与另一个种，它使圆形不同于方形，虽然二者都是"形状"这个属中的种。通过这些概念，亚里士多德说明了我们是如何归类或界定事物的：通过"属和种差"。

亚里士多德想要达到的目标是理解，即希望对万物做出解释，并最终解释宇宙本身。"解释"这个词的希腊语 aitia 还有个意思是"原因"，而亚里士多德的理论框架也是通过确定事物的原因来对它们做出解释的。他说，知道或理解某个事物，就是知道它的原因。那么原因本身也有原因，存在一种可能性：如果靠原因来做出解释，这个链条可能会无限回溯，没有尽头。于是定义就被引入了。假定你解释 A，说它是由 B 引起的，而 B 是由 C 引起的，最终你会到达一个点，比如 D（或者，最后到了 Z），解释就停下来了，因为到了那个点我们就会说"它是这样，因为它就是这样"。到 D 这里，我们到达了事物的定义，一种对其本质的阐述，从中生发出了对 C、B、A 的解释。

亚里士多德指出了四种"原因"：质料的、动力的、形式的和目的的。假定你想解释什么是桌子。你举出了质料因（用来做桌子的木材）、动力因（木匠制作桌子的劳动）、形式因（物之形制，木匠在做桌子时采用的样式）以及目的因（制作桌子的目的、目标或者意图）。你给出这四个原因，就是给出了解释。四种原因中最重要的就是目的因，即目标或意图（telos）。以目的因作为解释，就叫作目的论的（teleological）解释。

亚里士多德的认识论和形而上学与柏拉图的迥乎不同。柏拉图的理论要求存在超越性的诸理念，这些理念是真正知识的唯一合适对象，因此理念也一定存在于一个只有心灵可以进入的世界中。亚里士多德说，柏拉图

88

的理论只是一种诗性的隐喻。他认为，其最大的缺陷是不能解释变化，也不能解释新的物质是如何形成的。超越的、永恒的、不变的诸形式怎么能产生生成世界中的任何事物呢？毕竟生成世界中的一切都在不停变化、运动、流逝。亚里士多德不认为单个事物摹仿了或者"分有了"一个理念，而是认为这些事物是质料与形式的复合体，而形式就内在于质料。我们说"雪是白的"，不是认为雪有某种真实存在的抽象共相（"白色"），而是在感知构成白雪的那种混合凝聚起来的（concrete）事物。（concrete 这个词中，"con"的意思是"和"或者"一起"，"con-crete"的含义是把两种或以上的东西堆叠或融合在一起。）

亚里士多德对变化的解释依靠的是潜能这个理念（希腊语中叫作 dunamis，从中衍生出了英文词"动力"[dynamic]）。实体有潜能，或是可以被作用于其上的物体所改变，称为"被动潜能"；或是可以使其他实体发生改变，这是有生命的物体可以做到的，因为它们有"主动潜能"。产生变化，需要实现潜能，亦即让潜能变为现实，亚里士多德把实现了的潜能称为能量（energeia）。

这就引向了亚里士多德关于事物的第一因的论点。如果万物都是由形式和质料通过一个原因凝聚而成，如果因果链条不能向先前的原因无限回溯，那么一定有一个最先的原因，这个原因截断了因果的回溯，因而必须是自己引起自己的。亚里士多德说，这个自为因果的宇宙"第一推动者"必定是一个心灵，其本质是纯粹的思维。它思索着最高的存在，亦即思维，于是它就是一种在思考自身的纯粹思维。这个思维，他称之为神。

亚里士多德认为第一因一定是心灵或灵魂，是因为有生命的存在拥有灵魂，从而能够自己运动。（没错，这就是个循环论证。）一切有生命的物体都有"营养性灵魂"驱动它们进行最基本的摄食和繁殖功能。所有动物和一些植物的灵魂还有"感觉的"方面，使它们能够感知环境并做出反应。人类的灵魂既有以上两个方面，又有第三个方面：理性。理性使人能够思考。对一个活物来说，灵魂是其存在的动力因、形式因和目的因，而只有质料因与其形体相关。

亚里士多德的观点是，感觉是灵魂的被动属性，使灵魂能够因为其身体与环境中的事物接触而改变。我们今天所用的"知晓"（informed）一词，是这一理论的回响。当我们的一个感觉器官受到外界物体的作用，灵魂就会接收到物体的形式（当然不是其质料），从而"潜在地"变成外界事物"现实地"所是的样子。假设我拿起了一个球，这个物体的形式所导致的"圆形物体"这一感觉，就会从手上传到我的灵魂，我于是就知晓了球的形状（更准确地说，是这个球的形状使我知晓了它）。

思想是指灵魂对形式的专注，这种专注不一定是，或甚至常常不是由外物的作用引起的。亚里士多德说，如果先前没有接触到外物，自然也不可能有相应的思维，这就出现了一个原理，即"心灵中有的东西，一定先在感官中有了"，这是经验主义的原则。但思维与想象所在的那个灵魂，当其向自己展示诸形式以及诸形式之间的关系时，是独立于外界的现实刺激的。

亚里士多德说，举止和运动是意欲（desire）的结果。一切有生命的东西，或多或少都知道自己的内在状态，也多少知道外界的哪些事物可以应对这些内在状态，可以满足或改善这些状态，如饥饿、痛楚、对欢愉的希求，等等。

以上的论述总括了亚里士多德形而上学和心理学的要旨。在形而上学上，亚里士多德给"存在本身"的问题赋予了重大的意义，亦即"只就'存在着'这一个特征而论的存在，以及这个存在本身所具有的属性"。相应地，形而上学想要把握存在的本质。在这一探究中，第一重要的范畴是实体（ousia）。我们在逻辑范畴中已经看到，包含实体谓词的句子所回答的问题，是"什么是 X"这样的问题。对"苏格拉底是什么"这个问题的恰当回答是"他是个男人"，而"男人"就是个实体谓词。但这还没有到达事物的根底。对亚里士多德而言，逻辑上和字面上都更根本的要点是，实体是"终极主体"（ultimate subject），而且是"可分的"。亚里士多德所说的"终极主体"，是指它们是靠自身而存在的，或曰自在，他所说的"可分"指的是它们可以从它们所具有的各种偶性中分离出来。例如，一个人是个单独的实体。假定他跛脚,他的跛脚不能从他身上分离而单独存在,因此"跛脚性"不是个可分的实体,但这个人是的,我们可以设想一个没有跛脚这一偶性的他。

以上对亚里士多德这个难解学说的阐述,无疑只是强调了其中的问题,却没有澄清这些问题。"实体"这个词的词源,可能会对澄清这些问题有所帮助:"实体"(sub-stance),也可理解为"立在……底下"。这个解读部分地反映了自在之物的观念,它是最根本的物的范畴,而其他事物依靠这一范畴而存在或变化。颜色不能不是某物的颜色而单独存在;没有跛足者,跛足也不能单独存在。这些都是非自在的东西。

相比于他的形而上学和心理学,亚里士多德的实践哲学,即伦理学和政治学,是更易理解的。它们所依凭的理念是:最好的社会,就是让每个个体都过上最好生活的社会。后代的哲学家们发现,他在伦理学上的观点比在政治学上的观点,影响更加深远,因为他的伦理学观点在哲学上更加丰富。通过以下概述,我们就能知道亚里士多德实践哲学的各个方面是如何结合在一起的。

一个造剑的人,以造剑作为自己活动的"目的"(telos)或目标。但对一个士兵来说,剑只是工具,是为了实现他的另一个目的:杀伤敌人。而这个目的又只是统治者实现自己目标的一部分手段,他的目标是保卫国家。统治者指挥士兵在哪儿作战,和谁作战,而士兵告诉造剑者他想要怎样长度和锋利度的剑。最高的技艺是统治者的技艺,因为他掌控着国家。其他人所做的事,在达成自身更具体目标的同时,也服务于这个最高的目的。亚里士多德说,因此,政治是最高的技艺,一切其他技术和手艺都从属于它,因为政治的目的是社会的整体福祉。

在有助于实现这一最高目标的各种从属技艺中,有一种是教育,因为教育塑造了品格。品格是知性品质与道德品质的结合,它产生了最好的人。最好的品格是什么?这个问题要靠伦理学来回答。

亚里士多德名下有两部伦理学论著,《欧德谟伦理学》和《尼各马可伦理学》。这两个题目是后代评注者取的。亚里士多德自己在《政治学》中提到自己在先前作品中的论述时，用的名字是《论品格》（ ta ethika ）。两部著作的题目得自他的朋友欧德谟和他的儿子尼各马可，这两人据说编订了这两本书。在两部书中，《尼各马可伦理学》更为完整，无疑也是成书较晚的一本，很可能比《政治学》本身还要晚。[1] 亚里士多德的伦理学著作是专门系统讨论这一主题最早的论著，也是最伟大的论著之一。

亚里士多德所用的技巧是，审视关于某一事务的常见观点（ endoxa ）以及围绕这些观点所生出的争论，并想办法解决这些争论。在《尼各马可伦理学》中，他先是指出，每种追求都指向某种善，也就是说，有多少种不同的追求，就有多少种不同的善。诸如造船、兵法或发财致富之类的事，都要先获得一些从属的善，比如木工、铸剑或者经商，而要实现这些善，又各自要先达成另外的一组目的，以此类推。每一种"善"都是一种目的，服务于更高的目的。那么最高的目的，或者最高的善，是什么呢？它一定是因其自身而被欲求的，而不是作为其他事情的手段。

那么什么东西就其本身而言就是可欲的呢？亚里士多德说，人们对此有"非常广泛的共识"，"一般大众和文雅之士都说它就是幸福（ happiness，eudaimonia ）"。（"幸福"还不能把这个词的含义充分表达出来，译为"过得好又做得好"[well-being and well-doing]，或者"人的繁荣"[flourishing]，可能更为准确。）但接着人们对什么是幸福，就有争议。有些人说，它在于拥有财富；有些人说，它在于拥有荣誉；又有人说，它在于拥有欢愉。而且人们的看法会随他们所处的境遇而不同：穷人说财富就是幸福，而病人说健康就是幸福。

但稍加思考，我们就能明白，财富、荣誉、欢愉、健康或者其他类似的东西，本身都不是目的。它们只是达到真正的至高善的手段。至高的善不仅不是手段，因为就其本身而言它完全就是可欲的且自身就是充分的，

---

[1] 还有一部题为《大伦理学》的书也被归于亚里士多德名下，但它更可能是他的一位学生或追随者的作品。

而且至高善是所有其他工具性的善所力图实现的东西,是所有活动的"唯一的终极的目的"。它确实是幸福,但不能等同于任何一种工具性的善。相反,它应当是当我们遵照"人类的功能"生活时所得到的东西。

"人类的功能"又是什么呢?亚里士多德用类比法提出了一个答案。好的吹笛人靠的是什么?是吹笛的技艺。一个好木匠呢?靠的是用木材制作器物的手艺。吹笛人或木匠是好的,因为他们很好地实现了自己特定的功能,即他的本职(ergon)。做好自己的本职是吹笛人之为吹笛人的德性或卓越,也是木匠之为木匠的德性或卓越。那么人之为人的德性或卓越是什么呢?就是做好作为人的"本职"。那么人的"本职"是什么?就是使自己的生活符合人所独有的、能界定人之为人的那种东西,即理性。因此,一个好的人就是遵循德性而理性地生活和行动的人。亚里士多德说:"属于人的善,就是遵循德性而进行的灵魂活动,如果有不止一种德性,就遵循最好和最完满的那种。"

于是我们必须理解德性的本质。亚里士多德说,德性有两种:一是思想的德性,二是品格的德性。思想的德性进一步分为"实践智慧"和"理论智慧";而品格的德性包括勇敢、节制和正义。每个人[1]生来就有发展德性的能力。但要发展德性,幼时就必须养成好习惯,等到成年时,还要获得实践智慧(phronesis)。亚里士多德所说的"好习惯"指的是养成一种性情,能够恰当地感觉和行动。这一点对亚里士多德尤为重要,因为他不同意苏格拉底和柏拉图所说的"德性就是知识",这个学说无法解释人的意志力薄弱(akrasia)这个现象。他说,这种现象的确存在,而且是由不受辖制的情感导致的,因此养成意志坚强的习惯,十分重要。

在这些思想的基础上,亚里士多德提出了德性本身的定义。德性就是两种相反的恶之间的中道,这两种恶,一种是不足所致的恶,一种是过度所致的恶。因此,勇敢就是懦弱(不足)和鲁莽(过度)之间的中道或者"中间点",而慷慨就是吝啬(不足)与挥霍(过度)之间的中间点。吹笛

---

[1] 亚里士多德其实说的是"所有自由男性"。

人和木匠都知道如何在过度与不足之间保持中道，因为二者都会毁掉自己的本职。类比于这些技艺，人也可以知道如何在两种有害的极端之间保持中道，而这个中道就与德性相关联。

是否存在一个普遍而不变的规则，能告诉我们各种情况下的中道是什么？不存在。要确定某种情况下的中道，就必须考虑这个情况的个别性质。例如，有人可能认为，温和的德性意味着人绝不能生气，因为当面对（例如）不义时，保持冷静就是冷漠和狂怒之间的中道。但亚里士多德说，具体情况的性质可能会让愤怒成为正当的。"以正确的方式、正确的程度，因为正确的理由"而愤怒，是德性高尚的。但愤怒不能达到损害理性的程度。

"德性树立正确的目标，而实践智慧教我们如何达到它"，亚里士多德如是说。在发展品格的过程中养成的习惯，则有助于我们确定正确的目标。如果我们没有，或者尚未获得实践智慧，来确定如何达到这些正确目标，我们就必须模仿那些有实践智慧的人。亚里士多德也承认，"道德运气"（moral luck）也有其作用，相比于那些苦苦求生的人，那些身处幸运境况的人更容易获得幸福。

如果认为中道学说的隐含意思是，一切目标都应该是达成一种妥协，那就错了。这个学说关乎我们如何行动，而不是叫我们总是追求折衷的结果。有人批评亚里士多德中道的伦理学本质上是"中产阶级的、中年人的和平庸的"，这些人就混淆了意欲做出的行动和意欲实现的结果。当然，认真思考特定条件下的最佳行动方案，考虑情境中的各种细节，是为了得到最好的结果；但这个最好的结果，并不因此就必然处于采取两种极端行动所得结果的中间。假定一个人决定对另一个需要钱的人慷慨，那么相反的两种坏的极端，就是什么也不给或者给的比他要的多很多，甚至倾家荡产地接济他。一个慷慨的接济，就是你能给得起的接济，而不是你家产的一半。（在某些情况下，综合考虑对方所需要的和你所能给予的，可能会让你给出的超过你家产的一半！这都要根据情况而定。）

亚里士多德把人类定义为"政治的动物"，亦即能够作为公民在国家

94

中一起生活的动物。从这一点出发，他对人最好的生活的定义，就应该是一种协作的生活，一种追求和谐的生活，一种有益于国家的生活。而亚里士多德的确认为这一目标是人所想要的一种重要的好东西，尤其是，如果这里的国家是他最中意的那种城邦的话。亚里士多德认为最好的城邦一定是一个小城邦，其规模能让城邦传令官的声音从城邦一头传到另一头。这也揭示了他不喜欢王国或帝国的原因，因为二者恰恰是他所中意的城邦的反面。然而，在公民生活之外，还有一种更高的"人的最好生活"，但要实现这种生活，也要先成为公民。做一个公民，本质上是一种积极活跃的生活（即作为城邦公民而活动），但更高的生活是沉思（contemplation）的生活。简言之，就是哲学家的生活。因为这种生活最符合人类的独有特征：人拥有并可以运用理性。

与这一观点相一致的是，亚里士多德认为，一个国家要想运转良好，应当为其公民提供休闲的机会、学习的机会、讨论和沉思的机会。这不是为了让我们从地位和物质这类外在善中得到幸福，而是为了让我们能做自己的主人，享受最纯粹的快乐：运用才智的快乐。这说到底就是我们之所以教育自己的原因：为了使自己能"良好地运用自己的闲暇"。这和今天的观点很不一样，今天的人们认为教育几乎完全是为了找工作。

在这里，亚里士多德似乎不再让伦理学从属于政治学，而是反过来让政治学从属于伦理学。但其实并非如此，在《政治学》中，亚里士多德主张，先有了国家，人才能在其中生活，而当国家日渐成熟，它的目标就变成了确保"人们过得好"。只有当一个国家安定稳固的时候，人们才能有闲暇，才有机会去发展他们在智识上的兴趣，而这些活动最终使他们的生活变成了最值得过的生活。

以上就是对亚里士多德观点的概述，最后有必要略述一下他的宇宙学。这是因为，他的宇宙学在其后两千年中，都是有关宇宙的权威观点，而大部分现代科学和哲学都源于对他所论述的宇宙图景的拒斥。这使得他的《论天》（*On Heavens*，*Peri Ouranou*，在历史上大部分时候叫作 *De*

Caelo）成为人类历史上最有影响的书之一。

亚里士多德的宇宙是一个球体。恒星构成了球体的外缘，而地球不动，居于中心。在恒星的球面之内，又有几层球体，每一层都有一颗行星，太阳和月亮也各占一层。虽然地上的万物都是由土、气、火、水四种元素构成的，这些天上的球体却是由完全不同的第五种元素构成的。这种元素就是以太（aether），一种比火更纯净的看不见的物质。行星有些显然不规则的运动（希腊语中行星一词 planetai，就是"游荡者"的意思），这些不规则运动的起因，是每个球体都绕自己的轴线转动，但又受到其上另一个球体转动的影响，于是各个行星天球的运动与恒星天球的运动不同步，但还是受到最外层恒星天球转动的影响。公元前 150 年的西帕库斯（Hipparchus）对这些不规则运动做出了非常精妙的数学描述。其后最著名的描述者就是公元 2 世纪亚历山大里亚的天文学家托勒密（Ptolemy），他的体系一直是权威，直到公元 16 世纪哥白尼的理论出现。

月下天球，即处在月球所在天球之下的那个天球，是各个天球中最低的，这是土、气、火、水四元素的领域。这四种元素又叫下界元素（inferior elements，"下界"并不自然意味着"坏"或"次等"，而只是意味着"在下"；然而，"较低"[inferior] 这个词渐渐有了今天英语中的含义，是因为这些元素缺乏以太所具有的纯粹性和其他独特属性。而以太被认为是构成天球的"优越"[superior，本义是"在上的"] 元素，是"精髓"[quintessence，本义是"quint 第五，essence 元素"]，因为它是四种下界元素之外的"第五元素"）。虽然以太的自然运动轨迹是圆形的（一切天体的最完美轨道都是圆形），但下界元素的自然运动或是向上的，或是向下的：土和水向下运动，而火和气向上运动，土最重而火最轻。由下界元素构成的物体做直线运动，而不像更高的天体那样做圆周运动。

关于四种下界元素及其冷热干湿属性的学说源自恩培多克勒。由下界元素构成的物体是容易腐朽、容易消逝的。而天体，由第五元素组成，是不朽、不灭而永恒的，这也满足了巴门尼德对存在之物的要求。

亚里士多德的宇宙学，很大一部分内容都是由欧多克索斯（Eudoxus）

提出的，他是柏拉图的另一位学生。但基督教会所采纳的宇宙学，其形态是亚里士多德所建构的，这也使它长盛不衰：直到公元 17 世纪，那些拒绝接受亚里士多德式宇宙图景的人，依然会被罗马天主教会处死。[1] 我们可能会觉得这种理论只是过时的东西，但也要考虑到，直到 17 世纪，当人们仰望夜空，都会看到天穹绕着地球旋转，而不会认为是自己相对星空在旋转。这个视角的转变，需要经过智识上的重大革命才可能发生。在我们人类历史上，曾有一段时间，那时，这种视角转变曾经是一种惊吓，令当时的人们晕眩。

在亚里士多德之后的几个世纪里，他的逻辑学作品被一批学者研究，并在一些重要方面得到了发展。这批学者合称"麦加拉学派"（Megarian School），但他们严格来说并不是一个学派。它得名于麦加拉城，这是苏格拉底的一位追随者的出生地。他叫欧几里得，而欧几里得的后期追随者们都潜心于逻辑学研究。然而在其他方面上，首先要说的是，亚里士多德的影响，不论从何种角度以何种目的来说都是零。他的思想一度几乎完全失传（上文已经说到，他的作品幸存之少，令人扼腕），但后来他的思想被再度发现，并流传下来，作为后来的哲学与科学的对手，对它们的进程产生了直接而巨大的影响。实际上他的思想被重新发现了两次：一次是在他去世两个多世纪以后，由安德罗尼库斯再发现；第二次是在公元 12 世纪，流传于穆斯林征服之地的亚里士多德作品再次为欧洲所知。在中世纪盛期，在这第二次的再发现之后，亚里士多德直截了当被称为"大哲学家"（the Philosopher）。这标签是托马斯·阿奎那给他的，而这个称呼实至名归。

---

[1] 公元 1600 年，焦尔达诺·布鲁诺（Giordano Bruno）因此被处死，1619 年圭里奥·切萨雷·瓦尼尼（Giulio Cesare Vanini）因此被处死，1632 年伽利略也差点儿因此被处死。

亚里士多德之后的希腊和罗马哲学
Greek and Roman Philosophy after Aristotle

从亚历山大大帝死后，到希波的圣奥古斯丁（St Augustine of Hippo）去世之间，有七个半世纪的时间。亚历山大死于公元前323年，奥古斯丁死于公元430年。历史学家把这一长段时间分为两个主要时代，希腊化（Hellenistic）时代和帝国（Imperial）时代。亚历山大之死标志着古典时代的终结和希腊化时代的开端，而后者的终点则被定在公元前27年奥古斯都成为罗马元首时，这一事件则开启了帝国时代。四百年后，在圣奥古斯丁在世时，基督教成为罗马帝国的官方宗教。其后一千多年中，哲学都几乎绝对地服从于基督教教义和教会权威的需要。

希腊化时代和帝国时代的哲学，除了柏拉图学园和（在希腊化初期短暂存在过的）亚里士多德的逍遥学派，还有四个著名的流派：伊壁鸠鲁学派、斯多亚学派、犬儒学派和新柏拉图学派（虽然从任何组织的意义上说，都不能把犬儒主义者称作一个学派，这里用的是"学派"一词比较宽泛的含义，指一种观点或思想传统）。亚里士多德的学派（一个正式的学派）在他死后不久就渐趋消亡，因为学派的主要成员，如亚里士多德自己，都离开了雅典，定居在希腊世界的各地。于是此后几个世纪中，亚里士多德学派的学说都没有产生什么影响。在公元前3世纪，柏拉图学园开始处于怀疑主义思想家的影响之下，但它作为一个机构一直存续到公元529年，那年查士丁尼皇帝关闭了学园，并禁止讲授"异教哲学"。

在这两个时期中的大部分时段，伊壁鸠鲁学派和斯多亚学派都是最有影响力的学派。犬儒主义（Cynicism）的信众不多，但它影响了斯多亚主义的形成，而且实际上延续的时间比斯多亚主义和伊壁鸠鲁主义都长久许多，直到公元 5 世纪，仍有人自称犬儒主义者。这主要是因为，在安提西尼（Antisthenes）创立了犬儒主义之后，它就完全是一种伦理立场和生活方式，而不包含逻辑学、认识论或宇宙学的理论。因此，最纯粹的犬儒主义其实集中表现了这一时期哲学的一个有趣的特色，即更关注"内心的平静"（ataraxia）的达成。此前，哲学已经有了一个坚实的目标，即理解世界并实现好生活。而在这一目标之外，"内心的平静"这个关切之所以逐渐得到更多关注，原因之一，很可能就是希腊化时期更大的不安定感：那时，城邦在亚历山大帝国和罗马帝国治下失去了公民自治权。当外界事件无法保证安全与稳定时，人们就感到有必要从自己内部寻求安定。不论动因为何，如何增强个人内在的心理资源以使人能够达到内心平静，日益成为哲学关心的首要问题。[1]

虽然在新柏拉图主义兴起之前，犬儒主义、伊壁鸠鲁主义和斯多亚主义是希腊化和罗马帝国时期最主要的思想运动，但三者的源头都在苏格拉底在世的时期。犬儒主义的创立者安提西尼和第欧根尼都是柏拉图的同时代人，而且安提西尼曾是苏格拉底的学生，或者更准确地说是他的伙伴。原子论者德谟克利特的观点启发了伊壁鸠鲁，而德谟克利特也是和苏格拉底、柏拉图同时代的人。斯多亚学派的创立者季蒂昂的芝诺（Zeno of Citium），虽然生活在近一个世纪之后（公元前 322 年亚里士多德去世时他只有八岁），但他的学派的源头也在苏格拉底。他受到犬儒主义者的影响，而犬儒主义者的思想灵感，就得自苏格拉底观点和生活方式中更坚忍不拔和反传统的方面。于是，斯多亚主义日后成了数百年间几乎所有有教养的罗马人的共同观念，而且在公元 2 世纪时，皇帝马可·奥勒留写出了斯多亚主义最畅达的文句，这都可以看作哲学史上的"苏格拉底时刻"的产物。

---

[1] 塞涅卡、西塞罗和马可·奥勒留的著作，以及爱比克泰德（Epictetus）的学说，是这一思想流派中的经典。

犬儒主义（Cynicism）

犬儒主义者们力图过"遵循自然"而违背习俗的生活。其中最著名的就是锡诺普（Sinope）的第欧根尼。他更著名的称号是"犬儒第欧根尼"（Diogenes the Cynic），他把这些追求做到了它们逻辑上的极限。他赤身游荡，睡在桶里，在大庭广众之下自慰，并说自己希望靠揉肚子就能轻易缓解饥饿。他在大白天打着灯笼，当人问起为什么时，他就说他在"找一个人"，并说他"曾在斯巴达见过一些小伙儿"，意思就是，斯巴达的生活方式不像雅典这般阴柔。

第欧根尼虽然是犬儒主义最鲜明的典型，但并非犬儒主义的创立者。第欧根尼·拉尔修把这一运动的源头归于安提西尼及其观点。安提西尼的观点以苏格拉底思想和生活方式的一个方面作为榜样。他生于雅典，生活在公元前445年到前365年之间。他一开始接受教育时，跟从的是智术师高尔吉亚，并成为一位卓有成就的演说家。但他后来转而跟从苏格拉底，因为他信服苏格拉底，认为德性是幸福的源泉，而通往德性之路就是苦行。

安提西尼认为德性是可教的，而且获得德性只需要"一个苏格拉底的力量"，亦即勇气和自制。他说，德性使人崇高，而德性会在行动中自然显现，无需什么言辞。每个好的人都值得被爱，一个人的行动应该听从德性的律法，而不论是否符合城邦的法律。最后这两个观点由一个非公民的外来人提出，是很合适的：安提西尼是个私生子，因为他的父母并没有结婚（而且他的母亲是色雷斯人），因此他没有雅典公民权。他的追随者第欧根尼无疑从安提西尼那里继承了对贵族柏拉图的厌恶。安提西尼指责柏拉图傲慢自负。有次他看到一匹烈马在节日游行的队伍里撒野，就对柏拉图说："你如果是一匹马，就会是这样骄傲又招摇的马。"

安提西尼的作品清单很长，但其中只有极少一部分流传至今。他之所以被树立为学派的创始人，是因为他影响了一批人：犬儒第欧根尼、忒拜的克拉特斯（Crates of Thebes）以及季蒂昂的芝诺，这些人追随他的思想，进而效仿他。第欧根尼·拉尔修说，安提西尼"为第欧根尼的出世、克拉特斯的节制和芝诺的苦行注入了灵魂"。对习俗以及俗世欲求的漠视，节制以及苦行是犬儒立场的要旨。斯多亚派也有后两个特点，但与犬儒主义迥然不同的是，斯多亚派在意他们对社会的责任。

安提西尼安于贫困苦行的生活，而且据说遵行犬儒主义的几个标志——破袍、拐杖和小囊——就源于他的形象（也有人说是源于第欧根尼）。你只需要把袍子叠起来，就可以充作一张床，这个说法确定是出自安提西尼。

如上所述，犬儒第欧根尼继承了蔑视传统的思想和尽其所能"遵照自然"来生活的思想。他在公元前412年生于黑海岸边的锡诺普，活了将近九十岁，死于公元前323年。他早年的生活似乎并不顺遂，他因为犯了罪而被锡诺普放逐：他的父亲经营着城邦的铸币厂，而父子两人被判定在铸币中掺假。

后来在雅典，第欧根尼决定追随安提西尼。虽然安提西尼并不想要这个学生，但他还是坚持跟随安提西尼走动。"犬儒"（Cynic，意为"狗"）这个名号的来源之一，就是据说第欧根尼像忠实的猎犬一样追随着安提西尼。这个称号的另一来源是，第欧根尼的生活方式就像一条无主的恶犬，他粗暴地批评一切传统的事物。在希腊语中，kyon 就是"狗"，而 kynikos 就是"像狗一样的"。

据第欧根尼·拉尔修记载，第欧根尼和柏拉图之间有着剑拔弩张的敌对关系，他批评柏拉图在家里铺地毯，还参加宴会。有一天，他走在柏拉图的地毯上时说："我踩在了柏拉图的傲慢上。"而柏拉图回答说："没错，用的是另一种傲慢。"

有个故事说，第欧根尼后来被海盗抓住，被卖到柯林斯（Corinth）为奴。一个叫色尼阿德斯（Xeniades）的人买下了他，并让他做自己几个儿子的教师。他成了这个家庭中受爱戴的成员，并留在这个家中直到去世。关于他的死因，有种种不同的说法。其中一种是，他被狗咬了，然后因为血毒症而去世，这显然是关于犬儒之死的一个双关故事。

虽然据说第欧根尼写了一些书和剧作，但他的观点主要表现在他的生活轶事之中。而这些轶事有许多显然是杜撰的。有一个杜撰出来的故事是，亚历山大大帝曾拜访他，并提出，他要什么都可以给他，可第欧根尼回答说："你挡住我的阳光了。"

第欧根尼的主要信条是，人应当过简单而自然的生活，就像一条狗一样。因此他在公共场合随处撒尿排便，什么时候觉得饿了就吃，而且不顾饮食上的任何禁忌，还会吃从神庙祭品中拿走的食物。他提倡全然不顾习俗而生活，而且自称是"世界公民"（cosmopolitan）。他指摘同时代人们的生活是做作的，说他们的心灵因为愚蠢地追求财富、名望和荣誉而受了蒙蔽。人生的目标应该是幸福（eudaimonia）和无蔽（atuphia，头脑清楚，字面意思是"没有烟雾遮蔽"）。而实现目标的途径就是苦行（askesis），苦行能够带来自足（autarkeia）、力量和内心的平静。苦行指的就是没有羞耻地（无耻地）生活和行动，并在社会和国家的法则与这种简单、自然而真正有德性的生活相抵触的时候，蔑视这些法则。

值得注意的是，虽然也有其他一些人离弃了社会和社会中的做作，认为它们是对德性的妨碍（我们更熟悉的后世例子是基督教的"沙漠神父"和隐修士），但犬儒主义者并没有像那些人一样逃到荒野去追寻单纯的生活，而是生活在城市之中。基督教的隐修者到荒漠中躲避诱惑，而第欧根尼则置身于诱惑之中来挑战诱惑。他的要旨是通过向人们展示一种自然而简单的生活范例，鼓励人们拥抱这种简单自然的生活。这种展示不只是通过示范，也是通过批评人、讥讽人、使人尴尬甚至让人惊恐，来促使人们思考。

人们或许认为，第欧根尼既然是个有罪的被放逐者，后来又成了奴隶，那么他选择狗一样的生活并赞美这种生活，就没有什么损失。在他之后的下一位大犬儒主义者，忒拜的克拉特斯的情况却恰恰相反。他生来就是巨富，却在听闻和目睹第欧根尼的行迹之后，放弃了家财。他说自己是"第欧根尼的同胞"，也就是世界公民，而且和第欧根尼一样拒斥习俗常规。

亚里士多德之后的希腊和罗马哲学　　105

克拉特斯和他的妻子——马罗尼亚的希帕嘉（Hipparchia of Maronia）都出身富裕家庭，却都选择在雅典的街上做乞丐。他们因为自己的好脾气和坚定的立场而渐渐广为人知，受人敬重，在各处都受到欢迎。他们是调解员，平息家庭矛盾，以善意来解决争端。他们所过的这种简单生活，不像第欧根尼的那样咄咄逼人。他们关注的主要是摆脱欲念和俗世追求，达到内心的平静，而不是攻击一般人对习俗的恪守。

第欧根尼·拉尔修说，克拉特斯的哲学书信写得与柏拉图的对话一样优美，但这些书信无一存世。有三十六篇现存的书信有他的署名，但我们已经发现它们是后世的伪作。他倡导哲学的生活，因为这种生活能使人远离不满足和困扰。他说，当你有钱时，你可以随意与人分享；这样，当你没钱的时候，你也不会因此不快，而是满足于你已有的东西。他鼓励人们靠吃简单的扁豆饭来过活，并说奢靡的生活最终会导致人与人的争斗，因为人们争夺地位财富，就是为了能过上奢靡的生活，并维持这种生活。

克拉特斯和希帕嘉是两位能打动人的倡导者，他们主张，简朴和自然是通向幸福之路。我们可以合理地推断，他们之所以能在这条路上走下去，是因为这条路上有对方的陪伴。

伊壁鸠鲁主义（Epicureanism）

第欧根尼·拉尔修的《名哲言行录》中有一整卷是专写伊壁鸠鲁的。其中长篇引述了伊壁鸠鲁的三封书信，这三封书信分别总结了其物理学、伦理学和宇宙学观点。下列史料向我们全面描述了伊壁鸠鲁的理论：他的格言集；公元前1世纪伊壁鸠鲁哲学家菲洛蒂谟（Philodemus）藏书中的文稿[发现于赫库兰尼姆城（Herculaneum）遗址中的维苏威火山灰下]；最重要的还是文辞优美的诗篇《物性论》，它由卢克莱修写于公元前1世纪。卢克莱修的长诗是用六音步体改写了伊壁鸠鲁的《论自然》(*Peri Phuseus*) 一书。西塞罗与菲洛德谟、卢克莱修是同一时代的作者，他在自己的《图斯库路姆论辩集》（*Tusculan Disputations*）中细致研究了伊壁鸠鲁哲学。伊壁鸠鲁主义在希腊化和帝国时代经久不衰的声名，从下面这个事例就可见一斑：在公元 2 世纪吕基亚（Lycia）的维诺安达（Oenoanda），有另一个名叫第欧根尼的人，为了公共福祉，他把伊壁鸠鲁主义的主要学说刻在了城中一座廊柱建筑的墙上。

公元前 341 年，伊壁鸠鲁生于雅典殖民地萨摩斯城，并在十八岁时，也就是公元前 323 年，移居雅典。当时，雅典殖民者们在亚历山大大帝死后被逐出了萨摩斯。伊壁鸠鲁对哲学的兴趣始于十四岁，那时他发现，自己学校的老师们无法解释赫西俄德作品中"混沌"一词的意思。在雅典，他跟随一个名叫瑙西芬尼（Nausiphanes）的人学习，此人是原子论者德谟克利特的学生。后来，伊壁鸠鲁先是移居密提林（Mytilene），然后到了兰普萨库斯（Lampsacus），他在两地都创立了学园招收学生。最后他回到雅典定居，买下一个花园作为开办学园的场地，并在此生活直到七十一岁时去世。因此他的学园也叫作"花园"（the Garden）。

第欧根尼·拉尔修所作的伊壁鸠鲁传记中惊人的内容之一，就是它详尽记载了伊壁鸠鲁的敌人对这位哲人大量的毁谤和攻讦。论敌指摘他收钱施行魔法或释放咒语，写诽谤信，和娼妓厮混，奉承大人物，抄袭其他哲学家，而且沉溺于奢靡和感官享受。他们说他患有厌食呕吐症（因而能吃得更多），而且身体羸弱，甚至很难从椅子上站起来，还说他以恶语中伤别人，包括亚里士多德和赫拉克利特：他说亚里士多德挥霍了自己继承来的财产，还靠卖药赚钱，又说赫拉克利特是个"混蛋"。第欧根尼·拉尔修写道，这样说伊壁鸠鲁的人是"疯了"，因为其他所有人都见证了他的善良和好心，见证了他的慷慨、温和、虔敬、体恤他人、谦卑、自制和节俭，以及花园哲学家们广为人知的节制的生活方式。对伊壁鸠鲁及其学派的敌意，至少一部分是源于对他观点的误解。因为他说，幸福就在于"追求快乐而避免痛苦"（我们接下来会看到，这个观点根本不是它字面上的意思），而且他排斥宗教。

伊壁鸠鲁哲学的起点是：自然中的基本存在就是原子形式的物质，它们是一个个实心的粒子,不能进一步分割。它们小到看不见、摸不着,它们会在虚空(空的空间,或理解为"没有物质的地方")中运动或者"下落"。这一理论是德谟克利特式的,它也整合了其他内容,用以解决亚里士多德和其他人在德谟克利特理论中发现的问题。一方面,有个问题是如何理解"无限虚空"的理念——没有上下,没有方向,在这样的空间中怎么会有东西"下落"或者运动呢?另一方面,亚里士多德在《物理学》第 6 卷就提出,组成物质的"最小"粒子这个理念,是自相矛盾的。试想:如果两个这样的最小量(minima)相遇了,它们在经过彼此时一定会存在一个时间点是一半越过彼此的,这如何可能呢?因为如果它们可以,那它们就不是最小量了。亚里士多德这一观点有个有趣的隐含意思,即如果物质的最小量存在,那么空间和时间也应该是量化的。但如果原子是分散着的最小量,那么它们不是连续运动的,而一定是从时空中的一个点跳到另一个点,而且所有原子跳跃的速度一定是一样的。

伊壁鸠鲁对这两个问题的回答非常精妙。他的回答是:首先,虽然原子(如其名称所示)是不可分的,但它们和可设想的最小份的物质,即最小量,并不是同一种东西。原子是由最小量构成的,却不能分割成最小量。最小量不能自己独立存在。作为物质最小量所构成的不可分的集合体,原子有形状,有钩和齿,因此能够相互联结,组成更大的、可感的物体。他接受亚里士多德所暗示的理念,认为时间和空间确实是由离散的量子构成的,而且所有的原子运动都以同一速度发生。经过碰撞、偏折和结合,原子的运动相互抵消,原子就聚合成了常见的宏观物体。

原子的形状有无穷多的样式,这解释了它们所构成的物体的多样性。而且原子在"永恒地做持续运动"。这一原子论的根源,就是理解了下面两个命题合起来所产生的理论含义:我们日常所见到的物体都是复合的,即由部分所组成的;而无中不能生有。因此物质实在就一定有其基本单位。同时,为了这些单位能够运动、结合以及分离,就必须有空间,一个虚空,供它们运动。我们所感受到的物体性质,它们的颜色、味道等,其起因都是构成物体的原子的不同配置,以及这些配置与构成我们感觉器官的原子配置之间相互作用的不同方式。

最后一个观点是伊壁鸠鲁心灵理论和知觉理论的核心。伊壁鸠鲁主张，我们的知觉（看、听等）是可靠的，这些知觉源于世界与我们的感觉器官之间的相互作用。世界全然是有形的，不存在无形体的东西，这尤其意味着，不存在无实体的灵魂或者心灵（指称"灵魂"或"心灵"的是同一个词 anima）。我们的身体被我们的心灵驱动，而我们的心灵则受到我们身体上所发生的事情的影响。于是我们的灵魂或心灵本身也是由物质原子构成的。这些原子特别细小，分散在我们身体各处，我们的知觉和感受靠的是组成身体的原子和组成灵魂的原子之间的因果作用。当身体死亡时，灵魂的原子就散去了，于是感觉和思维的功能就停止了。不存在死后的生命。因此，对死亡，也没什么好怕的，伊壁鸠鲁说："死亡对我们而言就是无物，因为好或坏都需要感受力，而死亡就是失去一切感受力的状态。"

在伊壁鸠鲁的著名观点中，"幸福生活的全部"就在于快乐："快乐是我们首要的、生来就有的善。"伊壁鸠鲁的整个伦理学可以总结为"追求快乐并避免痛苦"。现代意义上的"伊壁鸠鲁主义"，指的是纵情饮酒、聚会欢宴、沉溺于声色享乐，这是对伊壁鸠鲁这一说法的完全的误解。他紧接着就写道：

> 我们常常会对许多快乐置之不理，因为其中会生出更大的烦恼……我们常常认为某些痛苦比快乐更可取，因为它们日后会带来更大的快乐……我们认为不受外物的影响是重大的善，这不是为了总是只使用很少的外物，而是为了在我们没有多少外物时也不会感到不便。不需要奢华的人，最能享受奢华，而且我们知道，自然的东西容易获取，而只有虚浮无用之物才难以得到。朴素的饮食和昂贵的菜肴一样使人快乐，面包和水能给饥饿者带来最大的快乐……使我们自己习惯简单而平价的饮食，既能提供健康之所需，又能让我们坦然面对生活中的种种

不可避免的境况。

以上就是他把快乐作为"目的和目标"的原因："我们说的并不是挥霍的快乐或者感官的享乐……我们说的是身体没有病痛，心灵没有困扰……快乐的生活来自冷静的推理，为每个选择找到依据，并驱走那些使人心绪不宁的事情。"理解世界的本质是这种理性视角的基础。如卢克莱修在他的伟大诗篇中所写的，当我们知道宇宙是物质的，我们就不再害怕"我们的敌人，宗教"和迷信，而是把我们对世界的看法建立在理性和对现实的清晰理解之上。

伊壁鸠鲁理论中的难题之一，就是其机械论的宇宙图景所产生的自由意志的问题。这个问题一直困扰着哲学，今天尤其如此，因为神经科学的诸多发现，把精神现象更牢固地置于物理世界之中。为解决这一问题，伊壁鸠鲁说，原子在虚空中运动时会轻微地转向，导致了偶然事件和随机性。但这并非充分的解答，因为如果我们的选择不是（如我们所认为的那样）在因果上与随后发生的行动相联系，而是仅仅随机地或偶然地发生，那么"自由意志"就既不是意志，也并非自由。

在伊壁鸠鲁看来，最大的快乐之一，就是友爱（philia）的快乐。友爱或许一开始只是人们之间基于彼此有用性的种种考量，但很快就会发展为一种深而强的、相互的利他主义纽带。[1] 伊壁鸠鲁认为，这个过程就是社会演化过程的镜像。人类一开始是独居的动物，在历史进程中开始组建家庭和社群，习得语言，与人分享自己发展出来的技能，例如农业和建筑。（这一论述中的某些成分接近于后来洛克和卢梭的构想，即当人们认识到了合作的好处，社会就会从某种理想化的"自然状态"中形成。）随着时间的推移，社会的复杂度日益增加，出现了君王和僭主，出现了宗教和对惩罚的恐惧。但正义的真正源泉是人们认识到守约对双方都有利，并

---

[1] 亚里士多德在《尼各马可伦理学》中对友爱做出褒扬性的论述之后，这个概念成为了大部分实践哲学的核心词汇，这一传统从伊壁鸠鲁到西塞罗，一直延续到 G. E. 摩尔。

且相信审慎、高尚而正直的生活是最快乐的。伊壁鸠鲁说,如果每个人都按照这个理想来生活,就不会有僭主,也不需要宗教,因为这样的社会本身就会是好的。

对伊壁鸠鲁而言,哲学的主要目的是帮人们看清什么是最好的生活,以及它为什么是最好的。哲学就是心灵的教育,是灵魂的疗救。他说:"如果哲学不能治愈灵魂,那它就像坏的药物不能治愈身体一样。"快乐的生活就是内心宁静的生活。人们可以通过哲学理解事物的真正本质,并按照这种理解来生活,从而达到内心的平静。

斯多亚主义(Stoicism)

犬儒克拉特斯被公认为是季蒂昂的芝诺的老师,而芝诺就是斯多亚派的创立者。我们在下文会看到,芝诺可以说是教人把犬儒主义节制和自控的德性内化了,而且他对犬儒主义"不动心"(apatheia)这个概念的运用,不是为了理解社会和确定高尚生活的目标,而是为了应对命运的起伏难测和不可避免的生老病死。后来,有教养的罗马上流社会之所以倾心于斯多亚主义,是因为它所倡导的高尚而自主的生活理想。这是一种勇敢而坚韧的生活,一种强健而有男子气概的生活,这种生活方式既能应付远方战阵上的艰难困苦,也能适应家庭中的种种职责。

芝诺于公元前334年出生在塞浦路斯岛上的季蒂昂。他在刚成年时是个商人,但后来读了色诺芬对苏格拉底的记述,于是决定学习哲学。据说,在一次去雅典旅行时,他问一位书商,在那些哲学教师中,应该跟谁学习。当时,克拉特斯正好路过,于是书商就在人群中指出了他。在跟从克拉特斯学习之后,芝诺恪守自制和节俭的犬儒主义德性。但他的端庄自重使他无法像犬儒主义所倡导的那样,过"无耻的"生活。于是他产生了将这些德性内化的想法,亦即在私人生活中做一个半犬儒,就像他所做的一样。除了端庄自重,他还有很强的公民责任感。公民责任感要求一个人履行他作为公民的责任,而不能全然地排斥社会。他在这方面的信念可以由下面这个事例来说明:雅典曾要授予他公民权,但他拒绝了,因为他要保持对母邦季蒂昂的忠诚,那时他在母邦已经捐款设立了几个公共浴场,并极受尊敬。

克拉特斯不是芝诺唯一的老师。他还听过逻辑学上的麦加拉学派的老师讲课,听过柏拉图学园的哲人们的讲授。虽然犬儒主义启发了他的伦理学说,但他的逻辑学和物理学却是在其他的影响下发展出来的。他把自己的学园设在雅典广场上的彩绘柱廊,或称斯多亚(stoa poikile),这个学派也因此得名。公元前262年他去世以后,他的学生以及日后的同事克里安提斯(Cleanthes,约公元前330—前230年)继之成为学园的领袖。克里安提斯及其学生和继位者克律西波斯(Chrysippus,公元前279—前206年)发展了斯多亚派的逻辑和物理学说。我们不知道二人中的哪一位是早期斯多亚学说的主要创立者。但后期斯多亚主义,正如塞涅卡、爱比克泰德和马可·奥勒留这些典范作者所表现的那样,几乎只关心"如何生活"这个伦理问题,虽然这个关切一开始就是斯多亚主义的一个方面。

斯多亚主义的物理学坚持一个观点,即实在的最显著特征就是能够作用于其他东西或受其他东西的作用。于是,对斯多亚主义者而言,只有有形的物体才是存在的。因此,物质是宇宙的本原。但他们也指出,我们也会提到许多非实体的东西,例如地点、时间和想象中的物体如神话动物。这些东西不存在,而是"潜存"(subsist)着,即有一种约定俗成的半存在性,因为它们可以被谈论。他们不像柏拉图一样认为共相真的存在(虽然是存在于只向知性开放的那个存在世界),而是认为我们谈到的这些对象仅仅是心灵中的实体,这就和后代哲学中的唯名论者很相似。

作为本原的物质是不灭和永恒的。但在物质之外,宇宙还有另一个本原,也是不灭而永恒的,那就是逻各斯,或曰理性。它弥漫在宇宙中,使之有序,并使宇宙循环变化,从火开始,经历各个元素的形成——火、气、水、土,前两种是活跃的,而后两种是被动的——然后形成我们所知的这个世界,这个世界由元素的组合构成,而后又回到元素之火,再从头开始循环，永不止息。这种逻各斯也被斯多亚派称为"命运"或"神"，它是物质的，就和它用无止境的循环所掌控的这个有形的世界一样。

斯多亚派认为宇宙是物质的满盈体（plenum），也就是说，不存在空隙。这就导致了一个问题：物体如何能够是外在可区分的，而内在又作为个别的物体持续存在。斯多亚派的回答是，它们之所以能被区分为不同的个体，而且内在可以维持作为个体的存在，靠的是普纽玛（pneuma）或曰气息。这是火和气的一种结合体。普纽玛可以穿过一切物体，而且因为它有不同的"等次"，于是造成万物有不同的属性。是普纽玛让动物和植物有了各自形态的生命，也是它给了人类理性。我们并不清楚是否正是这一观点让斯多亚派始终认为，因为普纽玛是有形的东西，它作为人类理性成分的功能，在人的尸身消亡之后，就不复存在了。克律西波斯说，智者的普纽玛能在死后继续存在，直到宇宙循环到下一次大火。这或许是因为相比于非智者，智者的普纽玛有更强的整合自身的能力，但克律西波斯的这个看法确实有妥协的意味。

对斯多亚派而言，"逻辑"这个主题非常宽泛，不仅包括推理的科学，也包括认识论和哲学语法。他们对狭义逻辑学有重大贡献。与亚里士多德的词项逻辑不同，他们探究了不同的完整命题之间的推理关系，并提出了三个基本的推理规则（其实他们认为有五个，但其中的三个是以三种不同形式写出来的同一个规则），这些规则是今天的命题演算法（propositional calculus）中基本而核心的内容。[1] 他们的逻辑学的有趣之处在于，它坚持严格的二值性，即有且只有两个"真值"，即真或假，任何一个语句都必定或为真、或为假。亚里士多德曾纠结于这个问题，即命题是否一定或为真、或为假。他思考了一个关于未来的命题："明天会有一场海战。"这个

---

[1] 他们提出的基本的"不可证明的规则"（indemonstrable）是：肯定前件（modus ponens：p → q；p；因此 q）；否定后件（modus tollens：p → q；¬q；因此 ¬p）；还有伪装成三种不同形式的选言三段论（Disjunctive Syllogism），而他们似乎没有认识到这一点：(p ∨ q；p；因此 ¬q)；(p ∨ q；¬p；因此 q)；(¬ (p & q)；p；因此 ¬q)。最后一条和德摩根定律（De Morgan's Theorems）中的"(¬p ∨ ¬q)；¬p；因此 ¬q"是等价的。见附录：逻辑学概要。

命题现在是否确定地为真或为假呢？如果它现在确定地为真或为假，那么现在一定存在一条关于未来的事实。但未来还不存在，那怎么会有一条关于它的事实呢？因此，亚里士多德断定，这个命题既不是真的，也不是假的。他说，二值性不适用于那些描述或然事件的将来时命题。

克律西波斯却认为，一切陈述，即便是将来时的陈述，都确定地为真或为假。这使他坚持一种严格的决定论：如果"明天有一场海战"现在是真的或假的，那么明天会不会有海战，在今天就已经确定了。所以当他陈述斯多亚形而上学的原则，说作为"命运"的逻各斯驱动了宇宙，使其做重复的历史循环的时候，他的话其实应该就其字面来理解。

这个观点让斯多亚派与柏拉图学园相冲突。柏拉图的学园在那时已经转向怀疑主义（见后文）。斯多亚派主张，判断一个意见真假的标准是，导致这种意见的经验是不是由那件事物本身在人心灵中引发的。照他们的说法，真理在于认知的印象（phantasia kataleptike）被"根据那件事物本身的样子而压印［在人的心灵中］，而且如此一来，它不可能由不存在的事物而引发"。怀疑主义者指出，"从真实的东西产生的任何印象，从虚假的东西产生的印象都可能与之相似。"正是这个看法，使得怀疑主义的观点在认识论的整个历史上都是核心的理论关切。斯多亚主义者不认为自己仅仅是把印象本身等同于知识，他们也不认为，有一个印象，赞同或相信这个印象就足够了。印象必须得到更进一步的支撑，或者如柏拉图所说，要有东西把它"捆住"。那么，这个"进一步的东西"是什么呢？

这就是一切认识论都想要回答的那个重大难题。目前为止，回答有："某种严密的证明"，"与其他既有知识的一致性"，"与基础的、'自明的'或'基本的'命题之间的逻辑关系"，从古到今的答案太多了。季蒂昂的芝诺则给出了如下演示：伸出你的手，这就是知觉；把手指蜷起来，这就是相信；捏紧你的拳头，这就是理解；用另一只手紧紧攥住你的拳头，为它提供支撑，这就是认识。和其他说法一样，这个演示说明了知识的定义应该具有怎样的形式，却没有说它的内容。

不论如何，在长期的历史中，尤其是在罗马世界中，产生巨大影响的是斯多亚主义的伦理学。斯多亚派在伦理学上的基本思想是，幸福（他们承认这是生活的目的或目标）在于"符合自然地生活"。符合自然的东西就是好的东西。善就是在任何场合都对我们有益的东西，而不像有些东西只在一部分情况下是好的，在其他情况下却不是，例如财富。这样有时好有时坏的东西，斯多亚派称之为"无所谓者"（indifferents）。而审慎、勇敢、节制和正义的德性则一直都是好的。因为财富虽然不像审慎一样是绝对的善，但它可能有时是好的，因此我们要区分就其本身而言就好的东西，以及有时会有价值（axia）的东西。有价值的东西可能会比其反面的东西更可取，财富、健康和荣誉可能比贫穷、疾病和恶名更可取，因为它们通常对我们有好处，或曰对我们而言是"适合的"（oikeion）。如此一来，我们就有追求它们的自然倾向。但如果它们妨碍了我们实现那些全然的、绝对的善，那么它们当然就不再可取了。

好生活在于理性地选择好的东西，以及那些与好的东西相一致且适合我们的东西。这些选择都应该服从于我们对"符合自然"的追求。很有可能，我们理性而适当地追求某些"无所谓者"，例如财富，却没有成功，但只要我们拥有好的东西：勇敢、审慎和节制，我们就依然是快乐的。这一观点的重要之处在于，认为我们应该努力掌控那些我们可以控制的东西，例如我们的食欲、欲求和恐惧；至于那些我们控制之外的东西，那些我们无法改变的东西，例如衰老，又如疾病或地震引起的痛苦，我们必须勇敢地面对它们。这就是行动与受难（passion）之间的区别：行动是我们所做的事，而受难是我们无可选择而必须经历或承受的东西。勇敢地承受苦难（pathe），就是不要让苦难支配我们，我们必须对它们"无动于衷"（apathetic）。这是这个英文词的原初含义。

这些古人还认为，我们今天所认为的主动的情感，例如爱和怒，我们名之为激情（passion）的那些感情，确实名实相副，因为它们是外界强加在作为承受者的我们身上的[1]：他们认为情爱和性欲的激情是诸神强加给我

---

[1] passion 一词的拉丁词根 patior 就是承受之意。

们的痛苦甚至是惩罚。过度的激情就是"对理性的不服从",而我们有必要训练自己,为这些激情做好准备,以使自己可以斯多亚式地对待它们。

不同于柏拉图和亚里士多德那种更为专业和艰深的哲学,也不同于犬儒主义的那些在实践中无法效仿甚至有点娱乐性的榜样,斯多亚主义立刻受到雅典公众的欢迎。人们树起了一尊芝诺的雕像,雕像的铭文中写道:"季蒂昂的芝诺……[是]一位卓越之士……劝导自己的年轻学生们追求德性和节制,以他自己的举止,树立了与他的教谕完美相符的榜样……"这是一种流行的哲学,而且广受赞誉。在它的仰慕者中,还有马其顿国王——戈努斯人安提柯二世(Antigonus II Gonatas)。这位国王年轻时曾在雅典听过芝诺讲课,他希望芝诺能到马其顿去做他儿子的导师。斯巴达的克里昂米尼三世(Cleomenes III)按照斯多亚派的学说展开了一场改革。到了公元前1世纪,斯多亚主义已经成为罗马贵族教育的重要部分。屋大维,也就是后来的皇帝奥古斯都,在年轻时就以斯多亚主义者阿提诺多罗斯·卡乌斯(Athenodorus Calvus)为导师。

公元1至2世纪最重要的三位斯多亚主义者分别是马可·奥勒留、以希腊语写作的爱比克泰德,以及塞涅卡。爱比克泰德讲学,塞涅卡发表作品,而奥勒留既不讲学也不发表。奥勒留在他的《自我反思》(*To Himself*,现在题为《沉思录》)中以斯多亚立场所作的自述,其实是他的私人日记,是公元170年到180年他在动荡而危险的多瑙河前线带兵时所写的。为了保持私密,他用希腊语写了这部作品,书中所凸显的人性和对职责的斯多亚式奉献精神,一直受人敬仰。

爱比克泰德出生在弗里吉亚(Phrygia),出生时是个奴隶,他名字的实际意思是"买来的"或"为人所有的"。他在年轻时被带到了罗马。在罗马,他的主人(其人自己就曾是皇帝尼禄的奴隶)准许他跟随斯多亚主义者穆索尼乌斯·路福斯(Musonius Rufus)学习哲学。在获得自由之后,爱比克泰德当起了教师。公元93年,图密善皇帝(Emperor Domitian)在罗马禁绝了哲学,驱逐了哲学家。当时,爱比克泰德移居希腊的尼科波利斯(Nicopolis),建立了一个学园。他自己没有著作,但他的学说保存在《语录》(*Discourses*)一书中。还有一本面向更大众的读者的书，就是他的学生阿里安（Arrian）所著的《手册》(*Encheiridion*)。

自知和自主是爱比克泰德思想的关键。他主张，我们能力之内的事与我们能力之外的事二者间的区别表明了善之所在，亦即在于我们自己之内。我们对理性的运用以及我们做出选择的自由，使我们可以评价我们经历的事情，然后问自己："我能对此做点什么吗？"如果答案是"能"，那么就行动；如果答案是"不能"，那就对自己说："这对我无所谓。"这种忍受（"斯多亚式地对待"）不可避免之事的思想，隐含了先前提到的无动于衷的概念。万事万物都取决于我们的态度，而态度是我们在理性指引之下可以控制的。对不可避免之事的坦然接受，就是自由，这种接受是"得到宁静的心灵所需的代价"。

爱比克泰德的学说中有些宿命论的成分。"不要希求事情如你所愿的那样发生，而要让你的意愿变成'事情就应该如它们实际发生的那样来发生'，这样你就会平静……在生活中要像在宴会上一样行事。一盘菜肴在人群中传递，来到你面前。伸出手，礼貌地拿取。它从你面前离开，不要阻止。它还没到你这里，不要迫不及待地想得到，要等轮到你的时候……记住，恶语和殴打本身并不是侮辱，是你认为它们是侮辱这个判断，让它们成为侮辱。每当有人让你生气时，真正使你生气的是你自己的想法。因此一定不要让你的印象摆布你自己。"

（小）塞涅卡于公元4年生于西班牙，后来到了罗马成为元老，也是皇帝尼禄的顾问。他努力想要缓和尼禄与日俱增的暴政，但失败了，于是他两次想要引退，但皇帝不许。最后他受到皮索（Piso）刺杀尼禄的阴谋的牵连，皇帝的惩罚是命他自杀，他照做了。这件事发生在公元65年。史家塔西佗（Tacitus）形象地描写了他自杀的场景：因为年老体弱，塞涅卡在切开了几根血管之后，还是无法失血而死，血流得太慢太弱了；于是他也服了毒药，最后又把自己泡在热水里，来加速出血。塔西佗写道，他最后是"被蒸汽窒息而死"。

塞涅卡的著作有散文、道德书信、对话和悲剧，几乎所有作品在生前

亚里士多德之后的希腊和罗马哲学

都已发表。这些作品读者甚众，广受欢迎。他很了解自己的斯多亚前辈们的思想，把这些思想折衷调和，服务于"过一种好的、坚韧的、受理性统辖的生活"这个目标。"烦恼无疑会出现，但它们不是现在的事实，甚至可能最终也不会发生，那为什么要急着去碰上它们呢？……更多的事情只是让我们害怕而不是给我们伤害……在危机到来之前都不要伤心……一些事情折磨我们的程度超过了它们应当的程度，有些事情在发生之前就开始折磨我们了，还有的事情根本不应该使我们困扰，却还是折磨着我们。我们不必要地夸大了、想象了，或是预见了悲伤。"这个主题是斯多亚派的核心观点之一，即让生活变好或变坏的，是我们自己的态度和想法。哈姆雷特就在他的台词中示范了斯多亚主义："世事并无好坏，人的想法让它们成为好或坏。"

斯多亚主义的这些劝谕并没有什么理论内涵。对斯多亚派而言，哲学是个实践问题，其目标是真正地改善人们所感受到的生活质量。他们主张，理解自身、理解世间万物能使人解脱，这是因为，这种理解把幸福的钥匙放在了我们自己手中：我们可以选择对不能影响我们的东西无动于衷，而同时理性地调节自己的感情。斯多亚派的评注者西塞罗对他们的伦理学观点做出了最恰切的总结，他写道："学习哲学，就是学习如何去死。"这就是说，对死亡的正确理解能让我们不再恐惧死亡，于是人就可以更有勇气、更加自主地生活。如果你不害怕死亡，你就得到了终极和完全的自由，因为面对不可忍受的东西时，你总有一个逃避之法。不受焦虑和恐惧的压迫，对那些无法靠自己达成的事情不再渴求，这就是幸福本身了。

接下来我们会看到，以幸福为目的，这是亚里士多德以降的所有伦理学论争中的各方所共有的思想。关于如何达到幸福，各种思想也有许多共通之处，亚里士多德、伊壁鸠鲁和斯多亚派都说理性能使人解脱。在如何达到幸福这个问题上，这些思想之间的差别主要在于强调了理性在不同方面的运用。

怀疑主义（Scepticism）

如果我们审视古代和希腊化时代哲学的历程，就能明白为什么从公元前3世纪到公元2世纪，会有一个学派的思想家开始质疑知识本身的可能性了。这些人就是怀疑主义者。前苏格拉底哲学家们关注的是表象和实在之间的区别，他们聚焦于一个无可置疑的事实，即世界表面上所是的样子并不能可靠地反映它真实的所是。于是，关于那个表象之下的"真正的实在"是什么，他们提出了各种说法，其中有巴门尼德的"一"、赫拉克利特的流变、德谟克利特的原子、柏拉图的理念。此外，智术师们示范了，人们如何可以同等有力地论证同一个问题上的两种相反立场。这不禁使人想问："那么，究竟哪一边是对的？"苏格拉底说，他在青年时从"物理学"转向伦理学，就是因为看到了这些对实在问题的追问是徒劳无功的，而此时还有更重要的问题没有人回答，那就是"人应该如何生活"。但苏格拉底对话中的那些未解的疑难说明了，这个问题也难有答案。

在柏拉图的著作中，何为知识、如何获得知识，是反复出现的主题。而这个问题最终也没有完全解决：在晚期对话《蒂迈欧篇》中，他重申了自己在《美诺篇》《理想国》和其他对话中提出的观点，即关于我们周遭世界的知识，最多也只能是概然的。他在《泰阿泰德篇》中就已经承认了相对主义困境的存在，这种主义认为，对一个人为真的事物，对另一个人可能为假，而我们无法在二者之间做出判断。

审思上述的历程，可能会让我们产生这样的疑问：知识到底是否可能，探究到底会把我们引向何方。对这个显然而普遍的疑难，怀疑主义似乎是个自然的回应。亚里士多德的作品中有好几处讨论了"探究"这个问题。例如在《形而上学》和《后分析篇》中，他倡导了一种方法，即从经验或普遍的知识出发，努力提炼它们。我们有意见，并照这些意见行动。在他看来，"搁置意见"或者没有意见是不可能的，因为这样我们就和植物没有区别了。因此问题就是，我们如何找到最好的意见，我们如何理性地决定自己的解释和证明在哪里停止。亚里士多德以上的观点，实际上可以解读为对怀疑主义的驳斥，这说明他完全明白怀疑主义在智识上的诱惑力。

然而这种诱惑很大。作为对诱惑的反应，产生了两种不同的怀疑主义：柏拉图学园的怀疑主义和更尖锐的皮浪学派（Pyrrhonian school）的怀疑主义。虽然赛克斯图·恩披里柯（Sextus Empiricus）在公元 2 世纪写出怀疑主义集大成之作时写道，这两个怀疑主义流派之间的差异只是表面的，但二者确实有显著的不同。

柏拉图之后继任的第六位学园领袖阿克西劳斯（Arcesilaus，公元前 316—前 241 年）从他公元前 266 年继任时起，使学园转向了怀疑主义。他没有留下著作，而后代评注者对他观点的记述也不一致，评注者中有西塞罗、普鲁塔克和恩披里柯，所以我们很难确定出一套他的学说。但他重申了苏格拉底的哲学观，认为哲学是以辩证法的方式进行的探究，并接受这些探究所产生的悬而未决的结果。他主张，我们必须保留自己的意见，不接受辩论中任何一方的立场，因为没有判断真理的标准，于是我们无法在二者之间做出选择。他否认真理标准的存在，也就直接拒斥了斯多亚主义和伊壁鸠鲁主义对真理之存在的信念。

这最后一点使我们想到斯多亚主义的创始人芝诺。他比阿克西劳斯年长约二十岁，也曾是学园的一员，也曾说苏格拉底启发了他的观点。但在芝诺的例子中，他把德性和知识等同起来，并认为通过斯多亚式的生活可以达到德性，这使得知识一定也是可以达到的，虽然可能很难，因为完全按斯多亚的方式生活本身就是件难事。

阿克西劳斯要面对的主要诘难是，有人如上文所述，主张真理是可以被发现的。而阿克西劳斯的观点是，真理是不可发现的。斯多亚主义的要点之一，就是认为经过适当约束的知觉可以产生"认知把握"（cognitive apprehesion），即对所知觉之物的准确反映。伊壁鸠鲁以一种略相似的方式提出，要检验那些关于不显见的事物的主张，例如关于物质微观结构的说法，这是可能的。而要检验它们，我们就需要对照显见的事物，尤其是感官所能知觉的事物。他说，这是因为显见的事物能为我们对不显见的事物所作的主张划定界限。但阿克西劳斯一概拒斥这些观点，他给出的理由是，我们无法区分误导性的知觉和真实的知觉。对此，斯多亚派回应说，"认知把握"有特定的产生方式，这种产生方式使它们不可能是不真实的。但接下来的问题自然是，这种产生方式是什么？而上文已经提到，在哲学整个历史中一直存在的怀疑主义难题，其核心就是这个问题。

亚里士多德的观点是，如果你没有意见，就无法行动。这个观点得到了斯多亚派的有力响应，他们主张，行动的基础是认同（或接受）关于待处理问题的某个意见。这在他们的体系中是个要点，因为这使得他们可以避开决定论的疑难。这个疑难就是：知觉是由外物引起的，因此如果知觉和意见是同一个东西，而意见导致行动，那么我们的行动，就是外部世界对我们的因果作用的结果。而现在他们论证说，意见要导致行动，必须要有我们对意见的认同，而认同是心灵和意志的活动。如果没有对意见的认同，但却有行动，那么这个行动就只是个事件（happening），和无心灵的物的行为没有区别。

在这些既有思考的基础上，阿克西劳斯该如何解释行动呢？或者说，"搁置意见"是否意味着人不能行动？

阿克西劳斯的回答可以重构为：坚持把意见搁置起来，是理性推理的结果，与此相似，行动也是一样。其过程如下：我们接收到许多感官印象，它们常常相互矛盾。如果所有这些印象都引发行动，那么人就会陷入困惑甚至瘫痪。因此我们必须"遵循合理印象（eulogon）"来行动，但我们不是认同那些看起来合理的印象（亦即认为它们是真的），而只是依照它们来行事，因为这是经验所提供的最佳选项。这时斯多亚主义者可能会问，判断出根据这个印象而不是其他印象行事更为合理，与相信这个印象更加可靠甚至更加真实，二者之间有什么区别？对这个问题，阿克西劳斯可能会回答说，认为依据这个印象而行动比依据其他印象更加合理，这并不要求我们相信这个印象传达了真实情况。

西塞罗写道，阿克西劳斯曾说"他什么都不知道，甚至不知道自己的无知"。这句话似乎留下了一种可能性，他或许认为真理这种东西是存在

118

的，但我们没有办法发现它。如果真是如此，我们就有另一种方法来区分学园怀疑主义者和皮浪主义者了。考察阿克西劳斯学园领袖之位的继任者卡尼阿德斯（Carneades，公元前 214 年—前 219 年）的思想，我们会发现的确存在这种可能性。

众所周知，卡尼阿德斯是公元前 155 年受邀来到罗马的那群哲学家之一。在罗马，他有一天立论支持正义，第二天又立论反对正义。这看起来像是智术师的典型做法。他此举想要证明的是一个怀疑主义的观点，即知识是不可能的（尤其是，要知道正义是否符合自然，是不可能的；他力图论证，正义是基于权宜的人为建构）。这种表现让罗马知识阶层不快，于是他们给希腊哲学冠以污名，其影响直到五十年后才消除。卡尼阿德斯和他的前辈一样，不事写作，而是以学园的方式使用苏格拉底式的对话教学法。我们对他观点的了解，最早来自他的学生和爱人克莱托马库斯（Clitomachus）。和阿克西劳斯一样，他也与斯多亚派辩论过那些区分了学园与斯多亚派立场的问题。但是，在斯多亚派的影响下，他修正了（或者说软化了）自己的怀疑主义立场，接受了意见的作用和某种对意见的认同。

卡尼阿德斯一方面强调，不存在判断真理的标准，因为他认为我们无法判断感官经验是否真实，而感官经验是概念的基础，从而也是推理的基础；另一方面，他仍然提出，有另一种有限的判断标准，可以帮助我们在实践生活中选择如何行动。这一标准就是选择"有说服力者"（pithanon）。他的意思并不是说，感官经验可以是在因果上有说服力的，亦即能使我们不得不同意它所提供的印象，或（如斯多亚派所认为的）本身具有印象关系所带来的某种属性。他说的是某种类似"看起来的合理性"或者"理性上的可信性"。在任何有意义的事情上，一个怀疑主义者都会依照最有说服力的那些印象来行事。如果事情重大，怀疑主义者会依照"有说服力且未被偏转（undiverted）"的印象来行事，"未被偏转"的意思是没有导向不同行动方向的其他印象。在关乎幸福的重大事情上，怀疑主义者所依靠的印象就不仅要有说服力且未被偏转，还要是他们已经彻底研究过的。"彻底研究过的"印象就是在周围相关的印象都被充分检验之后，仍旧有说服力的那些印象。

说服力这个标准，在判断实践生活中的行动时，可能本身就是有说服力的，但恩披里柯写道，卡尼阿德斯认为这个标准也可以用来作为真理本身的判断标准。西塞罗把"有说服力"（pithanon）理解为"很可能为真"。这就引发了一个问题，卡尼阿德斯所说的"有说服力的印象"是否就是指意见（belief）？他有过"赞同有说服力的印象"这种说法，这似乎和斯多亚派的"认同"的意思差不多，虽然他自己坚持说其实不一样。和卡尼阿德斯最亲近的克莱托马库斯说，卡尼阿德斯在谈"受赞同的有说服力的印象"时，指的并不是"意见"，但他的其他学生 [斯特拉多尼西亚的迈特罗多鲁斯（Metrodorus of Stratonicea）和拉里萨的费隆（Philo of Larissa）] 说，他指的就是意见。在这个问题上，西塞罗接受了克莱托马库斯的看法。

这个争论看起来可能主要是语义之争，但要记得，学园哲学家们看重的是什么。这一学派的创立者柏拉图就很明确地区分了意见和知识，并认定意见是不足的、不完美的，只是个人看法，无关乎真理。拥抱单纯的意见，对他们来说甚至可能是"羞耻的"，这是柏拉图在《理想国》中的说法。如果如怀疑主义者所言，知识是不可能的，那么意见就不再只是一种可怜的次等品，而是可耻甚至危险的东西了，但只有当"持有意见"意味着"相信意见是真实的"，情况才会如此。卡尼阿德斯提出，如果知道自己脑海里的东西只是一个意见，而且不会误以为它是真的或可能是真的，那么你就可以考虑这个意见，评估它对于行动的合理性。无论如何，这都是必要的，柏拉图自己就在《美诺篇》中说过，人必须从某个地方开始，然后带着假设前进到下个步骤。这个假设可以是一个主张、一个想法或者一个计划，它不是"认为某件事为真"的意见。卡尼阿德斯抱有的可能就是类似的思想。

卡尼阿德斯在学园的继任者们似乎并不确定他学说的含义，恰似一个好的怀疑主义者不确定任何事一样。公元前 127 年，克莱托马库斯在他之后成为了学园领袖，并说卡尼阿德斯支持"搁置判断"且不认为意见是真的。拉里萨的费隆是克莱托马库斯的同学（或可能是学生？），在公元前

110 年继任成为学园领袖。费隆的看法就不同。他把卡尼阿德斯的"假设性意见"这一理念解读为接受了暂定的或待证的意见。

在费隆之后,学园不再是怀疑主义主导的了。一些评注者认为,在费隆的领导下,学园回到了一种更为正统的柏拉图主义。这种主义认为,虽然关于我们感官所见的世界,不可能有真正的知识,而只能有意见,因为这个世界是短暂而不完美的;但仍然存在关于永恒真理的知识。这种立场被称为"独断式的"。在此,这个词并不是贬义的,而是指这种立场坚持认为真理是可知的,而且是可表达的。

作为这一哲学学派的传统,学园即便是在它的怀疑主义阶段,也在关注知识、意见、真理、理性、探究和行动这些话题。而另一个怀疑主义运动——皮浪主义(Pyrrhonism),则几乎只关注一个问题:获得内心平静(ataraxia)。这个学派得名自厄里斯的皮浪(Pyrrho of Elis),他是个不一般的人物,像犬儒第欧根尼一样与众不同,只是形象与之迥异。皮浪也没有写下任何著作,写作与他所要达成的那种风范根本上无法调和。我们了解他的观点,是通过他的追随者菲利亚修斯的第蒙(Timon of Phlius),第欧根尼·拉尔修、亚里士多德和优西比乌等人都引述过他的记载。

皮浪(公元前 360 年—前 270 年)据说早年是个画家,但在读了德谟克利特之后,决定学习哲学,成了麦加拉学派教师斯提尔波(Stilpo)的学生。(麦加拉学派的伦理学得自苏格拉底,他们主要钻研逻辑学,对逻辑学的发展做出了重大贡献。)皮浪曾在亚历山大的军中随行,最远到过印度。第欧根尼·拉尔修告诉我们,皮浪在那里先是见过了波斯的祭司,又遇到了当地的裸体派哲学家(gymnosophist)。这使他接受了一种"最崇高的哲学",这种哲学的要旨是"不可知论和搁置判断",它认为没有什么事情是正义的或不义的,没有什么事情是高尚的或卑劣的,甚至根本没有东西是真实存在的,只有风俗和习惯指导着人类的事务。[1] 我们的经

---

[1] 可以把这个观点与印度哲学诸学派广泛持有的观点相比较(见下文)。这种印度哲学观点认为,世界是个幻觉,实在就是虚无,人的目标应该是摆脱存在。皮浪很可能就从印度的"裸体派哲学家"那里得到了这样的观点,并照这些观点来生活。

验和意见都既非真也非假，真假之间没有逻辑上的区别，因此真假也就不可判定。于是我们应该对一切事物都没有观点，也不应该在任何问题上有立场。

第欧根尼·拉尔修告诉我们，皮浪的生活与上述的学说完全一致。他极为放松和沉静，对诸事都不介怀，甚至都不去躲避路上的车马。他的朋友们常常要救他，免得他被撞倒。朋友们的日常关切和他豁达的生活态度，合起来解释了他为什么能活到九十岁。他一些热诚的追随者想要模仿他的生活方式。而且，要是哲学家们所在的城邦都效法皮浪所在的厄里斯，那他们大概会很高兴，因为厄里斯为了表示对皮浪的尊敬，免除了所有哲学家交税的义务。他的毫不介怀的生活态度还有另一个不那么动人的侧面。有个故事说，他曾经从一个溺水的人旁边走过而无动于衷，因为不论是这个人的困境，还是救他或不救他这个问题，都不重要。

以下三个方面之间有着清晰的呼应：皮浪的观点，呈现这些观点的那些关于他的传说故事，以及他可能从某些印度哲学家那里学到的东西。他学到的印度哲学，其实际效果是把世界当作幻觉，并认为信念和欲望都是没有意义的（印度哲学家们可能还会加上一句，甚至是有害的）。然而根据第蒙的记载和其他史料，我们发现皮浪有一个明确的理论：前述观点中所说的万物的不可分辨性和不可判定性会导致一个结果，即理解这些观点会导致我们"先是无言，而后就会无忧无虑"。但这些观点本身其实构成了一些重要的主张。认为万物不可分辨，就是认为实在本身是无定形的、不稳定的、不确定的。这是个形而上学论题。从这个论题出发，又导出一个支持怀疑主义的认识论命题：我们不能判定任何事物为真或为假。而这个命题的基础，就是实在的不确定性。

皮浪怀疑主义的主要论述并非来自皮浪，而是来自后来的一位人物埃奈西德穆（Aenesidemus），一位生于克里特岛的哲学家。他生活在公元前1世纪（生卒年不详），据说曾是柏拉图学园的成员，但在拉里萨的费隆排斥怀疑主义时，就离开了学园。他的书《皮浪语录》（*Pyrrhoneoi Logoi*）认为，感官经验和思想都不能为知识提供基础，因为有利于争论某一方的论证和证据总能被另一方的证据和论证所反驳。在书的开篇，他指摘说，学园的独断论（dogmatism）满怀信心地宣称一些事情而否定另一些事情，而皮浪主义者们"保持质疑而不信教条"，这也是他们内心平静的原因，而其他哲学家则"无谓地费尽精力，空耗在无尽的折磨中"。

搁置判断被称为悬置（epoche）。埃奈西德穆提出了十种范型（modes）或范式（trope），这些范式说明了我们必须悬置判断的原因。它们归根结底说的是，对同一个感知者来说，事物在不同时间或不同条件下可能会显得不同，对不同的感知者也会显得不同，因此任何表象都不能被看作确切反映了真实存在的东西。人与人各不相同，因此他们的经验和判断也不同。我们不同的感觉方式：视觉、听觉、触觉、味觉和嗅觉，以及我们所感知到的事物的复杂性，使我们不可能说自己确切地知道什么事物。我们的心情、年纪以及健康状况的变化，使我们的感知和判断也随之变化，那么哪一次的感知和判断包含了真相呢？埃奈西德穆以不同的方式运用了知觉的多变性、相对性，以及事物的表象与我们对它们的想法之间的矛盾，做出了这些论证。

赛克斯图·恩披里柯记载了某个人的观点［第欧根尼·拉尔修称这个人名叫阿格里帕（Agrippa），对这个人我们知之甚少，只知道他生活在公元1世纪后期］，这个人把悬置判断的理由归结为"五式"（Five Tropes），这五式在后来被视为古代怀疑主义最著名的论点。第一个理由是，不论是在一般人之中还是在哲学家中间，任何论辩的主题都会引起两种对立的意见，于是不可能接受或拒斥任何一方的立场。因此我们必须悬置判断。第二个理由是，在论辩中，当一个人想要证明一个主张时，就必须诉诸一个先在的主张。但这个先在的主张也要得到证明，然后就会这样无限递归下去。因此我们必须搁置判断。第三个理由是，万事万物都是相对的，事物的表象仅仅取决于它们被感知或判断时所处的条件或环境。第四个理由是，一切做出判断的企图都建立在假设的基础上，但也可以提出不同的假设，于是就无法判定。因此我们必须悬置判断。最后一条理由是，我们常常发现，当我们想要证实一个判断时，往往已经在援引这个判断中所隐含的那些看法了，这构成了循环。因此我们必须悬置判断。

从上文我们可以看出，古代怀疑主义的主要史料之一就是赛克斯图·恩披里柯（公元160年—210年）的著作：《皮浪主义纲要》（*Outlines of Pyrrhonism*）和《驳数学家》（*Against the Mathematicians*）。他的名字告诉我们，他属于经验医药学派（Empiric medical school）。这个学派是在几个世纪之前的公元前3世纪由亚历山大里亚的塞拉皮翁（Serapion of Alexandria）所创立的。恩披里柯学派欣然接受了皮浪主义，因为它为这一学派反对追随希波克拉底传统的独断学派（Dogmatic school）提供了哲学基础。独断学派认为，必须理解疾病的"隐藏原因"。而经验学派则认为，由于自然的不可穿透性，探寻隐藏的病因是没有意义的，医师的注意力应该放在那些显见而可观察的东西，即症状上。经验学派明白，不同医师的意见互不相同，不同国家和不同医学传统有不同形式的疗法，也对疾病有不同的理解。治疗外伤或疾病的唯一可靠的办法就是使用那些基于经验而久经考验的技术，而如果一种病是新出现的，就基于医师的观察，尽力治疗。

恩披里柯把怀疑主义者描写为一个潜心探究的人，而不是接受和拥护现成教条的人。相应地，怀疑主义者不提供学说，而是为探究提供拐杖。他们遵循事物的表象，亦即依照他们的知觉来行事；他们接受传统和习俗，并照此生活；他们在口腹之欲上遵从自然的驱使，他们会习得实用技能，例如医学，但不宣称自己知道什么，也不会努力去知道什么；他们不断言物体是什么样的，而只是报告物体看起来是什么样的，就像编年史家或历史学家只记录发生了什么。

恩披里柯著作的拉丁文译本在公元6世纪中期发表，并对现代哲学的兴起产生了巨大的影响。这些著作不只影响了蒙田（Montaigne）、笛卡尔、帕斯卡尔、培尔（Bayle）、休谟和其他启蒙思想家，还进一步影响了更晚近的和当代的哲学。在这些哲学中，哲学的怀疑主义仍在促使人们建构新的认识论理论，来回应或者接受怀疑主义的诸多思考。

新柏拉图主义（Neoplatonism）

到公元 3 世纪中叶，一度占主导地位的伊壁鸠鲁派和斯多亚派开始衰退，一个新的哲学运动正在浮出水面。这一运动认为自己是柏拉图主义的，但其实它广泛地吸收了柏拉图以来六个世纪中的诸多哲学流派。这个新的运动被后世学者称为"新柏拉图主义"，它提出了一种综合理论，来解释宇宙以及人类和宇宙的关系。当时的许多人都信服这一理论，而它在后期实际上成了一种宗教。作为宗教，它既与基督教并立，也是基督教的思想源泉之一，基督教从中吸收改造了相当多的内容。它的兴盛时期主要在公元 2 世纪到 7 世纪之间，新柏拉图主义很有吸引力，尤其吸引有教养的人，其原因之一就是它拒斥伊壁鸠鲁主义和斯多亚主义的唯物论（即认为实在完全是有形的），而主张心灵是实在的终极基础。

"新柏拉图主义"这个标签多少有些误导性，因为虽然这一运动中的思想家称自己为"柏拉图主义者"，并认为柏拉图的思想比其他哲学家更高明，但这些思想家并不只是复兴和讲授柏拉图的观点，同时也把这些观点作为基础，来展开自己规模庞大而前所未有的综合。这一综合创造性地运用了先前的论证中除了唯物论的所有角度。

新柏拉图主义的两个关键学说分别是：第一，心灵比物质更根本，用哲学术语来说，就是心灵"在本体论上先于"物质，亦即心灵在存在的阶序上是优先的；第二，万物的终极起因一定是一个独一而同一的本原。他们认为，任何事物的原因所含有的"实在"一定至少和它的结果所含有的一样多，或往往更多，这样它才有足够的因果力来导致那个结果。因此，宇宙的起因一定和宇宙本身一样实在，或更加实在。

这些论题结合起来，构成了新柏拉图主义的基础。因为心灵在本体论上先于物质，那么宇宙的终极起因就是心灵或意识，而且是一个独一且同一的心灵。他们把这个独一的心灵视为神圣，并称之为"太一"（the One）、"最先者"（the First）或"善"（the Good）。我们很容易理解柏拉图主义为什么对那时的基督徒有如此的吸引力，这也使得基督徒迅速把其中旨趣相合的部分吸收进了他们的形而上神学和道德神学。

如果一个人像新柏拉图主义者那样思考宇宙，就会马上遇到一个形而上学问题，那就是，我们所习见的物质世界是如何从单一的精神意识中产生出来的？新柏拉图主义最与众不同的特征就源自对这个问题精心而详尽的回答。

被人们指定为新柏拉图主义创立者的，是思想家普罗提诺，一个埃及人，或是生在埃及的希腊人或罗马人。公元205年，他生在埃及尼罗河三角洲上的吕克波利斯（Lycopolis），六十六年后死在南意大利的坎帕尼亚（Campania）。他在亚历山大里亚的安莫尼乌斯（Ammonius of Alexandria）的指导下研习哲学，在四十岁时去了罗马，并在罗马讲授了几年安莫尼乌斯的学说。据说他在讲学时，为了回答学生提出的问题，开始构想自己的观点并记录下来。他的一位学生波菲利（Porphyry）把普罗提诺的著作编为六卷，每卷有九篇，这部书因此被称为《九章集》(*Enneads*，来自希腊语的 ennea，即数字9)。这54篇论文中有相当多艰深而细碎的内容，它们的主题从地上的事物逐渐进展到天上的事物，最终讨论了"太一"本身。一开始谈的是属人的诸善（第I组的9篇论文），然后进展到对物质世界的论述（第II–III组），然后是灵魂（第IV组），其后是知识和可知的实在（V），最后是太一（VI）。

如前所述，普罗提诺把自己视为柏拉图的追随者，但如果简单地把他理解为这样，就会被误导。这首先是因为，在柏拉图之后，哲学上当然发生了很多事情。在6个世纪的时间里，有关柏拉图观点的论争、批判和回应不断积累，而普罗提诺的柏拉图主义受到了这些论争、批判和回应的影响。他在保卫和发展柏拉图主义时所设想的主要对手是亚里士多德和斯多亚主义者。其次，普罗提诺认为署名柏拉图的那些书信是真实的，也认为他从亚里士多德的暗示中所了解到的柏拉图"未成文学说"是真实的，这些学说，他先前似乎就知道。而且，普罗提诺的思考发展了柏拉图的思想，一个富有思想力和创造力的大思想家自然会这么做。他所说的一些东西，虽然主旨是柏拉图主义的，但来源并不是柏拉图的著作。

最后这件事不足为奇，因为（举例而言）柏拉图的著作中并没有唯一的、含义明确的"理念论"，他的自我批判使我们无法断定他在这个理论上最终的看法是什么（如果有的话）。所以我们可以合理地认为，普罗提诺的贡献是进一步发展了柏拉图式理论的意图或精神，但那不一定是这些理论字面上的内容。更准确的说法是，普罗提诺的柏拉图主义，其特点就在于接受了柏拉图式观点的内在逻辑，并加以发展。例如：理念论的思想基础是，存在一些关于完美、不变而永恒的实体的真理，而对存在于生成世界中的东西而言，这些真理有着典范性、基础性的地位。这些真理只对摆脱肉体的心灵完全开放。我们还能回想起，柏拉图受到了巴门尼德的影响，而后者认为混杂而多样的东西不可能是本原。柏拉图的"未成文学说"是否涉及了这一点呢，这一学说是否暗示或者最终断定实在的本原就是"太一"呢？无论如何，普罗提诺自己认为柏拉图主义的必然推论是，一定存在一个最先的、绝对的简单本原，混杂而多样之物的表象就以这一本原为内在基础，它体现万物的永恒真理，而这本质上就是普罗提诺的"太一"学说。

我们记得，柏拉图是公元前347年去世的。其后，学园的领导权先是由他的侄子斯珀西波斯继承，当斯珀西波斯在公元前339年去世之后，又传给了色诺克拉底。这两位继任者都发展了柏拉图的思想。而他们对柏拉图思想的发展，虽然都可以看作是从其中生发出来的，但还是引发了争议，尤其是关于把诸种形式"缩减"为一个"一"和一个"二"（Dyad）（如前所述，后者是对立面或多样性的本原）。如果柏拉图真的曾经向他的学生们阐述过一种"未成文学说"，那么上述思想可以是它的一个方面，为几个世纪之后柏拉图主义的发展提供了种子。

在公元1至3世纪的亚历山大里亚城，哲学思想是热门话题，城市中充满了活跃的辩论。犹太哲学家菲洛·尤迪厄斯（Philo Judaeus，公元前20年—公元50年）和新毕达哥拉斯派（Neopythagoreanism）都参与了这里的形而上学研讨。普罗提诺则加入了一个哲学学园，它的创立者是个名叫赫米亚斯（Hermeias）的人。这个学园在普罗提诺做学生的十一年里，是由赫米亚斯的儿子安莫尼乌斯·萨卡斯（Ammonius Saccas）掌管的。这个人引起了哲学史家的一些猜想。我们对他的学说知之甚少，但据说他是个基督徒，或者至少是做了一段时间的基督徒。波菲利说这个人从小就是个基督徒，但在接触到希腊哲学之后就转向了"异教"（这种转变历程在历史上很常见）。而优西比乌和哲罗姆（Jerome）都否定了这个说法，认为他一生都是基督徒，但这两位作者很可能把他和同名的另一个人搞混了，因为这位安莫尼乌斯对普罗提诺影响巨大，却没有让普罗提诺变成基督徒。[1]

另一些人则根据"萨卡斯"这个名字提出猜想，主张说安莫尼乌斯有印度血统，说他可能是从印度来到亚历山大里亚的第二代移民，并且保留了他父辈故土印度的哲学传统中的要素。这与波菲利的记载相合，波菲利说普罗提诺一度想要游览波斯和印度，来向那里的哲学家们学习，但最后未能成行。

公元5世纪对安莫尼乌斯的一条记载说，他的主要信条就是，柏拉图和亚里士多德彼此是完全一致的。考虑到他最出名的学生普罗提诺、异教徒奥利金（以此区别于另一位基督徒奥利金）和朗吉努斯都以各自的方式认为自己是柏拉图主义者，安莫尼乌斯确实可能说服了他们，使他们认为柏拉图是对的，而亚里士多德并没有背离柏拉图。奥利金和朗吉努斯是正统派，他们坚持的是"中期柏拉图主义"（柏拉图主义的这个阶段指的是学园在放弃了"新学园"的怀疑主义之后，用亚里士多德主义和斯多亚主义的要素修正过的柏拉图学说）。但普罗提诺在这一点上并不与他们同路，他把柏拉图传统引向了一个有高度原创性的新方向，这个方向得名"新柏拉图主义"。

我们已经看到，普罗提诺的观点的缘起以及它所借助的大部分基

---

[1] 有一位"基督徒安莫尼乌斯"（Ammonius the Christian）写过论圣经的著作。基督徒作家奥利金（Origen）也是亚历山大里亚的安莫尼乌斯的学生，而他又是优西比乌的老师，这更增加了安莫尼乌斯与基督教的故事中的混乱。其实安莫尼乌斯有两位名叫奥利金的学生，另一位奥利金是异教徒。他也是赫伦尼乌斯（Herennius）和卡西乌斯·朗吉努斯（Cassius Longinus）的老师。

亚里士多德之后的希腊和罗马哲学　　**131**

础，是经过亚里士多德派和斯多亚派批判后修正了的柏拉图思想，其中又加入对唯物主义的拒斥。为了更清晰地理解新柏拉图主义的发展，尤其是其晚期的发展，我们应该加上一些要素：来自一些秘教［如俄耳甫斯教（Orphism）］以及犹太教的神秘主义思想的影响，其中犹太教在当时开始为更多人所知，因为一部希伯来语经文的汇编被翻译成通用希腊语（demotic or koine Greek），这部译作被称为《七十士本》（Septuagint，因为据说有七十位翻译者，septuaginta 就是拉丁语的"七十"）。所有这些因素共同作用，产生了一种气氛，在这种气氛中，新柏拉图主义有了越来越多的受其触动的听众。

思想史上的重要发现常常会伴随一种情况，即一个思想传统的创始人往往会有才华横溢的继承者，从好几个方向丰富、调整和拓展这一传统。在新柏拉图主义这个例子中，普罗提诺的主要继承者是波菲利（233—305）、杨布里科斯（Iamblichus，245—325）和普罗克洛（Proclus，412—485）。上文已经提到，波菲利是普罗提诺《九章集》的编纂者。他还写了一部对欧几里得的评注，以及其他一些著作。虽然他和普罗提诺都认为，理性的探究通往对实在的神圣本质的理解，但另外两位继承人杨布里科斯和普罗克洛则把新柏拉图主义引向了神秘主义的方向，使之成为一种宗教性的哲学。在这种哲学中，通神术（theurgy）（即召唤神祇或祈求神助的秘仪）占有关键的地位。而普罗克洛是公元 5 世纪时学园的领袖，我们由此就能看出，在柏拉图身后的几个世纪里，他的学说被引申了多么远。

新柏拉图主义的理论十分精密。从根本的形而上学概念"太一"或"最先者"之中，宇宙经由永恒之流的数个阶段而展开为存在，其中每个阶段都是下一阶段的基础和原因。关于"太一"和"最先者"，人唯一能说的就是，它是个统一体，而且是绝对根本的，因为它"超越存在"或先于存在。太一最早的活动是意识或心灵（努斯，nous）。努斯在太一之后，是存在的第二终极原因。努斯对其源头——太一——的自反性（self-reflexive）的理解，产生了一些二元体（duality），如变与不变、较大与较小，相同与不同；它也产生了数、观念（ideas）、理念和灵魂。

灵魂注视着理念（Forms），并受其影响（即理念使灵魂知晓了[informed]），这一影响方式的结果是，在时空中产生了诸理念的图像。理念的这些时空图像就是世界上的有形之物。于是实在就是由心灵或意识所输出的。新柏拉图主义是一种观念论，而观念论就是认为"宇宙中终极的东西是精神"的形而上学观点。对新柏拉图主义者来说，灵魂和灵魂所产生的自然处在一个秩序的不同等级上，灵魂在较高的层面而物质在较低的层面。但物质仍然是努斯所流溢的，因此也分有神圣的努斯。物质是被动的，是实在之中最低的等级，是从太一流溢出来的活动链条的末端，是投在存在的外边界上的半影（penumbra），或是外边界的边缘。

普罗提诺用物质来解释恶。在一个完全从太一、从善中流溢而出的宇宙里，为什么会有恶的东西？但不幸的事实是，恶显然存在。那么它从何而来？物质本身不可能是恶的起因，因为物质是被动的、有惰性的，本身没有能量。普罗提诺别出心裁的回答是，当存在之链上更高等的存在物，尤其是人，关注在他们之下的物质性的东西，而不关注他们之上的更高的东西，恶就出现了。他认为人本质上是善的，但容易堕落，而这就是他们堕落的途径。他的这个观点后来在新柏拉图主义者中引起了争论，普罗克洛专门写了一篇文章，在这个问题上反驳他。普罗克洛主张，灵魂本身就有能力作恶，这与基督教的教义一致，基督教认为，由于亚当的堕落，人生来就有罪。基督教的道德神学援引的观点是，神给了人类自由意志，而自由意志就是恶的来源；但相信上帝为善者所面临的疑难，并不会因为这个理论而消失，因为它没有解释那些"自然之恶"，例如癌症、海啸、地震等带来的苦难。实际上，这个"恶的问题"是反神论者的各种论证中最有力者之一。要回答这个问题，只能承认，如果神存在，那么他们要么不全然是善的，要么不是全能的，或者二者都不是。

新柏拉图主义的伦理学成为其信徒与基督徒之间争论与不和的一个主要源头。新柏拉图主义说，因为人是从万物之源太一中流溢出来的，人本身就是神圣的，或者分有了神圣者，而有德性的生活，其目标就是重新与太一相融合。要被太一重新吸收，最快捷的途径是（就像我们估计一个哲学家会说的那样）哲学的生活，就是潜心理解实在的本质，并照这种理解来生活。这就是最好的心灵生活，弃绝身体上的一切享受。直到此处，这种对世俗之物的拒斥都与早期基督教的苦行版本相一致。这种苦行教义让许多发愿者走进沙漠以摆脱诱惑，在一些案例中甚至会采取自我阉割或者长期在柱顶生活这样的极端措施。但基督徒主张，人类的救赎，已经通过化为人形的神的自我牺牲而一次性地实现了；而为了得到救赎，你唯一要做的就是相信这个说法。相对新柏拉图主义的宇宙观来说，这个价格确属实惠。

新柏拉图主义在后期转变为一种包含通神术的宗教仪轨，很大程度上是对古代晚期时代境况的一种回应。在这一时期，西罗马帝国灭亡，基督教崛起，开始剧烈而长期地攻击"异教"，包括毁灭一千年来的文学和艺术，出现了众多教派和运动、成群的圣徒、神秘主义者和巫师，他们挤满了那个夜幕降临的世界，互相竞争。这就意味着，要吸引信众，必须许诺救赎和神助。[1] 对思想的哲学审视，在与那些毫无顾忌、只求好听的断言、主张、奇迹和许诺竞争时处于下风，这太常见了。一时间，哲学几乎淹没在宗教宣言和仪轨的沼泽中。后期新柏拉图主义就走上了这条路。

尽管如此，新柏拉图主义的思想在这一片混乱中仍然卓有影响，这或许是因为这场混乱的一部分本身就是由这些思想所造成的，其中最有效的就是普罗克洛的思想。西方基督教世界的奥古斯丁，以及东方基督教世界中像巴西流（Basil）和两位名叫格里高利（Gregory）的"教父"（Father）这样的人物，都受到新柏拉图主义思想的影响。中世纪晚期的阿奎那等人所发展的神学也是如此。当公元7世纪，阿拉伯人开始征服东方基督教世界时，这些地区依然保留着希腊的哲学，主要是在叙利亚和埃及的地中海沿岸。这时的希腊哲学立刻就影响到扩张中的伊斯兰世界里的思想。在文艺复兴时期重新发现希腊哲学的过程中，广有影响的马尔西利奥·费奇

---

[1] 基督教复兴主义（revivalism）中的"成功福音"（Prosperity Gospel）运动在非洲和美国的出现，就是这一现象的现代版本。

诺（Marsilio Ficino）就是通过新柏拉图主义来了解柏拉图的，他的理解又传向了当时的文化界；新柏拉图主义后期的通神术元素又在16世纪宗教改革后的国家引燃了人们对巫术、赫尔墨斯秘教（Hermeticism）、卡巴拉（Cabala）和其他神秘主义的兴趣，而这些地方已经确立了新教，于是宗教权威不够强大，无法遏制这种兴趣的爆发。[1] 在现当代哲学中所有种类的观念论中，都能发现新柏拉图主义的痕迹。

一种哲学随时间推移而转化为宗教，新柏拉图主义不是唯一的例子，佛教、耆那教和儒教都是如此，但佛教更大众的版本已经淹没在一层又一层的各种超自然主义之下了。人性中有两个要素，一是迷信的倾向，一是渴望一个简单的故事来提供某种框架，用以理解宇宙与人在其中的位置，这两个要素有力地解释了哲学是如何转化为宗教的。

---

1 关于这一主题，详见 Grayling, *The Age of Genius* (2016), Chapter 13, passim。

第二部分

中世纪和文艺复兴哲学
Medieval and Renaissance Philosophy

导论已经说过，本书是一部哲学史，而不是神学史。然而事实是，中世纪的论争大部分是神学而不是哲学。因此，这一部分所关注的是就其本身或其影响而言，在哲学上最重要的那些中世纪思想。

在中世纪，哲学之所以几乎完全从属于神学，主要原因是，公元529年雅典的柏拉图学园被查士丁尼皇帝关停，皇帝发布敕令禁止教授"异教"哲学，此后智识活动就完全被置于教会的权威之下。而且随着时间的推移，背离正统教义变得越来越危险。这种背离可能会，而且常常会引来最严厉的制裁：死刑。

即便你完全只专注于思考哲学问题，也不一定安全。如果一个人的观点，其隐含的意思是（或者看起来是）对神学问题的质疑，或质疑目前在教义论争中占优的一方所认为的正统观点，那么这也同等地危险。我们可以想见，这对哲学探究有多大的吓阻作用。

问题在于，神的概念（"一神"或"众神"）是个极其不明晰的概念。很多神学思想甚至主张，"神"是不可定义的，或者即便定义了（例如定义为"一切完满的总和"或者某种状态如"善"或"爱"的满盈），也不可能被理解，它"超越一切理解"。持某一种怀疑论的人会认为，这让那些汗牛充栋的神学文献都变得难以读懂：既然神是不可说的东西，怎么会有这么多关于神的著作？但持另一种怀疑论的人则会说，这一概念内在的模糊性和（或许是）无效性，使得宗教在考察这一概念时，经常在有关神的各种观念之间转变，这恰恰解释了巨量文献的存在：单从这种模糊性出发，加上大量希望、焦虑、狂热和传统思想（其中任何一样，对虔信者来

亚里士多德之后的希腊和罗马哲学　　**139**

说都确实有性命攸关的重要性），就能让争论和异议如火山一样爆发了。

参与神学论争的人们，当然运用了哲学中的思想，他们在运用这些思想的过程中，有时会做出重大的哲学（而不只是神学）贡献。而且，他们必须从神学的角度，去应对那些核心的哲学问题：时间、自由意志、善的理念。如果世界是由一个善神所造，为什么会有恶？如果神是永恒的，甚至是在时间之外的，那为什么会有时间？如果神能预见未来，而且是全知的，那人还能有自由意志这种东西吗？我接下来所概述的，就是中世纪思想的这些方面。这是神学思想引发哲学思考的地方，或许也是哲学冲击了神学思考的地方。

我们应当记住，后来的哲学家总会对之前哲学家们的成果、思想和理论或多或少有些了解。他们补充或者拒斥前人的思想，用新的洞见来丰富或绕开它们。不论他们采取的是以上哪种办法，他们的成果都处在一个持续进行的对话之中。还有一点很重要，就是要意识到在此处或者在本书其他地方所讨论的人物之间的时间距离。奥古斯丁生活在亚里士多德之后七百年；安瑟伦（Anselm）生活在奥古斯丁之后六百年；阿奎那生活在安瑟伦之后两百年。因此阿奎那和亚里士多德之间有1500年，而亚里士多德的成果对阿奎那极为重要。在他们之间的漫长岁月里，有几百个其他的哲学家、作者、几千个教师和学生，讨论和解读过这些主要哲学家的思想。因此，本书中提到的这些突出的名字确实如"突出"这个词的字面义一样，像一座座高峰突出于大片的小丘之上。

有两样东西有助于我们理解中世纪的哲学史：一是柏拉图和亚里士多德各自的影响，二是在中世纪盛期12至13世纪发展起来的哲学神学辩论的方法。

奥古斯丁，与早期基督教其他各个神学家一样，被称为"教父"。他主要经由新柏拉图主义受到柏拉图的影响，但也受到晚期对话《蒂迈欧篇》的影响。基督教评注者觉得这篇对话是可取的，因为它所提出的宇宙学在一些方面与《圣经》一致。亚里士多德则在几个世纪中不太为人所知，除了有一些逻辑学著作被翻译出来，例如波爱修斯翻译的那些。或者，更准确地说，亚里士多德在欧洲基督教世界不太出名，但他的著作在叙利亚基督徒中广为人知。这也使得伊斯兰知识界能在阿拉伯人征服中东后的三个世纪里，逐步吸收亚里士多德的哲学。一些亚里士多德著作被翻译成了阿拉伯语，这时出现了两个伟大的亚里士多德评注者：阿维森纳[Avicenna，阿拉伯语称伊本·西那（Ibn Sina），980—1037]和阿威罗伊[Averroes，阿拉伯语称伊本·鲁世德（Ibn Rushd），1126—1198]。还可以加上犹太思想家摩西·迈蒙尼德（Moses Maimonides, 1135—1204），他和阿威罗伊一样，生于西班牙的科尔多瓦（Cordoba），而且也是亚里士多德的评注者，因而也推动了公元12世纪欧洲知识界对亚里士多德的再发现，使得欧洲基督教世界对亚里士多德兴趣高涨。

　　这种兴趣让人们开始把亚里士多德那些被遗忘的主要作品大量翻译为拉丁文，尤其是在12世纪下半叶。在这些被翻译的作品中有《伦理学》《政治学》《物理学》和《形而上学》。阿维森纳和阿威罗伊的评注也被翻译出来，尤其是阿威罗伊的评注，对一些人特别有影响。这导致了一个困境：经阿威罗伊解读的亚里士多德，与基督教教义中一些重要的方面相抵触，尤其是关于世界的创生和灵魂的本质。人们激烈地讨论，基督徒是否能够，甚或是否应该听从一个异教哲学家。在13世纪上半叶的大部分时候，人们都在争论教会是否应该禁绝对亚里士多德的研究。1231年，教宗格里高利九世组建了一个委员会来研究这个问题。在布拉邦特的西格尔（Siger of Brabant）管理的巴黎大学中，有一些积极的亲亚里士多德派和阿威罗伊派。而另一边则是赞同方济各修会会长圣文德（Bonaventure）的人，圣文德主张，亚里士多德的观点与基督教不能兼容，因此他更喜欢柏拉图。

　　解决这一争议的是托马斯·阿奎那（1125—1174）。他找了一个方法，使自己对亚里士多德的热爱能与教会的信条相一致。他主张，阿威罗伊派对亚里士多德的阐释是错的，并代之以自己的阐释。他用自己的权威著作，让亚里士多德主义成了教会的官方哲学。这种亚里士多德主义被冠以阿奎那之名，称为"托马斯主义"，至今仍是罗马天主教会的官方哲学。

第二点是方法问题。在 12 世纪上半叶，有一位巴黎主教和巴黎大学教授彼得·伦巴德（Peter Lombard），他把圣经文本和解经文字编撰在一起，做出了一部《四部语录》(*The Book of Sentences*)。这本书很快成了神学院学生的教科书，学士在毕业时必须上过讲授这本书的课程，而想要进一步得到神学硕士学位，就必须为这本书写一篇评注。直到 15 世纪还是如此。这部书及其在神学课程中的中心地位，决定了那时神学和哲学论辩的根本内容和形式。

除了《四部语录》，那时还发展出一种通过争论来学习的传统。这是一种问答辩证法，它既是教学方法，又是研究方法。它的一种形态叫作无定题（quodlibetical）争论（"quodlibet"其实就是指"什么都可以"），在这种争论中，会有一个学者在公共论坛上接受挑战，回答他人提出的任何问题。无定题著作处理的则是学者和常人所关心的那些被广泛辩论的标准问题，这些问题包括有争议的问题和有疑难的问题。

最后一个介绍性的话题：出于本书篇章结构的考虑，我所说的中世纪始于公元 5 世纪初，终于 14 世纪早期，而近现代则从 16 世纪后期开始，中间的时期（14 世纪早期到 16 世纪晚期）我称之为文艺复兴，这也和一般的历史分期相当一致。有些历史学家则认为文艺复兴经由他们所称的"北方文艺复兴"，一直持续到 17 世纪。

虽然采用以上的标签只是方便起见，而且它们有时不合用，甚至会误导人，但它们确实方便，因为它们至少把握住了它们所框定的时代的一些重要特征。我们很难想象马基雅维利能在（比如）20 世纪的基督教世界生活（存活）；也无法想象 16 世纪突然爆发的对巫术、炼金术和其他秘教科学的兴趣（它导致了 17 世纪科学上的巨大进步）能够在宗教改革之前出现；而宗教改革的诞生日，是 1517 年马丁·路德把他的论纲钉在维滕贝格教堂的门上的那天。但是，如果把从奥古斯丁到 16 世纪晚期这一长段时间看作一个整体，与之相比，即便是在 17 世纪早期，宗教对思想和研究的控制或干预仍是相当大的。我们记得，在 1632 年，伽利略还因为拥护哥白尼的日心说而被梵蒂冈审判。

然而，在文艺复兴这段时间内，只有一位思想家的成果在哲学中作为研究对象而留存下来，本书也只写了这一位，那就是马基雅维利。其他文艺复兴思想家，在当时研究了柏拉图主义、人文主义或者神秘学，例如李奥纳多·布鲁尼（Leonardo Bruni）、库萨的尼古拉（Nicolas of Cusa）、莱昂·巴蒂斯塔·阿尔伯蒂（Leon Battista Alberti）、马尔西利奥·费奇诺、乔瓦尼·皮科·德拉·米兰多拉（Giovanni Pico della Mirandola）、托马斯·莫尔（Thomas More）、鹿特丹的伊拉斯谟（Erasmus of Rotterdam）、弗朗切斯科·圭恰迪尼（Francesco Guicciardini）、米歇尔·德·蒙田（Michel de Montaigne）和焦尔达诺·布鲁诺（Giodano Bruno），这些人现在都不被当作哲学家来读了。因此，在马基雅维利以外，我会讨论与这些人有关的主题（人文主义、柏拉图主义），但不会专写这些人本身。

中世纪哲学
Philosophy in Medieval Times

奥古斯丁（Augustine, 354—430）

希波的圣奥古斯丁（St Augustine of Hippo，这是教会对他的称呼）[1]，出生于罗马的努米底亚（Numidia）行省，他的出生地在今天的阿尔及利亚境内。他的母亲莫妮卡是个基督徒，把他也培养成了一个基督徒，但他在十几岁做学生的时候改信了摩尼教。在过了一段时间有教养年轻人的典型生活之后，他在三十出头的年纪重新皈依基督教。此前他有过一个长期情妇，还生了一个儿子——这是他在《忏悔录》中告诉我们的。那时他太沉溺于他的这些罪恶，因此在第一次向上帝祈祷让自己变好的时候，他加了一句"但不是现在"。

皈依之后，奥古斯丁开始潜心于一些哲学问题，尤其是恶的问题、自由意志和预定（predestination）的命题，因为他的信仰使他不得不思考这些。在很早以前，他就因为阅读西塞罗今已失传的对话《霍腾修斯，或论哲学》(Hortensuis, or On Philosophy) 而了解了哲学，因此他很快就看出了神学所导致的诸多难点。

奥古斯丁不但解决了基督教所面临的一些哲学问题，还在其他方面为教会做出了贡献，尤其是找到了一些方法，使得教会的学说在罗马帝国更容易为人所接受。毕竟基督教要和先前的各种思想传统竞争，而这些传统并不要求人们承认奇迹是实际发生过而不只是一种象征，也不要求人们在

---

[1] 教会官方中文称谓是"希波的奥斯定"。——译者注

伦理上做那么多的自我否定。此前，君士坦丁皇帝在公元 313 年已经通过《米兰敕令》给予基督教合法地位，公元 380 年，狄奥多西一世皇帝又在《帖撒罗尼迦敕令》中宣布基督教为罗马帝国的官方宗教和唯一合法宗教，基督教迅速征服了罗马帝国。君士坦丁皇帝对基督教的保护以及最终皈依基督教，有助于基督教在帝国的贵族和富裕市民中流行，但这些人对自己新近接受的这种信仰有不少疑虑。例如，《圣经》说，富人要进天堂，比骆驼穿过针眼还难。另一个例子是，《圣经》鼓励人们爱自己的敌人，促进和平，把另一侧脸颊转给别人打（这看起来是和平主义的立场），而罗马却是个强大的军事帝国。奥古斯丁迅速纾解了这两个疑虑。他说施舍钱财能让穷人的灵魂带着富人的灵魂一起上天堂，而百夫长求耶稣治好自己儿子的故事，说明耶稣是接受军人的。奥古斯丁还讨论了"正义战争"的问题，这为九个世纪之后阿奎那的正义战争理论奠定了基础。

奥古斯丁在重新皈依基督前曾经信过摩尼教。它的创立者是摩尼（Mani 或 Manes），生活在奥古斯丁之前约一个世纪。摩尼不是他的名字，而只是一个头衔，大概可以翻译为"觉悟者"。他生于南巴比伦，但主要在波斯生活和讲道。他的学说结合了琐罗亚斯德教的二元论、佛教的伦理学和巴比伦的民间传说，还有一点基督教诺斯替派（gnosticism）的色彩。他对人们说，宇宙就是两个本原之间宏大斗争的剧场。两个本原就是善和恶，其中善是光明的本原，而恶是黑暗的本原。本原之善是"明尊"，而本原之恶是"暗界之王"。后者有狮头，有四足，但身体其他地方是半鱼半鸟的。这两个本原本来和平共处，但后来暗界之王决意入侵光明世界。庄严之父为了应对入侵，就"流溢出"了"善母"（生命之母），生命之母又流溢出"先意"（最初的人），而先意流溢出了五个儿子（"五明子"），并召集了一支军队。[1] 之后是一系列漫长又复杂的事件，其中又流溢出许多的人物，包括一位信使和各式各样的童女。摩尼教的宇宙论和宇宙史有着史诗的尺度，但令人惊诧的是，摩尼说这都是理性的体现，没有任何幻

---

[1] 以上引号内都是汉文摩尼教文献中的名称。——译者注

想和神话的污染（他批评基督教中的奇迹和神秘主义元素）。

奥古斯丁既然在智识上卓有能力，却又曾信仰摩尼教，就显得有些奇怪了，因为摩尼教的繁复体系在他看来一定是种幻想。[1] 相比之下，基督教给出的图景会显得节制得多。但上文已经提到，基督教的说法本身也不是没有问题。在一些重要的教义问题上，人们存在争议，尤其重大的问题是罗马基督教、多纳徒派（Donatist）基督教和阿里乌派（Arian）基督教之间的对立。这些教义争端让这个宗教陷入冲突和权力斗争，各方都在互相指控对方是异端和错误，这是这一领域的常见情况。但这些都是神学和教条问题。本书所关心的，则是基督教所提出的哲学问题。

其一是恶的问题。它可以简单陈述为：如果上帝是善的，又创造了世界，世界上怎么会有恶呢？奥古斯丁在他的《论自由意志》（*De Libero Arbitrio*）中提出了一个回答。他首先区分了人所作的恶和人所受的恶。后一种恶的起因是上帝，是为了惩罚人的罪，因为罪如果得不到惩罚，最终会压过善。因此上帝所施加的苦难让世界变得更好，而且这些苦难能促使罪人改悔。

这会让人们认为，一位上帝降下苦难作为对罪恶的惩罚，那么他是正义的神，却不一定是善神。一位善神会不仁慈吗（仁慈有时会推翻正义）？而且，小孩子受的苦，例如病痛，又如何解释呢？这不是正义的问题，因为这不可能是对罪恶的惩罚。奥古斯丁在《论真宗教》（*De Vera Religione*）中回答说，小孩子所受的苦对我们其他人有各种各样的好处，而且这些幼儿最终会因他们的受苦而得到补偿。

但人所作的恶又该怎么说？上帝怎么会允许它们发生呢？一些人主张，虽然自由意志会导致人们作恶，但上帝认为，一个这样的世界，要好过一个既没有自由意志也没有罪恶的世界。还有些人提出，上帝的力量不

---

[1] 暗界之王的世界有一些属性，或曰"上古存在"（aeon）：致死之息、炙热之风、幽暗、雾气、吞噬之火、毒物之井、烟柱、极恶深渊、恶臭沼泽和火焰之柱。实在是个激动人心的地方。但有趣的是，人类的这些想象只是日常事物的夸张版本而已。我们可以将其与科学比较：科学的发现超越了想象。

足以阻止人们作恶。奥古斯丁的观点实际上是前者的一种变体,他说,自由意志不是让世界变得"更好",而是让世界变得"完美"。他写道:"只要不作恶的人能得到幸福,宇宙就是完美的。如果罪人不幸福,宇宙就是完美的。"但我们都知道,世界不是完美的,这大概一定是因为世界上有太多幸福的罪人。

　　奥古斯丁关于恶的观点必须与原罪的思想相一致(即因为亚当和夏娃在伊甸园中的罪和堕落,每个人生来就有罪)。要实现这种一致,可以通过洗礼来脱离原罪,并通过在事后定期为罪行求得赦免来消除出生后所犯的罪。奥古斯丁看来没有依靠这个选项,而是说"恩典"(grace)能让一个人无罪地生活。但这也导致了一个问题:任何人在没得到恩典的情况下,都没办法无罪地生活(因此如果有人因为自己的罪而受到惩罚,那这种对待就是不公平的)。

　　在说到人所犯的罪是他们有自由意志的结果时,奥古斯丁也必须对自由意志本身做出阐述。在评论人们所作的恶以及路西法(Lucifer)的反叛时,他为上帝卸责,说上帝不是这些恶的终极原因(他作为作恶主体的创造者,本来似乎应该是那个终极原因:人们在被上帝创造出来时就带有犯罪的倾向,而全知的上帝应该能预见到人们会照这个倾向行事)。奥古斯丁说,恶的原因,就是各个罪人自己。这就是说,没有罪人之外的东西导致他们犯罪,罪行始于罪人的内心。这使得人类在因果的链条上处于特殊的位置,因为他们就是自己的第一动因或原初动因。但这个观点和奥古斯丁在其他情况下会接受的另一个观点不符:蛇说服夏娃吃了禁果,夏娃又说动亚当吃了禁果,也就是说他们的罪,起因在他们之外。这个观点也和他在别处的说法不一致:他说过,上帝引导或驱使人心,使人作为他实现慈悲的手段而做善事,或是作为他施加惩罚的手段而去做恶事。这种说法就和上文奥古斯丁的主张相悖,因为这时上帝才是人所作的恶的起因。

　　随之而起的是预定和预知的难题,这两项看起来是全知所该有的属性。我们已经知道,预定和预知与人的自由意志相矛盾。这也给奥古斯丁带来了另一个难以解决的问题,那就是时间的问题。在《上帝之城》(*The*

中世纪哲学　　**147**

City of God）中，他说："上帝以稳定而恒久的凝视来把握时间中的万事万物，不论是将来、现在还是过去……他对这三个时态的知识不像我们的一样会变化，因为在上帝之中，不存在变化。"这与他在《忏悔录》中的主张不符。在《忏悔录》中，他说未来不存在，又说预测就是关注现在出现的征兆和迹象，这些迹象能表明事情的结果会如何；于是，说未来能被看见就是错的，因为"未来还没有到来，既然还没有到来，它就不存在"。这个论点是为了反驳预言家和巫师自称能算命，但这个观点也反驳了神的预知。奥古斯丁的另一个学说认为，未来对上帝来说不是未来，而是同现在与过去为一，因为一切时间对他而言都是同一的。但这个学说也不能解决问题，因为从我们的视角来看，这就意味着确实有未来，从我们当下的视角来看，它已经存在了，这恰恰是奥古斯丁在另一观点中所否认的。

奥古斯丁提出了一个有趣的看法，他说我们虽然说的是过去、现在和未来，但我们指的是相对现在的过去、相对现在的现在和相对现在的未来。他说他不知道时间本身是什么：如果你叫我在明天某个时候来见你，我能做到，但如果你问我时间本身是什么，我就答不出来。对奥古斯丁来说，重要的是把上帝从时间中解脱出来，这样就能回答"创造天地之前上帝在做什么？"这样的问题。这样问了的人，可能会接着问："他为什么不继续什么都不做呢？或者他为什么不回到先前的状态，什么都不做呢？他是不是并非真的永恒呢？"奥古斯丁的回答是，上帝"处于时间关系之外"。[1]而且，在上帝造出"各个时序"（过去、现在和未来）之前，不存在时间。

奥古斯丁在阐释基督教神学的各种著作的行文之中，预示了日后几个关键的哲学思想。如前所述，他关于正义战争的思考为阿奎那发展正义战争理论准备了材料；他也预演了安瑟伦关于上帝存在的"本体论论证"；他还早于笛卡尔一千两百年就提出了"我思故我在"的一个变体，他说

---

[1] 奥古斯丁有种幽默感。在应对"创造世界之前上帝在做什么"这个问题时，他说自己不会回答说："在为提出困难问题的人准备地狱。"

"我犯错，故我在"（fallor ergo sum），虽然这个思想在先前的普罗提诺那里就有了，而且在普罗提诺之前的亚里士多德那里也有。奥古斯丁对这个思想非常着迷，在多部著作里一共重复了七次。几乎可以肯定笛卡尔在拉弗莱什（La Flèche）做学童的时候学到过这个思想，因为学校里的耶稣会教师都是奥古斯丁的仰慕者。

波爱修斯（Boethius, 477—524）

阿尼修斯·曼里乌斯·塞维利诺·波爱修斯（Anicius Manlius Severinus Boethius）是一位信基督教的罗马贵族，他生在西罗马帝国的末年。最后一位西罗马皇帝罗慕路斯·奥古斯图鲁斯（Romulus Augustulus）就是在波爱修斯出生前一年被废黜的。意大利的新统治者、东哥特征服者狄奥多里克（Theodoric）却是一位文化人，曾在君士坦丁堡受教育。他愿意让罗马的生活方式照旧，因此波爱修斯和他的家人仍在罗马过着和在帝国治下一样的生活。

波爱修斯受的是最好的罗马式教育，获得了极高的学养。他既通拉丁文，又通希腊文，过着闲适的学术生活，研究和翻译哲学典籍。后来他中断了这种生活，因为他接受了狄奥多里克政府中的一个高级职位，其驻地在拉文那（Ravenna）。这是个错误，专断权力的中心地带是危险的。波爱修斯后来在他的《哲学的慰藉》（Consolation of Philosophy）中详细讲述了自己如何被捕，如何被控叛国和沉迷巫术，如何受审。这些很可能是为宫廷密谋而捏造出来的指控。他大概最后被处决了，但在被处决之前，他写完了《哲学的慰藉》，这也是他的代表作。

波爱修斯在年轻时为自己树立了一个雄心勃勃的目标——翻译柏拉图和亚里士多德的全部著作并加以评注。在这个过程中，他完成了对亚里士多德《范畴篇》和《论解释》的翻译和评注，也评注了波菲利的《导言》（Isagoge）和西塞罗的《论题术》（Topics），他还写了算术和逻辑学的教科书。虽然他还写过题为《神学短篇集》的神学著作，但他的主要热情在于逻辑学，他在逻辑学上是波菲利的追随者。

在《导言》中，波菲利提出了关于共相的一系列问题（共相就是许多具体事物所共有的属性或性质，例如红色、圆形），但抛开了对这些问题的具体讨论，因为这对一部导论性的作品而言过于艰深。但他确实指出了，关于共相要回答哪些问题。共相是否在作为个例的具体事物（殊相）之外独立存在？或者是，只存在个别的事物，而共相只是概念，只是我们给一些不同殊相起的名字，为的是凸显它们的相似之处？如果共相真的独立于殊相而存在，它们是有形的还是无形的？不论有无形体，殊相是如何表现出共相的？这和柏拉图在《巴门尼德篇》中遇到的是同样的问题，在那里柏拉图讨论的是形式与具体事物之间的关系。

波爱修斯认为，共相不是独立存在的东西，但要说共相的概念是空洞的，也不正确。一些人确实主张，共相就是一些空概念，如果共相不是独立存在的东西，那么谈论它们就是谈论无物。波爱修斯则接受了亚里士多德的观点，认为共相存在，但总是，而且只能存在于表现这些共相的殊相之内。它们在我们的思维中是普遍的，但在实际存在时却是具体的："它一方面是普遍的，当它被思考时；在另一方面是个别的，当它存在于物体中而被感知时。"这个观点和后来中世纪哲学中唯名论者的观点一致。对那时的中世纪哲学来说，共相的问题已经重大到人们开始为之大打出手。

在"神的全知与预知之下的自由意志"这个问题上，波爱修斯采取了和奥古斯丁类似的立场。关于自由意志与上帝预知的不相容性，支持这种不相容性的论证是，如果上帝知道未来，那么未来一定预先就确定了，因此就不存在自由意志这种东西。但如果凡人所做的一切都是不可避免的，如果他们不能选择，那他们就不能因为所做的事而被赞美或批评。波爱修斯说，解决办法就是要明白，上帝不在时间之中，而是永恒的，一切对于我们凡人来说是时间性的东西——过去、现在、未来——对他而言都是现在。

对此有人可能会反对说，这种关于上帝与时间的关系的观点，并没有把凡人从不自由中解救出来，因为如果上帝能看到那对于凡人来说是未来的东西，那么凡人还是只能做未来会发生的那些事。波爱修斯回答说，上帝所看到的未来的不可避免之事，只对上帝而言是必然的，对站在当下看向未来的凡人而言则不是。这要求我们区分两种不同的必然性，一种是对上帝适用的必然性，一种则不适用于上帝。这个论证的含义并不清楚。

如前所述，奥古斯丁一共提出了两种方案，来解决上帝的全知预见和凡人需要自由意志之间的矛盾，有了自由意志，凡人才能选择是否犯罪。这两个方案分别是：否认上帝的预知能力（因而也否认了上帝的全知），或者否认凡人有自由意志。二者都是传统神学无法接受的。如果波爱修斯遵照了古希腊处理命运问题的办法的话（古希腊人同样认为未来是确定而不可变的），他本来还可以采纳一种使人不安的观点，即无论一个人的命运是什么，即便它是确定而不可避免的，人还是要因为未来所做的事而受罚或受奖。想想俄狄浦斯，他的宿命就是要弑父娶母，还要和自己的母亲生育后代。他遵从了命运，但不知道自己是在遵从命运，即便知道，也不可能违逆这个命运。而他最后为这个命运受了重罚。

波爱修斯的《哲学的慰藉》采用对话体，并插入散文和诗歌，有很高的文学价值。对话的双方是狱中等死的波爱修斯和化身为女性的哲学。他因为突如其来的厄运而绝望，而她给予他慰藉。但"哲学"提供的慰藉不是同情，她提醒波爱修斯，他的幸福不在于世间的际遇和命运的变动，而在别的地方。波爱修斯抱怨说，他的命运说明了好人受苦而恶人得势，而"哲学"说，她会向他证明这不是真的。

一开始，"哲学"就如在大部分哲学传统中一样，区分了人世的善，如财富、地位，和真正的善，如德性和爱。波爱修斯并没有失去后者。因此，即便他失去了财富和权力，也没有失去那些带来真正幸福的东西。接着，她论证说幸福和善是同一样东西，因而恶人既然不是善的，也就必然不幸福。最后她说，世上发生的一切事情，起因都是上帝的眷顾，表面上的苦难和不幸其实都是为一个更高的目的服务，这个目的在受苦的当时可能并不显见。

145　　　此时波爱修斯认为他让"哲学"陷入了自我矛盾。他说：啊，如果万事万物都照上帝的旨意向善的方向发展，这就是说一切都是必然发生的，那么就不存在自由意志。"哲学"的回应和上文提到过的几乎一样：上帝是外于时间的，因此未来和过去对他来说都是现在。

　　波爱修斯的评注者注意到，他是在用异教哲学来安慰一个基督徒。他们问，一个基督徒怎么可以接受？有些人回答，波爱修斯其实是在展示，哲学所提供的慰藉相比于基督教所提供的，显得不足（这就是说，《哲学的慰藉》是一部精心编排的反讽之作）。但这样实在是过度发挥了，因为"哲学"所提出的观点很好地呼应了波爱修斯在其他著作中的看法。

　　继承波爱修斯思想的那些中世纪思想家们也并不把他解读为反讽者。他和亚里士多德、奥古斯丁并立，成为这一传统中的核心人物。在几个世纪的时间里，他的著作都是逻辑学研究的标准资料，但《哲学的慰藉》在重要性和影响力上甚至超过了他的逻辑学著作。一直到 18 世纪，人们都在阅读、喜爱、翻译和模仿这部作品。

安瑟伦（Anselm, 1033—1109）

145　　　坎特伯雷大主教安瑟伦（Archbishop Anselm of Canterbury）不是英国人，而是意大利奥斯塔（Aosta）一个贵族家庭的孩子。他在少年时想要做僧侣，但父亲不许。父亲过世以后，他过着漂泊的生活，游历了意大利和法兰西。直到二十七岁那年，他决定放弃尘世中继承得来的资财，受了剃发礼[1]，加入了法国贝克修道院（Abbey of Bec）的本笃会（the Benedictine order）。后来他成了修道院院长，并在贝克修道院建立了当时欧洲最好的几大学校之一，吸引着各国的学生。

---

[1] 剃发礼，即在头顶剃掉一片头发，这在前基督教时代是奴隶的标志。基督教僧侣用它来表示对上帝的绝对服从，亦即受上帝役使。

在1066年诺曼人征服英格兰之后，贝克修道院也获赐了英国的土地，因此安瑟伦渡过英吉利海峡来到了这些新领地。他被提名为坎特伯雷大主教兰弗朗克（Lanfranc）的继任者，但一开始威廉二世（William II，绰号"威廉·鲁夫斯"［William Rufus］）拒绝授予他这个职位，因为威廉二世想把坎特伯雷的收入纳为己有。直到威廉二世病重，觉得自己不久于人世，请求安瑟伦为自己举行临终仪式时，才给了安瑟伦大主教之位。这发生于教会的一段动荡时期，当时有两位并立的教宗。

后来威廉挺过了这场大病，也不再满意于让安瑟伦做坎特伯雷大主教。两人时常冲突，这种争执一直延续到安瑟伦和威廉的继承人亨利一世之间。最终，在两次被流放又经过了其他一些争执之后，安瑟伦胜利了，他确保了教会独立于国王，也确保了坎特伯雷大主教高于约克大主教。他在任期间，这两位大主教之间的不和常常会引发许多激烈的争执。

在繁忙而喧闹的公共生活之余，安瑟伦也找到了时间来思考和写作。他的大部分成果都是复杂难懂的神学，但其中也包含着相当精微深奥的哲学。经院哲学，即"学院中所做的哲学"，这是中世纪哲学的统称。人们认为它主要是在玩弄逻辑和对概念做细微的区分，它并非浪得虚名，安瑟伦的作品就是这一特点的例证。例如，针对那些既能做名词又能做形容词的词汇，他问，它们指的是实体还是性质。为了解决这个问题，他区分了**表示**（signification）和**称呼**（appellation），二者大概分别是"代表"和"描述"的意思。他说，像"红"这样的词指向了一样东西，就是"红色性"（这是个很好的观点）；而虽然"红"表示了红色这个属性，但它并不体现红色，因为"红色性"本身不是红的，就像"人性"本身不是人一样。

另一个例子是，他论证了真理总是存在，这对神学的目的而言是个要点。论证过程如下：假定真理不总是存在，那么在真理存在之前，"不存在真理"即为真。但这就意味着，在真理存在以前，就有真理，这是自相矛盾的。因此前提"真理不总是存在"就是错的。

安瑟伦今天最为人所知的是他对上帝存在的论证。这一论证在他的

《独白》(*Monologion*)和《论真理》(*De Veritate*)中有涉及，但主要是在他的《宣讲》(*Proslogion*)一书的第二章。论证的主体力图仅从对上帝的思考出发，来证明上帝的存在，过程如下：上帝的概念就是最伟大的存在物的概念，这个存在物是至大的，我们无法构想比他更大的物。这一至大之物的概念显然就在我们的心灵之中，人可以怀有这个概念。但如果最大的物体仅仅存在于人的心灵中，那么人就可以构想出比它更大的东西，亦即能存在于现实中的最大的东西。因此，可能存在的最大的物——上帝——就一定真实存在。

自伊曼努尔·康德在 18 世纪提出对它的批判之后，这个论证就被称为"本体论论证"(ontological argument)。康德的反驳是，这个论证把"存在"当作了一种属性，并和其他属性等同。但它并不是一种属性，而是一个物之所以能有各种属性的条件。这一论证说"真实存在"是一种属性，这种属性使一样东西比"仅仅存在于心灵中"的东西要大。但试想：假设我的屋里有张桌子，它的表面是棕色的，高度是一米。（"有"就是"存在"的另一种说法。）然后，我可以把桌子漆成别的颜色，或者把桌子腿锯短几公分，这张桌子依然存在；但我能否在不改变桌子颜色和高度的前提下，让桌子从存在到不存在呢？显然不能：一张不存在的桌子怎么会有颜色和高度呢？安瑟伦假定，可构想的最大的东西要想是可构想的最大的东西，它必须有"作为本质上巨大的东西而存在"这个属性。但康德的论证是说，要想拥有任何能使其为大的属性，它必须（可以说）"已经"存在了，因此存在不是一种属性，既不是本质属性也不是非本质属性。

无论如何，说一样东西不存在可能是错的（如果这样东西确实存在的话），但不会是自相矛盾的。而本体论论证却想要证明对上帝存在的否定是自我矛盾的，因为存在是上帝的本质中关键的部分。但做出这样的主张完全是定义问题：安瑟伦依赖的是一种传统的上帝观念，即上帝拥有一切最高级的正面属性（而没有任何负面属性），但这纯粹是自行规定出来的。

安瑟伦区分了"思维中的存在"和"现实中的存在"，但没有把这种区分贯彻到"某物在思维中有某个属性"和"某物在现实中有某个属性"

之间的区别上。这一点对论证而言是致命的缺陷。而且，一个批评者可能会问：为什么要说在现实中存在比在思维中存在要"更大"呢？这里的"更大"是什么意思？它指的是更好吗？为什么我们要不假思索地认为真实存在比仅仅存在于思维中要"更好"？比如，现实中发生的杀人案比单纯想象出来的杀人案更好吗？

一些人认为，最有效的反驳安瑟伦的论证来自和他同时代的马尔毛帖修道院的高尼罗（Gaunilo of Marmoutiers），此人也是一位本笃会僧侣。这个论证被称为"失落的岛屿"（Lost Island）论证。高尼罗提出，我们不去想"我们所能构想出的最大的东西"，而是想"我们所能想出的最大的岛屿"。这是个完全有意义的短语，我们理解它的意思，因此可设想的最大的岛屿就存在于我们的脑海中。但安瑟伦的论证告诉我们，在现实中存在的最大的可设想的岛屿，要比存在于我们脑海中的更大。因此一个可想见的最大的岛屿一定是存在的。高尼罗认为，这揭示了安瑟伦论证的荒谬性。

学者们今天仍在就安瑟伦论证展开争论，今天有一些哲学家，其中包括阿尔文·普兰丁格（Alvin Plantinga），试图构建这一论证的某种变体，使其无可置疑地成立。有趣的是，对神之存在的论证从来不是导致人们相信有神论的原因，这些论证至多是一种事后的证明或理据，来支持那些几乎总是来自其他源头的信念。

阿伯拉尔（Abelard, 1079—1142）

彼得·阿伯拉尔（Peter Abelard）在哲学史之外也为人所知，因为他和爱洛伊丝（Héloïse）有过一段著名的爱情悲剧。他是个聪明、英俊而有魅力的男人。作为巴黎大学的老师，他是学生眼中的明星。在他名声所及之处，学生们从欧洲各地成群结队而来，听他讲课。他注意到，圣母院的在俗法政（secular canon）中有一位名叫菲贝尔（Fulbert）的，与自己的年轻侄女同住。那个女孩聪明、美丽而有学识，很是惹人注意。她就是爱洛伊丝·达让特伊（Héloïse d'Argenteuil）。阿伯拉尔安排自己也和菲贝尔同住，并主动担任爱洛伊丝的导师。

两个人不可避免地相恋了。她怀孕了，生下一个男孩，他们以科学仪器之名为他取名为阿斯托拉布（Astrolabe，意为星盘）。虽然阿伯拉尔和爱洛伊丝秘密地结了婚，但菲贝尔的愤怒并没有因此平息。他雇人袭击阿伯拉尔并把他阉割了。之后阿伯拉尔去做僧侣，隐退了一段时间，渐渐从创伤中恢复，然后在圣德尼修道院（Abbey of Saint-Denis）附属的学院中重新开始讲课和写作。爱洛伊丝发愿在阿让特伊（Argenteuil）做了修女，从那里给阿伯拉尔写了一些酸楚的情书，说比起爱上帝，她更想要爱他，又说梦想着和他同床共枕。阿伯拉尔的回信却写得沉闷而言辞浮夸，劝她好好做一个修女。最后他们重逢了，爱洛伊丝建立了一所名为"安慰者"（Paraclete）的女修道院，而阿伯拉尔做了院长。

阿伯拉尔在哲学上之所以是个重要的人物，有几个原因，其中比较重要的一点是，他是高峰时期的经院哲学形式与方法的创立者之一。此时经院哲学的特点在于研究哲学问题和神学问题的逻辑化、体系化的方法，以及神学问题与哲学问题的相互交融。这可以在他的《是与否》（*Sic et Non*）一书中找到例证。在这部书中，他把《圣经》中相互矛盾的文字并置在一起，并阐述协调这些文本的诸种规则。一条主要规则就是，要小心地辨识文义模糊之处。这项技术是为了推进一种处理疑难问题的逻辑化方法。他对逻辑的坚持，表明他和大阿尔伯特（Albertus Magnus）以及其他一些人一起，在当时刚刚被重新发现的亚里士多德思想的推广过程中发挥了关键作用。那时，亚里士多德的著作才刚刚开始被大量翻译为拉丁文，而阿伯拉尔就了解其中一些著作。

阿伯拉尔被视为唯名论者中的一个领军人物。这既是因为他拒斥那些和柏拉图有关的共相实在论，也是因为他提出了一种论述，说明共相是名称而不是物。我们把这些名称用在相似的事物上（例如这朵具体的玫瑰和那朵具体的玫瑰，我们都称之为"玫瑰"），或者用在有相似属性的事物上，例如这朵玫瑰的红和那朵玫瑰的红，我们为了方便而称之为"红色"。但世界上并没有在个别的红色物体的红之外单独存在的红色，因此"红色"只是个名称（nomen）。

阿伯拉尔的唯名论，其基础是认为世间存在的万物都是个别而具体的。尽管他认为个别之物是由形式和质料组成的，但他采取亚里士多德式的立场，认为形式内在于质料，亦即形式个别地对应于质料，而且与质料不可分离。从此可以推出，为一定量的物质"赋予形式"（inform）的那个形式，一次只能存在于一块物质中。这个观点暗示，只有在相关的具体之物存在时，关系（"在……之前"、"在……左边"、"……的父亲"）才存在。

对阿伯拉尔而言，逻辑学和语义学是哲学的基础。如果我们理解了词语如何指称事物，又如何结合成句子（如果这些句子是宣言性的，它们就表示了断言（dicta）或命题。"命题"就是一个断言"所说的内容"。他认识到，并非所有句子都表达了命题，也有句子构成问题、命令或者表达愿望等），于是我们就能更好地理解论证的结构。例如，他说明了一个条件句"如果p那么q"（p和q都是断言或命题）所关涉的并不是"p"或"q"单独的真假，而是"p"和"q"之间的关系。

虽然阿伯拉尔受了亚里士多德的影响，但他并没有了解亚里士多德的所有作品，于是他独立发展出来的许多观点就非常不亚里士多德。例如，他不认为知觉是让物体的图像（eidolon）进入了人的心灵并把心灵"形塑"成物体的一个复制。相反地，他的观点更接近于"天真的实在论者"的想法，即我们从眼睛看出去，就像透过窗户一样，从而得到对物体的初始把握，而后想象为其提供细节，使其清晰，于是我们就理解了存在之物。

从表面上看，阿伯拉尔的知觉理论部分地预示了康德的观点，他的伦理学观点也是如此。就像康德后来所说的一样，阿伯拉尔说"一个行为是对是错"这个问题，完全取决于行为人的意图。如果行为人的意图是出于他对上帝的爱或出于想要服从上帝，他的行为就是好的；否则行为就是错误的。这使得对行为的道德价值的判断与行为的后果无关，即便它与行为人的目的相悖而产生了损害或恶果。这一观点直接的必然推论就是，意志必须是自由的，不然我们就不能因为自己的意图而受赞扬或受责难。在阿伯拉尔的《哲学家、犹太教徒和基督教徒之间的对话》(*A Dialogue between a Philosopher, a Jew and a Christian*) 中，哲学家，一个斯多亚主义者，主张可以通过斯多亚的生活方式追求德性，从而可以得到幸福。阿伯拉尔借基督教徒之口说，最终的幸福只有在死后才能得到。

阿奎那（Aquinas, 1225—1274）

托马斯·阿奎那（Thomas Aquinas）是中世纪最伟大的哲学家和神学家，而且比中世纪的其他人都伟大很多，宗教界的看法也是如此。他对神学和哲学的综合，直到今天还有影响，被称作"托马斯主义"。今天的天主教大学和学院仍把托马斯主义作为天主教官方哲学来教授。

阿奎那是意大利阿奎诺（Aquino，在今天意大利的拉齐奥 [Lazio] 地区）一个贵族家庭的后裔。他先是在卡西诺山（Monte Cassino）的本笃会修道院学校上学，后来进入那不勒斯大学。他的家人希望他加入伟大、体面而历史悠久的本笃会，这才符合他的出身。但在那不勒斯做学生的时候，他受到了新成立的多明我会（the Dominican order）一位招募者的影响。多明我会是一个托钵僧的传道修会，其目的是反对异端，并积极为反对异端这个目标制造思想上的工具（很像三个多世纪之后的耶稣会，该修会之所以成立，是为了对抗16世纪的新教改革）。多明我会修士作为异端和叛教者猎手的声名，使他们得到了一个很有压迫感的双关绰号——"上帝的猎犬"（Domini canes）。

阿奎那的家人尽了一切努力，想劝阻他加入这个新的修会。在他们看来，这个修会就是一群嬉皮士和街头流氓，而且它又穷，历史又短，缺乏宗教狂热，也没有参与过和阿尔比派或者摩尼教徒的斗争。家人的劝阻手段甚至包括绑架，他们把阿奎那囚禁在家族的城堡中，他的兄弟还偷运了一个妓女到他的房间，想勾引他放弃自己的宗教热忱。据传说，他用一把红热的火钳把妓女赶走了，他得到的奖励是，当晚有两个天使来看他，这件事更增强了他的决心。

最后，家人放过了他。他来到巴黎，在巴黎大学学习。他被录取为大阿尔伯特的学生，逐渐和老师十分亲近，以至于后来，阿尔伯特被派往科隆为一所新的学院举办开幕礼时，阿奎那也陪老师同去。他后来就在这所学院开始了教学生涯。阿奎那被同学和同事称作"哑牛"，这主要是因为他少言寡语，也是因为他身形健硕。阿尔伯特对他们说："你们叫他'哑牛'，但他的学说有一天会成为响彻全世界的哞声。"

阿奎那在口头上可能少言寡语，但他用卷帙浩繁的著作补偿了这一点。在科隆，他写了对《旧约》的评注，还有一部极为详尽的著作来研究彼得·伦巴德的《四部语录》。后来他被召回巴黎，担任多明我会的神学正式教师（regent master）。他开始着手为各个托钵修会辩护，这自然引起了争议，就像他的家人的态度所表明的一样。另一个重要的托钵修会是方济各会，其创立者是阿西西的圣方济各（St Francis of Assisi）。方济各会和多明我会很快成为对手，时常苦斗。

在巴黎作为正式教师初试身手时，阿奎那就写成了一部论真理的书、一些对波爱修斯的评注，还有一部不定题辩论的回答汇编，所回答的是他的学生以及其他人所提的神学问题。到他离开这个职位的时候，他正在撰写自己最著名的著作之一，《反异教大全》（*Summa Contra Gentiles*）。[1]

Contra Gentiles 的字面意思是"反对外邦人"，其含义就是"反对不信上帝者"（summa 的意思是"合集"）。这个书名的标准英文译法是"论天主教信仰的真义"（On the Truth of the Catholic Faith），这个译法说明，"不信上帝者"指的是那些不信罗马天主教的人，而当时的天主教会和现在一样，宣称"在教会之外没有救赎"。因此基督教的东方正教诸团契

1　书名或译为《驳异大全》或《哲学大全》。——译者注

（communion）的成员也都属于"不信上帝者"这个类别。有些学者认为，《反异教大全》写出来是为了当作传教士的手册，以便他们在北非的异教徒和穆斯林中间传播福音。不论实情是不是这样，这部书和阿奎那的其他著作很不一样，它的前四分之三篇幅没有引用圣经和上帝的启示，而是完全依靠"自然神学"，即依靠哲学论证而不是教会权威。这是为了让不信上帝者可以诉诸自己的理性来转变信仰，而不需要先接受教会的说法。他就以这样的方式阐述了上帝的本质、上帝的创世和实现幸福的途径，这三者分别是《大全》前三卷的主题。他告诉读者，信仰上帝就能确保幸福，不用依靠《圣经》。最后一卷介绍了天主教的信条。

在 1259 年到 1269 年的十年间，阿奎那一度回到意大利，参与创办了各种教育机构，并在罗马担任了教廷的神学家。在各种职务所占用的时间之外，他继续着自己惊人的产出：对亚里士多德的《论灵魂》《物理学》和其他著作，他写了几篇研究性的评注，还写了《金链》(The Gold Chain)、《希腊人的谬误》(Errors of the Greeks，希腊人指的是东正教徒)、《论上帝的能力》(Powers of God)[1]，还有最重要的，就是巨著《神学大全》(Summa Theologiae) 的开头部分。《神学大全》是他写来作为神学入门者的启蒙读物的，因此他引用了圣保罗致哥林多人的第一封书信中的话，来说明自己写作这部导论性著作的缘由："在基督里为婴孩的，我是用奶喂你们，没有用饭喂你们。"[2] 这是阿奎那最著名的著作。

单就体量而言，《神学大全》难有敌手。它一共有两百多万个词[3]，而阿奎那还并没有写完他一开始想写的全部内容。它的体例是，先是问题，然后提出多个相互竞争的答案，并讨论这些答案。这就类似于经院传统中大学论辩的形式。这部书的体量说明阿奎那肯定是一边写一边发展自己的

---

[1] 《金链》的原题为《福音书历代评注汇编》(Glossa continua super Evangelia)，《希腊人的谬误》原题为《反对希腊人的错误》(Contra errors Graecorum)，《论上帝的能力》原题为《有关上帝能力的诸辩题》或《论能力》(Quaestiones disputatae De potentia Dei 或者 De potentia)。——译者注

[2] 译文依照《和合本圣经》（哥林多前书 3:1-2）。——译者注

[3] 是你手中正在阅读的这本书的八倍。

思想。例如,《神学大全》的第三部分对应着《反异教大全》的第三部分,讨论的是如何获得幸福。在写作这部分的同时,他还在评注亚里士多德的《尼各马可伦理学》,其影响就在《神学大全》的这部分中显现出来。

1269年,阿奎那被多明我会派回巴黎大学,以打击那里兴起的一种亚里士多德主义,这种亚里士多德主义与阿威罗伊(伊本·鲁世德)有关。阿威罗伊对亚里士多德的评注宣扬的是一种推崇亚里士多德的路线,而反对其前辈法拉比(al-Farabi)和阿维森纳的新柏拉图主义,因此产生了一种相当有力且与日俱增的亚里士多德主义影响。在他对亚里士多德的看法中,包含了不合基督教教义的阐述。例如,认为世界是永恒的,这就与教会的上帝创世说相悖。因此,阿奎那虽然是个亚里士多德主义者,但他反对阿威罗伊派的解读,并着手与之对抗。

他在这方面的努力,渐渐和巴黎多明我会与方济各会之间的争端纠缠在一起。有个方济各会士就指控阿奎那是个秘密的阿威罗伊派。于是,亚里士多德主义的问题就成了一个需要小心处理的问题,因为阿奎那热切地想要维护他所仰慕的"大哲学家"的思想。在1270年到1272年间,他投身于一系列的争论,来证明基督教的立场与亚里士多德主义是一致的。

到1272年,也就是他去世之前两年,多明我会请阿奎那自己选定一个地点创办一所大学。他回到那不勒斯,在城中同时讲学和向公众讲道。在那不勒斯多明我会的圣尼古拉教堂,人们看到他(据说是)悬浮了起来,同时从天堂收到了赞誉他的书评。不久之后,在1273年12月,他就陷入了"长时间的狂喜"(大概是中风),后来虽然好转了一些,但他已经不能再继续写作。三个月之后,他去世了,并在半个世纪之后被封圣。

阿奎那第二次居留巴黎期间所发生的亚里士多德主义争论,其结果之一就是,阿奎那的一些学说受到了巴黎主教的谴责,因此在一些群体中,他当时的名声和死后的名声都受到了影响。直到两个世纪之后,教廷宣布他为教会圣师(Doctor of the Church),使他与"教会的拉丁教父"盎博罗削(Ambrose)、格里高利、哲罗姆和奥古斯丁并列,他才开始声名日盛。在16世纪的特利腾大公会议(Council of Trent)上,他的《神学大全》放在祭坛上，居于《圣经》之侧。到 1879 年，教宗利奥十三世在他的通谕《永父》(Aeterni Patris) 中宣布，阿奎那的学说构成了对天主教教义的最权威陈述。

对阿奎那人生的这个概述暗示了一个核心而关键的事实，那就是亚里士多德著作的找回，以及这些作品被翻译成拉丁文（尤其是在阿奎那出生前的 12 世纪下半叶），还有阿威罗伊、大阿尔伯特等人对它们的研究，这些因素共同创造了哲学与神学之间的紧张关系。对有些人来说，这就是理性与信仰之间的紧张关系。阿奎那在那不勒斯学习的时候，遇到了亚里士多德的哲学，并受到了深刻的影响。其实，他自己哲学中大量内容就是对亚里士多德的直接采纳，其中包括：论物质世界、时间、运动、宇宙学、知觉、伦理学，以及上帝与世界的关系问题的一些方面。亚里士多德不是唯一一个影响他的人，还有奥古斯丁和波爱修斯，以及通过新柏拉图主义而影响了他的柏拉图，这些哲学家也都在阿奎那的思想中发挥了作用。但是，他为亚里士多德著作所作的评注都是研究性的，这显然说明"大哲学家"是他观点的主要来源。这是他以调和理性与信仰为己任的主要原因，他试图说明，基督教教义有着哲学的根基，或者可以获得哲学的根基。

在先前的基督教教义中，关于灵魂的本质，存在着一些矛盾而未决的观点，其中德尔图良 (Tertullian) 认为灵魂是有形的，而奥利金和尼撒 (Nyssa) 的格里高利则采纳了不同版本的柏拉图的灵魂无形论。解决这一问题，要对实体这个概念有恰当的哲学理解，这又进一步要求人们思考物质、变化和形式。果不其然，阿奎那在亚里士多德那里找到了思想资源，来构建自己在这些问题上的看法。

阿奎那把物质实体界定为一个本质和一系列偶性的复合体。这个本质本身又是质料和形式的复合体，而偶性则是个别实体可能会偶然拥有的其他一切属性。如果实体是人的个体，构成其本质的形式质料复合物就是灵魂，阿奎那称其为"生命的本原"。它是"实体形式"(substantial form)，因为它与质料相联系而构成了实体，即某个具体的人。质料与形式之间的关系是不可或缺的：质料可能会变化（人的身体可能会由瘦变胖），但只有形式能让质料成为它所是的那个特定实体。

偶性也是形式，但仅仅是偶然的，所以它们对一个事物成为其所是，并没有贡献。例如，树叶表面的颜色并不影响树叶成为它之所是，因为即便颜色改变了，树叶仍是它所是的那个实体。与此相对，实体的变化有两种，或是变得存在，即生成，或是变得不存在，即消灭。

我们可以从这些思想中看出亚里士多德的影响。但我们也能看到柏拉图的影响，尤其是在人类这个问题上：灵魂的理性部分不是物质（即是非物质的），因此灵魂的本质与共相的本质相同，这也是灵魂能够把握共相的原因。灵魂的理性部分在人死后和身体分离而继续存在。这样的观点是否让阿奎那成了一个二元论者？他说灵魂是不朽的（意思是不会发生变化），又说灵魂在存在上是独立于身体的，因此也可以从身体分离，证据就是，灵魂的活动不是任何一个身体器官的活动。他说灵魂是"持存"（subsistent）之物，意思是不论独立于其他物体还是与其他物体相联系，它都可以自行发挥作用。但它不是实体，实体不只是持存，因为它们还进一步是"完整"的。要理解完整性的思想，我们可以看看它是如何应用在死后复活的问题上的：灵魂可以在身体之外存在，但此时它是不完整的，直到人复活时再次和身体结合才重新完整。

实体、质料和形式的思想在阿奎那的理论中有着广泛的应用。在变化中，有些东西保持不变，而有些东西则没有保持不变。当树叶变色时，有些东西不变（树叶这个实体），有些东西变了（它的颜色，一种偶性）。我们可以谈论性质、数量和其他偶然属性的变化，而这些偶性相对应的实体可以保持不变。而当实体变化时，保持不变的是质料，发生变化的是实体的形式。只要比较以下两种说法，就能很容易地理解这一点：当我们对偶性的变化提问说"什么变了？"，我们指向的是那个作为变化基础的东西，那个"什么"，亦即实体；但当我们谈论一个变化了的实体，我们就会讨论到作为基础的质料。质料不能脱离实体而存在，但实体是有形式的质料，亦即与一个实体形式相复合的质料。因此实体的变化就是发生在构成

中世纪哲学　　**163**

它的质料形式复合体中的变化。

阿奎那说，神是唯一的"绝对存在"，因为他是"独一和单纯的"。由于其他一切事物的构成方式，它们的存在都是一种有限制的存在。人的灵魂是上帝创造的，也是不朽不死的。灵魂内在有着一种主动的能力，即知性（intellect），它能通过对身体感官知觉的抽象来获取关于共相的知识。人类的一切知识都起于感官（"知性中的东西一开始都在感官之中"），而知性则处理感官所得的信息。意志是自由的，而且必然会希求灵魂认为是好的东西（虽然灵魂的愿望会随着我们多变的判断而变化）。对上帝的存在，我们没有直接的直觉知识，也无法先天地（a priori）证明它（后一点与安瑟伦观点相左）。但我们可以后天地（a posteriori）证明它，其依据就是创世。由于创世不是必然发生的，它需要一个第一因，一个必然的起因，而创世的设计与意图彰显了神的智慧和能力。[1]

遵循亚里士多德在《尼各马可伦理学》中的观点，阿奎那说"善"是一切努力的目标，亦即实现努力者的功能或者区别性特征（即决定它是其所是的那些特点）。对人类而言，区别性特征就是理性。因为万物都有其功能或区别性特征，所以万物都有一种"善"，于是恶就可以定义为善的缺乏（privatio boni）。但有些人渴望恶，对此阿奎那回应说，他们是错把恶当成了善。然而，没有上帝的恩典，人既不能希望做善事，也不能实际去做善事，这意味着没有上帝他们不可能幸福。阿奎那又说，这并不会像看起来那样造成自由意志上的疑难，因为虽然神是万物的终极原因，但当他"操纵事物的原因"时，他会遵循事物的本性：他也是这样"操纵人内在的自主原因"的。

阿奎那的著作中有许多这样技术性的哲学讨论。他的学说构成了一个完整的体系，因此这些学说才能为罗马天主教提供官方哲学"托马斯主义"。托马斯主义的官方地位在教宗庇护十世（Pope Pius X）的通谕《天

---

1 这两条分别是"宇宙论论证"和"目的论论证"（或称"设计论证"[argument from design]）。与安瑟伦的本体论论证不同，这两种论证力图依靠经验性的思考。对这些论证的讨论，见 Grayling, *The God Argument* (2013), Chapter 3, 全书各处。

使博士》(*Doctoris Angelici*) 中得到进一步确认："圣托马斯的哲学中的主要论点不应被置于可以被这样或那样辩论的意见之列，而应该当作关于自然与神圣事物的一切知识的基础。如果这些原理被删除了或以任何方式被破坏了，必然的结果就是，神圣知识的研习者们最终就不能完全领会教廷用以宣告上帝启示的那些话语了。"这一通谕把托马斯主义哲学和神学置于一切争论之上，这（至少对其哲学来说）完全违背了哲学应有的样子。但即便是在官方认定的教条的界限内，仍有展开辩论的空间。托马斯主义哲学就存在几个不同的学派：经院托马斯主义（Scholastic Thomism）、克拉科夫托马斯主义（Cracow Thomism）、现象学托马斯主义（Phenomenological Thomism）、河林托马斯主义（River Forest Thomism）[1]，甚至还有分析托马斯主义（Analytical Thomism）。最后这个很难算是个学派，举出它只是为了简单提及一个事实：晚近的英语分析哲学界中有几个人物一直信奉天主教（其中主要是伊丽莎白·安斯康姆 [Elizabeth Anscombe]、她的丈夫彼得·吉奇 [Peter Geach] 和他们的朋友迈克尔·达米特 [Michael Dummett]）。

阿奎那和亚里士多德之间的关联使他们一损俱损。16 至 17 世纪，当亚里士多德的影响力受到当时新兴的一代代哲学家和科学家的挑战时，阿奎那自己的权威也受损了。即便是一些信奉天主教的人，如笛卡尔，其观点也和阿奎那直接冲突：笛卡尔认为感官经验是不可靠的，心灵和身体是可以区分开来的两种实体。因为这个原因，笛卡尔的哲学不被教会所接受，他的著作也登上了禁书目录。

在天主教会中，阿奎那的声名一直很高。这尤其是因为多明我会的努力，也因为宗座圣托马斯大学（Pontifical University of St Thomas Aquinas）培养了许多在教会中有影响力的毕业生。和几乎所有神学家一样，他的影响力在一般的哲学中比在神学界要小很多。

---

[1] 因美国伊利诺伊州河林（River Forest）两所天主教大学中的河林学派而得名。——译者注

罗杰·培根（Roger Bacon, 1214—1292）

在中世纪哲学中，最不典型的人物，也是与其他经院哲学家最不一样的人，或许就是罗杰·培根（Roger Bacon）了。他首要的兴趣是"自然哲学"，也就是我们今天所说的"科学"。他还是个经验主义者，他主张"理性所给出的理论应该得到感官见闻的支持，感官由器具辅助，并要得到可靠见证人的确认。"因此，一些思想史研究者认为，他是那个时代的异数，是现代之前出现的一个现代人，他如果在 17 世纪科学的崛起中与牛顿、伽利略共事，可能会更自在；另一些人则主张，他对炼金术和星相学的兴趣说明他仍是一个完完全全的中世纪人；还有一些人指出，罗伯特·格罗斯泰斯特（Robert Grosseteste）和大阿尔伯特的著作中所表现的对科学的兴趣，在一些方面与培根相似。

培根生于英格兰的萨默塞特（Somerset），毕业于牛津大学，后来受了剃发礼，成为方济各会修士，并在巴黎讲学。和当时的其他人一样，他讲授彼得·伦巴德的《四部语录》，但他主张人们应该更加关注《圣经》和圣经语言本身，而他是这方面的专家。他还认为，大学课程应该拓宽，要纳入光学、天文学和更多的数学。他的《大著作》（*Opus Maius*）涵盖了文法、数学、天文、光学、炼金、神学与科学的关系，还有对研究方法的阐述以及对"人之无知的一般原因"的探究。他写这本书是为了简介一种新的大学课纲。教宗克雷芒四世（Pope Clement IV）同情培根的观点，他在成为教宗之前就听说过，但他在被选为教宗后不久就去世了，没有起到什么作用。这样一所专注于科学的新大学如果真的设立了，在当时会有怎样的影响，这是个有趣的话题。

培根在光学、历法和火药配方上的研究成果确证了他作为经验科学家的资格。当时，改革历法已经迫在眉睫，因为那时所用的儒略历已经偏离了天体的运转和地上的四季。培根正确地算出，从公元 325 年的第一次尼西亚公会议（First Council of Nicaea）算起，在一千年间复活节的日期已经向前偏移了九天。最终被采纳的解决方案和培根所提出的很接近，但那已经是四百年之后的事了。[1] 改革历法需要数学、天文学和地理学的知识，这也是他把三者纳入自己提出的新课纲的原因。

我们可以说，培根的观点预示了诺姆·乔姆斯基（Noam Chomsky）的"深层语法"（deep grammar）思想。乔姆斯基认为这是所有人类都有的深层语言能力，而培根则写道："所有语言中的语法实质上都是同一个，虽然它在不同的语言中会有偶然的变化。"他的光学实验让他知道，打磨过的镜片可以用作引火镜，可以把阳光聚焦到干燥的东西上使之起火。据说他也是最早制作眼镜的人之一，但技术史研究者们认为这不太可能。他们认定眼镜是在意大利发展出来的，很可能是在威尼斯，那里有对眼镜最早的明确指称（法令中提到了"阅读镜"[vitreos ab oculis ad legendum]）。

培根对星相学、炼金术的兴趣，以及对"从神秘体验中获得知识"这个可能性的探索，都说明他对各种形式的探究都持开放态度。当时，在有效的研究形式和徒劳的研究形式之间还没有清晰的界限。[2] 他受到了亚里士多德的影响（他的经验主义就源于亚里士多德的启发），又误以为一部题为《秘中之秘》（*The Secret of Secrets*）的、为君主提供建议的阿拉伯论著是亚里士多德为亚历山大大帝所写的。于是他为这本书加上了导言和一些注解，把它发表了。

培根的主要著作《大著作》，开头讨论的是谬误的起因。他认定，谬误的原因在于依赖不可信的权威、习俗、流行的意见以及靠长篇大论和难解的术语而伪装成博学的无知。与此相反，智慧和真理都在上帝的广泛启示之中，这些启示在历史中不断显现。从犹太人、希腊人、罗马人、穆斯林一直到他的时代。这一观点，加上他对文法和符号学的研究，使他相信，学习希伯来语、希腊语、阿拉伯语和迦勒底语是一个完整教育中必要

---

1 这就是公元 1582 年教宗格里高利十三世的历法改革，其结果即"格里高利历"。
2 他后世的同姓者弗朗西斯·培根，和勒内·笛卡尔一样，都在他们 17 世纪早期的研究中认真仔细地注意方法论问题，这种做法产生了广泛的影响。见 Grayling, *The Age of Genius* (2016), Chapter 16, 整个章节。

的部分。但他认为拉丁语是最佳的哲学语言，甚至是一切学问的最佳语言。语言的重要性促使他实际上提出了一种相当简明的语言哲学。他把语言视为一个符号系统，它呈现给听者或读者的除了符号本身以外，还有信息，从而使得思想能从发言者传递到接收者，并代表着"它所呈现给知性的那些永恒之物"。

培根倡导对光和光学的研究（当时称为"视觉学"[perspectiva]）。这种倡导的成果是，这项研究在他的时代之后进入了课纲，加入到原来的"四术"（算术、几何、天文和音乐）之中。与此相关的是，他接受了星相学中的一些思想，这些思想的基础是一种"辐射"理论，即天体的影响会辐射到地球上，从而也会影响人的心智。他认为，数学构成了逻辑的基础（在晚近的哲学中，戈特洛布·弗雷格和伯特兰·罗素想要通过把数学约简为逻辑，来证明相反的命题，但没有成功），他主要是把数学用于研究光线的几何学，以及光线的直射、反射和折射路径。这种兴趣也让培根钻研了眼睛的解剖结构，并把视觉研究推广到研究知觉、错觉、幻想、幻觉以及距离、黑暗和其他因素对知觉的扭曲作用。对这样一位认为"观察是知识的关键来源和验证标准"的经验主义者来说，这些研究无疑是重要的。

培根致力于了解语言，致力于了解科学方法和仪器，这对他观点的形成有关键的作用。前一方面让他明白，对希腊文亚里士多德著作的拉丁文翻译有些舛误；后一方面促使他使用科学仪器，并鼓励别人使用科学仪器，例如星盘。

《大著作》的第七部分展示了培根是如何把他各方面的研究兴趣融为一体的。这部分的主题是道德，其中囊括了宗教、对德性的阐释、星相学和修辞学。在这部分中可以看到很明显的亚里士多德的影响，但斯多亚的影响更明显：培根特别赞颂了塞涅卡的智慧。

培根对同时代的人没有太大的影响，甚至可能受到了他们的一些歧视。这既是因为他的研究兴趣，也是因为他对这些研究兴趣的热情宣扬。除了关于课纲的革命性看法，据说他还涉猎了一些秘术，有传言说他制作了一个黄铜人头，能回答问题，有些版本的故事甚至说这个人头能回答任何问题。就像三个世纪之后的迪伊博士[1]之类的秘术爱好者一样，他被人看作浮士德一样的人物，已经逾越了正法和妖术之间的界限。据说他曾经入狱，而且在大学中曾经长时间没有教学岗位，也很难为自己的研究找到恩主或赞助人。这些情况如果真实，也都和他上述的声名相符。

但哲学史家和当时的人们不同，有了后见之明，于是被培根的研究兴趣与著作中的主题所吸引，这些主题预示了后来的学术发展。后来，16世纪的秘教信徒曾奉培根为祭司，因他和鬼怪之间浮士德式的纠葛而敬慕他，伊丽莎白时代罗伯特·格林（Robert Greene）的剧作《隐修士培根和隐修士彭嘉伊的光辉历史》（*Honorable Historie of Frier Bacon and Frier Bungay*）中就描绘了他的这种形象。但在今天，人们或是把他看作一个生在现代以前的现代人，或是看作对刚萌芽的科学产生兴趣的思想家们中的一个尤其值得关注的个例。

邓斯·司各脱（Duns Scotus, 1266—1308）

邓斯·司各脱（Duns Scotus）和罗杰·培根一样是方济各会士，但除此之外，两人在其他方面毫不相似。因为方济各会士的身份，司各脱不会自发地想要同意多明我会士的观点，如大阿尔伯特和托马斯·阿奎那的观点。而且他的很大一部分研究的主旨都是在反对这些人在研究经院主义最重视的那些问题时所采用的方法。

我们对司各脱的生平知之甚少，只知道他在自己位于科隆的墓碑上写道："苏格兰生下了我，英格兰养育了我，法兰西教育了我，科隆留下了我。"这就是他的全部生平，我们可以补充的只有："英格兰养育我"是在

---

[1] 约翰·迪伊（John Dee），英国著名数学家、天文学家、占星学家、地理学家、神秘学家及伊丽莎白一世的顾问。——译者注

牛津，而"法兰西教育我"是指在巴黎做学生，而后成为巴黎大学方济各会的正式教师。他初到巴黎时的境遇并不顺遂。他和他的方济各会同侪曾被逐出巴黎一段时间，因为他们在梵蒂冈与法国国王的争执中站在了教宗一边，但这次驱逐为时不久。[1]1307 年，他受方济各会之命去他们在科隆的学院任教，并在次年去世。

司各脱人称"精妙的博士"，这是指他的观点有着经院主义式的精致。他的主要著作是对彼得·伦巴德的《四部语录》所作的评注，以及从他在巴黎的讲义中辑录出的一些对此书的评注。这些著作最显著的特点就是它们与阿奎那的形而上学明显不同。司各脱不常提到阿奎那，而是把当时的另一位领军人物，根特的亨利（Henry of Ghent）作为主要的攻击目标；但他的观点最为突出的特点，还是它们与阿奎那观点的反差。和其他人一样，他也写过对亚里士多德的评注，主要集中在一些逻辑学著作上。

司各脱和阿奎那的首要不同就是，司各脱把"存在"和"善"视为只有单一含义的概念，亦即不论用在何处，不论是用来描述上帝还是他的受造物，含义都相同。阿奎那则曾主张，人的存在和上帝的存在是不同的，只是可以类比。司各脱采纳了亚里士多德对形而上学的定义，认为它是对"存在本身"的研究，从而支持了自己的"'存在'有着单一且普遍适用的含义"的观点；他还主张，"存在"这个词表示了一切存在物，既包括无限的存在，也包括有限的存在。这一观点的直接后果就是，在现实中，存在和本质之间没有区别，而阿奎那曾主张二者有区别。司各脱的理由是，我们无法设想一个东西而不设想它是存在的。四百年后，乔治·贝克莱（George Berkeley）重提了这个理由，作为他攻击形而上学"抽象概念"的核心理据。

他进一步反对阿奎那说，上帝的本质只能通过启示得知，不能只靠理性，而阿奎那所写的《反异教大全》的基础前提就是，人可以只靠理性就

---

[1] 当时，对中世纪的君主而言，教宗权力虽然有时可以帮忙，但一定是个大麻烦。在这些君主统治的国家里，到处都是忠于教宗的各个修会，这些修会不停地为教宗刺探情报，并在公开和秘密的场合代表教宗行事。亨利八世废黜英格兰各个修会的动机之一（除了没收修会的财产），就在于此。

认识上帝。司各脱也不同意亚里士多德对时空本质的看法。亚里士多德曾说，空间是由其中出现的物体所界定的，而时间除了作为运动和变化的度量，并不存在。司各脱却认为，时间和空间都是绝对的，而且独立于物体或运动而自行存在，这也是艾萨克·牛顿的看法。

司各脱拒斥安瑟伦和阿奎那作品中证明上帝存在的那些方法，提出了一个"形而上学的"证明。这个证明是从"在先"这个相对关系的角度来表述的：在动力因（即导致其他事情发生的原因）的链条上在先；在目的因（即事情发生的目的或理由，回想亚里士多德的"四因"）链条上在先；在完美和伟大的程度上在先。对最先的"在先"（最先的动力因）存在的论证是，一定存在一个并非被引起、也不能被引起的原因，于是这个原因独立于因果关系，除了作为万物的第一因。由于万物都是由其他事物引起的，由于因果链条不能无限回溯，于是必须存在一个最先的、没有原因的原因。这个论证在内容上和阿奎那的"宇宙论论证"没有区别，但它所强调的重点不同。和使用这一论证各种版本的其他人一样，司各脱假定，把最先的、没有原因的原因和启示宗教的神等同起来，是没有问题的。但这在论证上其实跳了一大步。

回想一下阿奎那的主张：一切受造的实体都是质料和形式的复合体。司各脱则主张，可以存在没有形式的质料，他称之为"原初质料"（prime matter）；同时造物（受造的实体）还可以没有质料，亦即属灵的存在；实体还可以有不止一种实体形式，以人为例，人就有一个作为形式的灵魂，还有身体的形式。使个体成为个体的，亦即使之不同于所有其他东西而独一无二地是它自己的，是它的"此性"（haecceity），这个词来自拉丁文的heac，"这个"。然而司各脱在共相问题上又是个实在论者，认为不同个体中存在着"共同本质"，我们则用同一个名字称呼这种共同本质。

司各脱突然英年早逝，留下的著作未经整理，于是这些著作就和别人的著作混在了一起。在他去世之后，他的一些追随者与奥卡姆的威廉（William of Ockham）的追随者们展开了争论，奥卡姆的威廉的许多观点与司各脱不同，且被视为司各脱的主要对手。到了19、20世纪，我们找回了司各脱的著作，并编辑整理了他极为技术性的精密论证，还单独整理了他的神学观（例如关于童贞圣母"无原罪始胎"[immaculate conception]的观点），导致神学界和哲学界都重燃了对他的兴趣。但必须要说，现代的这种研究，就如对经院哲学中的其他人的研究一样，是艰深且十分专门化的。

奥卡姆的威廉（William of Ockham, 1285—1347）

奥卡姆也是一位方济各会士，他生在英格兰的萨里（Surrey），毕业于牛津大学。但他的生涯与前辈不同，因为他对彼得·伦巴德《四部语录》的评注被教会会议谴责为非正统，于是他受命在阿维农（Avignon）的教宗法庭出庭答辩。在那儿，他见到了方济各会的总监督（Minister General），切塞纳的迈克尔（Michael of Cesena）。当时迈克尔也被指控为异端，因为教宗若望二十二世（John XXII）反对方济各会守贫的戒律。奥卡姆和迈克尔以及其他一些方济各会士逃离了阿维农，并在神圣罗马帝国皇帝、巴伐利亚的路易四世（或称路德维希四世）宫廷中避难，因为路易四世也与教宗不和。教宗对奥卡姆处以绝罚，而奥卡姆也指控教宗是异端，因为他拒绝耶稣和使徒们所持守的清贫，也违背了前几任教宗发布的对方济各会的许可。

由于这些争执，奥卡姆从没有在任何一所主要大学中担任正式教师，而是一直作为一小群方济各会流亡者的领袖，生活在路易四世的领地巴伐利亚，直到去世。他的著作从巴伐利亚传出，在哲学和神学上产生了相当的影响，更吸引到了学术界之外的信从者。

奥卡姆是个自觉自知的革新者，他把处理哲学、逻辑学和神学核心问题的那些旧路（via antiqua）抛在身后，而追求一条新路（via moderna）。这条旧路的核心要旨就是唯名论。他阐述了"奥卡姆剃刀"（Occam's Razor）原则（其中他的名字的拼法采用了另一种变体），这个原则概括说来就是建议人们"如无必要，勿增实体"。它的意思是，如果现有的事物已经足以解释一件事情，就没有必要引入新的事物了。这是极好的建议，而奥卡姆的知识论和形而上学则是这一原则的实际应用，这尤其体现在唯名论和实在论的争论中。

奥卡姆直接反对阿奎那，他主张，神学真理只能通过信仰而非理性来把握。"神的道路不向理性开放，因为他在创造世界并在世界中设定救赎之路时，从不依靠人类所能发现的任何逻辑或理性法则。"[1]这一立场的直接后果就是，不可能证明上帝的存在。上帝的自由和全能意味着他也可以不化身为巴勒斯坦一个木匠的儿子，而是化身为一头牛或一头驴，甚至可以同时化身为一头驴和一个人。这个观点引来了当时学界的许多批评。

他进一步主张，上帝是宇宙中唯一必然的存在，其他的万物都是偶然存在的，必须通过探究来发现。"在没有给出理由之前，不应该假定任何事，除非它是自明的、由经验得知的或者是基于《圣经》的权威的。"他是个唯名论者，认为只存在个别的事物，而没有单独存在的共相或本质。他的思想的这个特点就展示了对"剃刀"的应用。他对共相的看法可以看作一种"概念论"（conceptualism）。概念论认为，共相是我们意识中的概念，我们根据所感知到的相似性，把个别的物归类到这些概念下。因此，"红色"这样的词语表示的是意识中的一个代表物，而不是现实中的一个实体。这种唯名论与其他各种认为"共相确实只是一个个名称"的唯名论不同。

奥卡姆同意，我们所有的偶然知识都来自感官，但他补充说，因为所有动物都是这样，所以人类知识的独特性就在于，我们心灵的能力使我们能把握所感知到的事物的存在和属性，并通过回忆和抽象来分类和排列我们所经验的事物。因此我们从单纯的感官知识进步到了命题性的知识（propositional knowledge）。

---

[1] 人们总是想从这些话中读出反讽意味。当人们猜想到，神学作为对世界的总体阐释的一部分，在神学上应用奥卡姆剃刀会对神学造成什么影响，人们就更倾向于把这些话视为反讽。但奥卡姆所处的时代背景和他的人生经历表明，我们应该抵制这种解读的诱惑。

中世纪哲学

作为一个经验主义者和唯名论哲学家，奥卡姆的思想倾向使他自然对亚里士多德的《物理学》感兴趣。他写了一篇对《物理学》的评注，主张（还是基于他的本体论上的简省）亚里士多德的各个范畴并非都是必要的。奥卡姆在逻辑学的研究上远远领先于他的时代，他发现了德摩根定理的一种形式，又研究了一种三值逻辑（真、假、非真非假）。[1] 他还改进了亚里士多德的三段论逻辑，指出了如何处理空词项（不指称任何东西的词）。

由于皇帝和教宗之间的争执，奥卡姆在世俗权力和属灵权力的相对界限问题上持一种非常世俗主义的路线。这一路线受到了帕多瓦的马西利乌斯（Marsilius of Padua）《和平保卫者》（Defensor Pacis）一书的影响，这本书抨击了教廷插手世俗事务，倡导通过一种民主制建立合法的政府。马西利乌斯也曾因为教宗对他的敌意在路易四世的宫廷中避难。奥卡姆本人对政治理论的贡献，则是主张教会与国家的完全分离，他认为皇帝与教宗是平等的，但各有不同的职责范围。他引用了《提摩太后书》2:24，说教廷和教士不应该拥有地产和其他财产。一直以来，这种非常方济各式的观点都把教宗权威安放在纯粹属灵的领域。

在长期困扰人们的自由意志问题上，奥卡姆是个坚定的唯意志论者（voluntarist）。他认为意志独立于知性，也独立于我们的自然欲望，其独立甚至到了可以选择的程度。这个观点把奥卡姆置于亚里士多德和阿奎那的对立面，因为后两者认为意志是从属于理性的。与奥卡姆同时代的一个年轻人让·布里丹（Jean Buridan）试图调和这些不同观点之间的冲突，他说意志在面临难以抉择的选项时，可以悬置自己，或者可以暂缓做出选择。这个观点引出了"布里丹的驴子"这个比喻，它大概是对布里丹观点的一种戏谑的归谬（reductio）：这个比喻说的是有一头驴子饿死了，因为它的两边各有一堆干草，而它无法决定吃哪一堆。

在奥卡姆死后的一个世纪中，他的这些观点在经院中受到热烈的讨

---

[1] 见逻辑学附录。奥古斯都·德摩根（Augustus De Morgan）是一位19世纪的数学家和逻辑学家，他证明了排中律（"一切事物要么是 A 要么是非 A"）和无矛盾律（"A 和非 A 不能同时成立"）是等价的。

论，尤其是他因异端而受绝罚，让相关问题的讨论更为针锋相对。后来争论变得十分激烈，以至于奥卡姆主义者被从巴黎大学中驱逐出去。托马斯主义者可以说自己追随的是一位圣人，而他们的对手追随的是一位受责罚的异端。奥卡姆主义者则回击说，托马斯主义和司各脱主义（邓斯·司各脱的哲学）曾使它们的一些信徒倒向异端，其中之一就是被谴责的约翰·威克里夫（John Wycliffe）。在神学和哲学中的这两条分歧的道路之间（追随阿奎那、邓斯·司各脱、大阿尔伯特的旧路，和追随奥卡姆、布里丹等人的新路），主要的争议不只是实在论−唯名论之辨，更是"如何理解亚里士多德"这个大问题。例如，在形式和实体的问题上，同一物内可以有多个实体形式吗？走旧路的人会说可以，而走新路的人会说不可以。哲学上的这种分歧也有神学上的后果，这也是这些论争如此火热的原因（火热也可按字面理解——的确有人为此上了火刑柱）。照旧路的观点，许多灵魂可以住在同一个身体里，而奥卡姆主义者及其后继者则拒斥这样的思想。

文艺复兴哲学
Philosophy in the Renaissance

168　　比较文艺复兴艺术和中世纪艺术：后者是由宗教主题所主导的——圣母领报、耶稣受鞭笞、钉十字架、下葬、复活，还有对"圣母与圣子"这一主题的众多重述；而文艺复兴艺术的主体更加丰富多彩：它还包括风景、静物、对野餐和节庆的描绘、个人肖像、裸体、战争、传说和神话场景。从无情地把世界描绘成充满诱惑和血泪的尘世，到颂扬生活本身以及生活中更愉悦的可能，这个转变标志着一种精神的重生和活力的恢复，当时的诗人、思想家和艺术家都完全感受到了这一点。

　　文艺复兴时期的智识生活也是如此：许许多多的思想家和作家离开了经院哲学那些狭窄的技术细节，而去关注更加广阔的生活和社会。中世纪经院中高度专门化的哲学研究和近世学院中的哲学有着惊人的相似性，而且二者在迅速地远离对生活有用的东西之后，也都重新转而把思想成果应用在更广泛的领域。我们会认为，从专门化的哲学到更为普遍的哲学的转向，在晚近和当代的欧陆思想传统中更为明显，其中雅克·德里达（Jacques Derrida）和米歇尔·福柯（Michel Foucault）的哲学与海德格尔哲学的关系，就和马尔西利奥·费奇诺的思想与阿奎那的关系一样：前者受到他们重量级前辈的影响，但都涉足了更广阔的领域。德里达和福柯在当代再现了当年费奇诺对哲学研究旨趣的拓展。费奇诺（1433—1499）从阿奎那的《反异教大全》中学到了很多，但同时评论说，在他的世纪（公

169　元15世纪），"几近灭绝的人文艺术已经重见天日，其中包括文法、诗学、修辞学、绘画、雕塑、建筑和音乐"。他说，他的时代"就像个黄金时代"。同样地，福柯也从海德格尔那里获益良多，但他的研究兴趣与之不

同,也更广泛,他是现代性思想史的批判性探究者。

费奇诺提到了修辞学,这标志着文艺复兴的思想转向中一个重要的方面。文艺复兴时代的人们把现实生活作为他们思想事业的主要旨趣,因此他们认为逻辑学、伦理学和修辞学之间的关系非常紧密。修辞学理论说,为了在说服和教育听众时得到最好的效果,构思演说或论文要经过几个重要的步骤。它们分别是:取材(inventio),即收集素材和信息;布局(dispositio),即排列素材;文体(elocutio),即以适当的语言表达排列好的素材。如果要准备的是演说,还要经过记忆(memoria)这个阶段,即背诵,以及讲演(pronuntiatio)阶段,即练习重音、节奏、停顿、手势和总体的演讲方式。布局阶段本身又有其结构:引介(exordium),即引入主题;叙述(narratio),即陈述情况;申论(divisio),即列明论证的要点;驳论(confutatio),即反驳反对意见;结论(conclusio或peroratio),即收束总结。各种辩论性的演说,不论是政治的和法律的,告诫性的和指示性的,或是为了影响个人或统治者的选择、决定或行动而援引原理或历史事例,所有这些演说涉及的都是现实的、实践的关切。因此修辞学不只是一种学术演练。

修辞学的核心是语言,因此在中世纪文法学校的三艺(trivium)——文法、修辞和逻辑中居于首位的文法,就重新获得了重要性。最初它仅仅指拉丁语的学习,但现在它重申自己与逻辑学的关联,因为修辞关乎说服、影响、建议和反驳,所以直接适用于伦理争论。文艺复兴时期的知识界不关心中世纪的作者,因为中世纪的作者总体上忽视了修辞学而更重视逻辑学上的细节问题。知识界关注的是亚里士多德和贺拉斯(Horace)的修辞学和诗学,他们在对二人著作以及西塞罗著作的评注中关注伦理学和心理学的方面。普鲁塔克的著作首先引发了这种旨趣上的转变,而后出现了数百部修辞学论著。文艺复兴时期许多最重要的思想家都参与了这场讨论,在这场讨论中,人们把修辞学与当时极受推崇的行动生活(vita activa)联系起来。

哲学史家会很自然地提出一个问题:文艺复兴时期对修辞学的强调

是否真正构成了对哲学的贡献，或者（如文艺复兴时期的一些人自己所说）修辞学其实是反哲学的？柏拉图在文艺复兴中重新流行起来，他的著作被译为拉丁文并产生了相当的影响。他在《高尔吉亚篇》（由李奥纳多·布鲁尼译成拉丁文）中对智术师及其修辞诡计的指摘广为人知。一些人怀疑，文艺复兴除了以机会主义的浅薄方式，把各种哲学上的浅见用于修辞，还做了什么。持这种态度的人指出了这种修辞性的借用所导致的悖谬、矛盾和相对主义。对这种观点的回应则是，考虑到现实生活的复杂性，考虑到人们经常不得不做一些艰难的抉择，也考虑到人生经历与境况的多变性，这种表面上的矛盾是一种自然的结果。文艺复兴时期的修辞家可以主张，哲学思索绝对之物，因此可以难得地忽视现实，而修辞学则尊重和面对现实。他们可以引用亚里士多德在《修辞学》中的论点，即这种技艺对生活与社会实务有着关键的作用，也可以引用西塞罗的话"我们修辞家拥有智慧和学识的广大财富"。他们还可以遵循西塞罗的看法，认为柏拉图本人在其著作中就是修辞学的强力倡导者。

无论如何，毫无疑问的是，许多文艺复兴思想家，即便是自称信奉当时已复兴的柏拉图主义的那些人，其关切和旨趣都远离了经院哲学家及其后继者们精密的技术性争论。柏拉图主义的复兴以及人文主义都是有趣的话题，而另一个有趣的话题引起人们兴趣的方式则完全不同，那就是文艺复兴思想家们在巫术、炼金术、星相学、赫尔墨斯秘教以及卡巴拉上倾注的智识热情。所有这些"秘教科学"都勃然兴起，尤其是在那些经历了宗教改革而脱离了罗马教廷控制的地区。其主要原因是，欧洲新教地区的宗教当局没有足够的权威，或者更确切地说，没有足够的力量来阻止人们对这些事物爆发兴趣。这种兴趣的推动力是人们渴望永葆青春、不死以及把贱金属变为黄金来致富（致富的办法也可以是让别人相信自己有"技术"来实现上述任何一点）。[1] 我们在接下来的第三部分"现代哲学"中会看到，16 世纪、尤其是 17 世纪的科学和哲学都是作为对这一秘教运动的反应而兴起的。

---

1 见 Grayling, *The Age of Genius* (2016), Part III 各处，尤其是第 13 和 14 章。

文艺复兴时期的柏拉图主义（Renaissance Platonism）

上文的讨论已经表明，晚期经院哲学中占主导地位的柏拉图主义同时导致各派之间互相指责为异端，因为哲学争论与神学信条紧密相连。柏拉图的观点与新柏拉图主义对柏拉图的阐释结合之后，柏拉图就变得远比亚里士多德更符合基督教的旨趣，而且不会带来争议，尤其是对那些没有卷入经院中激烈的形而上学辩论的基督徒们来说。从基督教的视角来看，柏拉图式的观点是鼓舞人心的，而且人们还给他的著作附加了神秘的含义。因此，重新引介柏拉图受到了许多文艺复兴知识分子的欢迎。

柏拉图主义并没有明显地取代亚里士多德主义的地位，但对柏拉图主义的兴趣的增长在实际效果上削弱了后者的权威，这使得后世的、尤其是17世纪的哲学家和科学家，在拒斥亚里士多德主义时遇到的阻力减少了。

柏拉图主义复兴的时间点可以被确定为在具体地点发生的具体事件：1439年的佛罗伦萨。在前一年，一场大公会议（ecumenical conference）从费拉拉（Ferrara）移到佛罗伦萨举行，因为费拉拉爆发了瘟疫。这次会议名义上的目标是弥合东正教和天主教诸团契之间的分裂，但会议上充满了争议，又牵涉到其他各种复杂的问题，尤其是教廷的权力，以及神圣罗马帝国与奥斯曼帝国之间的军事对立。佛罗伦萨实际上的统治者和美第奇王朝的建立者——老柯西莫·德·美第奇（Cosimo de'Medici the Elder），是一位极富修养的人，他抓住会议举办地迁移的机会，邀约了随君士坦丁堡的使节团而来的拜占庭学者们，其中一位就是吉奥尔吉·格弥斯托士（George Gemistos，1355—1452），人称卜列东（Plethon）。

卜列东是当时拜占庭最杰出的学者，也是一位新柏拉图主义者。1439年，他在佛罗伦萨讲授柏拉图以及柏拉图和亚里士多德之间的不同。他尊崇柏拉图而贬抑亚里士多德。这些讲稿后来被整理发表，题为《论亚里士多德与柏拉图的不同》(*De Differentiis Aristotelis et Platonis*)。这本书自然引起了争议，其中亚里士多德的支持者想要贬低柏拉图，他们说柏拉图主义其实是一种宗教，它想要对抗基督教。这是特拉布宗的吉奥尔吉（George of Trebizond）针对卜列东的指控，前者是一位战斗的亚里士多德主义者，曾做过教宗尼古拉五世的秘书，而这位教宗同样是位热情的亚里士多德主义者。吉奥尔吉写了《亚里士多德与柏拉图哲学之比较》（*Comparatio Philosophorum Aristotelis et Platonis*），此书得到了主教巴西琉斯·贝萨里翁《反对柏拉图的污蔑者》（*In Calumniatorem Platonis*）一书的回应。吉奥尔吉的书中既有丰富的学识，也有无节制的甚至是疯狂的抨击。[1]

但卜列东还是达成了他想要的效果：对柏拉图的兴趣被极大地激发起来，同时还有为了阅读柏拉图原文而学习希腊语的热情。1453 年君士坦丁堡陷于奥斯曼人之手，拜占庭的学者因而流散。其中就有约翰·阿尔吉罗波洛斯（John Argyropoulos，1415—1487），他早年在帕多瓦求学，而现在选择流亡回意大利。他定居在佛罗伦萨，讲授希腊语和哲学。马尔西利奥·费奇诺就是他的学生之一，费奇诺后来把柏拉图的著作翻译成拉丁文，并执掌了由柯西莫·德·美第奇出资在佛罗伦萨设立的柏拉图式学园。费奇诺也翻译了普罗提诺、波菲利和杨布里科斯的著作，还有或许用处较小的赫尔墨斯文集（Hermetic Corpus），这部文集在当时及后来"秘教科学"的传播中扮演了关键的角色。

佛罗伦萨的柏拉图学园不像大学而更像是俱乐部，但在 15 世纪的欧洲，它是传播柏拉图思想的最有影响力的机构。费奇诺是这一过程的关键人物。他不仅把柏拉图的所有著作译为拉丁文，还写了一部题为《柏拉图式神学》（*Platonic Theology*）的著作，这部书既引介了新柏拉图主义，又论证了其与基督教的一致性。他说人的灵魂因其不朽而成为抽象理念世界与物质世界之间的通路，而且是灵魂赋予了人特别的尊严。受柏拉图的"上升到对善的爱"这一思想的启发，他造出"柏拉图式的爱"一词来描述灵魂对上帝的爱，当灵魂攀越了知识的几个层次之后，就会与上帝直接

---

[1] 贝萨里翁是君士坦丁堡的拉丁教区宗主（Latin Patriarch），并两次进入罗马教宗的候选名单。这不禁让人猜想，一位柏拉图主义的教宗会对后来的哲学史和科学史造成怎样的影响。

相连。

费奇诺想把柏拉图哲学、赫尔墨斯秘教和基督教综合起来，这个愿望被他的学生乔瓦尼·皮科·德拉·米兰多拉（Giovanni Pico della Mirandola）所继承。他在短暂的一生中极大地促进了人文主义和秘教科学的发展。

皮科是个贵族，是意大利孔科尔迪亚（Concordia）和莫德纳（Modena）统治家族的幼子，还与意大利一些显赫家族（斯福尔扎 [Sforza]、埃斯特 [Este] 和贡扎加 [Gonzaga] 家族）有关系。他早熟而聪慧，他的母亲希望他能进入教会，而这与他的意愿相违背。当他在博洛尼亚学习教会法时，母亲去世了，这使他可以把兴趣转向哲学。为了学习哲学，他先是到了佛罗伦萨，而后去了巴黎。他在学习中兼收并蓄，不仅学习哲学、拉丁语和希腊语，还掌握了希伯来语和阿拉伯语，并对迦勒底语、琐罗亚斯德思想以及卡巴拉秘教（Cabala，也拼写作 Kabbalah）有所了解。

从巴黎回到佛罗伦萨之后，皮科遇到了费奇诺并跟随他学习，而费奇诺把他引荐给洛伦佐·德·美第奇（Lorenzo de'Medici）。皮科第一次见到费奇诺的那天，费奇诺正好通过星象算定，在这一天发表他所翻译的柏拉图著作是最吉利的。而皮科对星相学持怀疑态度，但观点上的分歧并没有妨碍二人的关系，也没有妨碍洛伦佐·德·美第奇对皮科的倾慕。

没有洛伦佐的支持，皮科不太可能活过他生涯中的下一个阶段，其中最紧急的一件事，就是他与妇人通奸而差点被愤怒的丈夫杀死。还有一件更危险的事，就是他打算向全欧洲的学者发出挑战，要在罗马辩论他的《九百论题》（*900 Theses*）。这是他在巴黎时着手写作的一部书，后来又加入了他对巫术、卡巴拉和赫尔墨斯文献的研究论文。这些主题庞杂的材料被安排在一个柏拉图主义的基础上，他写了一篇论文来补充和解释这些论题背后的意图，文章题为《论人的高贵》（*The Oration on the Dignity of Man*），这篇文章就展示了这种作为基础的柏拉图主义。

皮科《论人的高贵》一文的开篇是："诸位尊贵的先生，我在阿拉伯人的古书里读到，有人问萨拉森人阿布达拉（Abdala the Saracen），他觉得世界上什么东西最能让他想到奇迹,他回答说,没有什么东西比人更叫人惊奇。赫尔墨斯·特里斯墨吉斯忒斯[1] 著名的感慨'埃斯库拉庇乌斯,人是多么伟大的奇迹啊!'更确证了这种观点。"尽管《论人的高贵》的主要意图是要证明,把卡巴拉和其他神秘主义的、据说是古代的智慧综合纳入到基督教思想之中是正当合理的,但这篇文章的首要效果是唤醒了人们对人的价值的推崇,对人世生活中的各种事物的重视。这是一个 90 度的转向,先前人们焦虑的是,如何不惜代价地平安进入死后的生活。这个转向是文艺复兴时期人文主义的关键,而皮科的《论人的高贵》一直被视为理解人文主义本质的关键文本。

皮科引述柏拉图的话,说在应该发展和重视的各种研究中,有一门是数学。在文艺复兴时期那些神经质的人们心目中,数学和秘教技艺之间有着紧密的联系。"计算"(calculate)和"施法"(conjure)这两个词语经常互相换用。而推崇数学也就意味着推崇所有其他这些站不住脚的研究。皮科认为,是人类在任何和一切地方对知识的探求,使他们居于其他造物之上,进而与上帝接近,就如柏拉图曾主张,对理念的知识,尤其是对善之理念的知识是哲学事业最大的追求。

皮科推崇数学在哲学上的用处,与他持同一观点的还有比皮科年长的同时代人库萨的尼古拉(Nicolas of Cusa,1401—1464),一位德意志的学者和神秘主义者。他把数学视为最高的知识,因为只有数学是确定无疑的。这种观点,就把柏拉图描绘的知识图景置于亚里士多德对自然科学的经验研究之上。虽然尼古拉认为柏拉图高于亚里士多德,但这并不妨碍他借助经验主义的方法来研究某些问题。人们认为,他提出了用水钟来测量病人的脉搏。而皮科则着迷于数秘术(numerology)[2] 和字母所暗含的神秘意义,这使他属于一种特殊的柏拉图主义传统,这种柏拉图主义发挥了《蒂迈欧篇》的旨趣,并发扬了柏拉图借助神祇的启示来讲学的论说技巧,

---

[1] 即《赫尔墨斯全集》的托名作者。——译者注
[2] 即研究数字的神秘含义。——译者注

从而强调神秘之物和启示之物高于经验之物。

可能会显得悖谬的是，皮科的主要思想遗产并不是他对人文主义的赞颂，而是他所助力宣扬的基督教卡巴拉。13世纪西班牙的雷蒙德·勒尔（Raymond Lull）率先探索了将卡巴拉基督教化的可能途径，而使这种思想盛行起来的则是皮科。在他之后的几个世纪里，继之而起的有约翰·罗伊希林（Johann Reuchlin）、保罗·里奇奥（Paolo Riccio）、阿塔纳修斯·基歇尔（Athanasius Kircher）等人。对皮科本人以及佛罗伦萨的柏拉图学园来说，15世纪晚期动荡的政治形势使得佛罗伦萨不再推广柏拉图主义。当洛伦佐·德·美第奇在1492年去世时（这一年还发生了其他大事：摩尔人和犹太人被逐出了西班牙，哥伦布"发现"了新大陆，莱昂尼塞诺[Leoniceno]发表了《论普林尼的谬误》[On the Errors of Pliny]，法国威胁入侵意大利[后来在1494年真的入侵了意大利]），柏拉图学园被关闭，两年之内皮科（以及他的人文主义同侪波利齐亚诺[Poliziano]——原名安杰洛·安布罗吉尼，1454—1494）就在可疑的情况下去世了，很可能是被谋杀了。

文艺复兴时期的人文主义（Renaissance Humanism）

今天的"人文主义者"一词指的是一个持非宗教的伦理观点的人。在文艺复兴的语境中，它指的是一批有特定立场的学者和知识分子，这些人相信对文法、修辞、历史、诗学和伦理学的人文研究（studia humanitatis）有助于产生全面发展的有用公民，去投身于有智性的行动生活（vita activa）。这些人文研究的材料和灵感都显然来自古典时代，而非来自中世纪经院主义。这一新兴运动的领袖们明确地将对古典时代思想文化的重新发现和推崇视为一种重生（renaissance），而文艺复兴的核心特征就是人文主义。

14世纪的诗人和外交家弗朗切斯科·彼特拉克（Francesco Petrarca，

文艺复兴哲学　　183

1304—1374）被称为"人文主义之父"，因为他收集了古代手稿，宣扬古典思想和古典文本的价值，并把古典时代和他自己所在的、重新发现其价值的时代之间的时期叫作"中世纪"，从而使自己成为一种新视角自觉自知的提倡者。他作为诗人的盛名，有助于他在世时扩大自己的影响，并在他人胸中燃起同样的对古典时代的热情。这种热情表现为在修道院和尘封的档案中搜集被遗忘的手稿，并鼓励这些手稿的翻译和发表。这种热情为许多人所共有，他们以这种热情达成了巨大的善果，这些人中有彼特拉克的朋友乔万尼·薄伽丘（Giovanni Boccaccio）、西塞罗主义者库鲁乔·萨卢塔蒂（Coluccio Salutati）以及后来的波焦·布拉乔利尼（Poggio Bracciolini）。

薄伽丘（1313—1375）最著名的作品是《十日谈》（*Decameron*），一部风趣、机敏但时而粗俗的故事集。它的风格是自然主义的，用通俗的意大利语写成。1350年彼特拉克访问佛罗伦萨时，薄伽丘受佛罗伦萨执政团（signiora，统治城邦的一个议会）的委任去接待彼特拉克，而后他们结下牢固的友谊。彼特拉克鼓励薄伽丘学习古典文献，薄伽丘则称彼特拉克为"我的老师和大师"，这段友谊的成果是薄伽丘的希腊罗马神话百科全书——《异教诸神的谱系》（*Genealogia Deorum Gentilium*），这是文艺复兴时期人文主义和艺术的一个关键文本。

库鲁乔·萨卢塔蒂（1331—1406）是佛罗伦萨伟大的执政官。他的劲敌、米兰公爵吉安·加莱亚佐·维斯孔蒂（Gian Galeazzo Visconti）说他的每封信都比一千名骑士还要危险。萨卢塔蒂以西塞罗为模范塑造了自己优美的文风，又斥资搜集古典手稿，在这个过程中重新发现了西塞罗的《致友人书信集》（*Epistulae ad Familiares*），其中评论了罗马共和国如何丧失了它的自由。萨卢塔蒂的晚期著作《论僭主》（*De Tyranno*）就很倚重西塞罗的观点。他还慷慨地支持同时代有才华的年轻人，其中就有波焦·布拉乔利尼（1380—1459）。

人文主义者们在修道院的藏书和档案室中掘地三尺所得的最大发现，是由布拉乔利尼做出的。他广派侦查员搜集手稿，搜索范围不仅遍及意大利，而且广至德意志、瑞士和法国，从而发现了一大批佚失的著作，其中最为重要的就是卢克莱修的《物性论》。布拉乔利尼教廷官员的身份对这项事业颇有帮助，他也因此发家致富。出售一份李维手稿所得的价款让他可以在阿诺河（Arno）谷地买下一座漂亮的庄园，并在其中放满古董。

布拉乔利尼和语文学家洛伦佐·瓦拉（Lorenzo Valla，1407—1457）展开过一场著名的辩论。瓦拉研究过拉丁语文学的优雅，曾在快乐问题上为伊壁鸠鲁辩护，也曾通过语言学上的辨析证明了"君士坦丁献土"（Donation of Constantine）[1]是伪作，这些成果使他出名。瓦拉主张，《圣经》文本和古典作者们的著作一样，都应该受到同样的语文学分析。布拉乔利尼则反驳，世俗文本和神圣文本应该区别对待。他们之间的论争是通过发表一系列的长文来进行的，结果是（虽然布拉乔利尼一度说瓦拉这么想是"疯了"）两人成了朋友。直到19世纪，瓦拉的"要对《圣经》文本进行激进批判"的看法才在德意志充分付诸实施。

在上文谈到皮科的时候，我已经提到过诗人和学者波利齐亚诺。他是拉丁文文体的发明家，就像一个世纪之前的萨卢塔蒂一样。他把荷马、爱比克泰德、盖伦和普鲁塔克的著作翻译成拉丁文，还发表了维吉尔和卡图卢斯（Catullus）作品的力求准确的编纂版。他当过洛伦佐·德·美第奇的孩子们的导师，还曾受费奇诺之邀，到柏拉图学园中讲授古典文学。在学园中他影响了来自欧洲各地的许多学生，增进了人们对奥维德和小普林尼等人的兴趣，并促使人们更准确地翻译和编纂古典文本。

以上对主要人文主义者的简介说明文艺复兴时期的人文主义首先是教育领域的运动。佛罗伦萨的柏拉图学园只是这一运动的表现之一。杰出的教师瓜里诺·维罗尼西（Guarino Veronese，1374—1460，又称维罗纳的瓜里诺 [Guarino de Verona]）在费拉拉教授希腊语，并翻译了斯特拉波和普鲁塔克，还撰写了对许多古典作家的评注，包括亚里士多德和西塞罗。

---

[1] 君士坦丁献土（拉丁语：Donatio Constantini），是一份伪造的罗马皇帝法令，内容是公元315年3月30日，罗马皇帝君士坦丁大帝签署谕令，将罗马一带的土地赠送给教宗。——译者注

他曾在君士坦丁堡求学，以增长自己的希腊语知识，并从君士坦丁堡带了一套珍贵的古代文献手稿。维多里诺·拉巴多尼（Vittorino Rambaldoni，1378—1446 年，又称维多里诺·达·费尔特雷 [Vittorino da Feltre]）则在曼图亚（Mantua）发展出了教授古典语言和文学的新方法。和瓜里诺一样，他常常为贫困的学生自掏腰包。他作为教师的盛名，使得意大利许多知名人士，包括布拉乔利尼，都把自己的孩子送到他的学校来，这实际上就是欧洲第一所世俗的寄宿学校。维多里诺最有名的学生之一是费德里科·达·蒙特费尔特罗（Federigo da Montefeltro），也就是日后的乌尔比诺公爵（Duke of Urbino），他显眼的鹰钩鼻是皮耶罗·德拉·弗朗切斯卡（Piero della Francesca）为他画的肖像里最显著的特征。费德里科挣钱的门路是做雇佣兵队长（condottiere），即率领自己的军队受雇作战。但维多里诺的教诲显然没有被忘记，因为费德里科有个习惯，就是当他在军营中吃早饭时，会叫人读古典文本，尤其是哲学文本给自己听。

这些人文主义的教育者相信，古典文献能带给人们智识上的修养、道德上的训练和有教养的品味。他们认为古典文献对那些将要在社会上和文化上处于领导地位的人们，尤其有塑造作用。这个理想延续了很长的时间，直到最近人们才抛弃了这种理念而去追求更实用、更物质的目标。正如瓜里诺和维多里诺的事例所表明的，人文研究主要是（虽然不全是）一种学院教育而非大学教育。那时进入学院的人远多于进入大学的人，而在那时的大学中居于主导地位的，还是法学、医学和神学，以及居于哲学核心的形而上学和逻辑学论辩。即便是在大学里，希腊文、古典修辞学和诗学的研究也日渐站稳脚跟，一批人文主义知识分子受邀到大学讲学，或成为大学的教授：例如瓜里诺就成为了费拉拉大学的希腊文教授。

这些受过人文主义教育的人更可能成为城邦的执政官或教廷的官员，这对社会是有好处的，因为这些人会把他们在教育中获得的开明的立场和更宽广的眼界应用到实际事务之中。不只是执政官和教廷官员，君主和教宗自己也接受了这样的教育，他们中的许多人都反过来成为人文主义教育和文化的赞助者。

在 15 世纪中叶，约翰内斯·古腾堡（Johannes Gutenberg）发明了活字印刷机，这极大地推动了出版业的发展。在其后几十年的时间里，欧洲的每一座主要城市都有了一家或几家出版商，到 15 世纪末，这些出版商大约印制了两千万本书，其中包括人文主义者所翻译和编纂的几百部古典文献。但图书行业在此之前就已经在蓬勃发展，对抄写工的需求迅速增长，人们引入了各种新的手写体以使抄写更加迅速，也更加易读。原先的精致的哥特体对修道院的藏书室和富有的私人藏书者而言是合用的，但现在取代它的是布拉乔利尼所发明的一种草写小字（minuscule，他认为原始草写小字是罗马人发明的，但其实是加洛林人 [Carolingian] 发明的），还有尼科洛·德·尼科利（Niccolò de'Niccoli，1364—1437）发明的一种广泛流行的草书斜体字。尼科利是老柯西莫·德·美第奇所赞助的人文主义者之一，他不仅发明了一种书写体，还发明了一项成功的技术，即把文本分成段落和章节，并冠以目录。在印刷术刚开始广泛传播时，尼科利的斜体是印刷中最常用的书写体。而布拉乔利尼的小字则是今天我们最常用的那些字体的祖先。

文艺复兴时代的人文主义与哲学的关系，在伦理学和政治学上最为清晰，二者和"家政学"（oeconomics）共同构成了一个整体。这种看法的源头是亚里士多德著作的一个系列：《尼各马可伦理学》《政治学》和一部署名亚里士多德的《家政学》（并非他本人所写，因此这位不知名的作者被称为"伪亚里士多德"）。亚里士多德自己曾说，伦理学和政治学是密不可分的，他后世的评注者们也遵循此说，认为这个三合一的研究领域构成了"实践哲学"。在文艺复兴时代，亚里士多德主义者和柏拉图主义者都继承了这个传统，它一直延续到 17 世纪。

认为这三个领域在逻辑上相互关联，这种观点有其自然合理的成分：个人、家庭和国家分别是伦理学、家政学和政治学的主题。大阿尔伯特曾从人的各种关系的角度来描述这三个领域之间的关联：个人与自己的关系、个人在家庭生活中与其家庭的关系，以及个人在公民关系中与其所在的社会的关系。阿尔伯特的学生阿奎那在他对亚里士多德《尼各马可伦理学》的评注中详尽阐述了这种关于人类的自然社会性的观点。这种观点直到文艺复兴时期都居于主导地位。

文艺复兴与先前不同的地方在于，更加关注人性本身，因为人性是实践哲学的基础。人们认为，是彼特拉克首先不再哀悼人的不幸（中世纪基督教所关注的"眼泪之谷"[vale of tears]），转而颂扬人的高贵。这个转向发生在他的《论好坏命运的补救法》(*De Remediis Utriusque Fortunae*，1791 年被苏珊娜·道布森[Susannah Dobson]译为《彼特拉克对人生的看法》[*Petrarch's View of Human Life*]）一书中，这部书中有 254 段对话，它们充满智慧，而且常常风趣幽默，其中贯穿着斯多亚式的中道和坚忍的主题。

"人的高贵"这个主题先前就曾被教宗英诺森三世（Innocent III）提出过，他在一部论人之苦难的著作序言中说，他想用一些更积极的东西来平衡自己对这个问题的论述，但最终没能如愿。彼特拉克、皮科·德拉·米兰多拉则和很多人一样接受了这个挑战：他们写了许多论文，而这些论文又反过来激起了相反的回应，一再重申肉体的生活全然不高贵也不快乐。回应之一就是波焦·布拉乔利尼所写的《论人类境况的悲惨》(*De Miseria Humanae Conditionis*)。

讨论人的本质，就会涉及对人和其他动物的比较。当时常见的思想是，人是"自然的继子"，因为只有人在被创造出来时是赤裸而不能自卫的，没有尖牙利爪，跑不快，也没有甲壳的保护，等等。但人有一项天赋，就是智慧。费奇诺认为，拥有智慧让人像神，因为拥有智慧意味着人可以利用动物所拥有的一切长处：牛的体力、马的速度、羊的皮毛，而动物只能使用自然所给予的那种长处。

人在这些方面的优越性并非不受质疑。一位改信伊斯兰教的方济各会僧侣安瑟伦·图梅达（Anselm Turmeda，后更名为阿卜杜拉·图勒曼[Abd-Allah at-Tarjuman]，做过突尼斯的维齐尔[vizier]或大臣）写过一个风趣的故事，讲述自己和一头驴子争论谁更高贵。图梅达指出，人可以建造宫殿和城市，驴子回答说，蜜蜂和蚂蚁也能。图梅达说，人吃动物的肉，驴子说，虫子吃坟墓里人的肉。争论继续，而人没有赢得任何优势，最后图梅达指出（显然他的思维框架没有转变，还是方济各式的），上帝把自己变成了人，驴子这才认输。

基督的道成肉身，是赞颂人的高贵时所用的主要论点：上帝自己就为了实现普世的计划而变成人，从而拔高了人的本质。当时人们所赞颂的是一组并列的品质：就像神的三位一体一样，人的灵魂也有三个部分——知性、记忆和意志。柏拉图主义者可能会对此稍做修正，而遵循柏拉图的理性、意气和欲望的灵魂三分法。库萨的尼古拉说，人的想象力和创造力是神的创世伟力的映像，人在他自己创造的精神世界里就是神。当时的人们引用《旧约》中的《创世记》来证明，神让人本身做月下世界的神，让人统御万物。

认为人是近乎神一样的高贵造物，这种越来越自夸的思想，其逻辑上能达到的极限可能就是皮科的思想。他认为人可以创造他自己，可以是他想要是的任何东西，可以在万物的阶序中占据从最高到最低的任何位置。这意味着人并没有预定的位置，而是有一种近乎超自然的超然地位，居于其他一切事物之上，作为世界的观察者和镜子而处在一种英雄式的位置上。这种隐含义被夏尔·德·博维尔（Charles de Bovelles，1475—1566）表达了出来。在他的《智慧书》（*Liber de Sapiente*）的"致读者"的开头，博维尔写道："当有人问德尔斐的阿波罗，什么是真正的和最好的智慧，据说阿波罗回答说：'人啊，认识你自己'。"他补充说，因为《圣经·诗篇》中说，人所能达到的最大的愚蠢就是不认识自己，我们于是明白了，对人来说，认识自己就是认识了一种崇高的东西。

文艺复兴中滋长的这种拔高人之本质的观点在 16 世纪的宗教改革中遭到了暴烈的反对。新教徒冷冷地重申了人类堕落的本质，这是亚当在伊甸园犯罪的后果。例如，加尔文宗的核心教义之一就是，人类无可救药的败坏和无力只有靠上帝的恩典才能救赎；皮科和博维尔精巧的言辞都是虚假的，因为人生来就患有致命的病症，只有通过耶稣在十字架上的牺牲才能疗救。米歇尔·德·蒙田（1533—1592）的理性怀疑论，则用不那么启示录式的语言，同样地抽去了这个思想传统中对"人之高贵"的诸多假定。他指出，有人宣称人类特别优越，理由是人是直立的，能够看到星星，而野兽的头是低垂的，只能看到地面；但这些人忘记了骆驼和鸵鸟，这两种动物也能直立，而且它们的长颈让它们比人更接近星空。

文艺复兴中的人文主义者都是基督徒，不论私下怎么想，至少他们都宣称自己信教而且遵守仪轨，因为离开了宗教就无法生活。他们之中的绝大多数无疑都至少相信基督教的一条教义，那就是人类能获得的最大的善就是死后进入天堂，或者至少不要在炼狱中受太多苦，而受这些苦是为了洗净他们迫于不可违抗的人性以及世间不义的压力而犯的罪。亚里士多德曾教导人们，至高的善（summum bonum）就是幸福（eudaimonia），而文艺复兴则把幸福等同于上帝面前的永恒生命，这是对虔信而有德者所许诺的奖赏。但人文主义的乐观还有另一方面，人们认为，虽然真正的幸福只有死后才能得到，但此世也能得到一种幸福，它是死后至高幸福的映像或摹仿，自然会有缺陷而不完美。理论上可以说，拥有智慧和学识的人最容易获得这种此世的幸福，他们在此世与上帝的关系最值得效仿。但文艺复兴的艺术描绘了快乐和愉悦更为丰盛广阔的来源，而不仅限于对美的沉思。

我们应该想到，在基督教出现后的前几百年，基督徒们期待着弥赛亚不日将会复归人间，上帝的国将在人间建立。圣保罗许诺过"圣徒不会等到腐朽之日"，也就是说，等到弥赛亚第二次降临（Parousia）时，死去的圣徒们，例如基督徒中的殉道者，都还没有在坟墓中腐烂。《圣经》因此教导人们，要舍弃自己所有的一切，因为在上帝的国度里不需要财产；不要做计划（"不要为明天忧虑"），因为没有明天了；不要结婚，因为再也没有时间、也没有必要供养一个家庭了。一些人努力要照这些戒律来生活，其中一些隐居者（anchorite）和静修者（hesychaste）逃到沙漠中，来躲避诱惑并严守这些戒律。但当基督教在公元4世纪变成罗马帝国的国教时，圣徒们的遗体被发掘出来，迁移到教堂中；人们本来期待圣徒的遗体会是奇迹的来源，但在发掘时人们发现这些尸体全都腐烂了。这就需要一种新的理论来解释，为了提供这种解释，人们从新柏拉图主义借来了灵魂不朽的学说。

但这并非唯一的需求。《圣经》中教导的生活方式是无法实现的，因此必须借用一种更适合人间正常生活的伦理观点。要想找到这样的观点，唯一的来源就是"异教"哲学。该撒利亚的圣大巴西流（St Basil the Great of Caesarea，330—379）做出了示范。在他的《就希腊文献对年轻人的讲话》（*Address to Young Men on Greek Literature*）中，他建议人们有选择地使用异教哲学著作来帮助自己思考德性问题。他说，如果他们选取了与基督教相一致的文本，并把它们视为"在直视太阳之前在水中看到的太阳倒影"，就能从中获益。其他教父的立场也一样，总体上倚重斯多亚主义和柏拉图主义作为灵感来源，而不是亚里士多德主义或伊壁鸠鲁主义。亚里士多德的伦理学观点曾在阿奎那的手中恢复声誉，但在中世纪盛期，西塞罗和塞涅卡开始受到追捧，尤其是鹿特丹的伊拉斯谟认为，西塞罗让许多基督徒都相形见绌，理应称之为"圣西塞罗"。人们广泛持有这种看法，一位评注者认为，上帝允许异教著作流传下来，恰恰是为了让它们来警醒基督徒，让他们知道自己相比之下的不足。

但这场辩论绝不是一边倒的。萨卢塔蒂在思考异教的道德哲学时观察到，古人关心的是向外的行动，而基督教关涉内在的良知。其他论者更推进了这个论点，说对异教徒来说，伦理抉择靠的是理性，而基督徒关心的是远为高级的问题，那就是圣灵在他们之内的运作。这使得一些思想家最终拒绝认为"古典伦理与基督教在一些方面是相互一致的，而且可以互相借鉴"。马蒂欧·博索（Matteo Bosso，1427—1502）主张，哲学在伦理问题上毫无用处，因为哲学中没有基督智慧的神圣之光。洛伦佐·瓦拉等人同意这一观点。当宗教改革在16世纪中叶站稳脚跟，一批新教神学家也加入了支持这个观点的行列。

但新教徒在这个问题上和他们的对手罗马天主教徒一样分裂。路德宗的腓力·墨兰顿（Philipp Melanchthon，1497—1560）认为，虽然基督教的核心关切是人的堕落以及通过信仰基督而得到救赎，但当人还在尘世时，运用理性来把握和遵从自然的法则，仍是符合上帝意志的，因为上帝给了人理性来这么做。路德本人采纳了圣保罗的观点，区分了属于神的东西和属于凯撒的东西，这就意味着，在此世的生活中必须遵循道德理性的命令。结果是，在墨兰顿的许可之下，一些新教牧师和教育者觉得自己可以使用异教哲学中的伦理学作为《圣经》的补充，如果二者一致的话。

路德总体上接受这种立场，但他感到有必要驳斥经院哲学家对亚里士多德伦理学的使用，因为他把这种运用方式视为对恩典教义的否认。他不是唯一一个不批评亚里士多德而批评亚里士多德主义者的人，一系列比较亚里士多德和《圣经》的研究成了16世纪哲学-神学辩论中的常例。对人文主义者中的柏拉图主义者来说，他们对柏拉图的推崇和对《圣经》的信仰是更容易调和的，因为柏拉图的至高善的理念在基督教的视角下很容易接受。毕竟柏拉图（在《斐多篇》《理想国》《会饮篇》中）反复地教导，灵魂只有在脱离身体的状态下才能最好地思考至高善。这和基督教的教义几乎不可分辨，基督教说死后的终极幸福就是上帝面前的永恒生命。人文主义的基督徒在柏拉图的观点中发现了许多吸引人的方面，其中主要的一点就是他关于爱的理论。这个理论在《会饮篇》中得到了详细阐述，而它完全符合人文主义者的乐观信条：他们认为上帝是爱，人的灵魂在爱中向上攀登，最终进入上帝之爱的怀抱。

184　　在大学中，亚里士多德仍旧是伦理学研究中的首要人物，人们续写着对他的《尼各马可伦理学》的评注，根据这本书写成的道德论著也大量发表。一些评注和论文是用经院派的文体写成的，另一些则是用更平实易读的人文主义文体。后者的一个例子就是埃塔普勒的雅克·勒菲弗（Jacques Lefèvre of Etaples, 1455—1536）所著的《（亚里士多德）伦理学中的道德导论》(*Moralis in Ethicen Introductio*)。这是一部优美易读的书，其中充满了从文献和《圣经》中引用的例证，来阐释亚里士多德的观点。他作为学者，写了一系列导论来讨论亚里士多德的科学、伦理学、政治学、逻辑学和形而上学著作，又编辑了波爱修斯的《论算术》(*De Atithmetica*)，还翻译过《圣经》。他是把人文主义引入法国的主要引介者之一。

斯多亚主义和伊壁鸠鲁主义在文艺复兴中不如柏拉图主义或亚里士多德主义那么有影响，但这两种思想也广为人知。斯多亚主义影响了一些人，但当时人们对伊壁鸠鲁主义的印象主要是负面的，因为它把快乐作为最大的善，即便人们理解了"快乐"的真正所指，也还是谴责这种学说。那些想要为伊壁鸠鲁辩护的人可能会说，批评他的常常是那些没读过他的人，但这种辩护最后会成为对辩护者的指控的一部分：其中的两位，焦尔达诺·布鲁诺（1548—1600）和卢西里奥·切萨雷·瓦尼尼（1585—1619）就受了火刑。

以上的叙述说明，文艺复兴时期的伦理论争并非原创，而是为了调和既有的道德哲学与基督教教义，或者拒斥道德哲学。前一种努力方向上最成功的尝试，就是开辟了一个空间，在其中，异教哲学中丰富而成熟的学说可以被应用于此世的生活。同时我们也要承认，古代异教哲学所散发的人性的精神与文艺复兴中的人文主义精神紧密相关。伊拉斯谟最早示范了如何在持有正统天主教信仰的同时，坦然承认异教哲学的影响。文艺复兴中对人性的关注，以及重新认识到可以在此世的肉体上获得愉悦和满足，推动了我们今天所珍视的那些绘画、雕塑和诗歌的产生。这无疑是文艺复兴人文主义和伦理思想的最大贡献。

文艺复兴时期的政治思想（Renaissance Political Thought）

到文艺复兴时期，意大利的诸城邦已经演进了数百年。从 11 世纪开始，许多城邦都有了独立市镇的形态，并确立了自己的政治体制。伴随这些城邦的发展，出现了一种在治理的目标和方法上为市镇及其统治者和管理者提供建议的著述。

这些城邦在名义上是神圣罗马帝国的一部分。到了 13 世纪，中世纪大学中的罗马法研究已经相当成熟，使得皇帝对其领地的宗主权（suzerainty）变得（至少在法律理论上）无可争议。悖谬之处在于，与理论恰恰相反，城邦事实上是独立的，而且事实上是共和制的。在文艺复兴的过程中，许多城邦的统治者陆续获得了公爵或亲王的头衔，共和国中的执政官（podestà）选举也逐渐变为公国和王国中的世袭制。但并非所有地方都如此：威尼斯的公爵（dogi）仍是选举出来的执政官，虽然有选举权的只有城中富裕的显赫家族中的显贵。即便是在文艺复兴的高峰，例如在15世纪的佛罗伦萨，事实上的统治者（在佛罗伦萨是老柯西莫·德·美第奇）仍是以执政团的名义来行使统治权，而不会炫示这一名义背后的权力或财富。他的继任者们的行事风格则完全不同。

除了皇帝（以及欧洲其他地方的国王、女王或君主）在法律上的权威问题，还有一种长期存在着的与之相关的观点。这种观点以圣保罗"君权神授"的论点为前提，认为人们效忠和服从这些君主的原因是他们是上帝在地上临时的摄政者。对意大利的城邦来说，这不是一种可亲的看法，于是当亚里士多德被重新发现，尤其是当他的《政治学》在1260年被莫尔贝克的威廉（William of Moerbeke）首次译为拉丁文，就受到了意大利城邦特别的欢迎。亚里士多德对城邦政体的热情赞颂，他对选举体制的支持以及对他所谓的"政制"（polity）的优点的推崇，都与意大利人的感情十分契合。在他看来，对一个可以运行的国家来说，最好的政治体制中要有一个庞大的中产阶级，介于最富裕和最贫穷的人之间。他说，相比于其他阶层，中产阶级的成员会更倾向于公平、节制和正义，因为中等富裕的人"容易遵循理性的命令"，而且最不倾向于玩弄政治权谋。因此他们可以构成"为共同善而行事的一群人"。

于是，对亚里士多德政治观点的注疏和借鉴蓬勃发展为一门新的学科——"政治科学"。它始于阿奎那，延续到马基雅维利的经典作品而势头不减，并继续发展到后世。按照《圣经》的说法，人们认为一个"有德性的君主制"必然是最好的政体，因为它模仿了上帝对整个世界的君主统治，但从现实的角度来看，人们又认为，为了追求和平与繁荣，可以把亚里士多德的原理应用于国家学说之中。帕多瓦的马西利乌斯（1275—1342）就持这种观点，他甚至比亚里士多德更进一步，主张最终的政治权威应该在人民手中。他著名的论文《和平保卫者》写于教宗若望二十二世与神圣罗马帝国皇帝、巴伐利亚的路易四世的争端期间，这篇文章认为应该把教宗与皇帝的权力分开，这是世俗主义的观点；文章还进一步支持亚里士多德的看法，认为政府的目的是满足民众对"富足生活"的理性需求。他用来支持民主制的论点之一是，如果法律最终源自人民，那么他们就会更想要遵守法律。

马西利乌斯实在不幸，因为意大利城邦中的派系斗争和动荡日渐增长，这让他对民主制的信念显得错谬。一个又一个城邦将准民主制换作寡头制，很多时候还是世袭的寡头制。但丁就曾怨恨地说，意大利已经落入了僭主之手，这个抱怨看来是真实的。但彼特拉克和其他许多人却支持这种发展，因为他们认为政府的主要目标之一是维持和平与秩序，使个人的生活可以繁荣滋长。在古典楷模和人文主义思想的影响下，新增的一个要素是，国家应该不只追求和平，还要追求声名、荣耀和伟业。实现这些的途径不是军事活动，而是要通过促进艺术和学术，通过美化城市和优雅地生活：人们称之为靠德性（virtue）而不是强力（vis）。

这种观点断然否定了阿奎那的论点。阿奎那认为，追求荣耀有害于君主的品格，而且其实"一个好人有责任蔑视荣耀和一切尘世间的资财"。与此恰恰相反，彼特拉克就在致弗朗切斯科·德·卡拉拉（Francesco da Carrara）论政制的信函中说，他提出的建议就是为了让人知道"追求功名和未来荣耀"的方法。

阿奎那曾（和其他经院哲学家一样）假定，维护和平常常要靠暴力的手段，因此他运用奥古斯丁的相关论点，阐述了"正义战争"的理论。文艺复兴早期的人文主义者们鄙夷暴力，认为战争是残暴的，与开化的人性不相称。作为统治者应有的品格，德性包括正义和慷慨，并且要不受贪婪和自负的影响；这样的统治者永远不会引起人民的不满，也不会引起别国统治者或人民的敌意。彼特拉克对有德统治者的刻画严格遵循了西塞罗在《论义务》（*De Officiis*）中提出的模范：西塞罗在书中主张，正义的统治者不会做任何伤害人民的事，会信守对人民的承诺，从而确保人民对自己的爱戴和信任。这也是早期人文主义者心目中好的统治者所应是的样子。

然而，也必须考虑现实情况。李奥纳多·布鲁尼（Leonardo Bruni，1370—1444）在他的《佛罗伦萨城颂》中赞美了佛罗伦萨的伟大，他称赞了此城的艺术、建筑、财富和影响力，他说这都源自佛罗伦萨的自由。他所说的自由有两方面的含义：一是指佛罗伦萨有能力保卫自己免受外来的征服，二是指它的体制保护着它，使它不会被内部的派系所掌控。佛罗伦萨与维斯孔蒂家族统治的米兰之间的敌对，磨砺了它的军事力量，这构成了对外的防御；而布鲁尼所赞许的对内的保障，则是它混合的共和主义宪制所发挥的功能。罗马的史家和诗人一致认为，罗马只有在把自己从诸王的暴政下解放出来之后，才开始了它的辉煌。这也给布鲁尼提供了可以教给读者的历史经验，他对这个经验的解读是："和人民相关的事情必须由人民决定"，而且司法必须认真审慎。

布鲁尼的观点与彼特拉克以及早期人文主义者有两点不同。其一是，彼特拉克认为城邦的和平使人们可以过一种有闲暇（otium）的生活，在这种优雅的闲暇中，人们可以发展艺术和学术；而布鲁尼则和后期人文主义者们相一致，像西塞罗一样推崇行动的生活。其二是，彼特拉克所呼吁的是培养统治者的德性，而布鲁尼则说，城邦中的所有人都应该培养德性，理想的公民要集正义、审慎、勇敢和节制于一身。这也是纯然西塞罗式的观点。

希望城邦可以采用并坚守布鲁尼所赞誉的佛罗伦萨模式，这很快就沦为一种奢望。各个城邦的政府逐渐落入寡头之手，然后又转手给了君主。讨论政制问题的作者们，其角色也应时而变，开始专注于向统治者提建议，告诉他们如何保持和扩大自己的权力。虽然早期的这种论文，其主题是城邦的繁荣，但后来的论文则属于"君主之镜"（Mirror of Princes）这种体裁。米兰、曼图亚、锡耶纳等城市的统治者都收到了城中的人文主义知识分子所写的这类小册子，最后佛罗伦萨也变成了这样。到 15 世纪末，美第奇家族在佛罗伦萨的统治已经和维斯孔蒂家族在米兰的统治别无二致。虽然美第奇家族曾经被短暂地逐出过佛罗伦萨（从 1494 年法国入侵意大利到八年后美第奇复辟之间），使得吉罗拉莫·萨佛纳罗拉（Girolamo Savonarola）能重建一种类似共和政体的政府，但美第奇家的元首制还是不可避免地复辟了。这就是马基雅维利在写作时所处的背景。

尼科洛·马基雅维利（Niccolò Machiavelli，1469—1527）曾在佛罗伦萨政府中任高级官职十二年。这十二年是佛罗伦萨共和国动荡的十二年，开始于1494年皮耶罗·德·美第奇被推翻，萨佛纳罗拉上位，终结于1512年美第奇的复辟。他实际上接连担任了共和国的外交大臣和战争大臣。他在工作中时常要代表佛罗伦萨进入国王、皇帝、教宗和将军们的宫廷，因此得到了绝佳的机会，来观察不同的性格和不同的体制。又因为他受命斡旋于比佛罗伦萨强大得多的大国之间，这种特别需要审慎小心的工作磨炼了他精湛的分析能力和外交技巧。在他为佛罗伦萨共和国服务的年月里，他的报告和书信中所提的建议总是极受重视，并因其中的精明、智慧和文学价值而备受赞誉。

美第奇家族在1512年的复辟终结了马基雅维利的事业，连他的生命也差点一起终结。他被投进巴杰罗（Bargello）的地牢，又因涉嫌密谋而受到拷问。幸运的是，这种折磨为时不久，他获准回到自己在佛罗伦萨乡间的农庄，并在那里度过了余生。为了排遣被排除在政治生活之外所带来的巨大苦闷，他从做政治转到写政治，这只带来了些许的安慰。在生命的最后，他被重新起用，担任一个次要的官职：佛罗伦萨的代表。在16世纪20年代惨烈的意大利战争中，他为挽救城邦而做出了积极的努力。

不过马基雅维利的主要遗产是他的著作，尤其是提出了直率而惊人之见的政治经典《君主论》（*Il Principe*）。这本书的要旨是，君主的德性不像其他人文主义者所说的那样，是促进正义与和平，而在于运用狮子的凶猛和狐狸的狡猾来保有国家的能力。他说，想要只靠德性来统治，结果就是毁灭，因为不那么刚正不阿的对手就会获得优势。

然而，马基雅维利也引入了一个极为重要的限定条件：当他回顾历史，寻找好的和坏的统治者的例子时，他指责了那些冷血残暴的统治者。他举出罗马皇帝中那几个著名的暴君，还特别提到叙拉古的僭主阿加托克勒斯（Agathocles），并说："杀害自己的同胞，背叛自己的朋友，不忠诚也不怜悯，这不能被称为有德性……以这种方式，一个人可能会赢得权力，但不能得到荣耀。"这表明马基雅维利认为，君主的行动应该以国家的安全和利益为目标，而不是以其个人为目标。这也是他不知疲倦地呼吁佛罗伦萨建立和维持常备军的原因，他反对使用雇佣军，也反对用赔款与侵略者议和。他一再地问："既然可以用钱来保护自己，为什么要把钱给他们，使他们更强？"

马基雅维利说，君主最最重要的任务就是维持权力（*mantenere lo stato*）。这不仅能使国家稳定，为国家带来和平，也能随着和平而带来荣耀。为了维持权力，君主必须有德性（*virtù*），这个词是他从其他文艺复兴作者常用的拉丁文 *virtus* 一词衍生出来的，但其含义与拉丁文的"德性"有显著不同。因为马基雅维利说，他所说的德性，除了包括勇敢、骄傲、坚定和能力，还包括了必要时的无情。因此，马基雅维利的德性（*virtù*）就是 virtus（德性）加上 *vis*（力量），而早期的人文主义者则认为力量不是德性的一部分。马基雅维利认为君主成功的关键，就是随时准备使用强力；而缺乏这种准备，则是太多国家赢弱的原因。

早期人文主义者希望君主的德性能包括节制、冷静、贞洁、慷慨和仁慈这些崇高的道德标准。马基雅维利与之相反，他说个人的恶无关紧要，只要它不威胁到国家。最重要的是把握住一个残酷的现实：如果一个君主能始终如一地做到慷慨、仁慈、守信，从而获得人民的爱戴，这是极好的，但这些品质在必要时都要让位于现实的紧迫性（necessity）。而且在有着现实紧迫性的很多情况下，慷慨和仁慈的后果都会是毁灭性的，也不可能信守承诺。因而君主被人说成是残忍的，就应该接受，也要认识到，被人害怕比受人爱戴更有利于他的安全。

马基雅维利把自己的观点总结为：君主"一定要知道在必要时如何作恶"，君主甚至有责任"学会如何不做好人"。西塞罗曾说，一个邪恶的统治者不比野兽好，他在《论义务》中批评使用欺诈和强力时说："欺诈看来属于狡猾的狐狸，而强力属于狮子。"马基雅维利则坦率地承认，统治者应当既是狮子又是狐狸。

马基雅维利有个有趣的说法是,有太多的君主假装慷慨和仁慈,但其实只是为了掩盖贪婪,因此如果统治者对他所用的手段是坦诚的,这个国家的公民反而会爱戴和信任他,而不是那些假装拥有传统德性的人。归根结底,决定君主如何行动的,是维持权力的需求,这高于其他一切考量:维持权力是最高原则,而君主应该像一个风向标一样随时"顺应风向和机运的变动而转变"。

佛罗伦萨的其他政治理论家(其中最主要的是马基雅维利的好友弗朗切斯科·圭恰迪尼[Francesco Guicciardini,1483—1540])惯于把威尼斯的宪制称赞为最完美和最可取的。圭恰迪尼的论证是,威尼斯实现了各个社会阶层之间的平衡,其途径是把各种政体(一个人统治、少数人统治和多数人统治)的最佳特征结合起来。在威尼斯这个个案中,宪制规定了总督官、元老院和人民共享权力。为了回应这种观点,马基雅维利转变看法,写了一本与《君主论》立场截然不同的书,这就是他的《论李维》(*Discourses*),这本书名义上是对李维所作罗马史《自建城以来》(*Ab Urbe Condita*)前十卷的研究。马基雅维利在书中仍持有《君主论》中的一个观点,即政府的目标是实现荣耀(*grandezza*),但这次不是君主的荣耀,而是国家本身的荣耀,就像在罗马所发生过的那样。为了实现荣耀,一个国家必须是自由的,必须能够为了国家内所有人的利益而自主决定自己的事务。因为君主个人的利益很可能与他所统治的国家的利益不一致,所以最好的政体是共和国。马基雅维利写道:"城邦的伟大并非源于个人利益,而是来自对共同之善的追求。毫无疑问,这一理想只有在共和国中才能实现。"他进一步补充说,"当人民成为自己的自由的保卫者,这样保存他们的自由,比在任何一种政体下都更有效"。

马基雅维利有个主张和他的前辈与同时代的人都迥然不同,他呼吁,为了保卫国家的自由,国家应该武装自己的公民,并承认这有时会导致动乱。但他说,为了像罗马那样从独立和尚武精神中得到荣耀,这是值得付出的代价。可为对照的是,威尼斯这样的国家就永远不会有志于追求同等的荣耀。至于一群武装而独立的人民可能引发的动荡，马基雅维利说，如果公民们实现了德性，那么国家内部就会井然有序，动乱就可以避免。

《论李维》与《君主论》之间一个显著的共通点是，马基雅维利在两本书中都坚持认为必须不惜一切代价来保护最高的目标（虽然在《论李维》中最高的目标是共同体的生命、自由和安全，而在《君主论》中则是君主的权力）："每当问题涉及共同体的基本安全，就不应当再考虑正义还是非正义、仁慈还是残忍、可赞扬还是可羞耻这样的问题；相反，应当把现况的其他方面都放在一边，准备好采取任何行动来切实保护共同体的生命，维护共同体的自由。"推荐给君主的那种无情，现在也被推荐给了人民，如果现实的紧迫性要求这种无情的话。马基雅维利对这种坦率的现实主义的坚持，在他的著作中贯穿始终。

托马斯·莫尔（1478—1535）则对这种"如果共和国的所有公民都致力于德性（是 virtue 而非 virtus），那么共和国就会达到最佳的繁荣"的思想做了最充分的展开。早期的人文主义者如彼特拉克认为，好的国家是一种手段，为的是让人们有闲暇来过一种亚里士多德式的沉思生活；而在莫尔的乌托邦中的公民看来，国家的目的是为了德性本身而追求德性。当每个人都从个人和集体的德性中得到愉悦，国家就会得到内在和外在的安宁。国家会是自由的，不受"追逐私利的富人们假借共同体之名所行的阴谋"的困扰。在乌托邦中，公共服务是最为崇高的职业。而莫尔也认识到一个柏拉图式观点所具有的力量，这个观点就是（借拉斐尔·希斯洛德 [Raphael Hythloday] 这个角色之口说出）废除私有财产并"完全平均资财"能使他所描绘的乌托邦成为可能。这个观点是对柏拉图《理想国》有意识的发挥。但（或许并不意外的是）莫尔本人在结尾处对这样一个完全共产主义的体制抱有一点怀疑，尽管他把这一体制看作希斯洛德所描绘的乌托邦的"基础"。在这个乌托邦中，"他们共同生活，不用货币，于是一般人以为是国家真正的荣光的那些高贵宏伟和壮丽威严，就荡然无存了"。他在结尾处并没有完全赞成这种观点，而是说他自己乐见希斯洛德所说的许多事情在他自己的国家实现，却没有明说哪些事情是他所不乐见的。

第三部分

现代哲学
Modern Philosophy

现代思想的兴起
The Rise of Modern Thought

自公元 4 世纪至 14 世纪，宗教对欧洲精神发挥着越来越强的支配作用，这意味着哲学在当时主要是神学的侍女；并且如我在第二部分开始提到的，对哲学思辨来说，偏离教会所设定的教义正统，变得越来越危险。教会的这种控制力为 16 世纪的宗教改革所打破：这并非因为宗教改革引入了崭新的思想上的自由主义（其实恰恰相反，比如，当你想到加尔文主义的顽固不化时），而是因为在欧洲大部分地区，新教化的宗教权威已无力再推行正统神学或控制哲学思辨与质疑了。一个随之而来的结果就是如先前所言，对诸如魔法、占星术、犹太神秘哲学、赫尔墨斯主义、炼金术与神秘主义等超自然事物的兴趣蓬勃兴起。不过，在此过程中，并且部分由于这些兴趣，哲学和科学研究也得到了解放。

马丁·路德（Martin Luther）在 1517 年于威滕伯格教堂大门上贴出其 97 条论纲，宗教改革运动众所周知由他而起。他并非首位反对教会不良行为的人，但他所处的时代，正迎来一项崭新且有力的技术的曙光：印刷术。在路德开始反抗的半个世纪以前，古腾堡印刷机在整个欧洲数以百计的小镇与城市中被大量仿造，数以百万计的印刷书籍从这些机器中倾泻而出。这个极富戏剧性的事例说明了新技术的迅速普及如何改变了历史。

对魔法、炼金术以及其他"超自然科学"的兴趣，是以不同方式的努力来寻求掌控自然的捷径，它们意在获得如下梦寐以求的事物之一或所有：将贱金属变为黄金、永葆青春、得以不朽和预言未来。许多荒谬观点纷至沓来。[1]但对更富洞察力的人而言，这些努力中蕴含着对世界获得更深入理解的可能性。他们看到，将理智与荒谬区分开来，所需要的是一种**方法**。弗朗西斯·培根与勒内·笛卡尔是倡导可靠研究方法的两位主要人物。这两位思想家因此被视为现代哲学的奠基人，特别是他们通过描述并运用自己所倡导的方法，驳斥了自中世纪以来逐渐压倒并扰乱哲学研究的假设、行话与神学束缚。

培根与笛卡尔的共同之处在于他们都拒斥经院哲学及其亚里士多德主义基础，不过他们在一个对之后哲学史而言至关重要的方面有所不同。培根是位经验主义者，笛卡尔则是（在认识论意义上的）理性主义者。这一差异使得他们之后的 17 和 18 世纪的哲学家被习惯地分为两大阵营：经验主义者——其主导人物为约翰·洛克、乔治·贝克莱、大卫·休谟，以及理性主义者——笛卡尔之后的主导人物为巴鲁赫·斯宾诺莎与戈特弗里德·莱布尼茨。

经验主义（Empiricism）持有下述观点，即一切真正的知识一定源自对世界的经验，或可被其检验；其中对世界的经验意味着感觉经验：视觉、听觉、触觉、味觉与嗅觉，且它们得到工具辅助（包括望远镜、显微镜、示波器等，简言之，是科学工具）而超越了肉眼观察的范围与能力。

认识论意义上的理性主义（Rationalism）认为真正的知识只有通过理性，通过源自第一原则、逻辑基础或自明的真理的理性推论才能获得。

经验主义者认为自然科学是知识的典型范例，因为它涉及观察与实验。数学与逻辑学是理性主义者知识的典范，因为数学与逻辑学的结论是永恒、不变与确定的，这正是理性主义者论证的真理所应当具备的特征。这一思维方式受到了柏拉图的显著影响。

17 和 18 世纪的哲学史由伊曼努尔·康德这位巨擘所笼罩。他拒绝经验主义与理性主义之间的对立，反而论证两者的综合。我们将会看到，他认为对世界本身的经验和认知，以及我们所经验到的世界及对其认知，都

---

[1] 参见 Grayling, *The Age of Genius* (2016)，第 15 和 16 章，全书各处。

源自经验的输入以及心灵对经验的加工活动这两者的结合。若非如此，有关世界的经验以及我们所经验的世界都是不可能的。

弗朗西斯·培根（Francis Bacon, 1561—1626）

培根是位政治家、法学家、散文作家以及哲学家。从他十二岁进入剑桥大学，到1621年六十岁时从高位要职落马（这或许源于一场政治阴谋），他的职业生涯波澜壮阔。尽管他（在职业上）公务繁忙且颇有雄心，但他想方设法将时间投入到自己的挚爱，亦即哲学与科学的研究中去。不过由于去职带来的闲暇，他决心完成一部百科全书式著作，它包含一切已知的知识，以及他自己有关如何能够获取进一步知识的理论。这部著作被称为《伟大的复兴》（*Instauratio Magna*），意味着这样一个新时代的伟大开端，在其中知识具有牢固的根基。在完成写作计划之前他便去世了，不过这个计划具有深远影响的遗产之一是一部出版于1627年名为《新大西岛》（*The New Atlantis*）的著作。在其中，他提出了"所罗门学院"（Solomon's House），即集体科学工作研究机构这个理念，英国皇家学会的创始人曾明言，学会在1662年的创立直接受到了这个理念的启发。

培根致力于推动严肃科学的进步，现实的目标是通过对自然逐步深入的理解和掌控而改善人类命运。流俗见解认为他不过是位有关方法的理论家而非从事科研的科学家，但事实并非如此，他确实亲身参与科学研究，构建物理学体系并尝试实验。正是一次有关冷冻的实验（宰掉一只鸡，用雪填充，来看鸡肉能保存多久）导致他受寒而不治身亡。他的物理学体系仍然持地心说观点，并且尽管他反对经院哲学，但很多地方仍然沿袭亚里士多德——这导致他并没有做出什么科学上的成就。

不过他做出了两个重要贡献。其一是他倡导科学研究中的合作，因而提出需要建立制度性的基础来共享实验数据、交换观点。他那个时代的魔法师、神秘术士都是秘密展开研究的，知识秘不外传，因为他们不想让

198

其他人捷足先登。培根看到科学进步需要集体协作，并且强烈地呼吁这一点。科学证明他是正确的。

其二在于科学方法本身这个观念。在他的一部早期著作，即出版于 1605 年的《论学术的进展》(*The Advancement of Learning*) 中，他粗略地描述了这些观念，并在《伟大的复兴》中加以发展；这部著作的一部分，即《新工具》(*Novum Organum Scientiarum*)，出版于 1620 年，具有非常重要的意义。

作为一位经验主义者，培根认为科学必须基于对事实的观察，是这些事实支撑了组织和解释它们自身的理论。这一观点通常被夸张地表达成研究应当随意地收集观察结果，然后找到一个解释这些观察结果的理论，但这并不是培根的意思。不过这种夸张却被广泛接受，甚至牛顿和达尔文也是如此，并且事实上赞成这个讲法。在《自然哲学的数学原理》(*Principia*) 的第二版中，牛顿写道："假设……在实验哲学中并无地位。在此哲学中，特定命题从现象中推导得出，却通过归纳获得了普遍性。"同样，达尔文在其《自传》(*Autobiography*) 中写道："在我看来……通过搜集一切对家养和自然的动物与植物的变异具有某种影响的事实，对整个问题或许不无启发。我的第一本笔记开始于 1837 年 7 月。我的工作基于真正的培根式原则，在悬置理论的条件下大规模地收集事实。"

培根自己对其方法的看法与当下的通行立场更为接近，即收集观察是用于检测先前形成的特定假设的，这些假设会详细阐明哪些观察会与反驳或支持该假设有关。这一观点包含在其《伟大的复兴》这部作品中的《规划》(*Plan*) 部分。

> 我所引入的最伟大的革新就是归纳这个形式自身以及随归纳而来的判断。因为逻辑学家所谈论的归纳，从简单的列举展开，是很不成熟的，其结论也是随意的，总是容易被反例推翻，并且仅仅考虑了已知和通常的因素，进而导致毫无结果。现在科学所迫切需要的是这样一种归纳，它分析经验并将之加

以拆分,并且通过排除和反驳的适当程序而导向一个必然的(inevitable)结论。

这一方法以观察和实验作为基础,显然是经验主义的。它多少预见了我们现在熟知的密尔法(Mill's Methods),其命名源自约翰·斯图尔特·密尔在其《逻辑体系》(*System of Logic*, 1843)中对归纳法的描述。培根很警惕对依赖感觉经验的怀疑论挑战,不过他对此回应:"当我们充分处理……我以许多方式筛选过和检验过的感觉信息本身时,我们会把感觉的一手信息视为结论性的。毋庸置疑,感觉在欺骗我们,但与此同时它们……通过实验,提供了发觉其自身错误的方法。因为实验远比感觉本身更加微妙,在精致工具的辅助下更是如此;我是说,这些实验经过巧妙和人为的设计,以服务于厘清所争议的问题这个特定目的。"

培根的思想有一个突出特征,他认为研究应当在实践知识的指引下进行,这些知识存在于技艺和各行各业之中,存在于建筑工、屠夫、木匠、农民与水手的经验之中,这些人了解其工作的质料,也了解自然本身,对事情如何运作、如何处理它们具有实践经验。培根指出,以这种方式,我们确保研究的基础在于事情实际是怎样的,而非我们想象它们是怎样的:

> 根据这一重构,研究的基础必须立足于博物学(natural history),它属于全新的类别并以全新的原则为基础……首先,我认为博物学的对象……就是发现原因并哺育稚嫩的哲学……我指的是它不仅是自由无拘束的自然(当自然的演进过程不受干扰,并以其自身方式完成其使命)的历史,譬如天体、气象、大地、海洋、矿藏、植物与动物,更主要涉及处于束缚和烦恼中的自然,即借由艺术与人类之手,自然被迫走出其自然状态,受到形塑和改造。

通过坚持集体协作的经验方法,培根推动着与长期居于主导地位的宗教学说以及在他之前已主导思想界长达千年之久的**先验**推理截然不同的革命性观点。不过他的方法并不新鲜，它是下述研究态度的复兴，这一态度通过依靠观察与理性，而非权威与传统启发了诸如泰勒斯等古代第一批哲学家。

　　培根的写作相应地推动了对知识本质的态度的转变，由此促成现代思想最终形成。[1] 此前，通行观点总是认为古代人要比后世更有智慧，他们的时代是一个黄金时代，后世人只能惊异地回望。从之后的历史来看，人们暂时是正确的，因为在教会的支配下许多知识都湮灭在"黑暗时代"中：从拜占庭工程师关于如何架起君士坦丁堡的圣索菲亚大教堂（建于公元 537 年）圆顶的知识，到布鲁内莱斯基（Brunelleschi）在佛罗伦萨修建的被誉为建筑奇迹的大教堂（1418—1434 年）之间，看看多少岁月已经流逝。这种崇古症候的一个表现，就是将哥白尼的日心说理论称为"毕达哥拉斯体系"，意指他的理论不过是对古代已知观点的一种重述。

　　培根并不同意这种"黄金时代"观点。他的观点凸显了文艺复兴的下述特征，即文艺复兴不仅是一种复兴，也是一次重生，是真正意义上的从头再来。研究应当是自由的，这一点对取得科学进步而言无疑具有本质意义。因为并不是每个地方都不受宗教正统的支配，培根发现有必要通过寻求一种将哲学分离出宗教以便后者不再阻挠前者进步的方法，来论证研究应当是自由的。这一工作的部分任务是与迷信这一宗教的自然结果战斗。培根写道："对一个人来说，当一群人向他展示一幅悬挂在教堂中，上面画着向神还愿的人得以从海难生还的画作，并问他是否还不承认神的力量时，以下是种不错的应对：'啊'，这个人随后问道，'那些许愿后仍淹死的人被画在了哪里？'。"培根将"盲目无节制的宗教狂热"视为研究的"一个令人苦恼且棘手的敌人"。

---

[1] 拙著 *The Age of Genius* 一书阐明下述命题，即 17 世纪的哲学和科学革命实实在在就是现代思想以及科学世界观在功能上占据主导地位的开端。

笛卡尔（Descartes, 1596—1650）

方法的另一位伟大倡导者是培根的同时代人，勒内·笛卡尔（René Descartes）。在将其方法运用到他所认为的基本问题时，笛卡尔提出了对之后几个世纪中诸多哲学讨论产生影响的一系列问题：有关怀疑论与确定性的问题，心灵的性质及其与物质的关系，以及理性的角色问题。哲学史家基于对这些成就及其影响的承认，而将笛卡尔奉为"现代哲学之父"。

笛卡尔出生在法国都兰的拉艾（La Haye），该城为纪念他而改名为笛卡尔。他起先接受的教育是成为一名律师，之后前往尼德兰加入尼德兰军队，以便学习军事工程。这促使他对数学萌发兴趣，并在该领域做出了重要贡献。他的主要兴趣是物理学，他希望以他自己的体系取代由教会所教授的亚里士多德宇宙学说（但他终身对教会保持忠诚）。在为自己的科学奠定基础时，他意识到需要解决我们如何获得知识、获取真理的问题。他有关这一问题的著作《第一哲学沉思录》（*Meditations on First Philosophy*）是使其荣获"现代哲学之父"这一称号的经典作品。

笛卡尔有关我们如何获得知识的学说包括两个部分。一方面是研究主要表现为从一个清晰的观念到下一个清晰观念的细小、谨慎的步骤，每一步都要小心核实直到逻辑链条完成。另一方面是确保逻辑链条的开端具有毋庸置疑的确定性。为了获得这一确定性，众所周知，笛卡尔运用了著名的**怀疑法**。

这个方法的第一条原则是"从不接受任何我尚未明确知晓为真的事物为真……并且在我的判断中绝不包含任何呈现在我心灵面前的如此清楚明白以至于排除一切怀疑理由的事物之外的事物"。他将这一方法运用于四个相互关联的基本问题中。第一个问题是："什么是我能够确定无疑知道的？"接下来的两个是："宇宙的构成是什么？以及，宇宙基本构成物之间的关系是什么？"最后的问题涉及一个"良善上帝"的存在，因为笛卡尔需要有关这样一个事物的概念来解答第一个问题。正如哲学中经常发生的那样，对第一个问题的解答决定了其他问题的答案。

"怀疑法"以下述方式展开。即使我怀疑一切，我通常也认为我自己是在获知或相信一些事物，因此我无法怀疑我的存在。这是确定性的起点。这个看上去如此简单和直接的论点，就是笛卡尔著名的"我思，故我在"（*cogito, ergo sum*）。接下来他马上问道，我确定无疑地知道会存在的事物，这个"客体我"或"主体我"，是什么？他回答道，稍加反思，我们就会看到这个"我"是一个心灵或思维着的事物，即便"我"并不具有形体（因为一个人是否有身体是可被怀疑的）。

但一个人如何能够从我作为一个思维着的事物这个知识，无论它是多么确定，推论到存在着我之外的其他事物——最重要的是，存在着一个外部世界和其他自我？笛卡尔需要某个事物来将确定性传递到"我思"这个起点之外的事物。他从存在着一个**良善**上帝这个观念中寻找到了这个事物："良善"这个品质至关重要，因为如果我们正确地运用一个良善的上帝赋予我们的能力，他不会希望我们受到欺骗。（一个恶灵会毫无疑问地以欺骗我们取乐。）笛卡尔因此为这样一个神祇的存在提供了证明，并相应地论证认为我们易于犯的错误，其责任不在于这个神祇，而源于我们在亚当之后的堕落天性。

需要注意的是，笛卡尔的"怀疑法"很大程度上取决于悬置任何允许最低程度怀疑的信念或知识主张，无论这种怀疑多么不可能或荒谬。它旨在观察一旦我们质疑了一切能够质疑的事物后，还有什么（如果有的话）会留下来。无论什么遗留下来，它都将会是绝对确定的。让每一位个体的信念一个接着一个地接受详细审查，会花费极长的时间，因此笛卡尔需要一个完全一般性的方法来悬置可以受到质疑的事物。他通过借用怀疑论者的论证来完成这个任务。

他对怀疑论观点的借用并没有使他成为一个怀疑论者；相反，他将此观点仅仅用作启发法，作为确立其知识理论的辅助。他因此称得上是"方法论怀疑论者"而非"带来问题的怀疑论者"（problematic sceptic），后者指的是任何认为怀疑论真正威胁到知识获得的人。自笛卡尔的时代起，大部分哲学家已然感到笛卡尔并没有为其提出的怀疑论质疑提供充分的解答，因此怀疑论确实是一个问题。

笛卡尔使用的第一个怀疑论观点，是提醒我们感觉有时会让我们误入歧途；知觉上的错误判断、幻觉以及错觉能够，且并非偶然地让我们产生错误信念。这使得我们在信赖感觉经验作为真理的一个来源时，至少会非常谨慎。但即便如此，还会有许多我相信的事物是我基于自己当下的经验而相信的，诸如我有双手并且手捧一本书，我坐在扶手椅中等等。即便假定感觉通常是不可信赖的，怀疑这些事物似乎也很疯狂。

怀疑这些事物真的是疯狂的吗？笛卡尔说，非也，并在此引入他的第二个论点：因为当我睡觉时，我有时会做梦，并且如果我现在梦到我正坐在扶手椅中，手握一本书，那么我认为我正在这样做的信念就是错误的。要想确定我是坐在扶手椅中，我就必须能够排除我只是在梦境中坐在扶手椅中的可能性。这是如何实现的？似乎难以完成。

不过即便一个人正在睡梦中，他也能够知道（比如）1加1等于2。事实上，有许多信念即便在梦中也能被获知为真。因此笛卡尔引入了一个更为极端的观点：假设并不存在一个希望我们获知真理的良善上帝，相反，有一个邪恶的魔鬼，它的全部目的就是在所有事情上欺骗我们，甚至包括"1+1=2"以及其他如此明显不可置疑的真理。如果存在着这样一个魔鬼，我们就完全有一般性的理由来怀疑一切可被怀疑的事物。并且现在我们可以发问：设想存在这样一个魔鬼，那么还剩有任何我无法怀疑的信念吗？存在这个魔鬼无法欺骗我们的事物吗？

答案是，当然，的确存在着一些绝对免于怀疑或欺骗的事物。这就是"我在"这个命题。这个命题是确定的，是因为如果我思维着我存在，或哪怕我探究我是否存在，甚或我思维任何事物，"我思维着"这个单纯事实本身就证明我存在。如果我并不存在，我无法因一个恶魔的蒙骗而认为自己存在。"我思，故我在"，这是笛卡尔研究的无可置疑的起点。

该方法的一些批评者指出笛卡尔运用的怀疑论论点并不管用。它们简直不可信：我如何能够怀疑我现在是清醒的（而非在做梦）？我们如何会认真看待有一个恶魔试图在一切事情上都欺骗我们这个观点？当然，如果我们无法将其与清醒或正确的状态做对照，我们就无法明白在谈论睡梦或被欺骗时我们在谈什么，但这似乎要求我们有时知道我们是清醒的或未受欺骗。因此笛卡尔怀疑法甚至无从起步。

不过，这些批评都不到位。怀疑论观点并不需要成立。它们不过是启发性工具，帮助我们来分析说"我在"时如何能免于怀疑；当我们说出"我在"时，它必然为真。

笛卡尔方法中的一个弱点在于，它最终无法满足其自身的标准，因为它要求为我们认为是清楚的观念和谨慎的步骤的可信赖性提供一种保证。他主张所要求的保证，如前所述，是神的良善。在《第一哲学沉思录》中他对上帝存在的两个论证试图确立这样一种观点，即所要求的上帝需要满足的条件如下：必须是全能、全知并且完全良善——事实上，就是启示宗教的上帝。

这两个论证中的第一个依赖于新柏拉图主义中的一个观点，即任何事物的原因必然要包含至少与其结果一样多的实在性，且通常比其结果更具实在性。这一论证是说我拥有一个完美且无限的存在的观念。因为我并非完美且无限，所以我不可能是这个观念的原因。因此，必然有某种事物在我身上引起了这个观念，这种事物至少要与该观念的"客观"内容具有相同的实在性；而所谓"客观"内容，则是存在于我心灵外部由此观念所代表的事物。而唯一能够是完美和无限存在的，就是上帝。

第二个论证是一种"本体论论证"，因圣安瑟伦而著名。其论证如下：有这样一个存在，它是最为完美的存在。一个存在着的完美存在，要比不存在的完美存在更加完美。因此最为完美的存在必然（也即本质上；就其本质而言）存在。

这两个论证都不成立。不过我们的关注点在于笛卡尔对这两个论证的倚赖。在哲学传统中笛卡尔的继承者们发现自己无法像他那样思考这个问题，因此他是唯一一个持有如下观点的人，即认为我们之所以能够从自身心灵的内容中推导出头脑之外的世界，是因为我们从前者向后者的推论（当然是在可靠的推导下；他承认我们堕落的天性会导致我们犯错）在神圣的良善上帝的帮助下是可信赖的。

笛卡尔哲学中的第二个讨论焦点是身－心问题，这是哲学以及之后心理学和神经科学中的一个重要争论的源泉。什么是心灵，以及心灵与自然其他部分的关系是什么？我们应当如何最好地理解诸如信念、欲望、意图、情感与记忆这些精神现象？大脑灰质如何能够产生意识经验，产生有关颜色、声音、触觉、味觉与嗅觉的生动现象学？

基于论述世界中一切存在的事物都属于物质实体或精神实体，笛卡尔对身－心问题极为关注。这里的"实体"（substance）如早先在亚里士多德形而上学中所言，是一个技术性词汇，指的是"最为基础的那类（或一类）存在着的事物"。笛卡尔将物质的本质界定为广延（extension，即对空间的占有），将心灵的本质界定为"思维"（thought）。因此物质是具有广延的实体，心灵是思维着的实体。

心灵与物质确实是不同事物，这个观点得到笛卡尔另一重要主张的支持："我能够清楚明了地知道一个事物与另一个事物不同这个事实，足以让我确定这两个事物是不同的。"通过指出物质与心灵在本质上并不相同，他也提出了下面这个似乎无法解决的问题：它们是如何彼此关联的？一个身体上的事件，诸如扎一下某人的手指，如何导致了感受到疼痛这个精神上的事件？精神上的事件"到起床的时间了"，如何引起了从床上起身这个身体性事件？

笛卡尔起先提出下述并不令人满意的解答，即心灵和物质在中脑的松果体中以某种方式彼此互动。但他的后继者们识破了他的花招：这只不过是将问题掩盖在当时尚属神秘的对象之中，其主要主张是心灵与物质的交界点就是松果体在大脑中的适当位置。因此他的后继者们不得不转而寻求他们自己对这一问题的伟大解决方案。他们的方法是接受二元论，但论证心灵和物质事实上并没有发生互动，它们存在互动的表象源于上帝的隐匿行动，这就是马勒布朗士（Malebranche）与莱布尼茨的观点。马勒布朗士认为事实上并不存在两者的互动，但每当要求存在心灵与物理事件的互动时，上帝就提供了两者之间的关联。这一学说被称为"偶因论"

（occasionalism）。莱布尼茨同样认为这一互动并未发生，并且上帝使得心灵和物理领域从时间开始的起点就是彼此精确对应的，以至于看起来心灵与物质之间存在着互动。这一观点因此被称为"平行论"（parallelism），同时它以认同一种严格的决定论为代价——因为若无这种决定论，两个领域之间的平行关系就会解体。

自笛卡尔的时代起，其他哲学家以及笛卡尔的直接继承者中，大多数人实际上都认为二元论的唯一可能替代理论是一种一元论（monism，"mono"意指"一个"）。一切一元论都持有如下立场：有且只有一种实体。这就有如下三种可能性。其一，只有一种实体：物质。其二，只有一种实体：心灵。最后，有一种中立的实体，既产生了心灵也产生了物质。这三种观点中每一种都有其支持者，不过第一种立场，即将所有精神现象还原为物质的观点，最有影响力。

到最后笛卡尔都未能为其提出的深刻难题提供一种令人满意的解决方案。当他被波西米亚的伊丽莎白公主追问，要求解释心灵与物理现象如何互动时，他最终坦率地承认自己尚无答案。

值得简要提及的是"我思"这个论证并不是笛卡尔发明的。圣奥古斯丁早在公元 5 世纪就写道，我们能够怀疑任何事情，除了"我怀疑"这件事本身，并且笛卡尔自己甚至可能也不认为他提出了什么新颖的观点。或许让·德·西隆（Jean de Silhon）也是如此看待自己的——他的著作《两条真理》（*The Two Truths*）出版于 1626 年，其中有这样一句话："拥有为许多人共有的能够审视自我并判断出**自己存在**的能力的人，不会在这一判断中受到欺骗，并且不会是**不存在的**。"

笛卡尔虽然没有引用，但他曾在作品中肯定过西隆著作的观点，因此笛卡尔了解西隆的著作——这部著作至少早于他自己有关**我思**的论述五年（尽管直到 1637 年才出版，但大约在 1630 年他就在撰写《谈谈方法》[*Discourse on Method*] 的手稿）。事实上笛卡尔不仅仅在"我思"这个论证上受惠于西隆。西隆在其著作中也指出证明上帝存在的一个证据能够从我们自身存在中建构出来，如我们所见，这是笛卡尔方案的关键一步。

笛卡尔的观点对之后的哲学具有巨大影响。他处理知识论的起点（也即我们从私人意识素材出发通向外部世界的路径，必须要有确定性加以保证，以免它是感知或推论谬误所带来的幻觉）得到了 20 世纪之前整个西方哲学的接受，并且是哲学中无尽难题的根源所在。他对心灵与身体之间存在"真实区别"这个二元论立场的坚持也是如此。因为纵然笛卡尔苦于为从私人经验通向公共世界知识的路径提供一种保证（最为著名的是在《第一哲学沉思录》中），但他的后继者中（如果有的话）很少有人能够将他的方案接受为对此问题的解答。

霍布斯（Hobbes, 1588—1679）

笛卡尔的《第一哲学沉思录》中，收入了一系列来自他所邀请的哲学同侪的评论与反驳，这些人都收到了笛卡尔寄给他们的这部书的手稿。同时，他也附上了自己的回应。其中一位参与者就是托马斯·霍布斯（Thomas Hobbes），不久后笛卡尔与之在巴黎短暂会面。

如生卒年份所示，霍布斯活了九十一岁。他每晚都会引吭高歌，因为他认为如此可以清肺并保持健康。他出生于英格兰的威尔特郡，与其前辈马基雅维利以及之后的约翰·洛克一道成为现代政治哲学的奠基人。

他的主要著作《利维坦》(*Leviathan*, 1651)包罗万象，几乎使得他在哲学、历史学与科学中的其他贡献黯然失色。他在这些领域的观点很有意思，并在诸多方面领先于时代。他是一个唯物论与经验论者，认为一切事物都是物理事物，并且物理现象能够通过运动加以解释。他认为感觉作为我们一切观念的来源，是因果事件链条作用的结果。这些因果事件则起始于世界中的对象，它们向我们的感官施加压力，我们的感官相应地产生运动并传递给心脏和大脑。他对共相持有唯名论立场，将推理界定为一种计算形式："通过推理我理解了计算……推理就是做加法和减法。"他的唯物论是非常彻底的，认为上帝由物质构成，并且对宗教不屑一顾，认为它很大程度上与迷信无法区分并且充满了死后生活与天堂的虚假观念。"因此",他说,"哲学将自己从神学中排除出去",因为神学并不服从他认为的"科学"(*scientia*),也即真知,所必需的那种因果解释。

1640年至1650年这十年间的大部分时候,霍布斯都自我放逐在法国,以躲避英格兰爆发的内战。他是保皇派,这一事实使得下述观点不无可能,即他对专制主义的政治哲学辩护是对专制王权的一种辩护。不过事实上他的观点也与共和主义相一致。因为对他而言,重要的是阻止内战与纷争的恶果,因此政府的中央权威,无论以何种形式出现,都必须是绝对的。

霍布斯将政治社会的成员身份视为个人安全的唯一保证。在充满不确定性与暴力的"自然状态"下,个体无法免于彼此之间的斗争,生命正如他令人印象深刻地表述的那样:"孤独、贫困、污秽而短暂。"若无能够保障每个人安全的权威,就不存在安全,就连个人构成的群体出于自卫而订立的协议也不行。安全的唯一确定来源就是一种"共同权力"(common power),它是霍布斯称之为"利维坦"的中央权威,而所谓"利维坦"是《圣经》中巨兽的名称。利维坦的权威源于社会中每一个成员对其无限权力的同意。利维坦可以是个人,譬如君主,或者是一个全体或任何其他实体,只要它手握全权:

> 由于国家中每位独特个体授予的权威,利维坦拥有授予它的巨大权力与力量,以至通过恐惧(terror),它能够形成所有国家成员的意志,来保证国内的和平,并彼此救助来防卫国外的敌人。在利维坦身上体现了国家的本质;这一本质,就其定义而言,**就是一群人相互订立信约,每个人都对它的行为授权,以便使它能按其认为有利于大家的和平与共同防卫的方式运用全体的力量和手段的一个人格。**

主权因此是通过它对之具有完全统治力的臣民的同意而建立起来的,

因此主权除了保障其臣民安全，对臣民不承担任何义务。霍布斯指出，主权必须享有两个不可剥夺和不可限制的"权利"，以便充分地发挥其功能：它的权力不可被臣民剥夺或限制，并且它永远不可被指责说不公正地对待其臣民。赋予主权这些权利的正当性证明，是主权实现了人民的意志，是人民为其自身安全而创制的。因此试图推翻主权或不服从它，就是自相矛盾，因为首先人民就是在挑战自己创制主权的理由："通过国家的创制，每个特殊个体都是一切主权行为的作者；因此抱怨受到主权伤害的人，就是在抱怨自己的行为。"

这里讨论的两个"权利"使得主权拥有了绝对权力。只有主权能够决定战争与和平、与其他国家的关系、内政、财产、惩罚、官员任命、荣誉奖赏以及一切法律问题等事务。霍布斯认为这些权力构成了"主权的本质"；它们是"我们在个人，或一群人中识别出主权安住与藏身之所的印记"。

不过对主权也有一个重要的约束，它正源于主权得以存在的理由，也即对其臣民安全的保证。如果主权未能履行其义务，臣民出于自我保存这个最高理由使得他们有权不服从甚至推翻主权。自我保存是臣民交出所有其他自由时，都没有被否定的一种需要（need）和义务（duty）。乍看之下，这一妥协似乎恰恰在霍布斯命题的核心中嵌入了一个矛盾：因为如果人们有权推翻无法保证其安全的主权，那么他们事实上在国家中拥有最终权威。

或许令人吃惊的是，在其绝对主义国家理念中，霍布斯反而使得下述一些对之后自由主义思想至关重要的观念变得突出：包括平等、个人权利、基于人民同意的最终政治权威的地位（即使在他理论中，这是"一人一票，一票一值"的有力例示）以及法不禁止则为自由的观点。其中特别是自由与自然权利的观念激起了热烈的讨论。

霍布斯提出了"自然法"（law of nature）的观念，用来约束主权履行其保卫人民安全的义务。这个"自然法"概念的定义存在瑕疵，并且对是什么使得向建立主权的目的回归（即向为主权自身权威提供基础的那种最

现代思想的兴起 **217**

终权威回归）具有必要性这个问题而言，它只是权宜之计。如果存在这样一些自然法，它为个体安全至上这一主张提供了最终证成，比如同样被认为是自然的事物，即"理智之光"（the light of reason），为什么无法在自然状态下发挥效力呢？为什么每个个体不能够"在自然法的强迫下，提出一种对上帝这位立法者的解释，并且除了服从上帝外不听命于任何人"，以此来保证他人与自己的安全？

昆廷·斯金纳（Quentin Skinner）对霍布斯提出了强有力的批评，他认为霍布斯关于自由的论述瓦解了他所说的"共和主义自由"（republican liberty），也即"不存在依附关系的自由"这一更好的概念。自由的人民是那些不生活在任何形式的强权之下的人民，而无论该权力是否得以实施。自由只不过是不存在干涉与约束这种观点，或如霍布斯最后所言，自由仅仅是不存在对运动的阻碍这种观点，是不足以让人民真正自由的；斯金纳指出，无论权力表现得何等仁慈，仅仅是它的存在就会让自由的人民成为奴隶。而自由的人民只会存在于一个自由的国家之中。

斯金纳追溯了自古罗马到文艺复兴时期共和主义自由观念的历史。他指出这一观念在 17 世纪 40 年代的英格兰内战中发挥着作用，当时议会一方反对国王所主张的，可自行决定的特权（这意味着专断权）优先于议会或个人的权利。斯金纳举出了詹姆士·哈林顿（James Harrington）、阿尔杰农·西德尼（Algernon Sydney）以及约翰·弥尔顿（John Milton）作为共和主义自由捍卫者的例子。

即便在其最早的著作《法律要义》（*The Elements of Law*）中，霍布斯就已经在论述绝对主权的权威源自个人将自己享有的权利自愿地授予主权，而个人这么做的理由则是为了自己的福祉。在接下来的著作《论公民》（*De Cive*）中，霍布斯通过论证自由是"不存在对运动的阻碍"以及这一自由能够与绝对主权共存，反驳了"仅仅是政府存在这个事实就使得人民成为奴隶"的观点（这是一种共和主义立场）。《利维坦》中，对自由的这一定义发展为"不存在**外部**约束"，而这正是被斯金纳视为政治思想史的重要时刻而关注的焦点，因为它在"自由"和"权力"之间引入了区分。斯金纳认为这使得霍布斯成为"通过提出另一种定义来回应共和主义理论家的第一人,即将自由的存在完全视为不存在阻碍而非不存在依附"。斯金纳指出,由此生发出的之后所有有关自由的思考,结果都是不得要领——他们以各种方式认为真正的自由是根本无法实现的。

依据以赛亚·伯林(Isaiah Berlin)对消极自由与积极自由的区分,"不存在约束"的自由属于"消极自由"。这一自由观,无论是否受到霍布斯的影响,被许多人视为自由的基本类别。可是它不仅与认为自由就是"不存在依附"的观念不一致,也与如下观念矛盾,即存在主张不同类型自由的基本权利,且它们要求免受任何形式权威的损害;这包括公民的言论自由权、私人生活免受侵犯、与他人集会、免受专断和残酷的权威的压迫以及其他公民自由。这一争论还在活跃地继续下去。

巴鲁赫·斯宾诺莎(Baruch Spinoza, 1632—1677)

笛卡尔对哲学有重大影响,对数学有相当大的影响,而巴鲁赫·斯宾诺莎可能对这两者有更重大和更普遍的影响:其程度大到甚至说他影响了世界历史进程也不为过。这源自他关于启蒙运动的观点所具有的冲击力。当然影响深远的人物还有很多,尤其是艾萨克·牛顿(Isaac Newton)以及约翰·洛克。牛顿对科学的贡献是革新性的;洛克对社会政治观念的影响在另一种意义上也是革新性的——想想他的作品之于美国和法国大革命的影响。这两位都可以被其后继者公开引用,但斯宾诺莎的影响很大程度上是隐秘的,主要是因为他被视为无神论者,而无神论在当时饱受人们的敌意和责难。[1]

---

[1] 当时的无神论者自称为"自然神论者",自然神论是这样一种观念,它认为宇宙必然由上帝创造,因为当时几乎没人可以想象到可能的替代观点;不过自然神论者认为这个上帝要么在创造世界后就不复存在了,要么对世界不再有兴趣,并且他们并不认为宗教信念(除了具备社会学意义之外)有多么重要。

对待斯宾诺莎的这种态度，从他自己所在的尼德兰阿姆斯特丹西班牙流亡犹太人团体内就开始了。1632 年，他以巴鲁赫·斯宾诺莎之名出生在这个团体内。二十四岁时，他因是"令人憎恶的异端"（以及"行为放诞"，这些具体指什么都从未被讲明）而被犹太教会堂逐出，此后再未获许回到团体之中。个中缘由毫无疑问就是他开始提出自己的哲学观点。这些观点中包含否定一个亲自关怀人类命运的先验之神的存在，否定不朽灵魂存在以及否定《圣经》中记述的犹太教律法的持续统治，他被驱逐出犹太人团体这个事情并不令人意外。

被从自己的团体中驱逐出来的生活是很艰辛的。斯宾诺莎离开阿姆斯特丹，在地方小镇作为透镜磨制师谋生，这解释了他为何会在四十五岁因肺部疾病而早逝：他吸入的来自毛玻璃的细小尘埃是罪魁祸首（它们自身会引起或加剧其他肺部疾病）。尽管他在世时仅仅出版了两部作品，其中一部是对笛卡尔《哲学原理》(*Principles of Philosophy*) 的考察，另一部是他自己的《神学政治论》(*Tractatus Theologico-Politicus*)，不过那时，他由于同其他学者的书信往来而在哲学界已有很高的声誉。因为他的观点不受当权者的欢迎，他选择将自己局限在与同时代哲学家的私人交往中，也因此拒绝了海德堡大学的教授席位。

斯宾诺莎花费了许多时光撰写《伦理学》(*Ethics*) 这部在他身后出版的著作。为了回应当时尼德兰日趋糟糕的宗教不宽容氛围，他中断了这部著作，转而写作另外一本著名的作品《神学政治论》，而它在其生前和身后同样也是声名狼藉。这部书是匿名出版的，并且引起了公愤，一位怒气冲冲的批评者将之视为"魔鬼自己在地狱中写就的作品"。当他生前未完成的论文《政治论》(*Tractatus Politicus*) 在其去世后发表时，他的声誉又受到了进一步的贬损。

《伦理学》是一部无所不包的哲学著作，囊括了形而上学、认识论、心理学、科学以及伦理学。斯宾诺莎早先曾试图在他《简论上帝、人及其心灵健康》(*Short Treatise on God, Man and his Well-being*，该书在其去世后出版）一书中提出这些观点，如果我们将这个题目稍加修改，变成"上帝、世界、人和他的心灵健康"，就是对《伦理学》本身主题的很好总结了。斯宾诺莎旨在揭示出最好的生活就是理性在其中揭示出事物真实本性的生活，以至于通过理解事物，我们能够从错误信念与被误导的无谓激情的奴役中解放出来。《伦理学》的五卷依次以"论神""论心灵""论情感""论人的奴役""论人的自由"为标题。我们由此可以看到其论证的演进。最后两卷的完整标题使得主旨更加明确：第四卷题为"论人的奴役，或情感的力量"，第五卷为"论人的自由，或理智的力量"。

《伦理学》的标题在拉丁文中是"Ethica Ordine Geometrico Demonstrata"，这阐明了它所倡导的方法，即如同几何著作一样，有定义、公理、命题及其证明和推论。人们对此望而生畏，并且它要求我们至少要了解笛卡尔的哲学观点。不过一旦我们掌握了它所借助的概念，这部著作就会变得清晰而明了。

理解斯宾诺莎的关键，在于他对"deus sive natura"即"神即自然"这个短语的使用，他以此指代存在之物的整体。对他来说，宇宙是神或神即宇宙，自然是神或神即自然；它们是同一个事物。一切万有就是世界；如果你喜欢可以称之为神，因为神是一切存在的事物。这个观点与如下立场简直天差地远，该立场认为有一个超验的天神独自存在，对它所创造并加以裁判、施与赏罚的世界，它具有意图和规划；并且它就是传统宗教中神的概念所描述的事物。

斯宾诺莎的上述观点基于以下理由：有关根本上独立存在的事物的观念，也即**实体**的观念，就是对必然存在的事物的观念，因为存在构成了实体的性质。不会有"非存在的实体"。他排除了实体能够共享属性（在此"属性"指的是一个实体的本质特征）的可能性。因为"神即自然"拥有一切属性，就不会有另外的实体——所以就只有一个实体。因此一切存在的事物就是"神即自然"的一个属性（或"模式"，它指的是"存在或行动的方式"）。因而世界就是万有，万物都是世界的一部分，包括我们人类。

斯宾诺莎认为世界——**神即自然**——具有"无穷的属性"。他几乎一

现代思想的兴起　221

定指的是"无穷多"以及"特性上的无穷"。不过我们人类依靠有限的心智，只知道其中两个特性——思维与广延（回想笛卡尔的两个实体：能够思维的心灵，以及具有广延或空间的物质）。因此，具有空间、广延或物质性，就是**神即自然**的一个属性（它们是神的一个属性：这个观点当然会让任何宗教团体驱逐他），同样心灵或思维是**神即自然**的另一个属性。人类心灵是无限心灵的"模式"。

从"神即自然"是一个必然存在（它必定存在，无法不存在）这个事实，以及一切关于神即自然的真理逻辑上都必然源自构成其本质的无限属性，可以推导出一切存在或发生的事物因此就其本身而言是必然的。除此之外无其他情况。这是一种严格而彻底的决定论。斯宾诺莎指出，正是对这一伟大真理（一切存在和发生的事物注定如其所是或必然发生）的接受解放了我们：人类的自由源于接受事物的必然性（inevitability）。接下来我会讨论这个观点如何与"自由意志"的概念彼此关联。

在提出有关"神即自然"的观点时，同时也由于这一观点，斯宾诺莎为许多哲学难题提供了独创性的解答。其中一个问题就是心灵在自然中的地位：这对笛卡尔来说是极为棘手的"身心"难题。这个问题对笛卡尔棘手，是因为他将心灵和物质视为本质上不相同的实体，这就使得两者之间的互动充满了神秘。但对斯宾诺莎而言，心灵和物质是同一实体，即**神即自然**这个唯一实体的两个属性。他写道，"现在从思维的角度以及广延的角度理解，心灵和身体是同一回事。"心灵和身体都是这个涵盖一切的单一实体的"模式"，即存在或行动的方式。该观点的一个推论就是，拥有一个对身体的观念本身属于观念，它与这个观念所"关乎"（of）的事物，也即"观念对象"（ideatum），是对同一个事物的两种不同表述。如果对观念所对应的现实而言，观念是"充分的"（adequate，想想这个词的词源："equal to"），它就为真；如果是"不充分的"，就为假。

如下这个有关"充分性"的最后评述会使我们对斯宾诺莎的解决方案有所怀疑。如果一个观念与其对象是对同一个事物的不同表述，那么一个观念如何会是错误的呢？他通过指出"错误存在于对知识的运用之中，源于不充分或不完整以及混乱的观念"，而试图对错误给出一种解释——事实上，《伦理学》的认识论部分几乎完全致力于解释为什么会有错误，因为这对他的观点而言是一个真正的问题。对此观点的一个绝佳阐明是感官知觉：太阳在我看来像是一个燃烧的小金盘，但它并不小。如果我将自己对太阳的观念混同于太阳本身（观念的对象），我就会犯错。因此，与柏拉图一致，斯宾诺莎认为感觉经验处于最低级的认识论层次，属于意见。正是在此产生了谬误，因为在接下来的两个认知层级中，科学位列第二而"直觉"排位最高，它们都只关涉真理。最高层级的"直觉"意味着完全充分把握了神即自然的属性的"形式本质"（formal essence）。

　　斯宾诺莎提出的解决方案的另一个问题与个体性有关。如果宇宙是一个单一完整的实体，如何能够存在或似乎存在诸多个体事物呢？并且尤其是如果人们都属于一个存在的事物，那么人们如何能够彼此不同？他的解答是个体事物是无限实体的有限模式，并且每一个个体事物都有自我保存和持存（perseverance）的动力。这就是"自然倾向"，抵御任何"能够剥夺其存在"的事物的欲望或意志。一切事物都具有自然倾向，但宇宙的一些模式，譬如动物与人类，要比其他事物具有更多的自我意识和自然倾向。

　　这就使我们回到了决定论这个问题上，因为现在看上去，自然倾向至少对人类而言是一种自由意志，但斯宾诺莎的理论排除了自由意志。在《伦理学》中，斯宾诺莎指出，人们"认为自己是自由的，是一种错误，这种错误的观点完全源于下述原因，即人们意识到了自己的行动但忽略了决定行动的原因"。不过《伦理学》第五卷的标题本身又告诉我们，斯宾诺莎理论的要义是解释我们如何获得自由。若自由并非"意志的自由"，那么对一个人来说，何为"自由"？

　　斯宾诺莎提供的解释是他对积极和消极心灵状态的区分。我们做一些事情，又"遭受"（suffer）某些事情（即我们是这些事情的接受者或承担者）；我们施加一些行动，抑或成为行动施加的对象。我们的观念越充分，我们就越积极；我们的观念越不充分，我们就越处于承受事件的这一

现代思想的兴起　　**223**

端。因为万事万物的唯一原因就是神即自然，它是唯一施加行动却不会被施加行动的事物，因而相应地它是唯一在形而上学意义上自由的事物。不过只要我们人类能够借助拥有更充分的观念而从一个不积极的状态演进到一个更为积极的状态，在此意义上，我们就更多地分有了神即自然的积极自由。斯宾诺莎将不依赖于我们自身之外原因的独立状态称之为"美德"，并认为"美德和权力（power）是同一个事物"，在此"权力"是施加行动并获取事物的能力。在此意义上，行使权力会带给我们快乐，而快乐被界定为当我们向更充分的观念、因而是更大的自由发展时，我们感受到的情感。

因为整本《伦理学》都在讨论情感，或如斯宾诺莎作品译本中的标准称谓——"情状"（affects），讨论斯宾诺莎对情感的观点就很重要，因为它们在其理论中居于核心地位。他将情感界定为"一种混乱的观念"，它产生自我们呈现的存在状态以及自我保存的自然倾向，后者促使我们远离有害之物并寻求给予我们愉悦或快乐的东西。通过引用斯多亚学派，他认为我们所欲求的事物，以及我们的激情驱使我们获得的事物，在我们的控制范围之外，因而它们对我们的影响越大，我们就越不幸福——也因此更少自由。"我称'奴役'为我们缺少力量来缓和和限制情状。"如果我们能够控制我们对不可控事物的欲望，我们就解放了自我。当我们理解了事物的本性时，我们就获得了自由，同时这也减弱了情状之于我们的影响。当我们感受到对实在如其所是的"理智之爱"（intellectual love）时（这意味着我们依据理性和理智生活时），我们就获得了算是美德的力量，进而获得了自由。

斯宾诺莎的《神学政治论》是一部激进的作品。它旨在警示读者，宗教通过鼓励他身上迷信、恐惧和希望的情感（教士通过这些情感向教会所希望引领的方向来影响他们，并且当权者认为该方向是其有益的同盟）而掌控其生活的权力。他尤其致力于论证宗教和哲学（后者中包含着科学）分属完全不同的层次，前者依赖于信念而后者依赖理性，并且宗教应当允许哲学自由开展其探索而不受干涉。他认为这样一种自由会有利于公共治安，因为正是派系纷争而非科学导致了内乱。他通过考察《圣经》证明了先知并非十分聪慧或渊博，宗教律法也并不能增进人类幸福，神迹是不可能的，以及迷信整体来说是"一切真知识与真道德的死敌"。

《神学政治论》是对思想和研究之宽容与自由的呼吁。斯宾诺莎论述道，如果我们忽略掉《圣经》中一切有关律法、神迹的内容以及一切迷信因素，那么它归根结底传达的是这条简单的信息："爱你的邻人。"

这一主张在斯宾诺莎看来对政治学有直接的影响，事实上《神学政治论》的目的在很大程度上是提出一种政治观点。因此，尽管国家应当以鼓励确保社会中和平、安全和福祉的外在行为作为目的，但国家认为自己能够掌控人们的内在思想却是错误的。他将国家的"最终目的"描述为"不以恐惧来支配或掌控人们，或使之服从于另一个权威。相反，国家的目的是将每一个人从恐惧中解放出来，以便他们可以生活在安全之中……他们能够在最大可能限度内保有其自然权利，这包括生命权、在不损害自身与他人前提下的行动权……允许他们的思想与身体以其自身方式发展的权利，安全的权利，享有自由运用理性的权利，不参与出于怨恨、愤怒或欺骗的斗争或相互之间的恶意纷争的权利。因此，国家的真正目的实际上就是自由"。

217

对每个个人而言，他或她私下的、个人的思想与信念，并不能够成为法律或主权所命令的对象。"每个人由于绝对的自然法而是其自己思想的主人"，斯宾诺莎写道，"在一个国家中强迫人们仅能表达主权规定的内容、枉顾人们不同且对立的观点的任何尝试都会导致彻底的失败。"分歧与争论总会存在，但好政府会对之持有宽容的态度，并会意识到相较于允许思想自由，控制思想的尝试会导致更糟糕的结果。此外，思想自由"在推动科学与艺术方面具有无与伦比的重要性，因为只有那些能够自由做出判断且无偏见之人才会在这些领域取得成功"。

斯宾诺莎杰出的贡献对启蒙运动而言如同灯塔，其原因是显而易见的。他指出：宇宙存在，而人类是宇宙的一部分，并与之服从同样的法则。理性的生活就是摆脱恐惧、迷信以及非理性的希望与欲望束缚的生活,是立足于知识、科学和理性探究以及在实践中对人类真正重要的事务的生活。思想自由对进步,对个人与社会的繁荣都至关重要。

斯宾诺莎的观点吐纳着思想自由的清新空气,并将我们的注意力引向重要的事务,即生活本身,因为生活是此时此地的,存在于社会之中,是与其他人的共存,同时需要着我们的思想和智识。他的学说不仅主张而且推动产生了启蒙运动的自由理念,事实证明这种自由理念是迷人且极富影响力的。

洛克(Locke, 1632—1704)

与霍布斯类似,约翰·洛克(John Locke)写作的范围既包括一般性的哲学,也包括政治学。不过,与今天仅作为政治理论家被讨论的霍布斯不同的是,洛克在上述两个领域中的贡献都很有影响力。

洛克出生于英格兰的萨默塞特。他就学于牛津,经过当时基于亚里士多德式标准经院哲学课程的训练而获得学士及硕士学位,后来又获得了一个医学学位。之后他作为政治家沙夫茨伯里伯爵(Earl of Shaftesbury)的医师和秘书,协助后者在政府内阁中工作。1683 年,因为一场阴谋("麦酒馆密谋"),沙夫茨伯里受到猜疑。这场阴谋是刺杀国王查理二世和他的继承人、弟弟詹姆士,旨在阻止身为天主教徒的后者继承王位。沙夫茨伯里不得不逃离英格兰,而洛克由于和他交往也同样受到猜疑,就与之一同逃往尼德兰。在 1688 年"光荣革命"(Glorious Revolution)之后,詹姆士二世退位,英格兰议会邀请奥兰治的威廉登基成为国王,洛克就与奥兰治的威廉的妻子——英格兰公主玛丽乘同一艘船回到了英格兰。稍后他出版了《政府论》(Two Treatises of Government),为革命所带来的激烈宪法变革提供了辩护。

《政府论》很有可能写作于光荣革命之前,或许当时已然在私下传阅。若是如此,这部著作就一定程度上成为激励詹姆士二世反对者主张议会权威而反抗王权的依凭。但无论如何，《政府论》，特别是其下篇，对之后的政治思想至关重要，在美国、法国革命的文件中被逐字逐句且广泛地援引，并为整个政治自由主义提供了重大启发。

洛克对哲学其他主要领域的贡献亦不遑多让。他的《人类理解论》（*Essay Concerning Human Understanding*）是经验主义的经典著作。在18世纪启蒙运动哲学家眼中，他与艾萨克·牛顿一同具有崇高地位。伏尔泰（他的情人沙特莱侯爵夫人是牛顿著作的法文译者）评价洛克为"形而上学的赫拉克勒斯"。他得到如此高评价的原因之一在于当时的哲学传统已然立足于认识论中理性主义这一端，但洛克推动了它转向经验主义。在伏尔泰的法国，笛卡尔主义者（笛卡尔的追随者们）居于主导地位；在洛克的英格兰，以拉夫·卡德沃斯（Ralph Cudworth）为首的"剑桥柏拉图主义者"扛起了理性主义的大旗。不过洛克所主张的经验主义，是对支撑自然科学发展的理据的一种辩护，它站在了思想史上正确的一方。它激起了杰出的具有理性主义倾向的莱布尼茨在其《人类理解新论》（*New Essays Concerning Human Understanding*）中对洛克的批判，而这又成了乔治·贝克莱与大卫·休谟哲学思想的背景，后两者同洛克一道构成了对之后哲学大有影响的英国经验主义三巨头。

洛克是英国皇家学会的成员，这个学会的成员与培根和笛卡尔一样，在所有领域中最感兴趣的是如何能够最佳获取知识的问题。他们并不接受笛卡尔的方案，大体上也不接受理性主义的观点，并且他们希望看到有人能为他们在科学研究中所使用的经验性实验方法提供理论证成。洛克提出要就此主题撰写一篇文章，"以考察我们的能力，来看看我们理解的对象是什么，是否不适合我们处理"。这意味着要考察"人类知识的起源、确定性和范围，以及信念、意见与同意的理据和程度"。最后这项任务花费了他二十年的光阴，这部分地由于他繁忙的政治生活，部分由于这项任务的范围与困难程度。

剑桥柏拉图主义式的理性主义基于"天赋观念"（innate ideas）学说，即认为我们天生就知晓许多事物，其中包含逻辑、道德与神学的基本真理。他们基于柏拉图的理论而持有上述观点，即经验无法将我们导向最终真理，而只是有关不完美与暂时事物的意见。这种立场就与经验主义者所认同的经验在获取知识时具有首要性的观点明显格格不入。洛克的《人类理解论》相应地以驳斥天赋观念为起点（第一卷）。之后就是展开对经验本身以及知识如何从经验中产生的讨论（在剩余的第二至四卷）。

有关存在天赋观念（即一切事物都是自明的，没有任何事物与自身矛盾，整体要比部分更大）的"伟大论证"，就是每个人都知道或至少同意这些观念。洛克指出实际上这并不为真，因为有许多情况表明人们从未思考过这些问题。"不可能"（impossibility）与"同一"（identity）这两个观念就不存在于孩子与许多成年人的心灵中，即使在提示下，他们会同意"某个事物不可能同时既是又不是"这个基于上述观念的观念。恐怕涉及有关道德原则和上帝概念这些不同个人与文化间会有诸多分歧的天赋观念时，情况更是如此。

洛克指出知识涉及三个主题："物理学"或偶然事物的本性，"实践"或道德，以及"符号学"或"心灵为了理解事物或将其知识传达给其他人时所借助的"符号。《人类理解论》中核心的两卷，即第二卷和第三卷，涉及我们使用的两类符号：分别是观念和语言。它们构成了"知识的伟大工具"。

"观念"在洛克这里指的是"在思考时，心灵可以借助的任何事物"。我们从经验中获得观念，而经验以感觉或反思为形式。感觉是视觉、触觉以及其他；反思是我们的心灵在回忆、比较、推断以及其他活动中内在运作的经验。观念要么是简单的，要么是彼此关联亦即复合的。颜色和味觉的简单观念由心灵被动接受。有关世界中事物、事物的属性及其与其他事物的关联的复杂观念，源于我们在经验过程中安排我们观念的方式。

我们之前提到过，观念是符号，它们代表着自身之外的某些事物。观念位于意识之中，它们表现（represent），亦即再现（re-present），其他事物。在感觉经验中，它们代表着心灵之外的事物。因此当一个人注视一棵树时，树的观念就进入了心灵，而这棵树本身位于心灵之外的世界之中。

洛克认为这一感知理论使得我们有理由认为自己能够获知事物实际上是怎样的。他区分了事物的"第一性质",即"在事物自身的性质",进而我们对这些属性的感知能够告诉我们事物是怎样的;以及"第二性质",即事物看上去具有的性质,它源于我们感官同事物互动的方式。

第一性质包括广延、形状、运动或静止、数目与体积。物理对象永远具有这些属性。如果你将一片木头削成越来越细小的木片,这些木片本身总会包含这些属性。

但第二性质就并非如此。它们包括颜色、味道、声音、触觉和气味。不同于在"对象中"的第一性质,第二性质仅仅存在于"有力量在我们身上引起第二性质的经验的对象中"。如果一个人没有运用视觉,玫瑰就没有颜色——这不是因为视觉使得玫瑰拥有了颜色,而是因为颜色是在我们心灵中被感知到的某种事物,它是光从玫瑰反射回来与我们眼睛产生互动,刺激信息通过视神经传递向大脑的结果。

我们可以看到洛克的感知理论是因果性的,与我们通常对感知的理解分毫不差;外在于我们的对象,使得我们在意识中产生了表现它们的观念。但无论这个观点看上去与常识多么一致,它却产生了一个困难:观念居于我们和事物之间,形成一道"感知之幕",我们无法揭开它去考察观念是否精确地表现了我们认为它们所表现的事物——甚至连在"观念背后"实际上是否存在任何事物也无法确定(回想笛卡尔的观点:在睡梦中我们可能有树这个观念,但这个观念没有向我们"再现"一棵实际的树)。*221*

洛克并没有试图处理这个怀疑论问题。他通过提出"被设置于我们心灵中的光,对我们的所有目的而言已足够明亮"而绕过了这个问题。在此,"光"意味着心灵及其运作。他在哲学中的许多继承者(如我们将会看到的,其中最直接的就是乔治·贝克莱)认为这个论点并不足够好,怀疑论问题仍有待解答。

语言也是符号,它们代表观念。此外,它们不仅代表个别事物的特定观念,也代表"一般"观念,譬如,它不仅代表某只单个的狗的特定观念,也代表"狗"这个词通常适用的**那类**事物。事实上,我们大部分语言

现代思想的兴起　　**229**

都是一般词汇，而知识是"对（这些词所意指的）一般观念的精通"。这必然如此，因为我们不可能让世界上每个单个事物都有一个不同的个别名称；若是如此，就不会存在知识。

洛克指出，语言是必需的，因为观念对每个人的意识而言是私人性的，因此就需要有一种方式使得思想成为公共的，并能够向他人传达我们正在思考或经验的事物。语言就承担了这一职责。

上述理论存在严重的问题。最主要的是：如果语言指称观念，而观念是私人性的，那么我们如何能够知道同样的语言在他人心灵中能够唤起与我心灵中一样的观念呢？甚至当我们同样使用"红"这个词时，我如何知道其他人的经验与我是一致的呢？比如，我如何能知道，在我看来是红色的东西，在他们眼里不会呈现为我称之为绿色的东西呢？

在《人类理解论》第二版中，洛克引入了一个此后的哲学非常感兴趣的话题：人格同一性。是什么使得我尽管因岁月流逝而经历了外貌和性格上的诸多改变，但却仍然是同一个人呢？在洛克的时代以及之前的几个世纪中，人们假设我们每个人都有一个不朽的灵魂，它可以历经发生在我们身体和周遭环境中的众多仅仅是偶然和相对不重要的变化而保持不变，并且（根据基督教以及大部分宗教的观点）即使身体死去，它也仍会持存。因此，我们认为是灵魂而非身体承载着人格。这意味着"一个人（person）"与"一个人类（human being）"并非一回事，这是洛克所接受的立场。事实上，人（person）的概念属于法务（forensic）概念；它指的是一个有能力为他、她或它在道德与法律中的行为负责的理性存在者。就此而言，婴儿尚且不属于人，患有痴呆症的老人可能也不再属于人。在法律上，公司也被视为人，拥有权利和责任。在此条件下，是什么构成了一个人历时性的同一性呢？这比下面这个问题更加难以回答：什么构成了一个物体（一块石头、一棵树，以及一个人体）的同一性呢？——因为在这里，即便是从橡子到参天橡树的转变中，我们也完全可以指出事物的物理组织在时空中的延续性。

洛克的回答是，人格同一性在于"历时性地是同一个人的意识"之中。其中意识由自我意识、记忆以及对未来的有关自我的独特兴趣构成。["意识"(consciousness)这个词正是洛克通过其理论引入到英语之中的。]这一观点激怒了宗教人士,因为它抛开了对不朽灵魂的诉求——洛克与一位名叫斯蒂林弗利特的主教(Bishop Stillingfleet)为此问题争执了多年——并且该观点受到其他哲学家的批评,因为它似乎完全把问题颠倒了:它将记忆视为同一性的基础,但事实上人格同一性是记忆的基础。如果我并非拥有产生该记忆的经验的那个人,这个记忆怎么能够成为**我的**记忆呢?它也会导致如下非直觉的结果,即人格同一性并非持续的:一位年迈的少将可能会记得自己曾是英勇作战的年轻军官,而年轻的军官会记得自己还是一个小男孩儿时从果园偷了苹果,可是这位少将或许不会记得自己曾偷过苹果。这是否意味着他因此与这个男孩不再是同一个人?从洛克的观点来看,答案为他不再是同一个人,因为他没有意识到他与之是同一个人。但我们换一个例子:假设我从你那里借了一些钱,之后你过来请求我归还。如果我说因为我不记得这么做过,所以我和那个向你借钱的人不再是同一个人了,你可不会觉得开心。

在《人类理解论》最后一卷中,洛克讨论了知识的本质。他指出知识的本质在于"对我们任何观念之间的关联一致,或是它们间的分歧与矛盾的感知之中。舍此无他"。当观念之间的关联或分歧即刻显见时,洛克称之为"直觉知识"。当观念的关联或对立需要运用推理来寻找时,他称之为"证明知识"(demonstrative knowledge)。一位理性主义者并不会反对这一界定,并且这也不算是对经验知识的辩护。令人惊讶的是,洛克在此含糊其辞起来。他写道:"事实上存在着另外一种心灵的感知,涉及我们之外有限存在物的独特存在,这种存在超越了单纯的或然性,但尚未达到上述两者中任何一种知识的确定性程度,但也属于一种知识。"这是经验性知识。它不具有确定性(实际上洛克在此仓促地承认了这一怀疑论困难),但它由于源于感官知觉而"超越了单纯的或然性"。他将之称为"感觉的知识"。

洛克的理论几乎正是我们通常对经验知识的理解。这种知识出现在我

现代思想的兴起　　**231**

们之中，是因为世界与我们的感官之间的因果关联；这个立场是可得到辩护的，也即我们会接受我们有时会犯错，因为我们会做出感知上的误判并犯其他种类的错误；但大体而言，感知是我们关于头脑之外的世界信息的一个主要的可信赖来源。在科学中，我们的感知能力由于器材（显微镜、望远镜、示波器、大型强子对撞机）而得到扩展，而我们的智识能力由于数学技术以及电脑等其他种类的工具而得以增进。但这些都是经验研究装备的一部分。洛克正确地认为，就一切实践目的而言，他的理论描述是具有说服力的，并且其应用结果有力地证明了这一点。但在哲学中，仍亟待解决的问题是，即便是这一具有说服力的理论，也未必能够应对上述显而易见的怀疑论挑战。这一亟待解决的问题推动了认识论领域的努力。

洛克的政治哲学可以说是其最伟大的贡献，这不仅是因为它本身代表着哲学的进步，而且也因为它对之后几个世纪中现实世界的影响。

1688 年英格兰的"光荣革命"确立了彼此相关的两点：议会主权以及拒绝"神授君权"的学说。通过按自己的条件将奥兰治的威廉加冕为王，议会获得了前所未有的且是永久的宪法决定权。国家财政以及武装力量的大权掌握在议会手中，而有了这两者就有了一切。只有议会能够表决批准向政府拨款。这项决定权同时也至关重要地确保了司法独立以及诉讼权，这两者正是自由社会的基石。

洛克将他在政治著作中的目的描述为证成奥兰治的威廉拥有王位是"基于人民同意而配得此头衔"，其中"人民"指的是"议会所代表的那些人"，因此似乎含混地指代整个国家。这种含混无疑是有意为之的，因为将选举的特权限定于议会这种做法并不民主。

洛克为"光荣革命"提出证成的著作就是其《政府论》(下篇)(*Second Treatise of Government*)，它甫一出版就成了经典。(《政府论》[上篇]是对罗伯特·菲尔默爵士 [Sir Robert Filmer] 在其《父权制》[*Patriarcha*] 中所捍卫的神授君权学说的长篇详尽驳斥。) 洛克理论中很重要的一个方面，是它与一种比菲尔默立场更为有力的理论存在分歧，这种理论就是霍布斯提出的主权学说。洛克并没有在著述中直接与霍布斯对话，因为后者的名字在当时属于禁忌——霍布斯被视为一位无神论者，而在当时，人们要么以厌恶的目光看待无神论，要么对之满怀猜忌。此外，霍布斯的观点对君主政体和共和政体都同样适用。若有人援引霍布斯来捍卫威廉拥有王位的资格，威廉的反对者们也很容易就可以援引霍布斯来论证与之相反的立场。

与霍布斯类似，洛克同样使用了"自然状态"观念来指称公民社会诞生之前的状态，但在他看来，自然状态并非人与人之间无休止的争斗，它反倒是个人在其中享有自由的一种状态。为了获得生活于社会中的利益，人们不得不交出大部分自由，但洛克认为其中某些权利，主要是生命、自由与财产权，不能通过社会契约交出。这一事实本身使得绝对主权这种东西不可能存在的；因此就其本质而言，绝对主义与人们达成共同契约而产生社会时带入社会的自然权利相矛盾。

自然法与自然权利的观念紧密相连。在洛克看来，自然权利立足于如下事实，即自然状态中个人能够自由地将任何自然的馈赠用于居住、娱乐和生计。自然法根据自然中事物的实际状况，来允许和禁止人们的行为："所有人都自然地生活在**一个完善的自由状态**中以决定他们的行动，以他们认为合适的方式并在自然法的范围内处置其财产和奴隶，而无需征询或仰赖任何其他人的意志。"（洛克对此状态的替代性表述是："起初整个世界都像美国。"）这是因为自然状态中每个人都是平等的，没有人比其他人拥有更高的地位或更多的权利，并且没有人处在可以命令其他人应如何生活的位置上。他因此反对菲尔默的如下主张，即在伊甸园中上帝通过授予亚当统领权，先是统治其伴侣夏娃，接着统治其子孙，乃至统治整个人类，由此在人类中引入了高低等级。

洛克在此问题上的论点的重要性，体现在它坚持认为每个人都有自我保存的权利，并进而在彼此之间存在尊重其他每个人的自我保存权的关联性义务（correlative obligations）——并且从这个角度来说，事实上每个人都积极关切着他人的福祉。因此，人们之间相互义务的内容不仅包含着不危害他人，也包含保护其他人免受伤害，并惩罚危害他人之人。

洛克指出，在自然状态中人们很难对这些权利加以妥善保护并履行上述相互义务；他将此称为自然状态的"不便"。但他认为，建立一个绝对权威来保护权利并履行义务，要比不便更糟，因为没有什么能够阻止这样一个主权奴役其臣民甚至向其开战。因此就原则而言，人们将其权利交给绝对统治者是错误的，这么做他们不仅会丧失自我保存的权利，也无法履行对他人的附带义务（associated duties）。

洛克有关公民社会的观点很具有说服力。它为个人的生命、自由与财产提供了保护。它基于每个人都能够知晓、有独立的法官来应用，并且由经过人民同意的制度来实施的法律。这样一种安排就解决了如何妥善行使上述权利并履行义务这个难题。洛克写道："自然状态中不存在对他人生命、自由与财产的专断权力，只有自然法所给予的保存他自己与其他人的权力；这就是他所做的。或者他可以将之交付给国家，并由此而交付给**立法权**，因而立法权的权力不超过个人所授予它的。其权力完全在个人权力范围之内，限定在社会公益之中。"如果一个政府的行为违背"社会公益"，用洛克的话说，它就会将自身"消解"（dissolve），因为它使得自身丧失正当性。这正是詹姆士二世身上所发生的情形：当他的行为有违其臣民的利益时，他的正当性就"消解"了自身。事实上，洛克的立场还要更强：如果一个不正当的政府试图继续掌权，人们不仅有权利，还有责任推翻它。

在上述观念中，洛克引入如下概念，即权力是一种委托制度（trusteeship），源于权力行使中所代表的人民的同意。洛克提问说："谁将作为法官来判断国王或立法者的行为是否有违人民的信任？"在一个对之后民主观念的发展至关重要的段落中，他给出的回答是："人民应当作为法官，因为受托人或代表的行为是否适当和合乎对他的委托，除了委托人又有谁有权裁断呢？当受托人辜负委托时，委托人既然曾给予委托，就必须有权把它撤回。"

洛克的观点被视为政治自由主义的开端。[1] 他的观点看上去极具现代意味。他并非第一个提出这些观点的人，17 世纪 40 年代英格兰内战期间有关宪法问题的讨论推进并深化了类似的观点，有时还要激进得多。事实上，洛克的观点包含着诸多以往的印记，譬如，古老的时代远比今天更好，而历史则是从古代更完美的安排开始，此后则持续衰败。这一态度正可在"自然状态"下人们生活在"完美自由"（洛克语）中这个观点里管窥一二。不过他表述这一观点的方式使得它们在之后的政治论辩中具有了永久的地位，并且解释了为什么它们会对美国与法国革命的领袖具有如此重大的影响。

贝克莱（Berkeley, 1685—1753）

洛克直接催生了乔治·贝克莱的哲学。贝克莱赞同洛克的经验主义，却无法接受他对源自"感知之幕"理论的怀疑论的含糊其辞，这个理论认为我们的观念是我们与世界的中间物，而那个产生了这些观念的世界始终在观念背后，无法触及。

贝克莱出生在爱尔兰基尔肯尼郡代沙尔特城堡的家中，并就学于都柏林的圣三一学院。他加入了爱尔兰圣公会，此后成为克洛因的主教。这些事实表明，他是"新教优越阶级"（Protestant Ascendancy）中的一员，也即祖上来自英格兰的统治精英。他的主要哲学著作都成书于早年：《人类知识原理》（*Principles of Human Knowledge*）出版于 1710 年，为了设法解决这本书所遭遇的不被理解，1713 年他出版了《海拉斯与菲洛诺斯对话三篇》（*Three Dialogues between Hylas and Philonous*）。之后他又出版了有关视觉、运动和医学的论文，不过上述两部作品包含着他对哲学的持久贡献。

---

[1] 并非美国政治右翼使用时所蕴含的贬义，对他们来说，"自由派"就是"社会主义者"的另一种说法，这两个词在他们的字典里都不是好词。

当下对贝克莱《人类知识原理》的回应是认为他的观点既无法反驳，但也不能令人信服。纵然他影响了我们之后会看到的实证主义以及现象学等 20 世纪思潮，但他仍要么被一些哲学家误解，要么被一些哲学家忽略。

贝克莱的哲学立场通常被描述为"非唯物论"（immaterialism），它指的是否认物质的存在（或更确切讲，是否认物质实体的存在）。但他对以下三个进一步主张的支持也为人熟知。他支持观念论，即心灵构成了最终实在。他论证说事物的存在依赖于它们被感知：存在即被感知（*esse est percipi*）。并且他认为构成世界的实体的心灵是一个单一无限的心灵，简言之，即上帝。上述是四个彼此不同的命题，但它们彼此也紧密相连，前三个命题的论证共享大部分的论证前提与步骤。

贝克莱论证这些命题的目的是要驳斥两种怀疑论。一种是认识论怀疑论，它认为我们无法认知事物的真实本性，因为感知与心理上的偶然属性使得我们区分实在与表象（appearances）的方式会让实在藏匿于表象之后，以至于对实在的知识至少是成问题的，在最坏情况下甚至是不可能的。

另一种是神学怀疑论，贝克莱称之为"无神论"，这种观点在他看来不仅包含对一个神存在的否定，也意味着"自然神论"立场，即尽管宇宙可能是由一个神创造的，但无需这个神的积极显现，宇宙就可以持续存在。

通过反驳第一种怀疑论，贝克莱认为自己是在捍卫常识，也是在清除"科学中错误与困难的根源"。通过反驳第二种怀疑论，贝克莱认为自己是在为宗教辩护。

贝克莱认为怀疑论的根源在于受到像洛克这样的观念理论的驱动，经验与世界之间出现了割裂；该理论认为"设想感觉对象具有双重存在，一个是理智的或在心灵中的，另一个则是真实的或不涉及（即外在于）心灵的"。怀疑论由此而兴起，即"只要人们认为真实的事物不因心灵而存在，并且他们的知识只有在与真实事物相一致时才是真实的，那就意味着他们无法确定自己是否有任何真实的知识。因为我们如何能够获知被感知的事物与那些未被感知的事物或存在于心灵之外的事物相一致？"这一问题的症结在于，如果我们只能接触到我们自己的感知，而从不接触我们认为存在于感知之外的事物，那我们如何希冀存在有关这些事物的知识，或证成关于这些事物存在的断言呢？

如洛克所做的那样，贝克莱的前辈们谈及了内在于物质之中的属性，以及它在我们心灵中产生的表征（represent），甚至类似（resemble）这些属性的观念。物质或物质实体是一种形而上学的专门术语概念，用来指代我们所设想的事物诸多属性之下的物质基础（corporeal basis）。贝克莱对这一观点的非经验论特征尤为苦恼。他质疑说，如果我们要始终一致地坚持经验主义原则的话，我们如何能够容忍因其定义在经验上就是不可获知的事物（它潜藏于事物可感知的属性背后，被设想为是这些属性的基础）这一概念呢？如果这一主张（即物质是一切背后的那个实体）无法得到辩护，我们不得不另寻他法。

贝克莱对怀疑论本身的回答提供了这一答案。这就是主张事物即观念，否认经验与世界之间（用洛克的话来说，就是观念与事物之间）存在割裂。《人类知识原理》开头的六个自然段对此观点的表述简洁到令人敬佩，而其结论是在第七自然段的第一句话中："综上所言，在精神（spirit）之外并没有其他任何实体，或感知对象"（对贝克莱而言，"spirit"与"mind"是同一个事物）。《人类知识原理》的其余部分以及《海拉斯与菲洛诺斯对话三篇》都是对此命题的扩展、阐明以及辩护。其论证如下。

贝克莱如洛克那样，从提供"人类知识对象"的清单开始其论述。人类的知识对象，"要么是实际上作用于感觉的观念，要么是通过激情以及心灵运作而被感知的观念，最后是由记忆和想象，通过符合、区分抑或单纯表现那些以前述方式被原初感知到的观念而形成的观念"。感觉的观念，即颜色、形状等，以某种方式"被观察到是彼此相伴的"；它们的"集合"，"由一个名称加以标记，并进而代表一个事物"，譬如一个苹果或一棵树。

除了这些观念，还有"获知或感知它们的事物"；其中"进行感知的、

现代思想的兴起

积极的存在,就是我所说的心灵、精神、灵魂或我自身",它与其所感知到的观念"完全不同"。

思想、感受与想象仅仅在心灵中存在。而事物的观念也是如此——别忘了,事物的观念就是一组组观念的集合:一个苹果的观念是构成它的颜色、形状以及味道观念的复合。因此同样显明的是不同感觉或作用于感觉的观念,无论它们如何彼此混合或关联(也即,无论它们构成了何种对象),除了存在于一个感知它们的心灵之内,别无他处。

从这些主张中可以看出事物和观念之间的割裂消失了,因为如果事物是属性的结合,而属性是感觉观念,并且感觉观念只存在于心灵中,那么一个事物存在的条件就是它被感知的条件——用贝克莱的话说:存在即被感知。"因为对被认为是非思维着的事物(即观念或观念的集合)的绝对存在(即独立于心灵)而言,它们与被感知毫无关联,因而似乎完全是不可知的。而且它们的存在即是被感知,它们不可能外在于心灵或外在于感知它们的思维着的事物而存在。"

贝克莱明白这个主张令人惊诧,因此他评论道,尽管人们认为像山川、房屋等感觉对象具有"绝对的"存在,亦即独立于感知的存在,但有关这个观点的反思恰恰会显露出这是一个矛盾。他问道:"因为除了我们由感觉所感知的事物,先前提及的对象是什么?以及除了我们自己的观念或感觉,我们感知到了什么?说上述任何感知到的事物或它们的联合在不能感知的情况下存在,这不显然是令人无法接受(不符逻辑、自相矛盾)的吗?"

需要立刻强调的一点是,上述论证以及贝克莱对物质实体存在的否定,并不是在否定外部世界及其所包含的诸如桌子、椅子、山川与树木等物理对象的存在。贝克莱也没有认为世界仅仅因为它被任何人,比如你我这样更有限的心灵所思考而存在。事实上,就"实在论"这个术语的某一方面而言,贝克莱是位实在论者,他认为物理世界的存在独立于个人或集体的有限心灵。相反,他论证的是世界的存在并不独立于一般意义上的心灵。

认为事物能够独立于对它们的感知存在这一信念的来源，是贝克莱在其《人类知识原理》导论中所批判的"抽象观念"。抽象意味着分离那些只能在思想中而非现实中分离的事物，比如，一个表面的颜色与广延，抑或注意到许多不同事物所共同具有的特征，且只关注该特征而非特定的实例——以这种方式，我们就获得了某个"抽象观念"，比如说，脱离了任何特定红色对象的红色性。抽象是一种带来谬误的过程：我们从感知中抽象出存在，使得我们获得了有关房屋和山川的"通常看法"，并因此开始相信事物不被感知也能够存在。但因为事物是观念，并且因为观念只有在被心灵感知后才存在，"心灵之外的绝对存在"这个讲法就是矛盾的。

因此贝克莱说，说事物存在就是说它们被感知，并因此"只要它们不被我感知到，或不存在于我的心灵或任何造物的精神中，它们要么必然压根儿不存在，要么存在于某个永恒的精神的心灵之中"。由此得出如下结论，即"除了**精神**或其所感知的事物，不存在其他任何实体。"

概括而言，其论点为在感知经验过程中我们遭遇到的事物（苹果、石头、树木）都是"观念"的集合。观念是我们意识的直接对象。观念要想存在就必须被我们感知；它们无法"在没有（或独立于）心灵"的条件下存在。因此，心灵是构成世界的实体。

贝克莱是位严格的经验论者，认为我们没有资格断言、相信或认为任何未经经验证成的事物是有意义的。否定"看上去如此-实际如此"（seems-is）的区分，就是以另一种方式主张感觉对象（世界中的事物）是感觉属性的结合，因而就是观念的集合。贝克莱认为，这意味着物质的概念就是多余的，因为当我们承认所有存在都不外乎是心灵和观念时，心灵和观念就具备了一切用以解释世界以及有关世界经验的事物的要素。不过贝克莱对此补充了一系列正面的反唯物论考量。

支持唯物论的一个重要论据就是物质概念的使用在科学中发挥着巨大的解释功能。贝克莱如此概述这一观点："许许多多事物借由物质和运动而得以解释，因此如果你把这些概念拿走，你就摧毁了整个微粒哲学（corpuscular philosophy），并且破坏了一直以来被成功用来解释现象的那

231

现代思想的兴起

些机械原理。简言之，在对自然的研究中……无论取得何种进展，都立足于如下假设，即物质实体或物质是确实存在的。"贝克莱对此的回应是，科学的解释力和实践效用既不必然意味着唯物论为真，也不依赖于其为真，因为这些现象根据工具论也同样可以得到解释，如果不是更好（因为更经济）的话。工具论指的是这样一种观点，即科学理论属于工具，并不适合用真与假来评价，而适合以是否有用来考量。一个人不会探究一把刀或一个叉子是否为真，却会在意它是否有用；并且在科学理论中，我们不仅在意是否有用，也在意（如奥卡姆剃刀所要求的那样）是否尽可能简单和经济地有用。

贝克莱将其早期版本的工具论表述为一种"符号学说"（doctrine of signs），亦即我们观念中的规律与秩序反映着上帝的恒常意志，这种意志是如此可信，以至于我们可用它来表现因此而被视作法则的观念之间的联结。于是，科学就是出于实用目的，对在形而上学解释层面被描述为"无限精神"活动的事物的一种方便概括。

对洛克来说，第一性质的概念非常重要，因为对第一性质的经验使得我们最为接近独立的实在。贝克莱拒绝了这一观点，因为"没有什么会与一个观念类似，除了另一个观念"，也即一个观念无法与一座山或一棵树"类似"；一个观念只会与另一个观念（比如，一棵树的两个观念）类似。唯物论者认为第一性质是"存在于我们心灵之外事物"的"类似物"，但因为第一性质是观念，并且只有观念类似于观念，因而"观念及其原型都不会是无法感知的实体"。

一些贝克莱的批评者认为他未能将物质实体这个问题与第一性质—第二性质之间的分别区分开来，因为我们可以既拒绝唯物论又保留该区别。但事实上，这正是贝克莱的立场，因为他并没有否认存在着第一性质与第二性质的区分，他承认在认知中，前者对不止一个感觉而言是可知的，而后者只对一种感觉而言是可知的；同时前者是可测度的，而后者却不是（或是不可直接测度的），等等。但他指出就它们与心灵的关系这个重要方面而言，它们同样既是可感觉的，因而又是依赖于心灵的。

贝克莱认为他的论证是对一个"无限心灵",也即神的存在的一种全新且有力的论证。其论证的最佳表述是在《海拉斯与菲洛诺斯对话三篇》中的第二篇。由"可感觉的事物只能在心灵或精神中存在"这个命题,贝克莱总结道:"不是说可感觉的事物没有真实的存在,而是说要知道它们不仅依赖于我的思维,而且具有不同于被我感知到的存在,因此注定存在某个其他的心灵,让它们在其中存在的。"这个结论要比认为存在着一个总在感知一些事物的单一无限心灵这个立场要弱一些,它只不过是指出存在"某个其他心灵"——这完全可以是我们隔壁的邻居。不过就在下一个句子中,贝克莱补充道:"因此如同世界真实存在那么确定,一个包含并支持着这个世界的无限且无所不在的精神真实存在,也是确定的。"这是一个很大的跳跃。他试图通过如下讲法来弥补缺失的推理步骤,即"我感知到无数的观念,并且通过自己的一个意志行为能够形成许多观念,进而将之纳入到我的想象中:尽管它必然是清晰无误的,但这些想象力的造物并不都像我的感觉所感知到的观念那样,如此明了,如此有力、生动、持续,而后者被称之为真实事物。由此我推断,存在着一个这样的心灵,它以一切我感知到的感觉印象每时每刻地作用于我。并且从感觉印象的种类、秩序以及样式中,我推断它们的作者一定是不可思议地聪慧、有力和良善。"贝克莱在几行之后将这里的"作者"描述为启示宗教的神。因此,缺失的推理步骤是由"设计论证"(argument from design)[1]这个人们熟悉的神学论证提供的,同时忽略了道德与自然之恶以及世界中存在诸多不完美这两个问题。

另一位哲学家试图论证由于一个完美的世界对我们而言不是最佳世界,因此这些不完美的存在,说明了我们的世界事实上是"能够存在的最佳可能世界"。他就是莱布尼茨。

---

[1] 设计论证大体上包含如下内容,即所有的设计成果都暗示着设计者的存在;宇宙有极其伟大的设计成果;因此,这个宇宙必定有一位伟大的设计者。这是神学中对上帝存在的一种证明。——译者注

莱布尼茨（Leibniz, 1646—1716）

无论在其生活的时代还是当下，戈特弗里德·威廉·莱布尼茨（Gottfried Wilhelm Leibniz）都被视为一个天才。他对数学、逻辑学和哲学的贡献中所包含的技术化的方法与20世纪分析哲学的技术化如出一辙。或许令人遗憾的是，他出生时正值17世纪中叶，新教国家与天主教国家在欧洲战场上长达一个多世纪的斗争使两者都筋疲力尽，莱布尼茨由于其和平倾向而感觉有必要尝试调和二者以及人类与神的关系，因而在这一徒劳无用的雄心壮志上投入了大量的时间和精力，这些时间和精力若是投入到其他事务上，本会产生更多的成果。

1646年，莱布尼茨出生于莱比锡一个信奉路德宗的家庭，他的家人都受过非常良好的教育，许多做了律师和学者。他的父亲是莱比锡大学的哲学教授，外祖父是该大学的法学教授。1661年，十五岁的莱布尼茨被莱比锡大学录取，此前他一直在家中接受教育。在大学中，他攻读哲学与数学，像当时其他人一样选修以亚里士多德学说为基础的经院哲学课程。

读大学期间，他在耶拿度过的一个暑假使他结识了数学家艾哈德·韦格尔（Erhard Weigel），后者让他对运用于逻辑和哲学中的证明概念产生浓厚的兴趣。他以一篇高度原创性的逻辑学文章作为其哲学教授资格论文，这就是《论组合术》(*On the Art of Combinations*)，并在其中提出了如下观点，即逻辑语言具有"普遍的特征"，以此任何问题都能够被清晰地阐述和解决。

莱布尼茨前往阿尔特多夫大学攻读法学博士，并且受邀在法学院任教，但当时他已然获得了约翰·冯·波伊尼堡男爵（Baron Johann von Boineburg）秘书的职位。这位男爵从新教转向了天主教，并鼓励了莱布尼茨在天主教与新教之间达成调和的兴趣。因此，莱布尼茨就教徒之间争论的许多主题撰写了一系列专著。与此同时，他对科学、法律以及文学（他用拉丁文写诗）保持着广泛和多样的兴趣，并且还设计了一台计算机器。

波伊尼堡将莱布尼茨举荐给美因茨的选帝侯，莱布尼茨作为外交官前往巴黎为之效力。由于这个职位，他在巴黎居住了四年，渐渐结识了诸如尼古拉斯·马勒布朗士（Nicolas Malebranche）、安托尼·阿尔诺（Antoine Arnauld）以及克里斯蒂安·惠更斯（Christiaan Huygens）等科学与哲学世界中的领袖人物。最后这位成为他的导师，传授给他更多数学与物理学方面的知识，并且把笛卡尔与帕斯卡尔（Pascal）尚未发表的手稿给他阅读。莱布尼茨说，他正是在阅读帕斯卡尔的一些作品时，脑海中浮现出微积分与无穷级数的想法。

1673年，莱布尼茨前往伦敦，向英国皇家学会报告自己有关计算器的想法。在那里，他结识了罗伯特·波义尔（Robert Boyle）、罗伯特·胡克（Robert Hooke）以及约翰·佩尔（John Pell）。佩尔告诉他法国教士科学家加布里埃尔·穆顿（Gabriel Mouton）已然在他之前提出了无穷级数的想法，莱布尼茨核对后发现的确如此；胡克还指出了他的计算器的一些缺陷。他饱受打击地返回巴黎，但对自己的想法也更加坚定了。

234

有关到底是牛顿还是莱布尼茨首先发明了微积分，当时就有争议出现，并且一直持续了下去。真相似乎是尽管牛顿发明微积分要比莱布尼茨稍早，但他们各自独立地发明出了各自的版本，而且两人都推后了自己观点的发表，不过牛顿推后的时间要比莱布尼茨久一些。这一争论逐渐变得充满恶意，并且给莱布尼茨的后半生带来了阴影，因为不得不说有权有势的英国皇家学会以带有偏见的方式做出了有利于牛顿的裁定，并几近指控了莱布尼茨剽窃。

莱布尼茨对数学的其他贡献包括二进制算法、线性方程的解法、力学论文以及作为"泛代数"（universal algebra）的逻辑学。与牛顿争论的一个积极成果是莱布尼茨与萨缪尔·克拉克（Samuel Clarke）这位牛顿的追随者，就空间、时间、重力、自由意志以及其他主题保持了持久而有趣的书信往来。仅举一例，莱布尼茨的相对时间和空间观念，就要优于牛顿的绝对观念。

莱布尼茨后来成为汉诺威法院的图书管理员，当时汉诺威公爵是大不

现代思想的兴起　　**243**

列颠的王位继承人。因此，他本应在1714年公爵继承安妮女王（Queen Anne）王位时，同公爵前往英格兰的，但由于和牛顿的纷争，他在伦敦名声很差，就没有一同前往。两年后莱布尼茨去世时遗留下数量庞大的尚未发表的作品，以及用德文、法文以及拉丁文书写的与整个欧洲诸多学者和科学家的来往信件。他遗产中相当重要的一部分还包括柏林科学院，是他推动了该科学院的创立。

除却有关宗教学说主题的论述，莱布尼茨仅仅写作了两本书：《人类理解新论》（*New Essays on Human Understanding*，1704年完成，1765年首次出版）和《神义论》（*Theodicy*，1710）。此外，他的哲学作品散见于杂志文章、信件以及未发表的手稿中。在未发表的作品中最为重要的是《形而上学研究》（*Discourse on Metaphysics*）这部相对较早的作品，以及之后的《单子论》（*Monadology*）。他的思想随时间而不断发展，并且确定其诸多未发表作品的日期这一复杂的编辑工作，使得理解他思想的演进更为困难。

他自述（距离其逝世还有两年的1714年，在写给一个朋友的信中）他从亚里士多德传统、经院哲学传统以及柏拉图传统中获益良多，并且作为一名十几岁的青少年受到了"现代人物"（17世纪的哲学家与科学家）探索发现的激励，进而从事数学与力学的工作。如同他在宗教领域中试图调和的努力，他希望在所有这些不同学科中寻找到真理，以此"揭示并统合被掩盖且被打碎分散于不同学科中的真理"。

在影响他的现代人物中，笛卡尔与洛克促使他思考物理自然，霍布斯与斯宾诺莎的无神论和唯物论困扰着他，特别是促使他思考自由意志问题以及上帝与世界的关系。他说自己的推理立足于他所谓的"两个伟大原则"：非矛盾律原则（"事物不可能既是A又是非A"），以及"充足理由律"，它也可以被表述为"任何事物都具有理由"或"每个结果都有一个原因"。第一个原则是一条逻辑原则，第二个原则是形而上学原则。不过他的作品也呈现出对其他一些原则的认同：另一个逻辑原则是"不可辨别者同一律"；还有一个语义学原则，即一切真理都是"分析的"，以及一条形而上学原则，认为自然是一个连续统；最后是一个神学原则，主张上帝所做的一切都是出于好意。

"不可辨别者同一律"原则认为"不可能存在两个具有完全一模一样属性却仅在数目上不同的事物"，也就是如果两个事物具有完全一样的属性，它们不可能是两个事物，必然是一个事物。当以下述方式重述这条原则时，它的重要性就变得更加明显：不存在两个或更多的不同的事物能够彼此完全相似。需要注意的是，这与"同一事物的不可辨别性"并不一样，后者显然是正确的：当推定两个事物事实上是同一的，即不存在两个事物而只有一个事物时，那么可推定的是这两个事物显然无法区分彼此。将这两个原则统合起来，就是"莱布尼茨法则"：x 和 y 是同一的，当且仅当对每个属性 F 而言，y 有 F 时 x 也有 F。

分析性原则是说在所有肯定命题中，谓词所指称的概念已然包含在主词所指称的事物的概念之中。在之后的哲学中，这些命题被称为"分析命题"，因为它们的真值能够仅仅通过分析主词与谓词的含义而获得。一个例子就是"所有单身汉都是未结婚的男性"，或（更明显的是）任何重言式，譬如："所有个子高的人个子高。"莱布尼茨对此的主张看上去显然是值得商榷的，因为它意味着所有明显的经验性命题实际上并不是它们所看上去的样子。诸如"巴黎是法国的首都"或"雨水有时会降落在加拿大"这类断言，在之后的哲学中被称为"综合性"命题，因为它们在主词和谓词中将不相关的概念综合或关联在一起，但它们似乎最终必然是在下述意义上是可分析的，即我们发现成为法国首都这个概念已然被"包含"在"巴黎"这个概念之中，或者"降落在加拿大"的概念以某种方式已然"包含"在"雨水"这个概念里。但事实上，莱布尼茨对他为什么要做出这一主张提供了一个不同且更深刻的论述，我将稍后对此加以解释。

莱布尼茨自己有关连续性原则的论述是"自然从不跳跃"，一切变化都是通过一系列从初始状态到结束状态的彼此相关的环节持续发生。他的"出于好意原则"则是指上帝所做的一切事情都是出于好意的，因而幼年患癌以及全部人口在地震中灭亡，从某种更终极的计划来看都是出于好意的。这正是莱布尼茨为何能够主张这个极为不完美并且充满苦难的世界能够是"所有可能世界中最佳的世界"。概略来说，他的论证为上帝全然是良善的，因此任何发生的事情都不会没有一个良善的最终目的；进而如果世界上有许多看上去是恶的事物，这就是因为恶的事物最终对我们而言是良善的，同时一个完美的世界不会成为最佳可能世界，因为它就没有为我们提供下述机会，即依据我们的自由意志，来选择以获得神的奖赏或惩罚的方式行动。

这些理论观点，除了最后一个都具有很重要的哲学意义，莱布尼茨通过它们阐明了一个令人震惊的形而上学观点，旨在回应下述他认为是最为基础的哲学问题：存在着什么？有何物存在？他写道："我认为，实体概念是真哲学的关键要素之一"，并且终其一生他都在继续论证（尽管在观点细节上有所变化）实在完全由简单实体（simple substances）或个别实体（individual entities）构成，他将之称为单子（monads），这个词的创造源于希腊语前缀 mono-，即"一"。17 世纪的一些自然哲学家，亦即科学家，创造了"微粒"（corpuscle）这个词，它指的是"微小的存在"，用来指称物理对象的微小构成要素；他们没有选择称呼其为"原子"（atoms），是因为他们并不认同这些粒子是终极的或不可再分的。但是莱布尼茨认为单子对实在而言，就是如这个词所展示给我们的那样，是最为根本的。

单子论的起点是莱布尼茨的"实体"概念。一个实体就是一个拥有"完全个别概念"的事物，也即它的概念在其自身内包含着一切能够述说（谓述）它的事物。这正是他主张所有为真的命题都是分析命题的意思：每个为真的肯定命题的谓述概念都包含在主词概念之中。这个实体的概念完全将这个实体"个别化"了，也即从无限的其他实体中将之独特地标识出来。因为"一切可被用来述说一个实体的事物"包含着实体过往、现在以及未来的所有属性，所以唯一能够把握实体概念的心灵就是上帝的心灵。一个完全个体化了的概念的观念，就与一个实体本质的观念是一致的，因为前者使得实体成为了它所是的独特事物。

这一观点产生了一个有趣的推论，即如果你去思考上帝对任何个别灵魂能够了解什么，那么由于这个灵魂会包含一切现在或未来对此灵魂为真的"标识与印记"，以及在宇宙中任何地方已然发生的其他一切事物的印记，上帝就能够从观察这一个别灵魂中，读出宇宙整体及其全部历史中有关宇宙的一切。

莱布尼茨从其设立的原则以及上述学说中，推断说不可能存在两个完全不可区分但却不同的实体（这里发挥作用的是不可分辨者的同一性原则）；实体是可分的并且作为存在物是永远彼此分离的；每一个实体其自身都是一个完整的世界，并且从其自身独特的视角"镜像般反映着"其他所有实体。因此实体是一个类似于心灵的存在，而且在"并不是复合的"这个逻辑意义上是"简单的"，同时它是存在的最为基本的事物。这些简单实体就是单子。

单子并不位于空间中，将单子彼此加以区分的属性并不包括空间位置。这些将单子个体化的属性就是"感知"，也即心灵状态，它们包括了每个人对其他所有人的感知。但是它们并非有意识的感知，因为只有"理性的灵魂"具备有意识的感知，这就是莱布尼茨所说的"统觉"。单子只有通过上帝明确的创造或毁灭行为才能够存在或消失。它们构成了一切事物，这意味着它们是一切形体（bodies）的构成要素，因而甚至一块石头也是由单子，并且事实上是由无限多的单子构成的。不在空间中的实体如何能够构成空间中的或看似在空间中的实体？对这一问题的解答导向了实体间彼此感知的性质，这是莱布尼茨学说中含混暧昧的环节，不过如果它确实是一种认为空间中的物质世界是精神活动以及单子关系的投射的观念论，那么它就能够避免前述明显的质疑。莱布尼茨在其《自然与神恩原理》(*Principles of Nature and Grace*)一书中指出，自然界中的万物都"充满生命活力"，在此这意味着万物都由单子构成。

此处就有一个麻烦出现了：似乎莱布尼茨开始认为单子在其自身内包含着单子，每个单子事实上都是无限多的单子；如果是这样，这就与每个单子都是简单实体，并且是存在秩序的最终构成因素这个观念相冲突。他在提出其观点的不同手稿与信件中，对现象世界（向我们显现的世界）如何由符合他曾详细阐明的形而上学实体理论的事物构成的分析，就令人困惑地与自身相矛盾。其中最为清晰的是在《形而上学论》(*Discourse on Metaphysics*)中相对早期的表述。在这个表述中，宇宙及其所有组成部分都被视为源自上帝的持续"流溢"；上帝因其全知而能够看到宇宙显现的各个角度与方面。因此单子，作为上帝的流溢，可以说是这些显现角度的特殊例示，每一个单子都对其他单子具有其独特的视角。

莱布尼茨对上帝存在的传统论证有其独到特征。他接受对上帝的本体论证明，认为不仅一个完美事物的概念必然一定是一个存在着的事物的概念，而且因为这个存在是完美的，它就不能包含任何与其完美特征相矛盾的消极的事物。他借用"充足理由律"来证明偶然事物存在的理由本身不会是偶然的，因为这对其存在而言是不充分的；因此只有当一个必然的存在作为其存在的充分理由时，它们才可存在——这个必然存在就是上帝。

在这一宇宙决定论图景中，上帝知晓一切，甚至也知晓未来，因此就很难明白莱布尼茨如何能够认为人类会拥有自由意志。并且如果人类没有自由意志，那么罪责与道德义务的观念又如何有用武之地呢？不过莱布尼茨既想要也需要人类具有自由意志，因为没有这个概念，就无法证成上帝在世界中对事物的安排，特别是苦难与恶的存在。因为世界中明显的恶若是对人类有益，则至少其部分理由是这些恶对人类意义重大，人们能够通过回应这些恶而获得神的福佑。

莱布尼茨为保留自由意志而做出的努力既不清晰，也并不令人信服。他认为人类并不了解其未来，并且在一切实际意义上（甚至在逻辑上也是如此）对未来的无知与自由是一回事。当然，人类能力的局限性还不止于此，因为他认为哪怕是对适用于当下或过往的任何事物的谓述中很小的一部分，都超出了我们的理解能力。因此，他暗示说无知等同于自由。

当他提出下述观点时，他尝试了一种不同的策略，也即理性存在者不受宇宙"从属"(subordinate)法则（在谈及物理世界如何如其向我们显现的那样运作时，我们所描述的那类法则）的约束，因此他们的行动"可以称得上是基于一种个人神迹"。这一策略在莱布尼茨观点的语境中并非全无根据，因为如果万事万物都是神的流溢（这正是以不同语词及方法对贝克莱观点的表述，并且事实上也是许多神学理论的立场），那么我们就能以某种方式论述说神的伟大神迹以微小的方式被转交或委托给流溢自神的事物——尽管这必然会重新引入所有有神论观点的辩护者都不得不面对的问题：这让神成为恶的最终肇因。

莱布尼茨的著述非常丰富，才华横溢，他的哲学观点处于待完成状态并仍在发展中，因此很难对之加以清晰地概括。从其著述的细节与技术性而言，他像是 20 世纪的分析哲学家；但又与之不同，他试图从技术化细节里构建出一个理论体系；他本需要更多时间来检验自己提出的诸多观点之间能否融贯一致。

休谟（Hume, 1711—1776）

大卫·休谟（David Hume）在一段他称为"葬礼演说"的自传性笔记中，如此描述自己："我生前是这样的一个人：性情温柔，脾气温和，拥有坦率且适宜与人交往和令人愉快的幽默感，不乏深情但又鲜有恨意，并且对一切激情都极为节制。甚至对文学声名的热爱这个支配我的激情，都未能败坏我的脾气秉性，尽管我常常令自己失望。"如我们所料，这一自我描述出自一位希望自己在年轻时被鼓励去读西塞罗而非《圣经》之人；从其他人对他的所有评价来看，这一自我描述也被证明是准确的。

这同样也是 20 世纪之前英语世界最重要的哲学家的自我描述。休谟一直被视为三位英国经验主义哲学家中最重要的一位，他完成了洛克与贝克莱在他之前以各自不同的方式试图完成的理论。事实上，一些人认为休谟通过证明经验主义沦为怀疑论（这是他们的看法），而以归谬法的方式"毁灭"了经验主义作为一种认识论的理论筹划。我接下来要论述的是，这可能并不是休谟的意思。

休谟出生于苏格兰爱丁堡一个家世悠久但已不再富有的家庭，并在靠近英格兰边界的宁威尔区家族庄园中长大。他的母亲很早就发现了他的天赋，所以当他长兄前往爱丁堡大学求学时，母亲也将他一同送去。当时他才十一岁，家里安排他受训从事法律职业，但很早他就发现自己对"哲学与一般知识"之外的事物都没有兴趣。在十五岁时，他没有取得学位便离开了爱丁堡大学，并投入到个人研究之中。这带来了三方面的结果。大约十八岁时，他相信自己已然发现了一个相当重要的哲学观点。同时，他不再相信自己家庭（其中有一位叔父是苏格兰教会的牧师）所信奉的宗教，最终成为一名无神论者。最后，因为高强度且高难度的研究活动，他一度精神崩溃。

休谟的家人认为环境与职业的改变会对他有好处，就把他送到英格兰的布里斯托尔，让他在一位糖商的公司做职员。但这个疗法没有效果，所以他又前往法国疗养，并在那里生活了三年。他选择生活在拉弗莱什，这里是一个多世纪之前笛卡尔曾求学受教的著名耶稣会学院所在地。在这里他广泛阅读，与耶稣会士论辩，并撰写了他的主要哲学著作《人性论》(*A Treatise of Human Nature*)。

1737 年，休谟返回英国谋求出版他的著作。在前两卷付梓前，他不得不删去讨论宗教问题的几个引发争议的章节，这些内容最终收入他去世后出版的《自然宗教对话录》(*Dialogues Concerning Natural Religion*)。这两卷书于 1739 年匿名出版，接下来第三卷在 1741 年出版。休谟称这部书"一经刊行便已死产"，因为没有人对其有丝毫关注。不过事实上它确实得到了一些关注；甚至在删去那些更有争议的章节后，读过这部书的人也立刻意识到休谟是个宗教怀疑论者，其结果就是"狂热信徒的低声咒骂不断"。

休谟对自己著作的反响极其失望，因为如我们所看到的那样，这本书不是被一些人忽略，就是被没有忽略它的人斥责。他甚至匿名给自己写了一篇书评。他希望这本书能够使他获得一个学术职位，但当他申请爱丁堡大学哲学教席时，却遭到了拒绝。此时他迫切需要找份工作，所以他担任了一位贵族儿子的家庭教师，结果却发现这个年轻人精神不正常。之后他担任表兄圣克莱尔将军的秘书,随之出使意大利和匈牙利处理外交事务。

在这些年中,他将《人性论》改写为两部独立的作品,其中第一部讨论《人性论》第一卷和第二卷中的认识论与心理学内容,而第二部彻底重写了第三卷中的伦理学。最终的成果就是分别被称为《人类理智研究》(An Enquiry Concerning Human Understanding,出版于1748年)和《道德原则研究》(An Enquiry Concerning the Principles of Morals,1751)的这两部著作。他认为后者是他所有书中"无可比拟的最好的一本"。接着他出版了一部论文集,以及《英国史》(History of England)的第一部分。供其写作以上作品的资源与闲暇都来自他最终在位于爱丁堡的苏格兰律师公会(Faculty of Advocates)获得的图书管理员职位。《英国史》在1754年到1762年之间总共出版了六卷。

1762年,休谟被邀请出任英国驻巴黎大使的私人秘书,[1]并很快成为整个使馆的秘书,进而成为代办,代表大使行事。他对美食美酒的兴趣,以及他受人激赏的智识水平与不俗谈吐,都让他当时在巴黎社交圈内极受欢迎,在沙龙中赢得了"好大卫"(le bon David)的绰号。当他返回爱丁堡时,他有能力在时尚气派的新城区建一栋自己的房子,身边簇拥的既有学者,也有"无忧无虑的年轻人"。1776年,他因癌症离世,弥留之际他平静而喜乐,这使得詹姆士·鲍斯威尔(James Boswell)感到极为惊异,后者匆忙赶到他病榻前就是为了瞧瞧这位"大异端分子"在没有宗教的安慰下如何面对死亡。

休谟在他去世前就着手准备《自然宗教对话录》的出版,他去世后不久这部书就面世了。他为出版社写了一份通知,即"广告",上面说他的《人性论》是部"少作",而两本《研究》包含着对其哲学观点的精确而完整的论述。这一论断并没有得到后来哲学家们的同意,因为在他们看来,《人性论》的详尽、有趣和深度远超这两部《研究》。在出版这两部《研

---

[1] 根据作者原文表述(in this latter year),从上下文(在1754年到1762年间)看显然休谟于1762年接受任命,但诸多休谟传记指出这个时间是1763年。——译者注

究》时，休谟在给一位朋友的信中写道，"Addo dum minuo（我通过删减而加以补充）。"可是他删减了太多《人性论》中的论证内容，而这正是此书中有价值的部分。《人性论》正因此被视为其最重要的著作。

在《人性论》第一卷和第二卷及其更易读的版本，即"第一研究"中，休谟开始着手解决洛克与贝克莱讨论过的问题，但却是以极为不同的方式进行的。洛克旨在提出一种关于知识的一般性理论：知识是观念间的彼此关联，偶然或经验的知识实际上具有或然性。贝克莱对此认识论问题提供了一种形而上学的解答：实在的本性解释了我们如何获得知识，因为实在的实体是心灵，而经验就是我们所拥有的观念。休谟认为他们的理论非常依赖于各自有关心灵本性的理论。因此他开始提出我们现在称之为"哲学心理学"的观点，他将此表述为一种人性学说。

他这么做的目的是要比洛克和贝克莱所设立的目标走得更远。这两人希望解释知识并说明我们如何能够获得知识，而休谟的目标则是要解释关于这些问题的讨论，如何能够在伦理学原则方面给予我们重要启发，这是《人性论》第三卷以及"第二研究"的主题。

休谟生活的历史背景，也即启蒙运动，使得他得以将争论推进到超越知识问题本身的领域。因为自古典时代晚期至现代早期（现代开始于16世纪至18世纪之间，18世纪正是启蒙运动兴盛时期），在基督教道德神学之外鲜有对伦理学的讨论，也少有对支撑伦理学的根本原则的讨论。有关道德的讨论被限定在对圣经和教会训诫的解释之中，并且长久以来在这些问题上对正统学说的任何偏离都受到严厉的惩罚。但在现代的开端，我们看到那类曾兴盛于古典时期的有关伦理原则的争论的复归。主要原因在于宗教权威不再能控制哪些东西可以被允许思考及讨论，这意味着道德怀疑论者的质疑——"我为什么应当这样而非那样行动？"能够再一次被搬上台面。

对基督教道德家而言，上述问题的答案是"因为上帝是如此说的"，这个答案暗含着惩罚的意味：奖赏服从者，惩罚违背者。但无论是某人命令"这么做"这个事实，还是支持这命令的奖赏提议或惩罚威胁，都不是遵循该命令的理由。如果发布命令的人有足够的力量实施惩罚，那么遵循命令可能是**审慎的**。但仅仅是命令这个事实，或承诺与威胁这个事实，在逻辑上并不是一个有说服力的服从命令的理由。因此无论道德的基础是什么，它都不可能是某个个体的意志，即使是神的意志也不行。

这正是促使休谟提出下述问题的原因："道德的一般基础，是从理性还是从情感中推演得出的？我们获得有关道德一般基础的知识，是通过论证与归纳的链条还是根据即刻感受与更敏锐的内在感觉？这些知识是否如同一切有关正误的合理判断那样，对每个具有理性的理智存在者而言都是一样的？抑或与对美和畸形的感知类似，它们完全建立在人类独特的构造与组成之上？"基于对心灵、经验与知识本性的探究，休谟的回答是"道德的一般基础"在于情感。与此相关的是，他否认理性或神的意志能够成为道德的基础，这引发了异议。后面会详细谈到这个问题。

在支持其道德主张的理论中，休谟的核心论点是，对"知性运作"（即心灵如何运作）的研究证明我们有关世界、自我以及道德的基础信念并非建立在理性之上，而是内在于构成我们人性的方式之中。因此他主要著作的标题就是《人性论》。他有关这一观点的论证如下。

244

首先，休谟称他的方法是"以常规方式解剖人性，并且只做出那些可以得到经验确认的结论"。所以他是在对我们心灵和情感的运作方式加以经验性考察。他认为自己对"道德哲学"所做的事情正如牛顿对"自然哲学"所做的一样。牛顿提出了一条定理，即重力定理，它能够解释宇宙运行的诸多方面。休谟也提出了一条定理，即"观念的联结"，它是人性运作的相应解释原则，因为在他看来，这条原则能够解释经验、信念、因果性、归纳推理、我们自我的概念以及理性的界限。

休谟认为绝对地从头开始，严格依赖我们在意识中的经验，并且不对外部世界或任何其他事物做出假设，我们就可以注意到，我们所有的感知分为两类：印象与观念。它们只是在强烈程度和生动程度上有所不同：印象比观念更加生动；而观念是印象的模糊摹本。印象与观念都有简单与复合之分。简单观念是简单印象的直接摹本，但复合观念则是由想象力从许

现代思想的兴起　　**253**

多不同的简单印象和其他观念中构建出来的：休谟说他可以想象一个城市"金子铺路、红宝石为墙。但我却从未亲眼见过这样的城市"。

注意观念是印象的**摹本**这个重要主张。我们拥有的观念首先是一个印象。显然，一个"印象"（被印刻的某物）就是我们通常认为是由外部世界产生而印刻在我们感官上的事物，或是由一种意识中内在感觉的压力所产生的事物。但由于我们尚无理由认为存在着一个外部世界，我们无法这么认为——我们必须要把自己仅仅限定在经验本身的范围之内。因此我们强调说观念是先于它的印象的模糊摹本，并且我们可以说如果一个观念并未源自其先前的印象，那么我们就没有权利认为它是有效的。这就是经验主义约束。

对休谟而言，第二个至关重要的观点是每个简单印象都是原子的（atomic）。在印象之间并不存在逻辑或必然关联。它们不依赖彼此，相互独立。但是源于这些印象的简单观念却以有序的方式彼此联结，仿佛确实"在它们之间有着某种联系纽带，某种联结的属性，以此一个观念自然地引出另一个观念"。这种联结的属性"是一种温和的力，通常无处不在，……自然以某种方式向每个人指出那些最适宜联结为一个复合观念的简单观念"。

观念之间有三种联结类型：类比——如果观念彼此相似，它们就会彼此联结；时空连续性——如果观念通常一同出现，心灵就会从一个观念自然而然地过渡到另一个观念；以及因果性。这三者中，最后一个目前而言是最重要的。观念的联结也揭示了信念：相信某事（将其观念称为"x"），就是相比于我们不相信它时（比如只是中立地思考它时），x在我们心灵中的呈现更"有力和鲜活"。休谟认为这种情形出现的典型方式是当一个当下的印象与x联结或x源自该印象时，这个印象就向x的观念传递了一些它的力度与鲜活。

观念越是彼此联结，我们心灵就越是能形成从一个观念过渡到另一个观念的习惯。这就解释了我们认为在原因与结果之间存在**必然关联**的信念。我们认为原因"使得"结果发生，但如果我们寻找"因果必然性"这

254　第三部分　现代哲学

个观念的原初印象，我们将无法在原因事件和结果事件之间的关联中找到它。相反，我们是在从原因观念过渡到结果观念所形成的**习惯**中找到它的。我们感受到一种从原因观念到结果观念运动的冲动，并且我们将这种感受到的必需（necessitation）投射到世界之中。因此，正是这种建构我们心灵的方式使得我们如现在这样理解因果性。同样这也适用于我们认为存在一个独立于我们经验的世界这一信念：我们就是无法不去相信这一点。此外，它还适用于我们对归纳推理可靠性的信念，这种推理很大程度上立足于未来会与过往类似这个信念。我们只是被建构来这么思考。这些观点没有哲学证据能够证明，我们无法将其建立在理性之上。

这与休谟对洛克发起的有关自我及自我同一性的讨论的贡献是一致的，休谟认为"自我"这个观念不过是一种方便的称呼。我们用这个词来指称我们所想象的单个持存的实体，而事实上并不存在自我这类事物。他的理由是，我们通过"内省"来寻找"自我"时无法发现原初印象，我们从内省中所能找到的只是一束恰好在那个时刻一同发生的印象与观念，并且这束观念与印象处于持续变化之中。我们认为这些易变的束就是一个持存的自我，因为构成它们的观念的联结使得我们以这种方式去理解它们，正如我们心灵的构成使得我们别无选择地去相信存在外部世界与因果性。休谟立足于观念联结理论的信念与心灵习惯学说，与他的其他观点产生了同样的结果。

休谟推断说一旦我们理解了我们心灵的运作方式，并且理解了这一观点如何解决哲学中传统的认识论、形而上学以及伦理学的问题，我们就会在一个重要问题上同意他的见解。这就是我们的心灵从事两类一般性活动：对比观念、推断事实。观念之间的关系要么通过直觉加以把握，正如我们看到 1+1=2 时那样；要么通过"证明"，就如我们在进行数学证明一样。因此有关"观念的关系"的问题主要限定在数学或逻辑学领域中。"事实"通过经验观察或因果推理而得出，它与事物在世界中是怎样的有关。"观念的关系"与"事实"之间的区分使得休谟做出如下著名论断："当我们心怀上述原理而检视我们的藏书，我们将会带来怎样的破坏呢？

如果我们随手拿起一本书，例如神学或经院哲学著作，我们就可以问：它涉及任何有关数与量方面的抽象推论吗？没有。它包含任何有关事实与存在的经验性推论吗？没有。那就把它扔到火堆里去，因为它除了诡辩和幻觉外一无所有。"这一观点对 20 世纪实证主义者和整个分析哲学都具有非常大的影响。

我们有关因果性和世界独立存在的信念并无哲学证明这一主张，同样也适用于道德判断。在此休谟的论断是，并没有我们感知到或对之加以回应的客观道德事实"在那里"；相反，是我们将自己的情感投射到了世界之中。这种观点被称为主观主义，或是 18 世纪的"情感主义"。它认为我们视为善或恶的事物，分别对应我们赞同或厌恶的事物。

休谟的道德理论在有关道德基础的论争中占有一席之地，这一论争如前所述，是源于宗教对道德思考控制力的衰落。认为道德的基础并不在那些被认为由神发出的命令之中，托马斯·霍布斯以及基于类似理由的伯纳德·曼德维尔（Bernard Mandeville，在其 1714 年出版的《蜜蜂的寓言》[The Fable of the Bees] 中）指出，自利是统领人类行动的原则，善行依赖于对行为将能产生的个人收益的计算（以及对恶行将会对自己造成的伤害的计算）。针对这种观点，有两种回应。一个是当时通常与宗教相关的"理性主义"立场，认为理性告诉我们应当如何行动。另一个则认为道德的源泉在于人类仁慈与同情的情感；这就是情感主义立场，即休谟所采纳的观点。

休谟对理性主义道德观的主要反驳，就是拥有一个理由本身并不足以产生行动。只有情感才能激发行动。会有一个理由使我去学另一门语言，但除非我想要或感到需要去学习，否则我不会这么做。一旦行动的动机已然出现，理性的功能就不是推动而是指引行动：当我们有动机去达到一个目标时，理性能够告诉我如何达到这个目标。休谟写道："理性是且应当仅仅是激情的奴隶，并且除了服务以及服从激情外，不可自称有任何其他功用。"因此必须要提出的问题就是，"我们获得（有关道德原则）的知识，是通过论证与归纳的链条，还是根据即刻感受与更敏锐的内在感觉？这些知识是否如同一切有关正误的合理判断那样，对每个具有理性的理智存在者而言都是一样的？抑或与对美和畸形的感知类似，它们完全建立在人类独特的构造与组成之上？"

休谟同意人们拥有与生俱来的道德感，它决定了什么是善，什么是恶。支持这一观点的思想家有沙夫茨伯里伯爵三世 (the third Earl of Shaftesbury) 以及弗朗西斯·哈奇森（Francis Hutcheson）。休谟在其《道德原则研究》中引用了这两位的观点，并认为后者"以其最令人信服的论证告诉我们，道德并不存在于事物的抽象本性中，而是完全与每个特殊事物的情感或精神状态相关；它们就如同源自每个人感觉或感官中有关甜与苦、热与冷之间区分的独特感受一样"。

休谟在《人性论》中对这一道德主观主义理论做出了如下经典陈述："就以公认为罪恶的故意杀人罪为例。从各方面对之加以考察，看看你是否能够发现你称之为恶的任何事实或真实存在……你并不会发现这个东西，直到你转而反思自己的心灵，在其中你发现了一种厌恶该行为的情感，它产生于我们自身。事实就是恶是感觉的对象，而非理性的对象。"在此关键概念是"事实或真实存在"，休谟以此指代世界中客观的因而是独立于人类情感而存在的事物。换句话说，休谟主张道德并非世界中客观的事物，独立于任何人的个人选择与偏好，而是个人选择与偏好的产物。休谟认为，不存在客观道德事实这一主张是拒绝理性主义的核心理由。这补充了他的另一个论点，即就算确实存在客观的道德事实，仅仅承认它们存在并不会促使一个人这样而非那样行动，因为只有情感能够作为动机。他对这一观点的表述方式引发了诸多哲学争论：他说你无法从描述中推导出规范，也即你无法从描述世界某个方面的陈述中推导出告诉你应当如何行动的陈述（有时也被表述为：你无法从"是"的前提中推导出"应该"的结论）。

对主观主义的一个典型反驳就是它使得道德判断成了一件任意的事情，取决于个人多变的想法，而个人的主观态度可能与其他人的主观态度有很大不同。但休谟认为人性在任何地方、对任何人来说大体上是相同的，并且在根本上是良善的。这一乐观的立场意味着人们在道德回应中就如在审美中一样，会有广泛共识。当然他承认在伦理与美学领域中都会有不同的意见出现，但他对此的解释是分歧中的一方或多方必然没有获得充足的信息，或者受到迷惑，抑或在道德感上存在缺陷。通过将道德感与文学批评的技巧加以对比，休谟论证说，如果我们能够避免他所说的"宗教迷信的幻觉以及哲学狂热"，我们就能够提升做出裁断的能力，变得更为胜任。

在休谟看来，我们的道德判断主要针对的是人性的美德与罪恶。根据他的观点，有两类美德，即自然的与"人造"的，后者指的是依赖于社会传统的美德。人造美德包含在遵循得到社会接受的规范之中，并且包括正义、贞洁以及对各种各样义务的遵循（譬如服从法律、遵守协议）。尽管人造美德的具体内容是由习俗决定的，自然美德却在所有人类中都广泛存在，因为顾名思义，它们是人类与生俱来的禀赋的一部分。它们包括友谊、忠诚、慷慨、勇气、怜悯、公正、耐心、好脾气、坚持不懈、审慎以及善良；并且休谟认为它们也包括本性温和、爱干净、恪守礼仪以及足够"随和且帅气"以至于"使得一个人可爱或惹人喜欢"的社会性美德。

最后的这几项"美德"引来了批评，因为它们并不取决于个人的意志。一个人无法选择帅气或不帅气，并且迷人、机智以及大体上让人乐于亲近等甚至超出了一个人的能力范围。批评者会质疑，那么这些如何算是美德呢？不过休谟的目的很明确：他将人与人的伙伴关系（fellowship）以及社交活动的快乐也算为人类的主要善好，并且如果一个人拥有（或许是培养出）这些必需的特征，就称得上是一种美德。休谟可能会说，一个人或许无法意愿自己是帅气的，但他可以尽力如此，并且成功地使自己变得漂亮、整洁。

在写给弗朗西斯·哈奇森的一封信中，休谟特别评论说，他在道德问题上最心仪的作家是西塞罗。在同一封信中，他回忆起孩提时期被强制去学习一本名为《人的全部义务》（*The Whole Duty of Man*）的新教小册子，这是他那个时代小学生的必读书。他告诉哈奇森,即便在当时,他都拒绝书中的观点。西塞罗与基督教观点之间的对比告诉他,美德是能够给拥有美德之人以及他人带来快乐的事物,或者对良好的伙伴关系真正有所助益的事物,然而"独身、斋戒、苦修、禁欲、克己、谦逊、独处以及那一整套僧侣美德"在休谟看来都极为可怕:"它们迷惑知性,使人心变硬,削弱想象力且败坏性情。"

从这一观点及其美德清单中,我们能够轻而易举地把握住休谟对良好生活的看法。这是一个很早就萌发的观点,在二十三岁时写的一封信中,他说:"我阅读了许多道德著作,譬如西塞罗、塞涅卡、普鲁塔克的作品,并且醉心于他们对美德与哲学的优美论述,我着手改善自己的性情与意志,以及自己的理性和知性。我一直通过反思应对死亡、贫困、耻辱以及其他生命中的灾难之道来提升自我。"可见作为休谟早期观点一部分的斯多亚主义并没有在休谟成熟的作品中继续发挥影响。斯多亚主义中克己、自制的方面让位于对社会性美德更加愉悦的接纳。并且休谟亲身践行着自己的话语,非常配得上"好大卫"这个绰号。

与启蒙运动时期其他思想家一样,休谟也坚信哲学(在此指的是普遍意义上的研究与反思)属于整个世界,而非学术或学者研究所独有。想到文艺复兴所终结的经院哲学家的时代,他写道,"上一个时代的巨大缺憾"就是它将"学者同大众的世界"割裂开来;结果就是后者错失许多,而学者"由于被封闭在学院和斗室中而同样损失惨重"。最终导致哲学一直以来"其表达风格与方式令人无法理解,其结论充满空想"。而根源就在于学者失去了与世界的接触;他们"在自己的推理中,从未诉诸经验,也未寻求经验,而经验只有在共同生活与对话中才能寻得"。不过休谟庆幸在他的时代学者与大众再一次展开了交流——特别是再一次展开了有关良好生活的论辩,就如古希腊时期他们在橄榄树荫下所做的那样。

卢梭（Rousseau, 1712—1778）

若有人认为思想家的个人生活与对其作品的评价毫无关联，那么他们就可以援引让-雅克·卢梭（Jean-Jacques Rousseau）的例子来支持其观点。这是因为在诸多方面卢梭的行为有时与其公开宣扬的观点极为不一致。譬如，在《爱弥儿：论教育》（*Emile or On Education*）中，他批评将婴儿紧紧包裹在襁褓中而非使之自由活动的行为，并更严厉地抨击了母亲将自己的孩子交给乳母养育的做法，在此基础上，提出了一种体现出对孩童视角具有诸多同情的教育理论。然而在他自己五个孩子出生的时刻，他将每一个都丢在巴黎育婴堂的门阶之上。同样，他充满雄辩地论证了自然而开明的人际关系，却对那些试图帮助他的人充满了偏执狂式的猜忌——考虑到他的生活常常陷入麻烦，这种猜忌的情形经常出现。

卢梭出生于日内瓦，并且总是为自己是日内瓦公民而感到自豪。在他出生后没过几天，母亲就过世了。他十岁时，做钟表匠的父亲就将他和他的兄弟丢给一位叔父抚养。之后，卢梭在法国与意大利各地担任仆人或秘书，并且有一段时间得到萨伏伊贵妇弗朗索瓦丝-路易斯·德·瓦朗（Françoise-Louise de Warens）的眷顾，后者帮助他接受教育，并且在他二十岁时，接纳他作为其情人。在她的屋檐下，卢梭学会了音乐演奏与作曲，之后他作为作曲家取得了一些成绩。

德·瓦朗夫人为卢梭安排了担任法国驻威尼斯大使助手的职位，但他不喜欢这个工作，而是跑去了巴黎。在去之前不久，他向法兰西科学院提交的乐谱创新方案以失败告终。但一到巴黎，他的事业就走上了正轨。他遇到了泰蕾兹·勒瓦瑟（Thérèse Levasseur），从那以后，她成了卢梭的终生伴侣，也成了他放弃抚养的孩子们的母亲。此外，他结识了启蒙运动中的伟大壮举——《百科全书》——的主编德尼·狄德罗（Denis Diderot）。他们成了每日热切交谈的密友。狄德罗将卢梭引荐入巴黎的知识界，而卢梭为《百科全书》撰写了许多有关音乐的文章。这使得卢梭进一步介入《百科全书》的工作中，其中就收录了让卢梭扬名立万的文章，即论政治经济学的词条。

不过,让卢梭获得其全部声望的,是他向第戎科学院提交的获奖论文,即有关"科学与艺术是否有助于人类道德改善"这个问题的文章。不同于《百科全书》及其倡导的启蒙运动的创立前提,卢梭对此问题的回答是"并不会"。法国国王路易十五很欣赏他的回答,赐予他津贴作为对这篇文章的奖赏,但卢梭拒绝了。

1754年,卢梭回到日内瓦,开始创作使他接下来声名鹊起的系列著作。第一部《论人类不平等的起源》(*Discourse on Inequality*)是对他第戎科学院论文的发展。在这部著作中,卢梭追随霍布斯与洛克的指引,预设了自然状态的观念,并论证财产是社会与经济不平等的起源:"第一个圈起来一块土地,想到去说出'这是我的土地',而且发现人们足够单纯到相信了他的人,是市民社会的真正建立者。"他的人性理论依赖于如下观点,即"自然状态下的人"仁慈地在意其自身福祉,天然地拥有同情心,并且仅仅要求"食物、一个女人以及睡眠"就会很幸福。尽管"高贵的野蛮人"这个表述并不是他原创的,这个词却捕捉到了他有关自然状态中人们"未败坏的道德"的观点。自然状态下的人们被卢梭视为人类发展在动物的野蛮状态与"文明"人的堕落本性之间的制高点。

使得卢梭在整个欧洲知名并受到尊崇的著作,是他出版于1761年的小说《朱莉:或新爱洛伊丝》(*Julie, ou La Nouvelle Héloïse*),它采取了居住在阿尔卑斯山优美自然风光中的一对情人之间的一系列往来信件的形式。如这部作品的副标题所展示的,其原型是中世纪情人阿伯拉尔与爱洛伊丝之间的信件往来。这部著作是惊人的畅销书,在其读者中间激起了情感的波涛,特别是对最后女主角朱莉令人沉痛的死亡,他们记述了自己的失声痛哭与低声啜泣,轻声叹息与沉痛难抑。它极大地推动了18世纪的"情感"崇拜,并对当时刚刚萌芽的阿尔卑斯地区的旅游产业起到了同样的推动作用。

1762年,卢梭发表了《社会契约论》(*The Social Contract*)和《爱弥儿:论教育》。前者是以如下名言开篇的:"人生而自由,却又无往不

现代思想的兴起　　**261**

在枷锁之中。"后者中有一节题为"萨伏伊副主教的告白",与天主教和新教主要信众持有的三位一体神学不同,它为宗教信仰提出了一种一位论(Unitarianism)式的辩护。(一位论者认为上帝是单个人,耶稣不是神而是人;而天主教及大多数新教神学家认为上帝是"三个位格构成的一个整体":圣父、圣子以及圣灵。)这本身就足以让他陷入麻烦,但他又补充了如下观点,即一切宗教都是同样有价值的,并且不存在原罪或神启这样的事。

有关对人性而言什么是"自然"的学说支撑着他的教育理论。在《爱弥儿》中,他指出儿童的教育阶段应当与人类历史的不同阶段相对应,从孩提时期不受束缚的自然状态开始,逐步过渡到生活中的经济与社会关系。

这两部书激起了诸多争议。它们代表着对狄德罗、达朗贝尔以及德霍尔巴赫(d'Holbach)等启蒙思想家的唯物论和经验主义的背离;因此,德霍尔巴赫与卢梭展开论辩,而狄德罗与卢梭也分道扬镳。神学家以及支持神学的当权者则更为愤怒。结果就是他的著作遭到封禁,他本人也遭到封杀;法国与瑞士当局都不再允许他居住在其境内。伏尔泰与普鲁士的腓特烈大帝都提出为卢梭提供庇护,后者基于《新爱洛伊丝》以及《爱弥儿》,评价卢梭道:"我想可怜的卢梭搞错了他的志业;他本应是一位隐者修士、沙漠教父,因其苦行和鞭挞而闻名于世的。"他还补充说,"我的结论是,(卢梭)在道德上有多么纯洁,他的头脑就有多么逻辑混乱。"

但卢梭却接受了大卫·休谟的邀请而前往英国。一开始他在英国被奉为名流,但当舆论反对他时,他性情中偏执妄想的倾向被霍勒斯·沃波尔(Horace Walpole)针对他的一个恶作剧点燃,由此爆发了一场公众争论,他与泰蕾兹愤然离开英国。

在其晚年,卢梭致力于研究植物学,并且写作自我申辩和辩护,其中就包括他著名的《忏悔录》(*Confessions*),这是同类型自传作品中的第一部。他因中风在1778年的夏天去世,享年六十六岁,遗留下尚未完成的作品《一个孤独散步者的遐想》(*Daydreams of a Solitary Walker*)。在这部作品中，他说虽然自己感到被社会驱逐，却寻找到了"平和、宁静、和平，甚至幸福"。

卢梭对哲学的主要贡献是他的政治理论。尽管他的政治学说在《论人类不平等的起源》与《政治经济学》（On Political Economy）等著作中得到详述与澄清，但他提出其政治学说的主要文本是《社会契约论》。

在《社会契约论》中，卢梭给自己设定的目标是为他在《论人类不平等的起源》结尾描述的问题提供解决方案。在该书结尾，他说人类走出自然状态的结果是人们不可避免但又加重不平等的彼此依赖，因为他们再也无法满足自己的需要了。这就带来了不稳定与冲突的威胁，促使人们建立一个权威来确保他们之间的和平。但是这个权威仅仅制度化且强化了彼此依赖所造成的不平等，使之有了法律效力。这样一种安排会有利于有钱有权的人，因而使穷苦无权的人们陷入被剥削的境地。在《社会契约论》中，卢梭试图提出一种方法，使得社会生活的益处能与所有人的个人自由相一致。他为此所做的论证的核心概念就是"公意"（the general will）。

卢梭的"公意"指的是什么并不明确，可以有诸多不同的理解。最为普遍的解释有两种。一种认为：公意是"人民的意志"，就像这个概念在民主意义上被理解的那样，是意见一致的人们所形成的共识；另一种则认为：这是一个更加抽象的概念，有点儿像被超验地认为超越于任何给定个人实际偏好而存在的共同目的或利益。两种解释都能从卢梭的作品中找到证据支持，尽管他的文本似乎偏向于第二种解释："在众意和公意之间有巨大差异。后者只关注共同利益，前者则考虑私人利益，且不过是私人意志的加总。但除去这些相同意志中彼此正负抵消的部分，剩下的具有差异的意志总和就是公意。"

对"公意"的两种解释都与如下的进一步观点相一致，即公意是一种理想化状态，一种实际上没有国家真正实现了的理念，若这确实是卢梭的意思，那么结果就是就没有任何国家真正具有政治正当性。

无论是否具有上述含义，卢梭认为"公意"总是以每一个人以及所有

254

现代思想的兴起　　**263**

人的善好为目的，这意味着它永远不会同任何个人的善好相冲突。正是如此，它提供了一种方法以调和国家存在与作为一种社会和政治价值的自由之间的关系。具备正当性的国家就是体现出公意的国家，因此获得自由就是服从公意。卢梭将服从公意的要求描述为"因强制而获得自由"。当我们注意到卢梭对比了自然状态中所体验到的自由（"自然自由"）以及具备正当性的国家中人们享有的自由（"公民自由"）时，上述观点中包含的矛盾就得到了缓和。前一种自由是可以尽情做我想要做的事情，但这意味着我同样易于受到他人肆意而为的伤害。相反，在"公民自由"中我受到表达着公意的法律的保护，因此能够确保自己的生命与财产。

卢梭的下述主张，即公民社会中人们因为服从他们施加在自己身上的道德法则而拥有"道德自由"，预示了康德的学说。这一观点的引入在卢梭界定的自由类型中又增加了一种自由。不过一种可能是服从公意的公民自由的观点与道德自主性在下述意义上非常相近，即一个人加入公意之中，事实上就使得他成为自己生活于其中的法律（包括道德法则）的立法者。

或许在此援引卢梭《爱弥儿》中"萨伏伊副主教的告白"一节中有关自由问题的观点是合适的。在这个故事中，副主教因为一桩性丑闻而被剥夺圣职，并且在此之后陷入个人危机的惨淡处境之中。他对自己的一切信念采纳了一种类似笛卡尔的视角，来分析自己是否确定地知道一切事情。他发觉自己能够确定的是自己具有自由意志，并不服从于因果性物理法则，而是有完整自由如其所愿地那样做出选择和行动。如果我们认为这一自由观是《社会契约论》中卢梭的意思，也即自由就是服从公意，那么它就暗含着下述观点：无论我们是否意识到这点，公意事实上是个人的意志。如同服从公意的行动体现了"道德自由"观念，公意因此就是一种自主的行动。

卢梭既不欣赏现在所谓的"代议制民主"，立法机关由选举产生，也不赞同由人民选举或任命的霍布斯式的主权者或最高权力机构的构想。他认为这种安排涉及个人自我统治的异化，因此是一种奴役。他的观点引发了如下问题，即大多数社会的人数太多，以至于无法通过类似于希腊广场（agora）上集会的机制来自我统治，因而他的观点似乎是不可行的。一些评论者指出，卢梭试图对一个国家中的"主权"和这个国家的"政府"做出区分，其中后者是实行前者意志的机构。因此，人民是主权者，他们意志的执行者并不对之具有控制权，而是服从于他们。

不过卢梭在政治上是个悲观主义者，因为他出于某种理由，猜测政府会很快对人民行使权力而非服从于他们。这一证明源于历史，包括在他那个时代才开始存在的代议制民主的历史。

卢梭在《爱弥儿》与《社会契约论》等著作中所呈现出的宗教观点，使得同时代的人非常愤怒，不过其中有一部分人呼吁宽容，并且通过宣传对神的信仰以及赏罚分明的来世而推动能够确保人们良好行为的"公民宗教"（civic religion）。他对女性抱持一种传统的观点，认为她们是男性的"贤内助"，且必须要顺从男性。在《爱弥儿》中，他说男性并不需要（need）女性，而是欲求（desire）她们，但女性则是既需要男性，又对之有所欲求。他补充说女性要比男性更聪敏且更实际；她们低下的社会地位似乎是由于她们的身体条件较男性孱弱。

正是最后这个观点让我们不禁要想，普鲁士腓特烈大帝对卢梭的评价，如果宽宏大量地看，似乎是对的。

康德（Kant, 1724—1804）

那些深谙哲学之人可能不会反对如下主张，即柏拉图、亚里士多德与康德是西方哲学史中最伟大的三个人。哲学史中的其他人物，特别是就他们对之后思想家所施加的影响而言，也很重要，但几乎无可争议的是这三位的名字高居众人之上。他们出类拔萃的根源在于智识的力量，他们对复杂问题中最深邃部分的介入以及他们广泛的贡献。他们每一位都创造出了用来探究形而上学、认识论以及伦理学基本问题的新的概念与词汇，更不用说在心理学、社会与政治理论方面的贡献。他们每一位都因此而改变并丰富了人类思考的方式。

如果伊曼努尔·康德（Immanuel Kant）在五十岁时就去世，有可能我们会从未听说过这样一个人。从中国俗谚"兰畏莺啼，菊傲秋霜"（兰花在春天开，莺鸟啼鸣则预示着中国北方平原地区夏天的开始，也即花期将尽；但菊花会一直开着）来看，康德无疑是秋菊，他大器晚成。事实上，康德生命中大部分事情都来得很晚。他直到四十六岁才得到一份有薪水的学术职位。几年之后，也即当他最终能够不再依赖他所能吸引的学生的学费为生，因而放弃授课时，他才能致力于写作他的鸿篇巨制：《纯粹理性批判》（Critique of Pure Reason，1781）、《未来形而上学导论》（Prolegomena to Any Future Metaphysics，1783）、《道德形而上学奠基》（Groundwork of the Metaphysics of Morals，1785）、《实践理性批判》（Critique of Practical Reason，1788）以及《判断力批判》（Critique of Judgment，1790）。

在第一批判发表后的一段时期内，并没有人关注这部作品，因为它太晦涩了，要理解其重要意义与深意颇需一番功夫。似乎康德观点的复杂性及其用来表述观点的令人费解（事实上是很糟糕）的行文风格，成为理解其著作时难以跨越的屏障。不过之后《纯粹理性批判》得到了理解，且康德因此而闻名。哲学名人常有（想想更晚近的例子，伯特兰·罗素与让-保罗·萨特），但康德是其中格外非凡的一位。登门拜访他的人络绎不绝，让他不堪其扰。在他退休再次回归私人生活之前，他像王室成员一样，每天在书房门前现身片刻，向访客们挥手致意。有一天，一位名叫罗伊斯教授的访客在遭到康德仆人拒绝后，闯入康德的书房说："我走了160英里，只为面见康德教授和他攀谈！"——在那时，这可是将近一个星期的旅程。康德的思想在当时很快风靡于大部分德国大学，并且其中绝大多数哲学教授都是康德主义者。

康德的盛名超越了德意志的范围，诗人柯勒律治（Coleridge）前往德意志就是为了研究"批判哲学"，可是理解他的观点所要花费的时间就要多很多。直到刘易斯（G. H. Lewis）的《哲学历史传记》（*Biographical History of Philosophy*，1846）出版后，英语世界才开始从学术角度欣赏康德。事实上，康德的第一位英语译者是个苏格兰青年，约翰·米克尔约翰（John Meikeljohn），他是一位语言天才，却几乎无法让"纯批"变得能够让人理解。他这部实际上无法理解的译本于1855年问世。最终，一个好译本由诺曼·康蒲-斯密（Norman Kemp-Smith）在1929年推出（其后很长时间内，这都是"纯批"的标准英译本），其文风（相对而言）是如此清晰，以至于德国学者都读这个译本而非德语原文。

康德在1724年出生于东普鲁士的柯尼斯堡。他的祖先是苏格兰人，在康德评论说阅读休谟的《人类理智研究》"打破了我的独断论迷梦"时，这一点变得格外有趣。康德的父亲是位马鞍匠，并且他的双亲都是虔信派（Pietists）这个关注自身的新教教派的信徒。他在腓特烈中学接受教育，之后进入柯尼斯堡大学学习哲学、物理学、数学与神学。还是学生时，他靠做私人家教谋生；之后许多年，在其他工作之外，他还给军官们讲授防御工程学。他也成为柯尼斯堡大学的编外讲师，一种依靠选他课程的学生所缴纳学费来取得收入的无俸教师。当时他穷困到卖掉所有自己的藏书来交房租。

康德是个多面手，他不仅教授数学、物理学、地理学、心理学、人类学、自然法、哲学乃至天文学等主题的课程，而且在这些领域内都有所建树：约翰·赫歇尔（John Herschel）爵士称，康德在天文学中预见了天王星的发现，并且在基于牛顿原理的康德-拉普拉斯宇宙起源学说中占有重要位置。

如关于康德血统的信息所暗示的那样，柯尼斯堡同波罗的海及其他地区有着广泛的商贸往来。这个城市中居住着许多不同民族的人，其中就有英国人团体。康德的密友中，格林（J. Green）与马瑟比（R. Motherby）这两位都是英国商人。就如莎士比亚时期的英国剧团在普鲁士、波兰与波罗的海沿岸国家巡回演出所表明的一样，这些人代表着柯尼斯堡城里可以回溯至几个世纪以前的世界主义传统。

康德通晓英文、法文以及古典语言，并且广泛阅读这些语言的著作。他是位众所周知有着固定生活习惯的单身汉，每天下午 4 点钟都非常准时地出门散步，邻居都说他比大教堂钟表的计时还要准。在因年迈而无法按时出行之前，只有一次他打破了这个常规：他拿到了一本卢梭的《爱弥儿》，手不释卷。在他屋子的墙上只有一幅画作，那就是卢梭的肖像。他心目中的其他思想巨匠还包括古代作家贺拉斯（Horace）与维吉尔（Virgil），以及现代的弥尔顿（Milton）、蒲柏（Pope）和休谟。

出名之后，有其他大学向他发出教职邀请，但他并不愿离开柯尼斯堡。事实上他也从未离开过。他说这是因为全世界都来到柯尼斯堡，而他无须离家就可以周游世界。在他生命的最后几年中，在他写作其主要哲学著作这一繁重的智识工作时期告一段落后，他身心俱疲。他极为消瘦，以至于坐着都感到疼痛，因为没有肉来缓冲椅子和骨头的碰撞。他年近八十岁时去世，忠实的仆人马丁·兰珀（Martin Lampe）一直陪伴他到最后。[1]

《纯粹理性批判》中的观点对康德的成熟哲学立场至关重要，为了理解这部著作，首先我们必须要意识到康德所使用的"形而上学"一词指的是我们现在所说的"哲学"（在他那个时代，"哲学"主要指我们现在的"科学"）；以及其次，当时人们认为哲学的核心是认识论，即我们如何获得知识以及能够获知什么的问题。更准确来说，在康德看来（事实上也是笛卡尔、莱布尼茨、洛克、贝克莱与休谟这些康德明确援引的哲学传统所认为的），哲学的核心关切是与"何者存在"这个问题相关联的认识论问题，因为知识是"对于或有关某事物的知识"，因此明确知识的对象，也即这个"某事物"的性质至关重要。用今天的话来说，有关存在的问

---

[1] 托马斯·德·昆西（Thomas De Quincey）所写的题为《康德的最后时光》（"The Last Days of Kant"）的感人文章，记述了康德衰老去世的过程，其中援引了康德的朋友埃雷格特·瓦西安斯基（Ehregott Wasianski）与他长久陪伴在侧的仆人马丁·兰珀的回忆。德·昆西的文章发表于 1827 年，这证明了康德是多么出名。德·昆西开篇如此写道："我认为这是理所当然的，也即每位接受过教育的人都会承认自己对伊曼努尔·康德的个人历史抱持某种兴趣。尽管是以不受俗众接受的方式，一位伟人必然总是成为具有人文气质的好奇心的对象。说一个人完全对康德漠不关心，就是说他完全没有文化。"

题（不论是一般意义上，还是特定领域中）都被称为"形而上学"或"本体论"，所以康德对"形而上学"这个词的 18 世纪用法会误导一位粗心的读者，让他以为它在讨论"何物存在"，进而没有意识到康德的根本问题反倒是"我们能够知道什么，如何知道以及知道多少？"因此我们现在将《纯粹理性批判》的主题描述为"附有一些形而上学的认识论"。

牢记这一点，我们就可以确定康德的目标。回想一下经验主义者与理性主义者在认识论方面的争论，前者认为知识起源于感官经验，而后者却说理性是通往知识的唯一道路。用哲学的专门术语来说，源自经验的知识就是后天（a posteriori）知识，意思是"在经验之后"，而源自理性的知识就是先天知识，字面意思是"在经验之前"，但我们理解为"独立于经验"。自柏拉图以降，理性主义者想要通过先天的推理方法（也即通过思索与推断）获得确定知识的雄心，遭受了经验主义的反驳，后者认为有关世界的真正知识只有通过观察和实验的后天方法才能获得。

理性主义者将数学视为先天知识的典范，但在康德之前的两个世纪中，经验主义者指出，后天的考察研究才使科学进步成为可能。如在讨论洛克时所强调的，认为知识的基础在于天赋观念或原理是典型的理性主义立场，而经验主义者（如洛克自己所言）认为心灵是一块经验在其上作画的白板。[1] 康德受到休谟下述主张的震撼，也即：我们相信在原因及其结果之间存在必然关联，不是因为我们在经验中观察到了这种关联，也不是因为我们通过**先天**推理能够演绎出存在这样一种事物，而是**由于我们心灵运作的方式**。休谟指出，我们以如下方式形成了将观念联结在一起的心灵习惯：有关 x 的印象或观念使得心灵如此合规律地向 y 观念过渡，同时这一过渡具有一种必然的感觉，以至于我们将这种必然性投射在 x 与 y 观念之间的关系中，这使得我们生发出两者间存在必然关联这一个进一步的观念。此外，通过这一投射，世界中合规律地彼此关联的事件间也具有了

---

[1] 洛克自己的理论从借用白板隐喻开始，但却不得不修正这个隐喻以便承认我们具有获得经验的天赋能力，也即比较、记忆、推断等能力。

必然关联。震撼康德的正是休谟用来解释因果观念的"我们心灵的运作方式"这个概念——并且这不仅涉及因果性和归纳推理等相关问题,也涉及一个独立于我们经验存在的世界以及我们每个人都是持存的自我的信念。

正是"我们心灵的运作方式"这个洞见促使康德发展出一种调和理性主义和经验主义方法的知识理论。康德的观点其实是,我们的心灵处理感觉经验所输入的素材,而处理的方法就是通过对其加以组织和解释,使得世界看上去如其所是。通过将先天的概念工具施加在感觉素材上,康德的理论完成了心灵对感觉经验的处理,因此概念与素材的结合构成了我们的经验世界。举一个熟悉的例子:想象一下烘焙饼干。面粉与水搅拌在一起而揉成没有形状的平面,糕点模具按压在上面形成圆形、星形的不同图案。与之类似,处理输入的感觉素材(视觉、听觉等官能的素材)的心灵能力就如一系列糕点模具一样,将秩序与结构赋予未加工的原始素材。拥有这一组织功能的心灵能力被康德称为"知性",他认为知性由一系列高度一般化的概念构成,这些概念适用于所输入的感觉素材,并且通过组织这些素材进而构建了经验。他在"感觉经验"的原始含义这个意义上使用"直觉"这个词,以此来指称所输入的感觉素材。正是知性的概念与感觉所提供的直觉构成了经验。如此构成的经验就是"关于我们眼中的世界的经验",也即现象("表象")世界。知性的概念是知识中的**先天**因素,所输入的直觉是**后天**因素。它们对彼此而言都至关重要,若无这两者就不存在经验,也就没有向我们显现的世界。康德写道:"没有直觉的概念(concepts)是空洞的,没有概念的直觉是盲目的。"[1]

康德发展上述理论旨在回答这一问题:"形而上学(也就是说,现代意义上的哲学)是可能的吗?"也即我们能够解决哲学的基本问题吗?如果能够解决,如何解决?这些基本问题包括:我们如何能够获得知识?我们如何能够克服对知识的怀疑论挑战?世界是否独立于我们对其的经验而

---

[1] 准确的引文应当是"Thoughts without content are empty, intuitions without concepts are blind"。

存在？我们如何证成有关因果性、归纳可靠性以及自我存在的主张？这些问题涉及若想对康德认为我们必须要理解的最为一般的议题获得任何结论，就必须解决的细节问题，这些最为一般的议题关乎我们如何能够在道德意义上证成有关什么是正确与良善的主张，它包括上帝存在、意志自由以及灵魂的性质。

康德的答案是，我们确实能够回答关于因果性、怀疑论等领域的问题，因为世界向我们显现的方式源于我们经验这个世界的方式，它是我们心灵的一个重要组成部分。因此他指出，经验主义者和理性主义者都是正确的：经验主义者正确地坚持了感觉经验（"直觉"）外不存在知识这个观点，但他们错在认为心灵是一块白板，理性主义者正确地坚称存在我们心灵所适用的先天概念，尽管理性主义者错误地认为先天概念自身就足以提供关于世界的知识。因此只有在这两者彼此结合时，知识才是可能的：我们的心灵并非白板，而是先天具备一定模式来组织和解释输入的感觉材料，并且正是直觉与概念这两个要素之间不可分割的关联，使得我们产生了对"向我们显现的世界"也即现象世界的经验。

不过，如"现象世界"这个概念所暗示的那样，我们没有且确实无法获知世界**自身**是怎样的。世界自身是怎样的，独立于我们感受到的经验，是不可知的，因为我们对之无从知晓：我们无法绕过获得经验的方式，端详经验背后那个**未被经验到的**世界是怎样的。世界自身的样态被康德称之为**本体性**（noumenal）实在。康德指出我们对之能够述说的只是它与现象实在不同。这就产生了一个很大的问题：上帝、自由意志与灵魂依赖于世界的本体一端。康德的结论难道意味着我们对这些议题无法具有任何知识或观点？

如果存在着上帝、自由意志与灵魂，它们就超越于（即超出）我们感觉所能告知我们的边界。因此我们必须探究，这些边界在哪里，它们是什么？理性的范围与能力的界限是什么？有关这些边界或界限位置与性质的研究被康德称为"先验研究"，并且非常重要的是，要注意到他并不打算开展一项有关边界**之外**事物的研究，而是相反，展开一项有关边界**本身**的探究，也即研究使得经验与知识首先得以可能的**边界条件**。

如先前以其他方式表述过的那样，康德对这些边界加以研究，得出的结论就是对边界内的事物提出知识主张是合法的，但对边界之外的提出知识主张则是不合法的。哲学研究能够对现象世界也即我们所经验的世界的一般特征给出结果，譬如，它能够证成每个事件都有其原因这个主张。但它无法给出有关经验之外事物的知识。因此，有关上帝、自由与灵魂的问题要以非常不同的方式来理解。有关道德基础的研究也必须要立足于道德自身的条件之上，其与上帝及其他事物的关系同样也要求以不同的方式加以理解。

第一批判主要包括两个部分。在第一部分中，康德提出了一个有关经验如何产生的理论框架。通过我们感觉模式（视觉、听觉等）的运作，感性直觉在接受知性能力处理之前就已然具有了时间和空间的秩序形式。之后知性能力"将直觉归摄入概念"，也即根据我们所具有的最基础和一般的概念来解释它们，这些概念包括因果性、实体、质与量等等。这一框架中最为模糊的是康德对"我们如何能够证成这些概念就是我们用来构造经验的？"这一怀疑论问题的解答，也即康德要提出一种论证（这就是为人熟知的"先验演绎"）来证明除非我们这么做，不然根本无法拥有经验。

因此第一批判的第一部分的目标就是证明经验如何通过直觉和概念的结合而产生，并进而证明我们心灵正当运作的界限在何处。该书第二部分称为"纯粹理性辩证法"，考察当理性试图越过思想的正当界限时会发生什么。在此康德证明了我们为什么无法确证上帝或一个不朽灵魂或自由意志的存在。相反，他论证说要理解我们自身，特别是理解我们的道德关切，我们不得不假设一些事物对应于这些概念，但是试图提出对这些事物的知识主张则是完全不可能的。

如在他之前的休谟，康德的核心哲学关切是寻找道德的基础，不过就此目标而言，第一批判尽管在形而上学和知识论方面至关重要，却只是一个起点。在一系列后续著作中，最重要的两部是《实践理性批判》和《道德形而上学奠基》，在其中康德提出了关于"道德最高原则"的严厉

（austere）观点。

他指出，如果存在道德这种东西，那么其法则必然适用于基于自由意志的领域，而非由自然因果法则支配的经验领域。这意味着道德哲学的任务是去证明理性自身（不与经验因素混杂的"纯粹"理性）统领并指引着意志。反过来，当意志真正自主的时候（当它服从它为自身设定的法律时），意志就表达出可能存在的至善，即自由。康德写道："至善（summum bonum）就是与不因强迫而行动的意志相一致的自由。"具有自由意志的存在是世间最为宝贵的事物；它们"自身就是目的"，不应当被工具性地视为获得其他目的的手段。

在康德看来，道德价值包含在一个行动者的善良意志之中，这个行动者不是基于偏好或欲望来达成某个特定目的，而是基于责任感，特别是服从基于被理性视为适切于具体情境的道德法则的责任。这里的法则并不以"假言律令"形式出现，也即不会劝告说，如果行动者想要达成某个目的，他就应当怎样怎样。这些律令，譬如"如果你想要保持健康，那么你就不要吸烟"，都是如果你不意欲一个结果（即"如果"部分中所特定化的内容），你就无须服从该指令（即"那么"部分中所特定化的内容）。相反，一条真正的道德法则会以"绝对律令"形式出现，直接主张"如此这般去做"。它是绝对的、无条件的，不涉及任何"如果"。

康德通过区分指引行动的主观原则（也即它们仅仅适用于行动者自身）和客观原则（也即它们适用于一切理性存在者）来提出上述观点。主观原则被称为"准则"（maxims），客观原则被称为"法则"（laws）。如果有完全理性的存在者，没有偏好与激情干扰他们的理性判断，他们就会一直遵循客观法则而行动。动物永远不会按照这类法则行动，因为它们并不具有理性而只有偏好和本能，因此它们的行为完全受到自然法则的支配。康德在《奠基》中如此总结理性存在者与非理性存在者的巨大差异："自然中一切事物都按照法则行事。只有理性存在者有能力依据他对法则的观念也即原则行事，并且只有如此他拥有着**意志**。"用一个比喻说，人类半是动物半是天使，因为他们既具有理性，也具有动物全部的偏好与本能。

现代思想的兴起　　273

因此他们处于这样一个独特的地位，即能够按照理性识别出的客观原则行动，但是他们却并非总是如此。因而他们自身需要责任和义务的概念，并因此需要律令来无条件地告诉他们应当如何行动。

绝对律令的一般形式是"我不应当以其他方式行动，除了根据一个我同时也能够意愿应当成为普遍法则的准则行动"，也即我认为这个准则能够普遍地对所有人而非只是我本人适用。绝对律令最为著名的表述是："你要如此行动，即无论是你人格中的人性，还是其他任何一个人的人格中的人性，你在任何时候都同时当作目的，绝不仅仅当作手段来使用。"康德认为人所构成的道德共同体就是"目的王国"，一个自由人彼此结合而成的联合体，在其中每个人都试图实现与他人自由相兼容的他们自由选择的目标。

在表述这些观点时，康德不得不涉足一些非常棘手的领域。他论述说道德的最高原则就是自主原则，"道德意志的决定性基础"就是合法则性（lawfulness）这个纯粹形式化的概念，它是纯粹理性的一个概念。康德认为道德的可能性恰恰依赖于具有自由意志的存在者存在，他们服从适用于其自身的理性法则。他因此不得不提出一个论证来证明自由存在，并且他不得不解释法则何以只因其形式化特征而非其包含的内容，就可以是有效的。

康德提出的伦理学理论是一种"义务论"，也即基于规则或责任的伦理学。这种观点与"后果论"伦理学截然不同，后者通过一个行动的后果或结果来评价其道德价值。在义务论中，当且仅当一个行动服从于支配该行动情形的规则时，它才是道德的，而不问行动的结果。

康德并不赞同古代和现代思想家中认为道德只限于受教育的精英这种观点。道德原则适用于所有人，因此每个人都必须能够理解支配他们道德生活的义务与理念。他相信事实上所有普通人对道德都有基本正确的理解，即使说清楚道德的具体内容并对之完全加以证成需要一篇详细且专业的哲学论文来完成。康德认为自己的任务是解释并分析"内在于每个人理性结构中"的内容，这包括了道德最高原则本身，也即自主或自由，以及真实道德法则的定言性质。他的同时代人指责他在这方面毫无创新，对此他回应："谁想去引入一个新的道德原则，并且装得像是这个原则的发明者一样，仿佛这个世界先前没有注意到什么是义务或对此完全持有错误的观点？"

评论者以及传记作者都认为康德的虔信派教育是其严格的义务论道德观念的一个来源。在 18 世纪的柯尼斯堡，这个康德出生和终生居住的地方，虔信派教众数量庞大并且极富影响力。他的父母是这场运动中严格的教义遵循者，他的学校腓特烈中学笃信虔信派，而这所城市的大学是虔信派神学的中心。虔信派教徒相信原罪及与之相伴的人类作恶的倾向；但它在救赎学说中做了进一步的推论，即人类能够通过精神上的重生、勤奋工作以及对道德完善的无止境追求得到救赎。康德深深厌恶虔信派中强制性的虔敬言语与行为，并且扩展到对整个宗教的厌恶，不过他从自己有关宗教的经验中借取了内在义务性与纪律的观念。

对康德最有影响的并非虔信派，而是与之在气质和原则上截然相反的事物，这正是启蒙运动本身。他自视为启蒙运动的支持者，甚至是其价值的守护人。他教育生涯的大部分时间都在讲授所有启蒙运动支持者都试图更广泛普及的内容（包括物理学与天文学），并且通过科学及其方法的应用，康德倡导人类境况进步改善的观点。如前所述，对此他论证说其必要条件就是自由：学术讨论与学术传播不受外在约束的自由，以及不受阻碍独立思考的胆怯和不确定性的内在束缚的自由。进步的敌人就是那些施加审查或强求一致的人，无论是政治方面的还是宗教方面的。康德在《何为启蒙？》（What is Enlightenment?）中写道："这种权力的滥用践踏了人类的神圣权利。"在其他著作中，他补充说："宗教通过其惩罚，立法者通过其权威，试图使其自身免于（批判），但他们此时削弱了正当的怀疑，且无法主张得到真诚的尊重，因为理性只将其赋予那些能够经受住自由和公开考察的事物。"

不过，康德并不认为无须诉诸神或灵魂不朽的形而上学概念就能够向一般人证成道德。这两个概念与意志自由一道构成了虽然无法被证明有效，却对理解整体道德实践而言有用的三位一体的概念——他说，因为如果我们假设存在着神而且我们能够在此世中生活，且由于具有自由意志，我们能够为生活中的一切行为完全负起责任，那么我们能够设想自己会为死后被发放的奖赏与惩罚承担责任。在康德看来，这给人们为何应当具有道德提供了意义。

用康德的术语表达，上帝、不朽和意志自由的概念是"纯粹实践理性的悬设（即有用的假设）"。他对此的论证是道德法则要求我们获得最高的可能的善，我们通过使得自己的意志完全服从道德法则而实现这一要求。不过这里的成功等同于"神圣性"，一个经验世界中无法达致的状态，因为在其中我们的感官总会生发出不服从道德法则的诱惑。如果神圣性是可能的且是道德法则所要求的，但又是无法在此世获得的，这就意味着我们必须求助于另一种生活的可能性这个观念，这种生活是非身体性的，在其中神圣性至高道德目标能够达到。"因此，"康德指出，"只有基于灵魂不朽的假定，至善才在实践上是可能的。"

康德认为，类似地，我们有必要悬设上帝存在以理解美德将会得到奖赏这个观点。人类不是自然的原因，因此不能够意使自然奖赏那些值得该奖赏的人。但道德法则的观念要求这一奖赏是可能的。因此我们不得不悬设有这样一种存在，它能够保证我们获得应得的奖赏。

康德说尽管上述都不构成对不朽或神的证明，而仅仅是"悬设"或假设，但是它们能够"基于理性而被相信"。不难看出为什么大部分康德评论者认为事情并非如此。比如我们可以询问，为什么我们不能认为有试图获得至善的义务但不假定至善是可获得的？我们可以认为至善只能被少数人获得，或者我们可以或多或少地接近而没有实际获得至善。对不朽的需求也是如此。至于回报美德的需要：有人认为美德就是其自身的奖赏，并且还有人认为即便没有奖赏的保证，美德也依旧值得追寻——因此道德同样无须神的概念。与之相反，追寻善好的观念，以及依据美德的最佳观念来生活且无须引入有保证的成功与奖赏，似乎要比康德所提供的版本更好。

康德认为宗教对道德有害，但是神与不朽是赋予道德以意义的必需概念，有人觉得这很奇怪。康德的意思是宗教是组织化的对神的崇拜，并且服从于教会声称的神的意志，这对道德有害；但每个人拥有一个不朽的灵魂，为他做的每一件事向一位最高裁判负责这样的观念事实上是这样一种拟制，它使得我们能够用来向任何提问"我们为什么应当具有道德？"的怀疑论者证成道德的论据更加完美。不幸的是，就这个观点来说，它保留了**恐吓论据**（argumentum ad baculum），即诉诸武力或威胁的论据的核心，因而也是失败的。[1]

康德本人并不虔信宗教，并且他为了理解道德外部意义所做的"悬设"与（比如）伏尔泰的观点享有同样的概念与自然神论特征。至关重要的事实是，康德道德理论的内容，可以说是人文主义的：首先，道德最为基本的前提是意志的自主，这意味着意志服从于它施加在自己身上的法则，而非诸如神或主权者这样外在来源的规定；其次，这样一种意志因此服从的法则必须在纯粹逻辑基础上被证明是有效的。就此而言，康德的理论是启蒙时期思想的典范。

18 世纪启蒙运动

康德在其 1784 年的文章《何为启蒙？》中写道："启蒙就是人类摆脱自我招致的不成熟状态。不成熟意味着无法在没有他人指引时运用个人的理智。当其根源并非缺乏理智，而是在没有他人指引下，缺乏运用它的决心和勇气时，这种不成熟就是自我招致的。Sapere aude！（敢于获知）——'勇于运用你自己的理智！'——这正是启蒙的座右铭。"

康德及其同时代人都不认为他们生活在一个启蒙了的时代。他们所说的"启蒙"意味着黑暗的退散，光亮传播的**开始**。人类的心灵开始抖落思

---

[1] 有关恐吓论据的含义，请参见本书附录"非形式逻辑的谬误"。——译者注

269 想与信念领域中专断权威的桎梏。智识上的不成熟以需要他人的指引为特征；智识上成熟的特征就是独立。"除却自由，启蒙并不需要任何别的东西，"康德写道，"并且我们所讨论的自由是一切可以称之为自由的东西中最无害的，也即在一切事务中公开运用理性的自由。"

康德及其启蒙运动的引领者同伴所反对的是对心灵自由的否认。"我听到在所有的地方人们都大声地喧嚣：'别争论！'"康德继续说道，"官员说，'不要争论，执行！'税务人员说，'不要争论，缴钱！'牧师说，'不要争论，信仰！'"官员和税务人员服务于不喜欢任何人质疑政治与社会现状的权威，而牧师则是另一回事：他所代表的权威不喜欢任何一种质疑，当然也包括对公认的智慧抱持怀疑态度的质疑。

在 18 世纪最能够扛起启蒙大旗的是由德尼·狄德罗与让·勒朗·达朗贝尔（Jean le Rond d'Alembert）编撰的《百科全书：有条理的科学、艺术和工艺辞典》（Encyclopédie, ou Dictionnaire raisonne des sciences, des arts et des metiers）。它认为过往虔诚的言行是智识进步的障碍，因此要对其权威宣战。百科全书派持有这一立场是追随伏尔泰的引领，他的战斗口号 écrasez l'infâme（"踩死败类"）以逻辑和讽刺为武器，沉重打击了宗教权威。

狄德罗本着同样的精神在《百科全书》中吹响战斗的号角："有勇气去解放你自己"，他如此劝诫自己的时代。"考察一切时期内一切民族的历史，你会发现我们人类总是臣服于以下三种法典之一：自然法、社会法与宗教法——并且我们有义务一个接一个地推翻所有这三种法典，因为它们永远无法协调一致。"

在其小说《八卦宝典》（Les Bijoux indiscrets）中，狄德罗记叙了一个梦境。在梦中有一幢没有地基的建筑，它的柱子高耸入云雾之中。一群丑陋怪异且跛足的老人在柱子间走来走去。这座建筑就是假设宫殿（Palace of Hypotheses），这些老人就是神学和形而上学体系的缔造者。但一个富有活力的小孩子出现了，并且随着他愈加靠近建筑，他成为了一个巨人。这个孩子的名字就是实验，他走上前给了这座建筑沉重一击，它就坍颓在地了。

这个梦境包含着 18 世纪启蒙运动之源头的一个重要方面：科学在 17 世纪的兴起。从科学角度来说，这个世纪开始于伽利略通过望远镜观测到木星的卫星，这一观察为哥白尼宇宙观补充了有力的支撑。《圣经》中断言：上帝"确立了地球的基础，地球永远不会被移转"（《诗篇》104:5），而伽利略提出了与之相对立的看法，认为地球在转动，他因此被罗马教廷软禁。这个世纪则终于牛顿。它囊括了令人叹为观止的一群哲学与科学天才，他们的著述同时为科学与现代世界奠定了基础，其中颇为重要的是胡克、波义耳、雷恩（Wren）、惠更斯、华里士（Wallis）、笛卡尔、鲁克（Rooke）、开普勒、纳皮尔（Napier）、列文虎克（Leeuwenhoek）、费尔马（Fermat）、帕斯卡尔、莱布尼茨、霍布斯、斯宾诺莎与洛克。

17 世纪科学进步的关键在于观察与理性、实验及量化方法的运用。18 世纪启蒙运动的关键是它开始将同样的经验方法运用于更为广泛的思想领域：政治学、社会、教育、法律以及人权的观念。当人们开始明白经验研究能够揭示自然的奥妙之时，其他学说，举两个主要例子，神授君权与神学教义，开始失去其在智识上令人尊敬的地位。

如我们所看到的，康德写："如果现在有人问，'我们现在正处于一个启蒙了的时代吗？'答案是，'并非如此，但我们确实生活在一个启蒙的时代。'"尽管他以将智识的不成熟描述为需要他人指引的状态为起点，他也批评了那些将人类心灵桎梏于有待他人指引这一需要中的各种霸权。要想走向成熟，智识就需要自由，"在一切事物中公开使用理性的自由"。

《百科全书》的核心词条指出，宗教显然未能为道德或一个公正的社会提供令人满意的基础。这也是追随着伏尔泰的引领。不过，尽管伏尔泰慎重地提出批判迷信与批判信念并不相同，并且批判教会与批判宗教也是两回事，但正是信仰和宗教感受到了冲击。

与许多其他持有同样观点的人一样——无论他们是否公开承认，伏尔泰自称是自然神论者，不相信任何天启宗教，却认为在某一时刻必然有位创造了世界的行动者。大部分自然神论者认为这位行动者个人对人类的

现代思想的兴起　　279

事务并不感兴趣，也不插手世界中发生的事情，而完全将之留给自然法则本身的运作。狄德罗对自然神论不感兴趣，认为这不过是在胡言乱语。他写道，自然神论砍下了宗教这条多头蛇的一打脑袋，但从剩下的那一个中一切又都复生。在他的《布干维尔游记补遗》(Supplement to Bougainville's Voyage)中，自然向人类说道："啊迷信的奴隶，你超越我所给予你的世界去寻求幸福，拥有勇气将自己从宗教束缚中解脱出来，这一切都是徒劳。"狄德罗指出人类总是服从于自然、社会或宗教三者中某个或某两个权威，因此未曾有过"真正的人，真正的公民和真正的信徒"。

或许对宗教最严厉的指控是德霍尔巴赫男爵的《自然政治论》(Natural Politics)。在该书的结尾处，他指出宗教通过教导人们恐惧看不见的暴君而教导他们恐惧此世的独裁者，进而阻止人们寻求独立以及为其自身的生活选择方向与特征。如这一观点所表露的（并且这对理解启蒙运动至关重要），批驳宗教权威对思想的宰制虽然居于核心，却不是启蒙运动唯一的关切，而是下述真正重要问题的起点，即每个个人依赖理性并运用科学成果作为其主要指引来构建更好的生活与社会。因此，这一启蒙运动的筹划被其倡导者视为创造性的、革新性的，并且立足于自由（尤其是思想自由）的希望而走向一个崭新和更加完善的世界。

彼得·盖伊(Peter Gay)在其《启蒙时代》(The Enlightenment: An Interpretation)一书中非常谨慎地指出，启蒙运动总是有其过度简单化的崇拜者和猛烈的批评者，批评者中有人指责启蒙运动中的现代主义特征，展现了"肤浅的理性主义、愚蠢的乐观主义以及不负责任的乌托邦主义"，包括法国大革命的暴行和20世纪诸多剧变中人类事务上代价高昂的失败试验。这一提醒虽然痛苦，却不无益处。不过正如盖伊和在他之前的恩斯特·卡西尔(Ernst Cassirer)所言，即便这些指责都有理由，启蒙运动还是要被理解为一场基于一系列改善人类命运的渴望的思想运动。

盖伊在谈及启蒙运动思想家群体时，以他们为自己设定的标签写道：

"启蒙哲学家的经验"，是一场追寻自主的辩证斗争，一次调和他们所继承的基督教和异教这两种传统的尝试，亦即使得两者彼此竞争进而确保他们自身的独立……他们的立场是一种反对基督教遗产的异教精神，它是古典时代的异教精神，但同时也是现代的，它既摆脱了基督教教条，也同样摆脱了古典思想。古人让启蒙运动者明白批评的用处，但正是现代哲学家让他们知晓权力的用处。

如同对康德和其他思想家的引用中所提及的，上述评论中一个核心概念就是"自主"，它指的是自我统治、思想独立并且拥有选择自己人生的权利与责任，特别是道德选择。自主是在理性之光与自然教导下的自我指引；它的对立面，他治，指的是由个人之外的某人或某物的指引或统治。他治意味着某人自己的意志臣服于一个外在权威，典型是一个神或其他某种抽象物的意志与选择。当然，社会生活的条件意味着个人要受到诸多因与他人一同生活在共同体内而必然要面对的束缚。不过我们讨论的自主，首要的是思想和道德责任的自主，并且它迈向逐步扩展的自主，正是在此意义上，康德及其同时代人将之视为"启蒙"。

如果启蒙的目标是自主思考、自主选择（这一自主被认为对值得过的生活至关重要），那么一个人有条件富有成果地思考并做出明智的选择就非常重要。这就要求人们掌握信息；不止是信息，还有将信息加以组织的知识；而且也不只是知识，还包括将知识加以解释而形成的理解。这就是为什么启蒙运动的不朽丰碑是狄德罗与达朗贝尔的《百科全书》。它所宣称的目标是"收集散落在地表各处的知识，将之一般概要与结构呈献给我们的同伴，并将之传递给我们的子孙后代，使得过往几个世纪中的作品会对未来几个世纪仍有用处，在那时我们的子孙通过获得更多的教育，或许能够更加富有美德并拥有幸福，这样我们就不会对人类寸功未建地离开"。

这一表述中最重要的部分当属狄德罗主张教育是通往良好生活的途径。如其"体系"与"假设"等篇章所表明的那样，《百科全书》的一个核心主题就是经验方法与逻辑是知识的锁钥，这不仅与《圣经》或神启的权威格格不入，而且实际上是对它们的驳斥。在《初步论断》（*Preliminary Discourse*）中，达朗贝尔通过捍卫经验主义而展开他对知识的组织的阐述，并进而接受了如下承诺所蕴含的思想：道德与正义的基本概念必须要推演自有关人类经验的事实，而非我们设想的形而上学或神学基础。

《百科全书》出版于 1751 年至 1772 年之间，共计 17 卷文字以及 11 卷插图。140 位作者为其撰写了 72000 篇文章，其中囊括了 18 世纪法国大部分杰出思想家——稍举几例，除了《百科全书》的编者外，还包括伏尔泰、卢梭、马蒙泰尔（Marmontel）、德霍尔巴赫以及杜尔哥（Turgot）。他们分享着狄德罗的目标：不仅以清晰和易读的散文收集并传播积累下的知识中的精华，而且将此海量的知识用作战争机器来宣传"光明"。因此《百科全书》遭遇了相当多的反对，尤其是来自审查方面的，它们的异议与干涉造成了出版的诸多延误。前 7 卷从 1751 年到 1757 年每年依次出版，后 10 卷则是在 1766 年才出版。6 年后，插图中的最后一卷付梓，才算完成了最初的计划。在那时，一些文章的重印版已然出现，并且对这些文章表达赞同或反对的作品也开始面世。《百科全书》俨然成了一个社会机构，并且依然是那个时代最乐观的知识分子所追求的不朽丰碑。

不过，《百科全书》虽然是启蒙运动精神的具体表达，但它所代表的意义统共也只是一段更宏大和悠久叙事中的一部分。在此叙事中，还有一部分涉及当时对启蒙运动筹划的反驳，这主要来自维护受到启蒙观点威胁的宗教与政治现状的守卫者。该叙事中更宏大的部分则涉及启蒙运动的历史批判者，也即那些认为启蒙运动应当为法国大革命的暴行负责的人，那些认为以浪漫主义为代表的反动浪潮是其应得宿命的人，那些认为它是更晚近的斯大林主义和法西斯主义最终源泉的人，那些认为它要为"自由主义"价值（在美国，这种价值被偏颇地理解为对"家庭价值"的毁弃）负最终责任的人，以及那些认为它在应对神秘的、不可名状的以及超自然的事物时，恰未体现出人类精神中最具重要意义的事物的人。

启蒙运动最早的反对者可被划分为两大阵营：一方是现在被称为政治

或意识形态上的保守主义者，包括与启蒙哲学家同时代的教士和稍后一些的诸如埃德蒙·柏克（Edmund Burke）与约瑟夫·德·迈斯特（Joseph de Maistre）等思想家；另一方我们现在称为浪漫主义者，他们崇尚自然、想象与情感，反对在他们看来属于还原论和机械论世界观的启蒙理性主义。[1]

柏克同与他一样具有保守主义政治倾向的人类似，认为启蒙运动对传统，特别是作为道德与政治权威的传统的批判是法国大革命中一切最糟糕部分的直接起因。事实上，启蒙运动的批判包含着更悠久的源自洛克的思潮，洛克指出社会中权威的渊源并非传统或通过神授王权统治的君王，而是人民；对任何影响公共福祉的事务都要求人民的同意，并且人民拥有权利，其中一些权利是不可剥夺的，因为任何形式的政府都无权认为它们无效。启蒙哲学家将这一观点视为理所应当的事（柏克不在此列，但之后的保守主义者也接受了这一点），并且这一观点成为自由民主在西方演变的渊源。但在柏克的年代，"民主"是一个糟糕的字眼，"人民"是一个难以控制且无法无天的不被信任的实体。从柏克角度来看，这些哲学家就是作案前的无套裤汉（sans culottes），因而他们的一切原理都是可鄙的。

浪漫主义者将启蒙运动对科学的推崇解释为下述主张：科学发展等同于进步本身，若如此则意味着历史与人类经验只有通过机械论甚至决定论的学说才能够得到妥善理解。作为从这种极端程度的经验主义与机械论的回撤，浪漫主义者转而强调情感之于理性的首要性，并因此看重主观的、个人的、想象的以及非理性的因素。他们赋予情感与激情以洞见的渊源、真理的仲裁人这一独特地位，并且称颂这种经验是对自然美的个人回应。相反，启蒙的态度则被认为是新古典主义对音乐、建筑、艺术和诗歌中秩序、平衡与和谐的偏好的自然伴随物，这种观点从18世纪的应用美学中得到诸多支持。

几乎无须提及的是我们现在不会主动拒斥18世纪的新古典主义，或

---

[1] 我们必须要牢记作为使用理性倡导者的理性主义与作为哲学学说的理性主义之间的差异，对后者而言最佳的知识形式是先天知识。

19 世纪的浪漫主义音乐与诗歌，因此问题并不是在这两种风格各自的佼佼者中选边站，也不是选出哪一个危害更大——我们已然同意两者都有其最糟糕的方面与后果：一边是严苛和机械的还原论，而另一边是不负责任的思想导致的以民族主义、种族主义以及最终的法西斯主义面目出现的政治与社会浪漫主义所带来的灾难。若说两者有一个明显的差异，那就是对浪漫主义过度的接受导致诸多错误见解在此找到了容身之处，而这些见解正是启蒙运动基于它们对人类繁荣的负面作用而要努力加以废除的。一个主要的例证就是迷信。据此而言，一种倾向可能得到如下证立：对个人而言，良好生活当然要求两种传统中最好的事物，但如果浪漫主义中最糟糕方面的结果是向诸如种族、英雄、天才、"领袖原则"、传统、自然、未经教化的情感、想象、超自然存在等事物让步，可以说良好生活最不需要这些方面。

从启蒙运动观点来看，理性是观念的装备，是观点冲突中所使用的武器。这意味着理性是种绝对事物，如果加以负责任地使用，就能够解决争议并通向真理。但这种基于绝对立场的对理性的理解总是会招致反对。一个主要反对者就是宗教，它主张无论是以神秘经验还是以神祇的经典宣谕的任何形式，神启传达出源自日常经验世界之外的、未被人类在此世中研究发觉的真理。另一个反对者就是相对主义，认为不同的真理、不同的观点、不同的思想方式，甚至彼此竞争或矛盾的真理、观点与思想方式，都是同等有效的，并且不存在一个可对它们做出裁判的权威立场。与此形成鲜明对照的是，启蒙运动的重点是强调如下立场，即理性尽管有其不完美与谬误之处，却能够提供一个令彼此竞争的观点不得不服从的标准。因此启蒙运动的倡导者拒绝任何认为存在着与理性一样有力甚至更有力的权威，譬如种族、传统、自然或诸神的观点。理性主义者对理性的捍卫并不必然是无限制的，且当然最好不是无限制的，特别是就如下事实而言，即有关人类是什么（或人性是什么）这个问题的答案要比我们有时意识到的更为讽刺，并且依赖于一些条件，因而我们没有多少资格对之抱有信心。不过 18 世纪启蒙运动的支持者自身对此有充分了解。想想伏尔泰的《老实人》(*Candide*)。有人认为启蒙哲学家对人类理性的局限缺乏自我批判与反思,伏尔泰这部小说就通过讽刺邦葛罗斯博士体现出的过分理性乐观主义而揭穿了这一谎言。并且那一时期的主要哲学家(而非"启蒙哲学家")休谟与康德,虽然以理性来描述理性自身的界限,但同样小心避免夸大理性。

想想之后对启蒙运动的一种批判性回应,它展示了启蒙运动的乐观主义立场后来是如何被看作具有自我毁灭性的。据称,《启蒙辩证法》(*Dialectic of Enlightenment,* 1944)源于马克斯·霍克海默(Max Horkheimer)与西奥多·阿多诺(Theodor Adorno)在第二次世界大战的至暗时刻于纽约厨房中的对话。这部著作提出了这样一种观点,即启蒙运动的原则与主题嬗变为其对立面。启蒙哲学家所追寻的个人自由,却成了他们之后的世代受到经济权力奴役的一种形式。科学在当时被视为宗教的理性替代物,但"科学主义"(它自身具有着救赎神话的形式,即科学会回答一切问题、解决所有难题)逐渐完全取代宗教,并施加着与宗教同样有害的影响。

霍克海默与阿多诺极为重视他们对科学理性的批判,因为他们坚信自己正见证这样一个时刻,在其中科学的承诺已然完全变质为有害的事物。科学理性被采纳为启蒙运动的哲学方法,它不仅承诺在一切领域中带来进步,也同时摧毁了宗教的教义以及攀附其上的教士权威。一开始的启蒙哲学家相信,它之所以能够如此,是因为它具有客观性,并且在实务方面取得了明显的成功。基于进步以及(将我们)从古代迷信中解放出来的承诺,科学理性被认为服务于民主和宽容。但霍克海默与阿多诺认为,科学理性本身有着自己的动态变化过程,这逐渐使得它甚至对引发它产生的价值有不利的影响。在这一过程中,它从反对压迫的武器变成压迫的武器。启蒙哲学家的人文主义梦想在坚持他们对进步的幻觉中,在沉醉于理性方法的胜利中,在洋洋自得于对大自然一步步加深的掌控中,演变为一场噩梦,并且它试图摧毁的一切陈旧的观点在新的伪装下又一次粉墨登场——霍克海默与阿多诺认为,这里面最主要的就有法西斯主义。

上述分析在法兰克福学派中极富影响力,并在第二次世界大战后引发了激烈的争论。不过启蒙运动价值的捍卫者拒绝这一观点。他们指出科学对自然的掌控（对启蒙运动而言，这种掌控旨在解放人类）无法等同于政治对人类大多数的掌控，后者是由那些因启蒙运动所带来的物质进步在之后的几个世纪中逐步掌控了经济杠杆与政治权力的人造成的。在 20 世纪 40 年代的危机中，霍克海默与阿多诺脑海中首要的压迫力量就是纳粹主义，他们将之视为启蒙运动自我实现的悖论性结果：正如他们的表述，"工具理性"嬗变为"科层政治"。不过启蒙运动的捍卫者却认为这个说法并无说服力。纳粹意识形态从资本攫取权力时受到威胁最大的农民及小资产阶级手中获得了权力，因此并非资本必然要被视为一种新压迫的来源，更准确地说，新压迫是来自这两个阶级的，他们代表了在启蒙运动中失去最多的群体，因此反对启蒙运动，也即属于反动派。支持纳粹主义的人若生活在 18 世纪，无论是在天堂还是在凡尔赛，都会支持专制政府的传统以对抗"工具理性"这个在 18 世纪表现为一系列世俗化与民主化动力的事物。因此启蒙运动的捍卫者认为霍克海默与阿多诺把事情弄颠倒了。此外，同样并不清楚的是斯大林主义，那个时代我们可用来研究的另一种专制形式，是否可以算作启蒙运动的产物——其理由也与之类似。

《启蒙辩证法》最知名的部分就是其作者对他们所认为的"文化工业"之压迫本质的批判。他们认为大众文化是启蒙运动工具理性主义的另一个长期后果，因此也对之采取拒斥的立场。不过在此，他们的观点又引发了分歧。大众文化绝非不能产生具有价值的事物，无论是在艺术领域还是知识领域；并且被设计用来服务于大众文化的技术，同样能够生产出精英主义者所需求那种精致的艺术。

科学在 16 世纪及 17 世纪的兴起，以及 18 世纪启蒙运动为实现人类心灵自由、为个人摆脱不同形式独裁的斗争，都是哲学史的产物，它们证明了观念的力量是何等的具有革命性。

19 世纪的哲学
Philosophy in the Nineteenth Century

19 世纪的哲学史与那项更一般性的事业,即 19 世纪观念史,在如下方面有着重要区别:后者包括对经济学、政治经济学、法学、查尔斯·达尔文(Charles Darwin)、有关进化和宗教的争议、自然科学的发展、体系化的社会学、语言学、人类学、考古学、历史编纂学、《圣经》批判学的兴起以及其他内容的讲述。在这个世纪中,18 世纪启蒙运动对智识活动的解放效应得到了全面体现。诸多思想的迸发以及新研究领域的兴起都源于哲学在许多方面变得日益独立且更加经验化;事实上,这个世纪中的一些思想家赞同社会学奠基人之一奥古斯特·孔德(Auguste Comte)的观点,即这些新兴领域都是哲学思辨的继承者,而哲学自身正走向终结。

不过哲学并没有走向终结,这一时期的主要人物——边沁、黑格尔、约翰·斯图尔特·密尔、叔本华、马克思、尼采、英国观念论者以及美国实用主义者——他们的著作不仅本身非常引人入胜、价值巨大,而且形塑了哲学自古典时期以来成果最为丰硕的一段时期(即 20 世纪)内的发展。

在 19 世纪,"哲学"这个词获得了更为专门的含义来指代我们今天用它表述的意思,也即对形而上学、认识论、伦理学及其他领域问题的研究,并且与此同时"科学"这个词开始具有我们今天所使用的含义,也即物理学、化学、生物学等。即便在 19 世纪的第一个十年中,"哲学"这个词仍然指的是科学,并且"科学家"这个词实际上直到 1833 年才出现 [由威廉·休厄尔(William Whewell)提出,他于 1843 年首次在出版著作中使用这个词]。这就是为什么在威廉·哈兹里特(William Hazlitt)的墓志铭中,他被描述为一位"形而上学家",在当时这个词指的是我们现在所说的"哲学家"。

在 19 世纪,我们开始观察到如下端倪,即哲学传统分流为两大思潮。一方面是边沁、密尔与美国实用主义者,他们继续以洛克与休谟的方式,关注认识论、伦理学、法学与政治学的特定问题。另一方面也有黑格尔、叔本华以及英国观念论者提出以形而上学旨趣为核心的包罗万象的理论体系。就他们所关切的问题来说,这两大群体仍可被视为处于同一叙事之中。但从尼采开始就出现了差异。他代表着哲学旨趣的转向,这一转向在 20 世纪后半叶社会学、历史学以及文学批评方面的"欧陆"思想家中进一步得到了普及。这两股思潮的重要分野源于胡塞尔与海德格尔,特别是后者在 20 世纪上半叶的著作:我将在全书第四部分中更详细地阐述这个问题。

边沁(Bentham, 1748—1832)

在 1825 年发表的一篇文章中,威廉·哈兹里特如此描述当时尚在世的杰里米·边沁(Jeremy Bentham):"他的名字在英国鲜为人知,在欧陆略有耳闻,但在智利平原和墨西哥矿山中如雷贯耳。他为新世界制定了宪法,为未来的时代确立了法律。他所居住的威斯敏斯特的人民几乎不会想到这样一个人的存在,但是西伯利亚的野人却从其声名中获取着无济于事的安慰。"

边沁在其国度之外的诸多地区成为一位先知式人物的主要原因,在于他生前发表的诸多著述中,相当一部分仅仅对法学、政府、社会与政治改革、伦理学与经济学的专家有吸引力,因此他在自己国家内的读者群很小;而且他著作中在当时最具有影响力的一部作品首先是以译作形式出版的——先是法文,接着是俄文、西班牙文、德文以及其他语言,在他去世十年后才以英文出版。

他在英国遭到忽视的另一个原因就是他在政治上立场激进,并且是一位共和主义者,这使得他与当时的当权派意见相左,其结果就是他既没有得到公众认可,也没有获得公共荣誉。但他在英语中引入了"功利"(utilitarian)、"法典化"(codify)以及"国际"(international)等词汇;他是首位提出建立国际仲裁法庭来确保和平并确定国际法原则的人;并且许多医院、监狱和其他制度都是依据他及他的弟弟塞缪尔(Samuel)所设计的"圆形监狱"(Panopticon)原则建立的。他对实务的影响巨大,不仅在他自己的国家中,在世界许多地方都是如此。

边沁就读于牛津大学,之后成为一名出庭律师。他从事法律工作没有多久,就决定转行致力于法律与社会改革事业。这是因为他受到自己从大卫·休谟、克劳德·埃尔维修(Claude Helvétius, 1715—1771)以及切萨雷·贝卡利亚(Cesare Bonesana-Beccaria, 1738—1794)哲学中发现的功利原则的启发。在休谟哲学中,他发现效用是美德的标准这一理念;在埃尔维修那里,他发现效用可以通过将行动同快乐与痛苦的观念(这在边沁看来,正如伊壁鸠鲁很早之前指出的那样,它们是行动的唯一动因)相联结而指引行动的理念;在贝卡利亚讨论犯罪与刑法的文章中,他发现了 la massima felicità divisa nel maggior numero,也即最大多数人的最大幸福这个表述。他坚信一系列社会问题都可通过运用这一基本原则而得到解决,并将自己投入到将此原则运用于实践的工作之中。

边沁指出,他所说的"功利主义"对立法者以及个人施加了"顾虑普遍幸福"的义务。他说,这种义务"胜过并且包括其他一切事物"。他以"效用"这个词指代"易于产生利益、优势、善好或幸福的(任何东西)",这些词在他的用法中都是同义词。

功利主义,无论是边沁的还是之后更为精致的版本,都是一种道德的后果论(consequentialism)学说,都仅以行动的结果来理解其道德价值,而不考虑行动者的意图或其个人品性特征等问题。其他道德理论关注后面这两个问题,不过功利主义学说的独特之处在于它完全以后果衡量道德价值。边沁与约翰·斯图尔特·密尔都以"古典功利主义者"闻名,尽管后者改进了边沁的观点,但他们都认同幸福是最高的善,并且每个人的幸福与其他人的具有同等价值。这意味着致力于实现最大多数人的最大幸福要不偏不倚地展开,任何人增进善好的理由与其他人这么做的理由是一样的。

显然在此观点的核心蕴含着一种张力。边沁将快乐与痛苦视为"最高主宰者",它们在边沁看来"支配着我们所做、所说、所想的一切"。这一观点被称为"享乐主义"(hedonism),其本质是一种自我中心的或利己主义的立场。当我自己的"最高主宰者"驱使我以损害一般幸福为代价而有利于自己时,这一事实如何与增进最大多数人的最大幸福的要求相一致?

边沁以不同方法尝试克服这一困难。一种方法是我们通过尽可能地增进他人幸福来增进我们自身的幸福。另一种显得更合理的方法是软化享乐主义立场,并接受我们有时出于对他人的仁慈而行动。一些理论家确实试图将"开明的自利"视为行动的规则,但持有这一立场会有两个障碍:首先是我们有时确实会牺牲我们自己的利益而为他人利益行动这个经验事实;其次是到最后我们所做的一切最终是为了自利这个观点带给我们的不好印象。

尽管边沁受到休谟的影响,但他拒绝了后者的道德心理学。休谟认为行动能够告知我们一个人的品性,并且他认为品性是具有道德相关性的事物。但对像边沁这样将道德适用于实际社会事务的人来说,品性过于主观而没什么用处。只有个人本身能够知道他们的意图或欲求是什么,但他们行动的理由甚至对他们自己来说都经常是暧昧含混的。这如何能够帮助我们判断对与错呢?边沁要寻求一个更具实践性的基础。

边沁的庇护人是兰斯多恩侯爵一世(the first Marquis of Lansdowne),他把边沁介绍给一位名叫艾蒂安·迪蒙(Etienne Dumont)的日内瓦流亡者,后者是兰斯多恩孩子的教师。边沁因迪蒙而在欧洲闻名,因为迪蒙将许多边沁的手稿翻译成法文并集结为《论民法与刑法》(*Traités de législation civile et pénale*, 1802),以三卷本的形式出版,其中前两卷在很久后被译回英文出版,题为《立法理论》(*The Theory of Legislation*, 1840)。

兰斯多恩也鼓励边沁去解决如何在国际秩序达致"永久和平"这个问题，以及国家间的关系如何能够服从于法律。在写作最终形成《国际法原理》(*Principles of International Law*)这本书的文章时，如前所述，边沁创造了"国际"这个词，并且提出了建立解决国际争端的法庭的理念。

法国的革命态势使得边沁对之尤有兴致。甚至在大革命之前，边沁就已然在迪蒙的帮助下着手写作一系列小册子，为法国提出政治解决方案和司法改革建议。这些小册子以法文出版，并且在巴黎首要人物手中传阅。在巴士底狱陷落后，这些建议得到了法国国民议会的讨论。由于他对大革命的支持，1792年他被授予法国荣誉公民的称号。

在英国，边沁则没有与之类似的影响力。他的写作涉及济贫法改革、警务、经济学与税收以及特别是法律改革的内容，正是后者使得他有机会表达对在他看来普通法所体现出的混乱与"法官造法"所体现出的任意的不满。

他接受法律就其本性而言是消极的这个观点，因为法律的全部本质就是施加约束与限制，进而减少个人自由。他的自由观与霍布斯的类似，被称为"消极自由"，也即自由意味着不存在任何束缚。这一观点与边沁的功利主义结合在一起就会有一个直接的后果：享有自由就快乐，受到约束就痛苦；因为快乐和痛苦是价值的标准，因此自由就是一种善好。不过边沁与认为自由是一种"自然权利"的观点并无关联，他对这种观点加以毫无保留的谴责，认为一切有关自然权利的论述都是"踩着高跷的胡言乱语"。这是因为他拒绝存在一个使得人们摆脱"自然状态"的社会契约，即在自然状态中人们享有基本权利与自由，并出于共同体的利益而将其中一部分交付出来这个观点。他认为人们一直生活在社会中，而法律就是在社会中任何具有权威的人或事物的命令。这一观点预见了约翰·奥斯丁(John Austin)在19世纪稍晚时候提出的认为法律是主权者意志的"法律实证主义"。边沁的观点包含着如下立场，即无论一种法律是好是坏，是否具有道德，如果它已然被制定，那它就是法律。这进一步意味着一切权利都是由立法创制的，自由要么是由法律明示，要么是由法律的不干涉默示而授予的。

边沁法律观点中更具吸引力的一个特征与证据问题有关。他认为证据法和证据可采性极为暧昧含混，充满了区分、例外，以及诸多在法官做出判决的过程中累积的晦涩的专业术语。边沁认为法律职业坚持这一令人不满的现状是一种有害的自利，因为它拖延了听证程序，并给律师带来诸多利益。先前的法律理论家试图为混乱赋予秩序，并证成证据法实践所蕴含的一些更为古怪的学说。但边沁采取了一种更为强劲的方法，他试图扫除一切"证据规则"，并以一种立足于功利主义、以普通日常经验与常识为前提的自然方法取代它们。

边沁曾与美国的麦迪逊总统就法典化问题通信，并且与美国各州的立法者都有书信往来。他的观点在另一个方向上间接发挥了作用。一个例证就是戴维·费尔德二世（David D. Field II）在欧洲之旅中受到边沁影响而开始钻研法典，在他孜孜不倦的努力下，纽约州民事程序得以部分法典化（《费尔德法典》[the Field Code]）。另一个对边沁观点的相似贡献源自戴维·霍夫曼（David Hoffman）这位法学家，他于19世纪20年代在马里兰大学将其功利主义理论引入法学研究。

边沁在南美得到了广泛的阅读，他的著述在智利与哥伦比亚激起了争论，后者的总统西蒙·玻利瓦尔（Simón Bolívar）迫于天主教教会的压力而封杀了边沁的作品。玻利瓦尔的后继者弗朗西斯科·桑坦德（Francisco Santander）总统取消了禁令，并使边沁的作品重回大学课堂。在希腊，当它摆脱了奥斯曼帝国的统治后，主要由于边沁的学生阿纳斯塔西奥斯·波里佐德斯（Anastasios Polyzoides）的著述，边沁的观点影响了新宪法的制定者。

边沁有关社会及其制度改善的思想，从刑罚改革到他有关政治经济学与法学的观点，都因传统和既定利益而在英国受到强烈阻碍。他逐步意识到这些改革的唯一希望就是根本的政治改革。在这一点上他受到了在1808年成为其副官和助手的詹姆斯·密尔（James Mill）的鼓励。边沁早年间曾写过一些政治改革的著述，但他只是将这些手稿放在一旁。眼下在密尔的鼓励下,他开始修订并补充这些手稿。他开始认识到实质改革在没有政治改革的条件下是不可行的,而且政治改革的唯一替代品就是革命,而他更青睐改革。

在他看来,问题的关键在于从国王以降的拥护国教的当权者个人及趋炎附势之辈,通过掌握在富人手中的毫无代表性的议会,而对政治制度施加的"影响"。要改变这一点,议会代表制就需要改革。他因此开始支持公民权的扩张、基于无记名投票的年度选举、对代表议会人员的基本资格限定、强制议员定期出席的罚金体系、议会论辩的准确报告,以及废除王室对实际职务和荣誉的任免权。他与詹姆斯·密尔一道公开谴责将女性排除在公民权之外,尽管他指出,只有当所有成年男性获得公民权后,才可以将之扩展到女性群体。

代表体系的改革本身并不十分足够,边沁进一步论述说,在政府中存在着浪费和腐败,公共开支需要缩减,并且行政部门的效率应当得到提升,这主要通过更好地遴选和培训公务员来实现。

当他有关议会改革的提议在 1817 年发表,并且他对公共行政中的浪费与无能的批评在 1824 年发表时,他被视为英国政治激进主义的主要代言人。这本身就足以使他在拥护国教的当权者体制内处于边缘地位,但他又因为将宗教视为进步的障碍这一对待宗教的态度而让自己更加边缘化。他尖刻地描述了教会对教育的掌控,并且以《不是保罗,而是耶稣》(*Not Paul, But Jesus*, 1823)震惊了同时代的许多人。在这部作品中,他将耶稣描绘为一个政治革命家,而认为圣保罗是个骗子。

不过最体现边沁对待宗教态度的,是他对宗教自由的支持,特别是他对不从国教者的支持,以及对他们因拒绝服从英国国教会的 39 条信纲而被剥夺权利的反对。这种权利剥夺导致不从国教者无法进入大学、公立学校、议会,也无法担任任何行政或军队职务。因此,不从国教者建立了他们自己的学校,这些学校中大部分在课程和教学方法上都要更为先进。因此当在伦敦建立一所世俗学校进而是一所大学(这就是英国伦敦大学学院,现为世界高等教育学府之一)的提议被提出时,边沁热切地表达支持。应他的要求，他的骨架顶着他蜡制的头颅，身穿他的衣服并戴着他的帽子，坐在英国伦敦大学学院主建筑入口大厅的玻璃箱中，注视着来来往往的学生。

当他的助手詹姆斯·密尔的儿子，也即约翰·斯图尔特·密尔首先通过编辑并出版五卷本边沁的《司法证据原理》(*Rationale of Judicial Evidence*，1838—1843)，进而发展从他那里继承来的功利主义学说，而向英国国民重新引入边沁的观点时，边沁在其本国内的影响逐渐扩大。名满天下，谤亦随之。几乎所有批评者都对边沁的人性观持有负面态度，认为它相当贫乏、机械且完全忽视了人性中想象、爱与情感发挥特有主导作用的部分。在哈兹里特看来，边沁对这些因素的忽略使得他的哲学"既不适用于人，也不适用于野兽"。这个对边沁的评价与马克思一致，他称边沁为"庸人的鼻祖"，并且认为功利主义无可救药地肤浅和庸俗。

针对边沁支持的功利主义立场，即快乐能够通过一个"幸福计算法"得到量化，为在给定的一系列情形中应当如何行动提供了客观的标准，有人提出了专门的批判。他的观点被指责为"猪的哲学"，因为在这一计算中一头猪可能要比苏格拉底更快乐，只要它有充足的泥巴去打滚，有充足的垃圾去吃。

边沁尤其受到教士群体的中伤，这也是可预见的，他们在读到由一位名叫约翰·科尔斯(John Colls)的英国国教教士所写的揭露作品时欣喜若狂。科尔斯在成为教士前，曾短暂地担任边沁的秘书，他写了一本名为《揭露功利主义》(*Utilitarianism Unmasked*, 1844)的书，将边沁描述为一个危险的、狭隘的以及邪恶的颠覆分子。

哲学家们的共识是，边沁错误地试图将一切人类动机都还原为对快乐的欲求和对痛苦的躲避，因为即便认为幸福是至善是正确的，但通往至善的途径有许多种且彼此不同，不提及这一点，以及不提及不同途径之间的冲突，就如他对人性的看法一样，基于这一观点的理论有陷入过于粗率的危险。

格奥尔格·威廉·弗里德里希·黑格尔
（Georg Wilhelm Friedrich Hegel, 1770—1831）

黑格尔的思想在 19 世纪和 20 世纪哲学中扮演着重要角色，它不仅影响了马克思、马克思主义以及海德格尔和其他思想家，还直接影响了英国观念论者，并因分析哲学的建立者对英国观念论者的回应而对之有间接影响。

在一些学者看来，黑格尔与康德的地位并驾齐驱。可以肯定的是，他们都属于思想宏大、富有雄心和创新性的思想家，所以他们之间的一个主要相似之处就体现为他们著作的艰深与广博。对另一些学者来说，黑格尔甚至比康德更重要，因为他的思想自其所处时代开始，就一直对主要哲学思潮、政治和现实世界中的事务有所影响。但对其他学者而言，他几乎没有得到关注：许多在英美分析哲学传统中教授并写作哲学的学者几乎不关注他的著作；其中一些人甚至完全没有读过他写的一个字，而且也从未感到有必要去读。

黑格尔在 1770 年出生于斯图加特。他的父亲是巴登－符腾堡公国政府的公务员，他的母亲是公国高级法院中一位律师之女。在黑格尔十三岁时，他母亲便去世了。他的弟弟格奥尔格·路德维希（Georg Ludwig）曾任陆军军官，在 1812 年拿破仑与俄国交战时服役身亡。

黑格尔在图宾根大学的新教神学院中接受教育。在这里，他与弗里德里希·谢林（Friedrich Schelling）以及弗里德里希·荷尔德林（Friedrich Hölderlin）结为好友。他们三人都醉心于希腊文化与法国大革命，并且出于同样原因都厌恶神学院僵化的氛围以及讲德语的各邦国内反动的政治。虽然谢林在学生时代就已然展露其哲学抱负，但黑格尔直到谢林成为耶拿大学教授并邀请他前往作为编外讲师授课时，才算出头。在此之前，他一直靠担任家庭教师谋生。

在耶拿时期，黑格尔着手写作后来他作品中最出名的《精神现象学》（*The Phenomenology of Spirit*, 1807）。当耶拿之战中拿破仑胜利的呼声响彻整个城池时，黑格尔完成了这部作品的手稿。当时他尚无稳定的职位，不得不暂且接受一本杂志的编辑职务，继而又成为一所中学的校长，他在这个岗位上干了将近十年。在中学教学的经历促使他有想法写作一部百科全书。它由三个部分构成，依次与逻辑、自然世界和精神（Geist，英语中的 mind 或 spirit）相关。在中学工作岁月中，他完成了这项雄伟工作的第一部分，即《逻辑学》(The Science of Logic)。

最终，黑格尔于 1816 年在海德堡大学获得了一个有薪水的职位，在此他完成了《哲学百科全书纲要》(Encyclopaedia of the Philosophical Sciences in Outline, 1817)。第二年，他前往柏林大学，不仅声望日隆，而且他的讲座吸引了整个德语世界及之外地区的学生慕名而来。1821 年，他出版了《法哲学原理》(Philosophy of Right, 1821)，并于 1829 年出任柏林大学校长。但仅在两年后，他便在霍乱流行中去世。以不同形式流传的一个轶闻说，他的临终遗言是慨叹自己的哲学从未得到理解。其中一个版本是这样的（这当然不是真实的）：他向一位学生低声私语道："除你之外，没有人理解我……甚至就连你所理解的也不正确。"这位焦急的学生尚未等到他的解释，他便断气了。

黑格尔从一开始就将哲学视为政治和社会改革运动的一部分。他认为哲学有必要对社会的分裂做出回应，当哲学成为修复理念与实践之间和谐一致关系的手段时（正如他和他的朋友谢林、荷尔德林所理解的古希腊时期的情况那样），尤为如此。在他最早发表的作品中（这是一部反对费希特，为谢林哲学辩护的著作），黑格尔指出"分裂是哲学之所以被需要的原因"。他和他的朋友因德国文化中缺乏整合性（integration）而感到沮丧，并一致认为德国文化中唯一值得自豪的就是康德。但即便如此，他们也对康德哲学持批判态度。荷尔德林说康德如同摩西一样，带领人们走出流亡状态，但他的子民仍有待指引方能走入应许之地。

这三位朋友共同协作完成了一个文本，也即《德国观念论最古老的体系纲领》(The Oldest System-Programme of German Idealism)。尽管很久以来，人们认为这是黑格尔的早期作品之一，但它的作者有可能是荷尔德林

（因为这份草稿由手写而成）。这份纲领从康德将个人视为彻底自由的道德存在者这个观点出发，据此认为自由就是服从个人施加在自己身上的法则。但该文本超越康德之处在于，它指出理性能够设计并自我适用这类法则的事实就意味着它并不以康德所描述的方式受到限定。相反，理性应当被理解为能够超越感知经验的界限，并为"这个世界对道德存在者而言必然是什么样的？"这个问题提供解答。

该解答由一种"理念"的形而上学加以表述。对该文本的作者而言，以下这点似乎很明确：在摆脱了他们称之为不过是"单调乏味的"实验程序的束缚后，科学能够因此受益。但更为重要的是，"理念"这个概念向我们展示了如何能够提出一种全新的国家理论。这是通过如下方式完成的，即事实上根本不存在国家的"理念"："不存在国家的**理念**，而至多仅有一个机器的理念，因为国家是机械性的。只有自由的对象能够成为'理念'。因此我们必须超越国家！因为每个国家都不过是把人民视为其机器上的螺钉。"此外，在此纲要中，哲学的任务就是为一种新社会奠基，在其中由于每个人的精神都得到解放、教化并且是自主的，因此每个人都是平等而自由的："所有人都具有一种绝对自由，他们将智识世界内化于他们自身之中，不向外诉诸上帝和不朽。"

黑格尔思想中这些具有革命性的开端并未持续多久。当他写作《精神现象学》时，他开始认为他所处的历史时期是一场文化转变过程的顶点，因此哲学的任务并非如他起初所理解的那样，而是与之不同的一些工作，也即使得每个人都意识到他所看到的如下事实：精神的辩证法历程已然完结。这句话囊括了黑格尔哲学的核心，以下就是对它的解释。

德语"Geist"在英语中意味着"心灵"（mind）或"精神"（spirit），对黑格尔来说它意味着一个所有人类个体心灵都共享着的普遍精神或能动性。如何准确且巧妙地翻译"Geist"所引发的众所周知的困难，使得一些译者和大部分哲学学者保留了"Geist"这个词本身：认为它指的是我们个体有限心灵所分有的"世界－心灵"或"世界－精神"。正如黑格尔在之后的著作《历史哲学》（*The Philosophy of History*）中所展示的，他将历史视为精神的发展或展开历程，随着时间演进，精神越来越趋向于更完满的自我实现和自我完成。

一种阐释黑格尔观点的方法是指出历史确实在下述意义上历经了精神的发展，也即随着知识从我们穴居时期祖先的迷信无知（如他们被夸张描述的那样）演进到科学所造就的极为复杂的程度，以及伴随而来的比我们祖先所了解的更为广泛的有关历史和社会的知识，人类的理解能力、意识与洞察力水平日益提高。黑格尔认为精神在这些方面达到了顶点。他将自己的时代视为精神发展完成的顶峰，甚至进而（相当令人惊讶地）认为普鲁士，这个他所属的威权独裁的国家，是精神发展完成的具体体现。

在《精神现象学》的标题中，"现象学"意味着"对显象（appearances）的研究"。"现象"这个词意味着"显象"，但并不意味着正在向我们显现或貌似显现的事物本身。所以，太阳向我们显现为一个我们可以用一枚硬币加以遮挡的头顶天空中的明亮物体；在瞥见太阳后如果我们闭上眼睛，眼睑内还留有太阳持存的残像——这也是一种现象，但此时并没有一个实在的事物直接位于显象"背后"，因为残像这个现象源于对眼睛和大脑之间视觉通道的持续刺激。因此，《精神现象学》意味着精神在展开或发展至自我完成的过程中，在历史不同阶段的显现。

此外，更准确地说，黑格尔认为这种展开过程是精神的自我意识或自我理解的展开。并且自我理解的程度越深，精神就越自由，直到它达到绝对自由的状态。精神能够获得这一状态是因为这同时也是绝对知识的状态：这两者是一回事。这一有关实在自身的知识（黑格尔将之称为"有关绝对的知识"），通过我们从单纯的感官知识出发并借由程度递增的自我意识发展而获得。黑格尔特别强调如下事实：由于自我意识要求有关他者的意识，因此自我意识通过欲求不是它自身的事物，也即对另一个意识以及占有周遭世界中事物的欲望（换言之，是对交换或利用世界或其部分的欲望），而被最深刻地感受到。这是马克思非常感兴趣的一个观点，对马克思而言，哲学的目的不仅仅是理解世界，而是改变世界。

一个自我意识要与另一个自我意识彼此关联的需求，源自以下这个事实：自我意识的获得，依赖于（一个意识）对另一个意识的认同与承认。《精神现象学》中最知名的篇章之一就是黑格尔对主人和奴隶关系的分析，以及在此之前的主张，即两个自我意识之间相互承认关系的首要和最自然的表达，不是和谐，而是冲突，甚至是殊死搏斗。不过黑格尔指出，斗争双方很快意识到如果一方不退让的话，相互承认的关系就会破灭，因此就会达成终止冲突的和解。这种和解会典型地以非对称形式出现，在其中胜利一方凌驾于屈服的一方，这便是主-奴关系。

不过这一关系并不稳定。奴隶承认主人的存在，但这并不能满足主人，对后者而言奴隶仅仅是其拥有的物品。主人对奴隶最低限度且具剥削性的承认，使得后者在将物质世界中的一部分形塑为对象（他种植的植物、他用木头制作的桌子）的过程中寻求满足。这就使他获得了自我感和自我价值感。但可惜的是，他所制作的对象并不属于他，而是供主人享用的：他与他的工作成果被隔绝开了（alienated）。这一核心观点启发了马克思发展出他的劳动异化理论，即奴隶（工人）的产品不仅被从他身边带走，否定了他作为其生产者的自我肯定，而且成为压迫他的一个主要方式。

黑格尔将古代哲学中的斯多亚主义视为走出异化的一种尝试，它通过在个人自我心灵的孤独中寻求到内在力量和团结，使得一个人是奴隶（如爱比克泰德[Epictetus]）还是皇帝（如马可·奥勒留）这件事变得无关紧要。不过黑格尔认为这种与现实的疏离是完全无益的，并最终会导向"苦恼意识"或"异化的精神"，在其中主人与奴隶不和谐地统一在单一的意识之中。这一意识渴望独立于物质世界，但它不可避免地是这个世界的一部分，其物理条件（伴随着它的所有欢乐与惩罚）是不可挣脱的。因此，这种意识遭受着撕裂的疼痛。在此黑格尔所描述的是基督教或任何具有基督教般行为，也即使得人性对抗其自身的宗教。他将精神的异化视为设定了远离人类并在人世之外存在的上帝的必然结果。有关这一上帝的观念，是人性中更加精神性的部分的投射，使得这一部分异化于其他部分，就造成了前述不和谐。

19 世纪的哲学   299

精神的不断演进的自我意识的目标，就是绝对知识，即有关实在自身的知识。拥有这一知识就拥有完整的自由。黑格尔用来描述其哲学立场的词语是"绝对观念论"，意指他认为最终的实在自身是精神性的这一信念。在尚未完全发展成熟的意识状态中，心灵并没有意识到它构成了实在；它认为实在独立于自身，并且我们的感知和理性是揭示这一独立实在本性的工具。这些工具未能把握实在自身的本性，使得康德认为这些工具只能够在与向我们显现的世界的关系中运作，因为世界向我们显现的方式很大程度上是我们的心灵对之加以形塑的结果。但当心灵迸发到它意识到一切实在都是其自身所建构的那一刻，它不再渴求追寻进一步的知识，因为除了具有自我知识的精神自身外别无他物。绝对知识因此就是"心灵知道其自身是心灵"。

注意这里的隐含之意。心灵或精神达到了通往自我意识这一旅途的最终目的地，是因为黑格尔他已然知晓实在的本性。作为精神之发展的世界历史已然达到了它的巅峰；黑格尔对实在的论述就是对这一事实的记叙。简言之，我们可以说宇宙在黑格尔这里找到了它的目的。

这不可避免地使我们返回到"精神是什么"这个问题上来。因为黑格尔使用"绝对观念论"这个词来将自己的观点与"主观观念论"区分开，在后者中实在被描述为以某种方式依赖于个体有限的心灵或这样一种心灵的集合体，所以或许我们会很自然地认为精神是一种普遍的心灵，一种宇宙意识。甚至我们会很自然地认为它是一个神，直到黑格尔到来，它才完全意识到自身以及实在的本性。此外，对黑格尔来说至关重要的是个人的心灵应当从社会角度加以理解，因此在他的理论中，这似乎意味着普遍心灵是被所有个体心灵一同构成或分有的。在他最早期思想中所设定的理念，即社会中的和谐理念，启发了如下观点，即个人在最优秀和最理性的时刻，一旦把一切自私自利都抛在一旁，就会彼此协调行动，因为可以说他们都是宇宙意识中的伙伴。

黑格尔所使用的方法叫**辩证法**。在柏拉图那里，辩证法是一个问与答的讨论过程，是通往真理的方法，在其中彼此对立的论点彼此帮助（彼此推动）向真理的方向演进。在黑格尔这里辩证法是任何对立观点通过彼此之间的矛盾冲突而产生某种新的观点的过程，在其中新的观点相应地又与其他观点矛盾冲突，进而产生另一个新的观点。黑格尔认为自己对这一方法的运用超越了柏拉图，因为柏拉图只将其局限在特定的问题或概念之中。在黑格尔看来，整个世界历史（作为精神逐步增进的自我意识的发展史）都可以通过矛盾对立双方中出现的新的综合的持续演进来加以理解。

一个给定的事态可以被认为是一个**正题**，与之对立的是一个**反题**。从两者的对立中产生了一个新的事态，即**合题**。合题成为一个新的正题，有另一个反题与之对立，继而产生了新的合题。新的合题再次成为有一个反题对立于它的正题……并且这样持续下去。精神的最终自我理解就是将精神带到这一点的历史辩证法链条的最终合题。

辩证法既是历史展现自身的过程，又是黑格尔所使用的哲学论证与研究的方法。这个方法在其《逻辑学》中得到描述。需要注意的是，他的观点显然与标准逻辑中的观点相矛盾，后者认为当一个命题与一个反题相对立时，结果就是产生矛盾并走入死局，（除了如标准逻辑所认为的从一个矛盾中推导出的事物外）从中不会再进一步演变出任何事物。相反，黑格尔认为正题与反题各自的特定内容相应地决定了从它们之间对立的互动中能够产生出的事物。黑格尔在《逻辑学》的开篇通过考察**有**和**无**的对立就阐明了这一点：有和无彼此对立，它们之间的关系作为合题生成了**转变**。运用于历史中，这一辩证过程就是社会中或国家间的冲突导致了分裂，这一分裂受到和解的克服，同时新的制度又变成了有新的反题的正题，需要以新的合题加以解决——就这样再一次进行下去。[1]

这最后一句表述，将我们的注意力引向了黑格尔的《历史哲学》。本书追叙了他视为历史从东方与亚洲（他所认为的）这一开端向他所处时代

---

[1] 几乎不用我说，在此对辩证法的论述以及事实上对黑格尔整体观点的概述，都是从整个哲学经典著述中最难以理解的作品之一的晦涩不清中提炼而来（这里作者形容的是黑格尔的《逻辑学》，又称"大逻辑"——译者注）。这些令人费解的作品使得赫拉克利特的残篇好像《儿童英语识字书》(*Janet and John*) 一样易懂。

19 世纪的哲学

的欧洲，特别是普鲁士这一顶峰辩证演进的过程。他写道："世界历史，不过就是自由意识的演进。"这一观点应当被视为对其整体哲学立场的另一种概括。在此会有一种不可避免的印象：黑格尔的历史观点似乎是一张"普鲁克路斯忒斯之床"（Procrustean bed），事实在上面被抻长截短以便与之相适应。他声称，中国与印度"外在于历史"，因为在他看来，这两个国家中没有证据表明存在精神辩证发展的迹象，就让我们立即有了这种印象。他选择波斯作为"真正历史"的起点，因为它是第一个覆灭的伟大帝国。波斯成为帝国的欲望是正题，希腊城邦寻求独立的欲望是反题，相矛盾的时刻就是在公元前480年萨拉米斯海战中希腊战胜了波斯的海军——进而合题就是之后古希腊文明特别是其哲学的形成。

黑格尔认为，希腊代表着相对波斯专制制度的进步，但希腊社会本身建立在奴隶制之上，因此在其制度中自由原则是非常不完善的。此外，希腊人在做出决定时，依赖占卜和神谕，这是精神尚处相对初级阶段的又一标志。但苏格拉底对德尔斐神谕"认识你自己！"的接受标志着一个转折：他引入独立思考的原则来对抗希腊人受到习俗支配的文化，黑格尔将此视为历史的重要时刻之一。

黑格尔在心理学方面的概略分析在其理论中发挥着重要作用：东方人完全缺乏自由，他们没有自己的意志与个体的良知，只有对统治者的卑屈服从。希腊人拥有更高程度但依然相对不发达的自我意识，苏格拉底通过其具有更高标准的自我意识的反对而颠覆了希腊人的自我意识，而这正是他被希腊人宣判死刑的原因，因为他极大地撼动了他们的观点。黑格尔追叙这一并非总是顺利和线性的演进过程，它途经罗马和宗教改革之前的不同形式的基督教，直到精神趋向于完美自我意识的开端在宗教改革时期的日耳曼世界中变得清晰可见。

黑格尔认为宗教改革不仅仅具有宗教意义。宗教改革认为每个个体必须要为他或她的个人选择负责的观念，不仅广泛涉及道德、政治与自然中更一般的问题，而且引发了将理性运用于生活及社会一切方面的启蒙运动的筹划，同时还伴随着个人自由权利观念的发展，因此挑战了阻碍个人发展和增进社会更大范围平等与机会的古老障碍。但这并不意味着无政府状态是发展的更高阶段,至少在世界以完全理性的方式加以组织之前,它并不是宗教改革所体现出的"主观自由",因为法律和道德仍然是必需。在一个完全理性的秩序中,个人总会选择按照与所有其他人相和谐的有关法律和道德的最高观念来行动。黑格尔时代的普鲁士并没有达到这样的阶段,不过他似乎认为已经非常接近了。

上述观点中蕴含的政治哲学体现在黑格尔的《法哲学原理》中。值得强调的是在他写作《历史哲学》时,普鲁士在经历了一系列自由改革之后,又在国王威廉三世的统治下开始复归于一个更加威权主义的体制。黑格尔的个体自由观念如前所示,并不是自由主义式的,而是认为一个人在承担自己的义务时才是自由的,因为这样做会将个人从单纯的冲动和欲望中解放出来。成为一个社会中具备该社会价值(社会基于其最大利益而接受的价值)的成员,意味着如果我违背了向这个社会承担的义务,这事实上就等同于我违背了自身。这就是黑格尔所说的"自由地选择就是理性地选择"的含义。

对黑格尔而言,最佳的社会-政治制度就是君主立宪制度,有些(若非完全)类似于他那时的普鲁士。他不是一个自由主义者;他并不认为民众应当拥有选举权,也支持君主政体的原则,并且他有关言论自由的观点非常具有局限性。当我们想到黑格尔的下述主张,即"国家是神圣理念在大地上的显现"进而我们必须"崇拜"它时,我们似乎很容易就会同意卡尔·波普尔(Karl Popper)对他政治哲学的批判。黑格尔的捍卫者指出这些观点都是其学生在课程讲义中的记录,并且黑格尔在使用"国家"一词时,指的是整个社会。此外他对自由的支持(即使这意味着对理性意义上的义务的理想化遵从)以及与之相关的对法治的支持,让他支持威权主义立场的样子没有那么令人厌恶。不过,很显然他既不是自由主义者也并非民主主义者。

黑格尔的遗产要比其思想的细节内容更为重要。在他去世后不久他的追随者们就陷入分裂,形成了两大阵营:"老年黑格尔派"或"黑格尔右派"强调其思想中政治保守主义的一面;"青年黑格尔派"或"黑格尔左派"认为其观点中蕴含的激进思想是在呼唤自由、个体与社会的和解以及一个由理性统治的世界。他们认为黑格尔已经证明了这是一种必然,因为这是一个历史必然过程的最终归宿。不过他们也认为黑格尔自己未能将他思想中的上述意涵坚持到底,因而他们下定决心要由自己来实现黑格尔的构想。

尽管黑格尔右派在黑格尔去世几十年后便不再具有影响力,黑格尔左派却并非如此。他们的首要靶子是他们视为人类进步主要障碍的宗教。他们从黑格尔"苦恼意识"(unhappy consciousness)这一概念出发,将宗教描述为一种异化:人类创造了上帝的理念,将有关人类的一切最美好事物投射在这一拟制物之上,但与此相反,同时又贬低人性,并将自己所创造的这个存在视为世界的造物主进而对之顶礼膜拜。以这一方式提出论证的青年黑格尔派中最具说服力的是大卫·弗里德里希·施特劳斯(David Friedrich Strauss,1808—1874)与路德维希·费尔巴哈(Ludwig Feuerbach,1804—1872)。施特劳斯的《耶稣传》(Life of Jesus)将《福音书》视同一切其他历史资料那样对待,因此开启了一种崭新的、批判的以及世俗的方法来研究宗教及其文献与派别。费尔巴哈在《基督教的本质》(The Essence of Christianity)中考察了宗教心理学与人类学,主要关注积极的人类特征在一个创造出来的存在中的投射,以及这一投射所带来的影响。

施特劳斯与费尔巴哈的著述都由英国散文家、小说家乔治·艾略特(George Eliot,本名玛丽安·埃文斯[Marian Evans])译成英文,这使得他们的观点广为传播,甚至先于黑格尔自己的哲学在德国之外闻名。不过即便在黑格尔的学说开始知名时,青年黑格尔派也是"头脚颠倒的"。费尔巴哈倡导一种唯物论版的黑格尔观念论:实在不是由思想创造的,相反思想源于(以人类为形式的)物质。心灵具有人类的本质,而非如黑格尔所说是分离于且高于人类的事物。黑格尔这一观点在费尔巴哈看来本身就是一种异化。他因此进一步主张哲学与神学都需要被一种有关人类的科学取代，它关注真实生活中真实的人。这一对黑格尔思想的修正和唯物论立场启发了卡尔·马克思。我们能够在费尔巴哈思想中观察到的"社会学转向"，在19世纪思想中的其他部分中可以看到十分重要的对应物——当然马克思那里有，奥古斯特·孔德的"实证主义"及受其短暂推动的实证主义运动之中也有。乔治·艾略特的爱人兼《哲学历史传记》（*A Biographical History of Philosophy*）的作者刘易斯是位孔德主义者，他以十分黑格尔的方式指出哲学史在孔德这里终结了，并在之后由社会学取代。

叔本华（Schopenhauer, 1788—1860）

在那些承认受到阿图尔·叔本华（Arthur Schopenhauer）影响的人物中，就有理查德·瓦格纳（Richard Wagner）、弗里德里希·尼采（Friedrich Nietzsche）、古斯塔夫·马勒（Gustav Mahler）、乔治·桑塔亚那（George Santayana）、路德维希·维特根斯坦（Ludwig Wittgenstein）、埃尔温·薛定谔（Erwin Schrödinger）、阿尔伯特·爱因斯坦、托马斯·曼（Thomas Mann）、豪尔赫·路易斯·博尔赫斯（Jorge Luis Borges）以及许多其他人。与黑格尔不同，叔本华是位富有天资且文风明快的作家，并且他的思想适用于实际生活，而非对政治事务加以"世界历史"的概括。他主要受到康德的影响，但另外的影响则源自印度哲学。成年后他过着孤独而禁欲的生活，驾轻就熟地阅读着不同语言的著作，并从音乐中获得最大的乐趣。他认为音乐不仅是一切艺术中的王者，而且是一种普遍的语言，以其自身就能够许诺将人类从苦难中解放出来。

阿图尔·叔本华在1788年出生于但泽（Danzig，现在的格丹斯克）。他的父亲海因里希·弗洛里斯·叔本华（Heinrich Floris Schopenhauer）是位具有荷兰血统的富商，他的母亲是位知名的小说家。作为一名狂热的伏尔泰信徒以及热切的亲英派分子，海因里希·叔本华希冀自己第一个孩子出生在英国。当乔安娜·叔本华（Johanna Schopenhauer）怀孕后，全家就如期前往英国，但乔安娜太过想家而无法继续待在那里，因此夫妻二人又回到但泽，并在这里生下阿图尔·叔本华。作为补偿，海因里希·叔本华以英式风格将自己的房屋装修得焕然一新。

海因里希对教育抱有雄心伟愿，这包括将还是小学生的阿图尔送往巴黎求学两年，并且送至伦敦求学数月。阿图尔对多种语言的掌握——包括英语、法语、意大利语、西班牙语以及拉丁语——部分上解释了他的德语文笔为何出众。

在叔本华十七岁时，父亲去世了，这对他是个巨大的打击。他的妹妹与母亲搬往魏玛，当时德语世界的文化之都，在此乔安娜·叔本华开始举办她的知名沙龙，参与者有歌德、格林兄弟（the brothers Grimm）、弗里德里希·施莱格尔与奥古斯特·施莱格尔（Friedrich and August Schlegel）、诗人克里斯托弗·维兰德（Christoph Wieland）、海因里希·梅耶（Heinrich Meyer）等人。叔本华在哥廷根大学就读，之后参加了康德主义哲学家约翰·戈特利布·费希特（Johann Gottlieb Fichte）与神学家弗里德里希·施莱尔马赫（Friedrich Schleiermacher）在柏林的课程。

叔本华与母亲的关系日渐恶化。叔本华与父亲的亲密使得他厌恶母亲在父亲去世这件事上的漠然。公正地说，必须要提及的是一般认为她并不是出于爱情才嫁给海因里希·叔本华的，并且她也从未声称自己是出于爱情。他们结婚时，乔安娜十八岁而海因里希年近四十。当叔本华将自己的博士论文提交给他母亲的出版商布洛克豪斯（F.A. Brockhaus）时，母子之间的冲突到达了顶峰。乔安娜·叔本华的小说质量并不高，但它们很流行，并且卖得很好，因此为了取悦于她，布洛克豪斯接受了叔本华的论文——《论充足理由律的四重根》（*Fourfold Root of the Principle of Sufficient Reason*）。乔安娜说压根儿不会有人去读它。叔本华回敬说，他的著作会在（按他的说法）母亲的"垃圾小说"被遗忘后很久仍有人阅读。他说对了。

《论充足理由律的四重根》这部作品以及叔本华与歌德个人间的熟识，使得对叔本华印象深刻的歌德邀请叔本华与之合作研究颜色，这是歌德已然做出知名科学贡献的领域。叔本华后来说，这项工作是其哲学观点的灵感来源之一。在 1818 年前往意大利时，他随身携带着歌德为他写给拜伦勋爵（Lord Byron）的介绍信，不过他没有用到这封信，其缘由据他说是自己太腼腆。

1818 年，叔本华出版了自己重要的哲学著作《作为意志与表象的世界》(*The World as Will and Representation*)，并在 1820 年成为柏林大学的讲师。他对黑格尔哲学抱有深刻的敌意，希望吸引学生走出黑格尔哲学，因此将自己的课程与黑格尔的安排在同一时间。[1] 但是有上百人成群结队地去听黑格尔的讲座，只有五位学生来到叔本华的课堂。出于厌恶，他放弃了大学教职，离开柏林，最终安居在法兰克福，独自一人在一群狗的陪伴下生活，并致力于著书写作。不过他也并非总是孤独，1819 年，他出租屋的一位女佣人因他而怀孕，不过孩子在只有几个月大的时候便夭折了。

叔本华承认在发展自己的哲学观点时，康德哲学的影响最深。他从康德那里继承了如下观点，即向我们显现的世界或现象世界就是我们经验中的表象，这个世界的结构与特征是我们经验以及概念化它时所采纳方法的产物。同时他也接受了现象世界与本体世界之间的区分，后者即是实在本身。叔本华与康德迥异之处在于我们是否能够获知本体实在这个问题。康德认为我们无法获知，并且对之能够述说的只是它不具有现象实在的特征。这意味着构成现象实在的概念，诸如因果性，并不适用于本体实在。这是接受康德观点的主要障碍，因为假如因果作用力无法被归属于本体界，那么有什么来解释直觉（知性运作于其上以产生经验以及现象世界的感觉输入）的发生呢？

在叔本华看来，本体界事实上是可被获知的：在我们的经验中体现为

---

[1] 叔本华是真的讨厌黑格尔。他写道："黑格尔，这个由上方任命、被权力认证为最伟大的哲学家的人，是一个头脑愚笨、寡淡乏味、令人厌恶、大字不识一个的半吊子，他在潦草拼凑与炮制其最为疯狂的令人困惑的胡言乱语中走向了厚颜无耻的巅峰。这些胡言乱语被其唯利是图的追随者乱哄哄地称赞为不朽的智慧，并很快被各种蠢货通盘接受，他们因而加入到前所未有的赞扬黑格尔的行列之中。当权者让黑格尔在广泛领域中具有的精神上的影响，使得他造成了一代人在思想上的堕落腐朽。"

意志。意志是潜藏在所有显象进而是整个自然之下的本体实在。我们直接且亲密地在我们自身中经验到意志；它先于有意识的知识，并且完全与之相分离。认为意志独立于知识而呈现自身，就是认为它独立于概念使用而呈现自身。因此，知识是次要的。意志作为一切事物的基底，作为唯一、基本且首要的实在，是一切存在与行动的源泉，其他一切事物都是显象。

叔本华认为意志是一种盲目的力量，并且它不停歇地表达自身，在人类经验中显现为欲望、渴望、向往，以及会引起痛苦的无法避免的不满。要摆脱痛苦，我们就必须摆脱意志的力量，换句话说，就是摆脱欲望的束缚。在此我们马上就会意识到他与佛教思想的类似。叔本华告诉我们，他很高兴发现佛教思想与他自己发展出的观点相一致。《作为意志与表象的世界》发表时正是他首次接触佛教教义之时。不过他早就知晓并极为崇拜《奥义书》，这本书常常摊开在他的案头，其中一些章节他每晚入睡前都要阅读。在《奥义书》中，从轮回（samsara，在《奥义书》中指的是苦难与重生）中获得解脱（moksha）的观点，是从理解自我（Atman）与梵（Brahman，潜在的普遍实在：参见本书第五部分的印度哲学）的统一中获得的，或至少是由其发展而来的。

在1814年乔安娜·叔本华沙龙的来宾中，有一位印度古代史学者，他叫弗里德里希·马耶尔（Friedrich Majer），正在写作一本有关印度教的书（它在1818年出版）。叔本华在1811年哥廷根大学的人类学课程中记录了有关印度文化的笔记；现在由于遇到马耶尔和另一位印度学研究者克洛普施托克（Klopstock），他从魏玛图书馆中借阅了《奥义书》的译本。当时他正在写作《论充足理由律的四重根》这部书，并很快开始着手写作《作为意志与表象的世界》。因此很有可能的是，欲望作为苦难来源这个观点，与其意志作为本体实在的观点彼此相关，本体界的形而上学直接通向了一种以苦难的普遍性为前提的伦理学立场，并要求我们对此事实加以回应。

审美体验也能够减轻苦难，虽然是暂时的。醉心于艺术特别是音乐的沉思中，使得我们走出自身，消弭了自我与其表象之间的区隔并且彼此融合为一体。音乐是超越苦难的最有效的途径,因此叔本华认为音乐是最纯粹的艺术,是普遍和永恒的。

叔本华认为存在即是遭受苦难的观点为其伦理学确立了基础。这个基础在于不仅是对他人而且是对一切动物与自然的**同情**。同情是一种"即刻的参与,独立于任何将来的动机,主要存在于另一个人的苦难以及对苦难的阻止与消除之中"。如果一个行动是出于任何其他动机,它"就不会有真正的道德价值"。叔本华的意思是说其他道德体系最终都会成为一种利己主义。宗教中的动机是取悦神进而获得奖赏或逃避惩罚。叔本华指出,尽管康德正确地区分了将人视为目的与将之作为手段,并且提出将任何人视为手段都是不正当的,但这依旧是一种利己主义道德,因为它将道德行动的施动者与承受者视为两个分离的存在。与此不同的是,同情将具有同情的一方与遭受苦难的一方视为一体。他认为所有动物都处于道德世界之中,因为它们同样也是其潜在意志实在的表现,并同样遭受苦难。他相信任何不友善对待其他种类动物的人都不可能是一个好人。

在《作为意志与表象的世界》中,叔本华用两个章节的篇幅讨论了性,这是对此主题的第一次严肃哲学讨论。查尔斯·达尔文在《人类的由来》(*The Descent of Man*)中赞赏地引述了叔本华的观点。他有关性欲具有力量和毁灭性的观点也影响了弗洛伊德。如我们所预料的那样,叔本华认为性具有核心地位,它是意志的无休止驱动力的一个例证。不过与此同时,他对同性恋抱持自由而宽容的立场。

在他的诸多文章中,能够发现对其哲学的其他运用与扩展,这证明了他在生活与社会方面观点的多样性。他是政治上的自由主义者,赞同柏拉图的优生学观点,并且提出尽管女性比男性"在判断方面更冷静"也更富有同情心,但她们最适合儿童的保育员与教师等工作,因为她们本身就"幼稚、肤浅以及缺乏远见"。当他在晚年结识雕塑家伊丽莎白·内伊(Elisabet Ney)时,他变得不再高高在上:"如果一位女性成功地从庸众中退步抽身……她就一刻不停地成长起来,并且超过男性。"

到了19世纪末,叔本华成为整个欧洲最知名的哲学家,并且他的影响延伸到 20 世纪哲学之外的思想生活之中。照片中的叔本华是一个表情冷峻的老人，几束白发支棱起来，好像从他本来已然光秃的脑后伸出的兔子耳朵。这掩盖了他著述中无所不在的幽默、洞见以及同情——尽管其中也有令人不快的对女性的看法以及他无法耐着性子与蠢人相处的暴躁。

实证主义（Positivism）

"实证主义"这个标签被贴在 19 世纪与 20 世纪的许多学说身上，因此这一术语的不同用法值得澄清。其中最著名的是 20 世纪的"逻辑实证主义"，我们在稍后会谈到。在 19 世纪，这个词与法律理论以及奥古斯特·孔德（1798—1857）的思想联系在一起。

在法律理论中，实证主义意味着对"什么是有效的法律？"这个问题的解答是：由正当建立的权威所制定的法律，或从得到承认的先例中推导出来的法律是有效的法律。这显然意味着法律的有效性与法律自身是否"道德"或"公正"无关，也即与其价值无关。如果法律是由正当的权威所制定的，那么即便是一部彻头彻尾的恶法（存在很多这样的法律）也是有效的。在英国有一个非常具有影响力的法律实证主义学派，它自边沁经约翰·奥斯丁（1790—1859）而至赫伯特·哈特（Herbert Hart, 1907—1992）。

在含义上更为接近的是孔德的实证主义。事实上正是他发明了"实证主义"这个名称。对他以及对之后维也纳学派的逻辑实证主义者来说，实证主义指的是只有源于经验科学、源于将有关自然现象的经验加以系统化和逻辑化后的知识才称得上是知识。其必然结果就是拒绝认为形而上学与神学是知识的来源。孔德式实证主义与维也纳学派的实证主义之间的不同在于，前者是有关政治与社会理论的学说，而维也纳实证主义者则对科学哲学和认识论感兴趣。

孔德并没有主张实证主义是他的原创，他认为伽利略、培根、笛卡尔与牛顿（事实上，任何曾对知识有过真正贡献的人）是实证主义的奠基人，尽管他们没有使用这个词语。孔德认为人类试图解释世界的努力经历了三个历史阶段的发展：早期依赖于超自然解释的神学阶段；形而上学阶段，在此阶段中最早提出自然主义解释的思辨努力是通过未知的力与原理完成的；以及最后的实证阶段，在此阶段中人类获得了对掌控世界的科学法则的科学理解。

孔德以及黑格尔、马克思等思想家，相信掌控个人与社会行为的法则与在自然科学中所发现的那些法则是一样的。他将之类比为医学，在当时医学逐渐揭示了先前隐而不彰的致病缘由。他早期的著作受到了约翰·斯图尔特·密尔、刘易斯（他以对孔德的称赞结束了《哲学历史传记》这部书）、乔治·艾略特、赫胥黎（T. H. Huxley）等人的关注与赞同。他本人及其学说开始变得知名，但最终他被盛名冲昏了头脑。他认为由于实证主义应当取代宗教，而且由于宗教的吸引力及其对人民的掌控取决于仪式、崇拜、唱圣歌、去教堂、圣徒、殉道者等因素，所以实证主义需要在相应因素上展开竞争。因此他建立了一个世俗宗教，即人道教（the Religion of Humanity），教理问答、圣人瞻礼、教士、礼仪、祈祷、圣餐与礼拜场所一样不少。他的人道教的所有特征都源于法国本土的天主教，除了后者的上帝与基督。

孔德早期对社会与公共政策事务持科学态度的追随者都弃他而去，他的努力最终以荒谬的结果收场。他的意图中不乏洞见和有价值的部分，但其实行则完全辜负了意图。

密尔（Mill, 1806—1873）

在其《自传》（*Autobiography*）中，约翰·斯图尔特·密尔记述了他所受到的源自他父亲詹姆斯·密尔，这位杰里米·边沁合作者的严格教育。密尔3岁开始学习希腊文，8岁学习拉丁文，在10岁时就能教授年幼的弟弟妹妹数学、历史与古典学。历史是他的挚爱，但他也阅读科学文献，并写作诗歌（写诗是源自他父亲的坚持，他的第一部诗歌作品写于 12 岁，是对《伊利亚特》[*Iliad*] 的续作）。

密尔的父亲是《英属印度史》(*History of British India*) 这部极富影响力的巨著的作者。老密尔从未去过印度，也不通晓印度的语言，并且几乎对印度的一切持有批判（事实上是敌对）的态度。不过他的著作却被在印度的英国人用作统治印度的行为手册。

和边沁一样，老密尔是那种视理论高于现实的人；他对自己早熟而有天赋的儿子的严酷教育说明了这一点。不可避免地，小密尔遭受了精神崩溃。在 20 岁时，他感到自己陷入"干枯而沉重的沮丧之中"，而他为自己人生所设定的目标，即增进社会公正，也失去了它的意味。通过阅读华兹华斯（Wordsworth）的诗作，他从痛苦以及与之相伴的自杀的念头中走了出来。这些诗篇教给小密尔去珍视那些在他父亲的教导中完全缺席的东西："个人的内在文化"是"一切行为规则的检验"，即幸福这一伟大目的得以实现的过程中的重要组成部分。

密尔说，幸福并不是通过寻求幸福而获得的——因为"问你自己是否幸福，你就不再幸福"——而是通过寻求他人的幸福，帮助人类获得提升，并追寻艺术或其他本身具有价值的目标。幸福将会与这些活动相伴而生，它"会随着空气而被人们吸入"。这一观点蕴含在密尔的自由主义以及他个人的功利主义伦理学中。

密尔 1806 年出生于伦敦，成长在边沁与老密尔宏伟的社会、法律与政治改革计划这个世所少有的氛围中。作为一名宗教上的不从国教者（尽管他个人是位不可知论者），因为不服从英国教会所颁布的信纲，他无法进入牛津或剑桥学习。他去旁听英国伦敦大学学院的课程，这所大学是由他的父亲与边沁参与建立的，不过在此他并没有获取学位。相反，他加入了英国东印度公司，并在其中工作了将近三十年，职位逐步晋升。他不赞同 1858 年对印度统治方式的改变，那时国王从东印度公司手中取得了对印度的直接控制权，因此他拒绝了在印度理事会中的席位。

1851 年，密尔与其爱慕多年但在此之前与他人成婚的一位女士结婚。这就是哈莉耶特·泰勒（Harriet Taylor），她共同参与了密尔一些著作的研究与写作。她于 1858 年去世。密尔在 1865 年成为下议院议员，并且是议员中首位倡导女性投票权的。他与哈莉耶特·泰勒一同写作的呼吁性别平等的著作《妇女的从属地位》（The Subjection of Women）出版于 1869 年。

密尔的《逻辑学体系》（System of Logic, 1843）是对科学方法的重要贡献，也是科学在该历史阶段的重要时刻，它受到了包括约翰·赫歇尔（John Herschel）与威廉·休厄尔在内的其他思想家的关注。密尔有关逻辑学和科学方法的著作，与其在《威斯特敏斯特评论》（Westminster Review）中发表的主题广泛的论文一同确立了他的名望。不过密尔被世人记住的主要著作是其两部相对短小易读的作品：《论自由》（On Liberty, 1859）与《功利主义》（Utilitarianism, 1863）。

《论自由》的核心问题为，一个社会能够对个人正当行使的权力的边界应当是什么？密尔认为对于那些只关涉个人的事务，个人无须向社会负责；并且相应地，社会也不能干涉个人，除非他们的行动有可能伤害其他人。这些观点联系在一起，就意味着除非存在好的理由指出个人为什么不应当自由，否则个人就应当是自由的。

我们很自然会想到自由的概念主要在反对暴政、反对个人权利缺失的理念中具有生命力。密尔指出，除此之外，免于屈从社会强制的自由也应该得到捍卫，特别是道德领域中的社会强制。他论证说如果人们并没有伤害其他人，他们就应当按照其选择的那样自由生活，因为这在最大可能范围内允许了人们去探索以何种方式成功地生活。

密尔因他的观点以及支持废奴的立场而被视为"古典自由主义者"。但不得不指出的是，他认为在"落后社会"中，威权主义政府对人民的统治是正当的。他认为我们不仅会因为我们所做的事情，还会因为我们应做而未做的事情给他人带来伤害，这也造成了理论困难。社会因此有可能强制人们去做诸如接受教育、缴纳税金、克制自己不在公共场合吸烟等

19 世纪的哲学

事情。

《论自由》令人尊敬的一个特征是它对言论自由的捍卫，密尔将之视为公民社会与进步的基础。他指出，审查会导致重要的真理不为人所知晓，并且若没有公开论辩，观点就会固化为纯粹的教条。

密尔是伦理学中功利主义的主要倡导人之一，该立场认为行动根据其结果而被判定为正确或错误。康德主张一种义务论观点，认为行动的对与错事关行动者的意图、事关行动者的行动是否服从独立于行动结果而存在的可普遍化的道德规则。相反，后果论者认为行动自身并不内在地具有对与错，道德价值的唯一衡量标准就是行动的后果。功利主义者作为后果论者，认为一个行动道德价值的衡量标准在于它在何种程度上增进了一个积极的结果，并且任何谋求具有道德价值的行动的目标就是"最大多数人的最大幸福"。这就是功利原则。

密尔与其功利主义前辈们共享如下观点，即善好的事物就是幸福（的事物），并且幸福就意味着快乐以及不存在痛苦。不过这一享乐主义（基于快乐的）立场并非利己主义的，而是关涉他人的；密尔指出对一个行动是否可能最大化最大多数人的幸福的判断，应当从一个仁慈而无私的观察者视角出发。

边沁的"幸福计算法"理念受到了批判，因为它使得在该计算法所测度的幸福天平上，如果一只猪有足够的垃圾和烂泥去享用，那么它就要比苏格拉底更加幸福。密尔反驳这一批判时指出，存在着"高级"和"低级"快乐的区别，最适宜去判断一种快乐属于哪一种快乐的人就是熟知这两种快乐的人。一个只了解低级快乐的人只了解这个问题的一个方面；而一个了解高级快乐并且具有良知进而具有高雅情感的人，不会接受低劣事物中的快乐。

考虑到一些"高级快乐"（譬如用古希腊语原文阅读埃斯库罗斯，去剧院欣赏歌剧）或许对一些人而言十分艰难，但瘫坐在沙发中看着电视、手握酒精饮料甚至在最纯粹的享乐主义者看来通常都是足够幸福的，因此密尔的这一精英主义观点与我们通常看法里的人类心理学并不十分一致。

密尔是一位古典或"行动"功利主义者，因为他认为每个个体的行动后果都构成了其道德价值的衡量标准。这一立场与他所持有的另两个重要观点并不完全一致。这两个观点是：在衡量行动的后果时，没有任何个人比其他人更加特殊；以及自由的一个基本原则就是每个人的权利都应得到支持。一种粗糙的功利主义似乎会认为在任何问题中忽略少数人的权利与利益都是正当的——如果你能通过杀掉一个人而拯救六个人，这种粗糙的功利主义观点就会认为你应当这么去做。作为回应，一些功利主义者放弃了"行动功利主义"而采纳"规则功利主义"立场，也即我们应当依据大体上可能产生最大多数人最大幸福的规则来生活，即便在一些情形中某个特定行动并不会如此。密尔对少数群体权利以及所有人具有同等价值的坚持，相较于他自己的功利主义，显然与规则功利主义立场更一致。

作为密尔的教子，伯特兰·罗素认为密尔因其智识上的美德、个人道德上的正直以及有关生活目标的高尚观点而配享他所处时代的崇高声望。我们很容易就会认同这个评价。鉴于密尔对个人自由的捍卫以及对女性事业的推动，他当然配享他现今仍然享有的声望。

马克思（Marx, 1818—1883）

卡尔·马克思（Karl Marx）是普鲁士下莱茵省特里尔市里自18世纪初便为当地犹太人团体服务的拉比世家的后代。他的父亲海因里希·马克思（Heinrich Marx）是此代代相传的家庭中第一位与传统决裂的人，他成了一名律师和葡萄园主人，并且做出了改信路德宗这一更具革命性的举动：他用"海因里希"这个名字取代了洗礼名"赫施尔"（Heschel）。马克思的母亲亨丽埃特·普雷斯堡（Henriette Pressburg）是一个富裕荷兰家庭的女儿，也是犹太人，与在接下来这个世纪中因电器产品而知名的飞利浦家族有亲缘关系。当之后马克思穷困潦倒地流亡伦敦时，他与飞利浦家族的关系使他得到了慷慨的金钱资助。当时亨丽埃特也跟随丈夫皈依了路德宗。

马克思的父亲对哲学与政治改革感兴趣。他让自己九个孩子在幼年接受私人教育，之后将儿子们送入弗里德里希-威廉中学。这所学校的校长是一位自由主义者，并且是位受到启蒙运动影响的思想家，他是马克思父亲的好友。这所学校由于向学生传播自由主义观点而引来当局的敌意。在马克思就读时期，这所学校遭到搜捕，许多职工都被开除了。这些往事与马克思最终的人生方向非常一致。不过在他十七岁前往波恩大学求学时，他尚未变得如此激进。

由于有肺部感染的倾向，马克思被免除了兵役，并在波恩大学过上了典型的学生生活：逃课、决斗并因醉酒而被捕。父亲将他转到柏林大学，并警告他要更严肃地对待自己的学业。马克思本希望学习哲学与文学，但父亲坚持让他学习法律。在他转学到柏林后，马克思又多了一个更加严肃对待学习的理由：他已经向一位贵族之女——燕妮·冯·威斯特法伦（Jenny von Westphalen）求婚了；她的父亲成为他之后博士论文的题献对象。

一如当时在欧洲大部分知识群体中那样，黑格尔思想也是柏林大学热议的焦点。马克思加入了一个以布鲁诺·鲍尔（Bruno Bauer）和路德维希·费尔巴哈为核心的，后来被称为"青年黑格尔派"的激进分子群体。青年黑格尔派并非不加批判地追随黑格尔，他们接受了黑格尔的辩证法方法论而非形而上学观点。在此时，马克思的文学兴趣依旧浓厚，他创作了一部小说、一部戏剧以及一系列献给燕妮的深情诗篇。不过他的注意力越来越集中在哲学上。跟随鲍尔，他致力于研究某个版本的黑格尔《宗教哲学》(Philosophy of Religion)，并且在博士论文中主张，相对于一般研究特别是神学，哲学具有"至上权威"（他引自休谟）。尽管这篇博士论文主要题献给燕妮的父亲，但它还有另外一位受题献者："哲学日历上最高的圣者和殉道者"，也即从诸神那里盗取火种给人类的普罗米修斯。马克思在论文序言中饶有意味地引用了普罗米修斯的一句台词："简而言之，我痛恨所有的神明。"[1]

马克思成为一名学者的职业愿望由于当局对青年黑格尔派的激进主义日益增加的敌意而受阻。他转而成为一名记者，前往科隆为《莱茵报》（Rheinische Zeitung）工作。由于他对社会实际状况进行考察的亲身经历，以及报纸在当权者手中受到的对待（报纸很快被查封），他的政治立场与经济观点开始变得明确起来。马克思搬到巴黎，加入了一个更为激进的杂志，《德法年鉴》（Deutsch-Französische Jahrbücher）。为此，米哈伊尔·巴枯宁（Mikhail Bakunin）也被招募进来。在马克思早年最为重要的著述中，这本杂志唯一出版的一期就刊载了其中的两篇。他在巴黎结识了弗里德里希·恩格斯（Friedrich Engels），他们二人立刻展开了最后被证明是长达一生的合作。恩格斯的《英国工人阶级状况》（Conditon of the Working Class in England）说服了马克思相信依据自己历史必然性的观点，通过加速推动必然带来革命事态的（历史）辩证进程，无产阶级能够成为以社会与经济公平为目标的革命的手段。

马克思在1843年到1848年间于巴黎和布鲁塞尔撰写的著作中（包括《经济学和哲学手稿》[Economic and Philosophical Manuscripts] 以及《关于费尔巴哈的提纲》[Theses on Feuerbach]）深入研究了经济学、政治经济学以及历史学，这推动了最终体现在其巨著《资本论》（Capital）中观点的发展。马克思研究者们都同意将他与恩格斯写作的《德意志意识形态》（The German Ideology）视为标志着他与青年黑格尔派以及哲学中观念论传统的决裂，转而强调一种历史进程完全受到生活中物质条件推动的观点。这本书是马克思与恩格斯合作著述中最为知名的作品《共产党宣言》（The Communist Manifesto）的先声。《共产党宣言》出版于1848年初，几个月后，欧洲爆发了一系列的革命活动。

马克思从父亲那里继承了遗产，他现在将之用于对革命事业的直接资

---

[1] 马克思博士论文题为《德谟克利特的自然哲学与伊壁鸠鲁的自然哲学的差别》（The Difference between the Democritean and Epicurean Philosophies of Nature）。

19世纪的哲学　　**317**

助之中，同时创办了一份报纸来声援革命。由于被怀疑为暴动分子购买武器，他被驱逐出比利时，回到巴黎后，他的报纸也很快被查封了。1849年夏天，他与燕妮离开法国，前往英国并定居在伦敦。他在此度过余生，虽然得到恩格斯的接济，却依旧处于极为贫困的状态。起初他继续推动共产主义者同盟以及流亡在伦敦的德国社会主义者的革命活动。在许多年中，马克思都是《纽约先驱报》(*New York Daily Tribune*) 这份表达美国工人阶级诉求的报纸在伦敦的通讯记者。这份工作时有时无，且薪水微薄，但它为马克思赢得了诸多读者。

诸如在国际工人联合会（"第一国际"）中发挥主导作用这样的政治活动，占据了马克思的大量时间与精力，特别是因为随着欧洲革命活动的衰退，激进主义者们转而开始就革命策略与方向问题展开混战。马克思反对巴枯宁试图将"第一国际"带向无政府主义的方向，并且他获得了胜利。不过在当时，《政治经济学批判》(*A Contribution to the Critique of Political Economy*, 1859) 的成功，促使马克思将主要精力投入到此书所预示着的更为详细但尚处手稿状态中的《资本论》。在其他原因之外，他还认为欧洲革命的失败使得我们有必要对资本主义本身加以考察。

糟糕的身体情况、贫困、对实际政治活动的失望以及高强度的工作，构成了马克思自大学岁月之后的生活。令人羡慕的是在这一生活中燕妮始终与他志同道合，支持着他。她生育了七个孩子，只有三个活了下来。无论我们对马克思重要的遗产持何种态度，我们不得不认同以下两点：他度过了史诗般波澜壮阔的一生，并且他这一生证明了哲学如何能够（按他自己所说，哲学必然）改变世界。

马克思的主要工作关涉实践中的政治激进主义，以及他为此提供的理论证成。前文中已经大致描述了政治激进主义。他著述中的理论内容，分为对经济学问题的技术性考察与对更具一般哲学意味的一系列主题的探讨两个部分。三卷本的《资本论》几乎完全致力于前者。它们包括对商品生产、市场与劳动分工得以存在的条件、使用价值与交换价值的区分及该区分中包含的劳动价值论、资本主义的性质、剩余价值是利润的来源这一观点以及相关主题的广泛讨论。批评者们批评马克思在技术性细节中存在不足，但其理论的很多方面（工人与资本家的矛盾，工人寻求更高薪水而资本家追求更高利润，经济周期的不稳定性）依旧具有说服力。

马克思更为直接的哲学观点也同样具有影响力。一些比较重要的观点如下。

政治光谱中的左翼与右翼中都有自由主义的批评者。自由主义是这样一种政治哲学，它重视个人自由、平等、法治、民主、宗教自由，并尊重诸如隐私权、言论自由、出版自由、集会自由等权利。我们很容易预见政治右翼对自由主义的立场会做出怎样的批评——政治右翼的观点试图更全面支配民众，并且想让民众更加趋同一致，使个人偏好服从于传统道德、忠诚以及爱国主义、严苛的国家体制，甚或军队价值等类似事物的要求：想想看晚近历史中的法西斯国家。

马克思从左翼立场对自由主义提出批判。在《论犹太人问题》（'On the Jewish Question'）一文中，他批评布鲁诺·鲍尔认为宗教是人类解放的障碍这个观点。鲍尔将解除对犹太人的禁令作为自己的主要攻击对象，这不是因为他是位反犹分子，而是因为他认为一切宗教都应当被禁止。他以一位强健的无神论者与好战的世俗主义者的身份写作。马克思的回应是：要在政治解放与人类解放之间做出区分。前者意味着根据人们的权利来保护他们免受他人及制度的侵害，而后者则包含增进团体交融与友谊，以至于人们无须提防彼此。

相比于以宗教歧视与冲突为特征的更具压迫性的社会，马克思当然会肯定自由主义是一种进步，但他认为自由主义本身就是真正解放的障碍，因为它在人与人之间放置了保护性屏障，而非增进他们的联结。他指出在完美的社会状态中，这些屏障就不再必要，因为和谐会占据主流，且人们会彼此成就共同的事业。这一富有吸引力的想法是无法实现的。认为人性能够如此完美，以至于可以无须保护弱者免受强者之害的方法、无须增进公平的积极行动、无须在人类利益与欲望冲突时解决所产生矛盾的途径，这是一种乌托邦式的立场。我们完全能明白，为什么一些人可能更愿意把宝押在自由主义制度上。

马克思最为知名的观点之一就是"宗教是人民的鸦片"。这句话出自《黑格尔法哲学批判》（Contribution to the Critique of Hegel's Philosophy of Right）的导言，在此他论述说"对宗教的批判是一切批判的先决条件"，并且人与社会是宗教的创造者，因此宗教是一种"颠倒的世界意识"。人类在充满压迫的社会与经济制度中遭受苦难，宗教情感"既是现实的苦难的表现，又是对这种现实的苦难的抗议。宗教是被压迫生灵的叹息，是无情世界的心境，正像它是无精神活力的制度的精神一样。宗教是人民的鸦片"。他指出，哲学的任务就是通过揭示苦难的来源而揭示宗教的本来面目："废除作为人民的虚幻幸福的宗教，就是要求人民的现实幸福。"

为了实现这一目标，就应当通过理解历史的物质基础来理解人与人之间真正的共同体如何受到对民众的政治与经济压迫的阻碍。理解这一点就会鼓励人们通过反抗压迫而获得解脱。

这些观点生发于马克思对费尔巴哈下述主张的反思：上帝与宗教都是人类的创造。费尔巴哈虽然并非第一位提出该主张的人，但引人注目而又争议不断。马克思另一句常被引用的名言也出现在他对费尔巴哈的思考中："哲学家只是用不同的方式解释世界，而问题在于改变世界。"《关于费尔巴哈的提纲》清晰地表明了马克思对在他之前的唯物论与观念论哲学的批判。尽管他自己在其形而上学立场上是位唯物论者，但马克思批评先前的唯物论未能意识到人类的思想与行动如何对他们所感知到的实在的性质有所贡献。观念论者意识到了这一点，但错误地认为实在自身因此也是观念的。他们的错误在于未能看到人类活动会影响到现实物理世界的物质活动：挖掘隧道开采矿藏、砍伐树木、改变河流的流向等。这一有关人类与自然关系的描述就是历史唯物主义，它也是一种工作关系、劳动关系、肌肉和汗水的关系。

在马克思的诸多思想之中潜藏着一种历史观，虽然他没有在任何单一文本中（完整）提出，但从他的不同著述中，尤其是在他早期与恩格斯合著的《德意志意识形态》（1845）以及经典的《政治经济学批判》（1859）

中，有可能将其归纳总结出来。这两部作品都提出了先前所说的人类生存的物质条件的理论，但加入了如下观点，即随着时间推移，生产条件发生改变，人类关系也因而变化。马克思指出，随着人们更加意识到他们的生活如何受到他们所处的经济条件的形塑，他们就会变得更有能力将自己从这些环境的压迫中解放出来。

上述历史进程是一个辩证的过程，在其中社会不同部分的物质利益之间的对立（封建社会中农民与地主、资本主义社会中工人与资本家）以冲突的形式得以表现，这些冲突处于一种动态的，可被表现为黑格尔式产生合题的正题与反题的运动之中。在此运动中，合题又成为一个新的反题的正题，并且在"否定之否定"的序列中如此进行下去，直到这一决定论式的演化带来一种纯粹的共产主义状态，在其中人类良好的伙伴关系使得法律与政府不再有存在的必要，此时国家就因此而"消亡"了。

这至少是一个标准概述，它受到之后诸多马克思解释者的影响，其中最为重要的就是列宁。马克思专家对马克思是否确实持有一种历史哲学，以及如果有的话，其内容是什么这些问题存在分歧。一些学者认为当马克思写作有关特定历史事件的著作时，他并没有将之置于一个历史发展的固定模式中，他们援引的一个例子就是《路易·波拿巴的雾月十八日》（'The Eighteenth Brumaire of Louis Napoleon'）这篇关于法国在 1848 年到 1851 年之间革命事件的文章。然而这篇文章的开篇却指向了另一个方向："人们自己创造自己的历史，但是他们并不是随心所欲地创造，并不是在他们自己选定的条件下创造，而是在直接碰到的、既定的、从过去承继下来的条件下创造。一切已死的先辈们的传统，像梦魇一样纠缠着活人的头脑。"

不过，将历史过程具有决定论意味（即社会最终必然达到共产主义终点）这个观点归属于他，这就很难与他关于工人阶级必须投身并推动革命的观念相一致。因为如果我们试图说这不过是对历史进程的加速促进，那么我们就会否定这些过程的必要性。另一方面，或许马克思并不认为历史唯物主义是一个决定论式的过程，但如此一来，他有关资本主义取代封建

19 世纪的哲学　　321

主义这一过程的论述,以及他认为某些社会由于尚未达到足以产生城市无产阶级的工业化水平,因而革命条件并不充分的观点,似乎要求以相反方式理解他。

尽管马克思对劳动的分析是其经济与政治理论的核心,但它也具有非常重要的哲学维度。在他 1844 年的《经济学与哲学手稿》中,他提出了自己的异化理论。他指出资本主义体系中工人遭受了以下四种方式的异化:他们异化于自己生产的物品,他们因为工作的严苛与令人不快而异化于对工作的满足感,他们异化于对自身自然力量的使用,他们因与其他人的关系成为了一种交换而非亲密互惠(mutuality)而异化于其他人。他指出,资本主义体系中的一切,租金、薪水、利润等等,都与异化相关。他所青睐的替代方案并没有得到完整描述,但这个方案必然依托于他关于劳动的观念,即劳动应该是对劳动者的满足,它应该真正满足他或她自己的需要以及他人的需要。

马克思所有著作中的一个潜在假设是,包括资本主义在内的此前所有经济体系都是不公正和具有压迫性的,同时共产主义若能得到良好实现,就会是一个不错的状态,因为它以人类之间的亲密互惠(包括伙伴关系、彼此共享以及真正自由等)为前提。而是否能存在一个公正且人道的社会,同时又无需我们等着看对人类本性的乌托邦期待是否最终能得到实现,则是更亟待我们回答的问题。

尼采(Nietzsche, 1844—1900)

围绕着"弗里德里希·尼采"(Friedrich Nietzsche)这个名字,上演着一幕幕天才与疯狂、深刻洞见与哲学革命的传奇。他的著述有着旧约先知般预言的特征,这是他有意为之的:他最长的一部著作《查拉图斯特拉如是说》(*Thus Spake Zarathustra*),就呈现为一位先知从山巅带下的启示。认为尼采既是一位思想戏剧的创作者,又是一位哲学家,并不是贬低其思想的原创性与力量。事实上，从语言、外表以及个人生平而言，他都是典型的疾雷闪电式的思想家，有意地震撼遭遇他的人们，要么使之愤怒，要么启发他们以不同的方式去思考。

尼采出生在萨克森地区邻近莱比锡的一个地方，是位路德宗牧师的儿子，这位牧师在三十五岁左右因脑部疾患去世，当时尼采只有五岁。他有一个弟弟，但在婴儿时期便夭折了；他还有一个妹妹，比他小两岁，后来对他的身后声名有重大影响。

因为尼采的父亲曾担任国家雇员（牧师由公共财政支付薪水），尼采因此获得奖学金前往著名的瑙姆堡（Naumburg）普福塔学校（Schulpforta）接受教育。在那里他修习古典学、现代语言以及音乐，倾心于当时鲜有人知的弗里德里希·荷尔德林的诗作，并且第一次听到了理查德·瓦格纳的名字。由于一开始他想成为一名牧师，就在波恩大学研究神学与文献学。令他母亲与妹妹极为失望的是，他在阅读大卫·施特劳斯的《耶稣传》以及路德维希·费尔巴哈的《基督教的本质》后，便失去了对上帝的信仰。他转而作为莱比锡大学弗里德里希·里敕尔（Friedrich Ritschl）教授的学生，致力于研习古典语文学，并在阅读叔本华的《作为意志与表象的世界》中获得了对哲学的激情。

1867年，尼采志愿在一个普鲁士炮兵师服役一年。他是马背上的一名优秀骑手，这在他长官看来是晋升为军官的首要资质，要不是一天他纵身跃上马背时出了事故，这或许就会是他的命运。这场事故严重到使他数月都处于伤病状态。他因此回到学业中，并很快结识了理查德·瓦格纳及其夫人柯西玛（Cosima），后者将会对尼采有巨大的影响。

尼采的老师里敕尔教授非常器重他，甚至在他还没获得博士学位的1869年，就帮助他在巴塞尔大学取得了古典语文学的教席，当时他才二十四岁，令人惊讶地年轻。在里敕尔的奔走下，莱比锡大学授予尼采荣誉博士学位，以便让事情略符常规一些。尼采一直写作却从未完成的博士论文是对第欧根尼·拉尔修《名哲言行录》所用素材的考察，但他的就职演讲是论荷马。理查德·瓦格纳与柯西玛·瓦格纳夫妇住在离他不远的卢塞恩（Lucerne），尼采成为他们的家中常客，因此结识的人中有弗朗茨·李斯特（Franz Liszt）。

在巴塞尔，尼采结识了伟大的文艺复兴历史学家雅各布·布克哈特（Jacob Burckhardt）以及另两位对其思想有所影响的人物，一位是与他保持终生友谊的神学家弗朗茨·奥弗贝克（Franz Overbeck），另一位是俄国哲学家阿夫里坎·斯皮里（Afrikan Spir）。

在1870年至1871年的普法战争期间，尼采作为普鲁士军队中的一名医务护理员服役，他在战区艰苦的环境中生病，并且可能在军人经常光顾的妓院中感染了梅毒。人们猜测这是他此后长期糟糕的健康状况以及生命最后十年里疯癫状态的根源，因为"麻痹性精神失常"是梅毒感染的一个后果。

1872年，尼采出版了他的第一部著作《悲剧的诞生》(*The Birth of Tragedy*)。学术界对其评价很差，因为它未能遵守学术作品的标准规范——这是尼采不愿去做的事情，但无论如何，他是一位富于思辨且爱好辩论的哲学家，这本书体现了他这方面的特质。他试图转到哲学系，但未能成功。在19世纪70年代早期，他写作了一系列文章，并以《不合时宜的沉思》(*Untimely Meditations*)为题集结成书，其中包含一篇讨论瓦格纳的文章，虽然在1876年，因为惊讶且失望于在他眼中属于具有欺骗性魔力的拜罗伊特艺术节[1]以及瓦格纳自抬身价的行为，他对瓦格纳的崇敬已然开始减退。

1879年，尼采由于病重无法承担巴塞尔大学的教学任务而退休。那时他刚刚出版一本名言警句集，题为《人性的，太人性的》(*Human, All Too Human*)，眼下他就可以在冬季前往意大利与法国南部、在夏季前往阿尔卑斯山间的希尔斯-马丽亚，全身心地投入写作。在1879年到1888年间，他写作了一系列重要著作，包括《朝霞》(*Daybreak*, 1881)、《快乐

---

1 拜罗伊特艺术节即瓦格纳音乐节。1876年8月13日，瓦格纳歌剧院落成，在国王的资助下，瓦格纳在此举办了规模空前的演出。从此该艺术节便与瓦格纳家族结缘。——译者注

的科学》(*The Gay Science*, 1882)、《查拉图斯特拉如是说》(1883)、《善恶的彼岸》(*Beyond Good and Evil*, 1886)、《论道德的谱系》(*The Genealogy of Morals*, 1887)、《偶像的黄昏》(*Twilight of the Idols*, 1888)、《瓦格纳事件》(*The Case of Wagner*, 1888)、《瞧！这个人》(*Ecce Homo*, 1888)、《敌基督者》(*The Antichrist*, 1888)和《尼采反瓦格纳》(*Nietzsche contra Wagner*, 1888),以及他打算称为《权力意志》(*The Will to Power*)的一本书的草稿素材。在这些年间,他得到一位名叫彼得·加斯特(Peter Gast)(约翰·海因里希·科泽利茨[Johann Heinrich Köselitz]的假名)的助手的协助,而这位助手的一部分工资是由尼采的朋友保罗·雷(Paul Rée)赞助的。

雷与尼采都爱上了同一位女性,性格活泼又天资聪慧的露·安德烈亚斯－莎乐美(Lou Andreas-Salomé)。她是一位作家,后来又成为一位精神分析学家,还是弗洛伊德和里尔克的朋友。尼采向她求婚数次,但他与莎乐美和雷的关系最终由于莎乐美更垂青雷而以苦涩告终。这对尼采来说是段痛苦的经历,他不仅责怪莎乐美与雷,也将其归咎于他的妹妹伊丽莎白,因为伊丽莎白极不认同莎乐美,认为后者属于自己这种传统(事实上是反动)的观点所无法容忍的现代女性,因此干涉了尼采与她的感情。即使在情况最好的时候,尼采与伊丽莎白也很难相处,但在这次不幸后,他说他对伊丽莎白感到一种"真正的厌恶"。

伊丽莎白后来对尼采的名声有很糟糕的影响,因为她在尼采发疯并去世后,将其描述为纳粹的"前身"(*avant la lettre*)。其实是她自己与一个名叫伯纳德·福斯特(Bernhard Föster)的狂热原始纳粹分子结婚,后者将一群金发蓝眼的雅利安人带往南美以图孕育出一个统治民族,结果计划由于这群人因热带疾病几乎全部死亡而失败。福斯特在绝望中自杀。伊丽莎白以"福斯特－尼采夫人"这个名字编辑并出版她哥哥的作品,并对之施以她所希冀的反犹主义、民族主义以及预示着纳粹主义的扭曲。但尼采本人断然反对反犹主义与民族主义,并且他的学说不是政治性的,而是伦理学的。我下面将对此加以详述。

部分上由于与其出版商埃内斯特·施梅茨那(Ernest Schmeitzner)决

裂（碰巧是因为后者的反犹主义），部分上因为他的书很难卖出，尼采开始自费出版。他将《查拉斯图特拉如是说》最后一卷印制了 40 本送给朋友与熟人。在他生命最后十年这个高产的时期内，他保持着风驰电掣般的思考与写作。

这段时期，尼采糟糕的健康状况并未有起色，他逐渐依赖鸦片来对抗失眠。1888 年末，他寄给朋友们的疯狂书信以及他声称自己继承了波兰贵族的血统（他说，他们的贵族美德虽然历经四代德国母亲血统的干扰，依旧传承到了他的身上），令朋友们担心他的状况。1889 年 1 月初，他的精神彻底崩溃了，且再也没有康复。他因发疯，也因为生命中最后几年里一系列的中风而丧失了自理能力，由母亲和妹妹照料他的生活，直到他在 1900 年去世。据说刺激他最终发疯的，是他看到一匹马正被其主人无情地鞭笞，他冲过去保护这匹马，双臂在马颈周围挥动，同时抽泣着。

尼采的主要哲学关切是伦理学，并且很大程度上就是古代哲学家所理解的伦理学，也即对下述问题的解答：我应当成为何种人？我应当如何生活？何种价值应当形塑并指引我的选择、我的目标以及我的生活？它们与"什么使得一个行动是正确或错误的？""道德的原则是什么？"这些整体上更狭义地关乎道德的问题不同。

一些人或许会讶异于尽管伦理学与道德当然是紧密关联的，但在上述意义上却是可以彼此分离的。伦理学是比道德更具包容性的领域，它关乎品性而道德在意行动。我们的行动当然主要源于我们的品性，但伦理学研究的目标（寻求"我应当成为何种人"这个问题的答案）和道德争论的目标（在此情形中怎样做是正确的？）显然并不一致。

尼采认为西方文明中的诸种价值是错误的，它们已然受到道德思想中犹太−基督教遗产的扭曲。他的批评不仅针对基督教本身，也针对在为道德这个并未要求有神论基础的事物提供独立证成时，接受了基督教诸多道德学说的哲学家。

因此，他在《快乐的科学》中的宣言"上帝已死"并不只是一个无神论主张，还是这样一种宣告，即一切建立在有神论基础上的事物都倒塌了。如果建立在基督教之上的整个文化与文明不再有其基础，那么就有必要"重估一切价值"。对已被摧毁秩序的废墟中的生活的困惑与焦虑，由于意识到以下这点而加重了，也即这个秩序不仅并没有任何基础，甚至实际上是有害的：它的道德败坏了——实际上是颠倒了——人类能够成为的样子。

尼采说，把道德摆正可并非易事，但这是我们不得不去做的工作。第一步就是要去理解已经发生了什么，这是其《论道德的谱系》所勾勒的基本内容。曾经对什么是"善"的判断要根据社会中高贵、崇高以及强有力的人物的自我评价做出，对什么是"恶"的判断要根据善的对立面，也即"低劣、庸俗与粗俗"之人的自我评价做出。但是这一秩序由于怨恨所导致的"奴隶的反抗"而被颠倒过来，并且基于贵族立场做出判断的"好-坏"对立被新的"善"与"恶"的对立取代。骄傲成为一种罪，善人意味着那些谦卑、温顺且忍受苦难的人——这恰恰是那些受到奴役或流放之人的命运。富有怜悯与同情是善的；自我否定与牺牲是美德——尼采将之称为"自我否定的"美德，它与肯定自我的贵族美德截然不同。

在《敌基督者》中，他通过下述提问表明自己反对由犹太-基督教传统所引入的"奴隶道德"的价值体系："什么是善？一切提升人类自身中权力感、权力意志以及权力自身的事物。什么是恶？一切源自懦弱的事物。什么是幸福？权力在增长、阻力得到克服的感觉。不是满足而是更多的权力；不是和平而是战争；不是美德而是才能。"

尼采的妹妹伊丽莎白·福斯特-尼采很会利用这些段落，如果错误理解，这些段落事实上会产生出非常邪恶的解释。[1] 但将之与叔本华的立场合观，我们就会明白尼采的意思。叔本华认为生命意志（在他看来是本体），也即潜在的实在，注定总会受到阻挠；这因此成为世界上无处不在的苦难的根源。相反，尼采强调克服阻挠的意志，同阻挠战斗并征服它以便我们

---

[1] 红衣主教黎塞留曾说："给我六行最诚实的人亲笔写的话，我会在其中找到绞死他的理由。"

能够生存、创造与获胜,具有伦理意义。抗争与欲望,希冀成长与发展,都是有价值的事物;成为一个抗争进而克服成长与发展路途中障碍的人,就是成为一个 Übermensch——即"超越众人"意义上的"超人"——并因此是真正道德的。

尼采指出这涉及对生活的肯认,也即成为一个"肯定生活的人"。它指的是人要像自己将一遍又一遍地重复相同的生活,直到永远那样去生活——这就是"永恒轮回",我们在其中沉思那些使我们的生活尽可能地肯定、积极与高贵的事物。不过这并非选择生活在任何幻觉之中:我们不得不如实地对待拥抱生活所包含的一切,因为其中也有苦难与失败、痛苦与悔恨。生活因此也需要勇气。这些观点以不同形式出现在《快乐的知识》与《瞧!这个人》中。

不过,在我们拥抱生活并真诚且富有勇气地生活时,对我们所不得不接受的苦难也有救赎。这一救赎就如同叔本华也曾指出的那样,就是艺术。尼采说:"我们拥有艺术,以免我们因真理而消亡。"艺术帮助我们作为创造者或享受者去了解"如何使得事物具有美";作为享受者,我们可以是"自己生活的诗人",赋予我们自身满足与风格,并将自己的生活视为一项创造性的工作,将美学价值赋予它作为其伦理特征的一部分。这就要求我们是自主的个体,自由的灵魂,拒绝社会与传统道德试图强加给我们的任何束缚。

尼采并没有系统性地提出自己的观点,而是通过论辩以及诸如对待生活不同态度的对比、阿波罗与狄奥尼索斯各自代表的艺术的对比等修辞来表达自己的见解。在他早期的著作《悲剧的诞生》这部他后来认为写得糟糕而又晦涩的作品中,他指出阿波罗式的秩序与理性以及狄奥尼索斯式本能的、有时迷醉且常常是混乱的属性都是戏剧的本质属性——事实上,这两者间的张力正是一切艺术的源泉。虽然埃斯库罗斯与索福克勒斯代表着这一具有丰富成果的张力的巅峰,欧里庇得斯与苏格拉底强调阿波罗的一面胜过狄奥尼索斯的一面,理性要胜过情感,并因此将希腊文化的伟大时代导向了终结。

一些学者在尼采哲学的核心觉察到了虚无主义的迹象。就"生活的肯认"以及"永恒的轮回"这些主题而言，很显然尼采自己并不是一个虚无主义者；相反，尼采批评当没有任何事物能够填充神的位格而使人们丧失对传统有神论道德的信仰后，所导致的虚无主义及悲观主义："缺乏高级物种，也即那些能够以不竭的多产与权力保持对人类的信念的人很匮乏；低级物种（'兽群''群氓'以及'社会'）忘却了谦逊而将其需要鼓吹为普遍的和形而上的价值。全部存在就以这种方式被庸俗化了：群氓占据统治地位而欺弄秀异之士，因此群氓失去了对自身的信念而成为虚无主义者。"尼采承认全盘拒斥传统价值所引发的问题，这正是如海德格尔这样的思想家认为他是一个虚无主义者的根源，但这种看法没有抓住重点：尼采并没有"贬低一切价值"，而是"重估这些价值"。

尼采因之成名的那些观点，譬如不道德的人、超人、主人与奴隶道德的对照、超越"善与恶"、"重估一切价值"、"用锤子进行哲学思考"（回想查拉图斯特拉的"这破坏者，那旧法律之破坏者！"），都得到了广泛研究，且在他之后的世纪里有时得到分析哲学与欧陆哲学两边思想家的赞同与接受。正如通常在高产且具原创性的思想家身上所发生的那样，尼采极有魅力的观点向来自任何思想传统的、任何将之作为研究与反思目标的人敞开。尼采的思想值得他们如此。

观念论（Idealism）

19世纪下半叶，出现了许多观念论哲学，主要在英国，但美国也有。[1]

---

[1] Idealism（Idealismus）在本书中统一翻译成"观念论"。有关这一术语的译法，学界多有讨论。综合而言，学者一般将之译为唯心主义（唯心论）、观念论、理念论等等。不同译法体现出学者对这个术语及其相关哲学理论的不同理解。大体来说本书译者采纳了 Tom Rockmore 教授的立场，将 Idealism 宽泛理解为一种认识论立场，它注重"观念"（idea, Idee）在认知中所发挥的作用。从这个角度来看，哲学史上三种思潮都与这一立场相关。首先，是柏拉图为代表的"理念说"或"形式说""相论"，认为存在超越于经验现实之上的理念，哲人王通过"智性直观"得以把握

其中核心人物是格林（T. H. Green）、布拉德雷（F. H. Bradley）、麦克塔格特（J. M. E. McTaggart）、詹姆斯·沃德（James Ward）、伯纳德·鲍桑葵（Bernard Bosanquet）以及美国人乔西亚·罗伊斯（Josiah Royce）。这些思想家的观点并不一致，尽管其中有人（并非全部）认同实在就根本而言是由单一心灵构成的这个立场；不过，他们倡导不同形态的观念论的动机是类似的：一部分原因在于以此回应在之前的两个世纪中，他们眼中贫乏而又难以令人满意的经验主义与功利主义观点；另一部分原因是回应德意志圣经研究、地质学、达尔文生物学以及逐渐提高的普遍文化水平对宗教合理性（plausibility）的影响；还有一部分原因在于他们深受黑格尔的影响，甚至对这些思想家中像布拉德雷一样明确拒绝"黑格尔主义者"标签的人而言，黑格尔在其思想中也占据相当重要的分量。譬如，布拉德雷的伦理学观点是在一系列显然运用了辩证法的论文中提出的，他指出若想正确地理解他的学说，就要依据论文发表的顺序去阅读。

上述动机是彼此相关的。格林（1836—1882）是观念论这场回击的领路人。格林在牛津大学的一位学生写道，"科学分析"占据主流使得一切

（接上页注）
这些理念；其次，是英国经验主义者洛克、贝克莱以及休谟还有欧陆理性主义者笛卡尔为代表的"表象主义"立场，认为观念是认知主体与实在之间的中介，观念表征着实在，因此我们通过认识观念而认识了实在；最后，是康德开启的由费希特、谢林、黑格尔所发展的"建构主义"立场，认为认知主体依据"观念"（在康德那里是"表象"，在黑格尔那里是"意识"或"概念"）建构了认知对象。相关分析可参见汤姆·洛克摩尔：《康德与观念论》，徐向东译，上海译文出版社 2011 年版；Tom Rockmore, *German Idealism as Constructivism*, The University of Chicago Press, 2016；汤姆·洛克摩尔：《认知建构主义、实在论与观念论》，赵英男译，载《外国哲学》（第 36 辑），商务印书馆 2019 年版。先刚教授对此词译法持有另一种立场。他指出，英国经验主义者的学说可以被称为观念论，但康德和黑格尔为代表的德国 Idealism 应当对应于唯心主义，这是因为德国 Idealism 实际上包括两种子类型：其一是康德的"主观观念论"，否定现实事物是最高、最真实的存在；其二是黑格尔的"理念论"，在否定现实事物的同时又强调返回现实；因此以"唯心主义"这个概念统括这两种立场。相关讨论参见黑格尔：《黑格尔著作集第 5 卷：逻辑学 I》，先刚译，人民出版社 2019 年版，第 136 页译者脚注。本书译者认为：其一，唯心主义这一术语在我国当下语境中有其特殊含义及历史意味，或许对我们从学术角度把握思想家的立场有一定障碍；其二，从哲学思潮整体来看，德国观念论者内部差异或分歧并不是我们关注的重点（相反，在针对德国观念论的研究中这是重中之重）。因此，仍以"观念论"翻译该术语，并鉴于英国 19 世纪观念论学说与黑格尔的密切关系，也以"观念论"称谓这段时期内英国哲学家。——译者注

都似乎变得乏味和毫无灵气："我们很害怕；我们看到一切都正在演变为理性抽象机械论、个人主义感觉论、不可知主义机械论的暴政"，因此转向具有极为重要的宗教维度的不同形式的观念论，就为思考神与道德生活提供了新的视角，这一视角仿佛能将神与道德从科学具有的还原性、揭露性意味中解放出来，因此受到一些人热烈的拥护。格林自己著有一部非常有影响力的休谟研究作品，在其中他认为休谟哲学及其心理学原子论是一种怀疑论，并因此摧毁了知识与社会道德的可能性。

部分受到格林对自洛克以来主导英国哲学的经验主义的批评的推动，斯特林（J. H. Stirling）在 1865 年出版的《黑格尔的秘密》（*The Secret of Hegel*）一书所倡导的哲学旨趣使观念论重新得到关注。在 1883 年安德鲁·赛思 [Andrew Seth，后以赛思·普林格尔－帕蒂森（Seth Pringle-Pattison）这个名字为人所知] 与霍尔丹（R. B. Haldane）编辑的《哲学批评文集》（*Essays in Philosophical Criticism*）的序言中，爱德华·凯尔德（Edward Caird）写道："本卷的作者们都同意哲学所必须遵循的研究路径或哲学被期待来为人类智识生活做出最重要贡献的方式，就是由康德开启且由黑格尔无与伦比地加以贯彻的方法。"

观念论是一种形而上学立场，它认为实在的基本属性是精神，也即心灵或意识。在贝克莱的学说中（参见前文边码第 226—232 页），世界作为上帝心灵中的观念而存在；或用他自己的话来说，"永恒精神"就是世界的实体，并且通过持续的创造活动，亦即构想（思维）它，而保持世界的存在。[1] 由于上述推动哲学在 19 世纪末观念论转向的动机，贝克莱这样明确的有神论观念论就远远不够了。或许最接近贝克莱的是格林，他有关实在的潜在本性的观点，不太精确地说，可以被理解为一种黑格尔化和内在化的贝克莱学说。

格林预设了一种"永恒意识"，并将之描述为两个彼此相关的展开过

---

[1] 注意：康德并不是这一形而上学意义上的观念论者；适用于其立场的"先验观念论"标签有着非常不同的含义，它指的是构成向我们显现的世界的现象源于我们心灵对感觉经验素材的加工；他并不认为心灵是实在本身的基础。他的观点是认识论的而非形而上学的。

程，抑或一个可用两种方式描述的展开过程：个体意志演进的展开过程，以及上帝在世界中逐步现身或实现的展开过程。他将"永恒意识"视为"自然的法则、上帝意志或其观点"。格林认为"永恒意识"内在（固有）于人性，并且只有当人类自身正确地理解到该意识在自身中并因此推动它在自身的实现时，它才会完整存在。认为"当个人于其自身内实现神圣事物时，神圣者的存在就更加完满"，基本上就是认为只有当人们信仰上帝时，上帝才会存在；不过对格林观点更加接近他个人本意的描述，应当是人类自我意识的演进就是上帝使得自身逐渐在世界中显现的过程。黑格尔对此观点的启发可谓一目了然。

不过格林指出，个人更要进一步理解到他们每人都只含有永恒意识的一部分，因而神圣者在世界中的实现就需要合作与团结。个人的"自我"作为由自我构成的社会的一部分而存在，并且个人的自我实现就是对所有人的自我实现的一种贡献。

基于这其中蕴含的，人类的本质属性就是社会属性的观点，格林发展出一套完整的道德与政治理论。它启发了这样一种观点，即我们拥有自由意志，并且当自由意志通过行动而到达对其自身而言最佳和最满意的状态时，它是最为自由的。但它又与承认如下观点有关：一个人与其同伴的共同协作需要一种共同善的观念，并且对共享法则与习俗的自愿接受有助于增进该共同善。因此，个人与社会的关系就具有相互性：个人共同构成了社会，但同时又受到社会的形塑。因此国家，无论是整体民族国家还是地方政府，是很重要的，因为它提供了个人能够为最佳结果而行动的环境。但是国家不应当过度干预个人，相反，它的角色应当是弘扬最有利于个人自我实现的权利与义务。

由于他对休谟的批判以及他所采纳的哲学方法，格林在 19 世纪观念论中占据重要地位，他的哲学方法在其同时代人看来，相比于盛行的经验主义，能够在不那么具有还原论色彩的基础上重新激活道德和政治思想。不过他并不是新观念论的主要旗手，因为唯有布拉德雷（1846—1924）才堪当这一角色。

布拉德雷第一部著作的主题是伦理学与逻辑学，但使他生前享有盛誉的却是在《**显象与实在**》(*Appearance and Reality*, 1893) 以及一系列为扩展和捍卫其之后学说而撰写的论文中所提出的形而上学观点。这本书提出的观点极富影响力，却主要是在负面的意义上：它们激起了摩尔与罗素的回应，其结果就是 20 世纪分析哲学的诞生。

布拉德雷指出，我们日常思考与谈论世界的方式（以及事实上哲学家与科学家更为复杂的论述）包含着内在矛盾，它们只有在我们试图系统性地理解我们的经验时才会显露出来。揭示这些矛盾要求我们拒绝两个常见的假设：世界上有许多独立存在的事物，以及这些事物的存在独立于我们或任何人对它们的任何知识。第一个假设是多元论的，第二个假设是实在论的。既拒绝多元论又拒绝实在论，就意味着将实在理解为一个单一完整的全体，他将之称为"绝对"，也即自在的实在与囊括一切的作为存在总体的实在。这个术语直接借用自黑格尔的"绝对"（das Absolute）并且类似于黑格尔将"绝对"与"精神"（Geist）相等同，布拉德雷进一步论证说绝对由经验或知觉（sentience）构成。

布拉德雷对多元论和实在论的拒斥，开启了他对**关系**的讨论。关系分为两种：外在的与内在的。外在关系的实例包括在"某物之上"或"在某物的左方"。一个茶杯在桌子之上，对茶杯和桌子都未发生改变；一把椅子在桌子的左方，对椅子或桌子也没有影响。把茶杯从桌子上拿下，它仍是一个茶杯；把椅子移动到桌子的另一边，它还是一把椅子。外在关系并不影响其"被关系者"（relata，彼此相关的事物）的属性。但内在关系对它们的被关系者而言具有本质意义，并且使之成为它们之所是。"是某人的兄弟"就是一个例子；只有当你是男性并且至少有一个兄弟姐妹时，你才会是某人的兄弟。"与某人结婚"使其被关系者成为彼此的配偶；除非你处于"与某人结婚"的关系中，否则你不会具有配偶身份，因为离婚后你就不再是某人的配偶。外在关系是偶然的，但内在关系是必然的，对其被关系者而言具有本质意义，它们是彼此要想处于一定关系中所必须具有的性质。

布拉德雷的观点是不存在外在关系，并且如果这似乎意味着一切事物都与其他一切事物处于内在关系中，我们很快就会发现甚至内在关系也不存在。这是因为实在中并没有许多事物（这意味着不存在关系，甚至连内在关系也没有），而只有一个事物，也即**万物**（everything）：这就是绝对。对第一个观点（即不存在关系）的论证被称为"布拉德雷倒退"，如下是其最为简单的表达：如果 A 与 B 之间存在关系 R，那么 A 一定因某种关系 R1 而与 R 相关。但此时 A 一定又因某种关系 R2 而与关系 R1 相关……如此类推而陷入倒退。

布拉德雷以糖块作为一个"事物"的例示，这块糖具有白、硬、甜等属性。重复着贝克莱的论证，布拉德雷问，被认为潜在于这些属性之中的那个"事物"是什么？是否存在着这样的一块糖，它不具有任何属性，同时这些属性独立于它，但白、甜、硬等属性以某种方式又从属于它？或者这块糖只不过是这些属性的集合束？但如果是后者的话，是什么将这些属性关联成束的？是一种关系吗？但这又是种什么关系？布拉德雷认为这些问题能够被转换为下述问题：当我们用一个属性谓述一个事物时，譬如当我们用"白"来谓述（也即将之归属于）糖块时，我们在做什么。如果白就是糖——因为它是一个构成属性，与其他属性一道构成了糖——那么你就是什么都没有说；但如果你认为白与糖不是同一个事物，那么认为"糖是白的"就是说糖是某个不是糖的东西。注意，在这里布拉德雷认为"是"等同于"具有同一性"，这意味着当你说"S 是 P"时，你是在断言 S 与 P 是同一个事物。

认为外在关系中被关系者独立于且不受它们所处关系的影响这一观点，在布拉德雷看来似乎是不融贯的。如果关系 R 独立于被关系者 A 和 B，那么如上所示，就会有一个将被关系者关联到 R 的关系……因此就会产生倒退。对外在关系我们就说这么多。布拉德雷接下来指出内在关系的观点同样是不融贯的。如果内在关系"立基于"其被关系者的本性之中，那就一定有被关系者的某些方面为这些关系奠基。譬如，要想存在"是某人的兄弟"这一关系，与其他人处于这一关系中的人就一定要是男性，并且至少与之共享父母中的一方；但被关系者中这些"部分"，也即男性、共享的基因遗传等，也彼此处于一定关系中，它们中的每一个都与"是某人的兄弟"这一关系处于一定关系中。如果是这样，这两方面中也会再次出现倒退。[1]

在布拉德雷看来，关系概念的不融贯性是他拒绝多元论的理由。如果并不存在多种多样的彼此独立的事物，那么整体论就是正确的：世界上只存在一个事物，这个事物因此就是万物。布拉德雷认为这个事物就是经验或感知的理由，它可以得到如下重构（他并没有对此提出一般性论证）：如果这样的一个事物不是经验或感知，那么就不可能只有一个事物，因为经验存在（他、你还有我都拥有经验）并且若实在本身不是经验，那么就会导致有不止一个事物存在——此时就会有经验与被经验到的事物之间的区分，依据假设，后者本身并非经验。但如果只存在一个事物并且存在经验，那么经验就是这唯一存在的事物。[2] 他指出，多样性与多元性的显象都是人为产物，它源于我们有限且不完整的思维所施加的区分与差异。但是这些多样性与多元性，以及当我们试图理性地思考它们时所很快注意到的矛盾，在整体中得到了和谐与包容：在绝对中一切矛盾都得到了整体性的克服与解决。

在其伦理学思想中，布拉德雷处理了我为何应当具有道德这一问题。需要注意的是，这个问题似乎预设了存在着道德，并且探寻人们为什么应当使自己的生活与行动服从于它。布拉德雷对此问题的回答是具有道德就是完成自我实现，而对自我实现的探索是在其依据辩证法编排的论文集《伦理学研究》（*Ethical Studies*, 1876）之中。这本文集中，每篇文章都

---

[1] 这多多少少算是对布拉德雷论证的重构，在《显象与实在》中他的论证本身就是不清晰的。（译者按：这里的两个方面指的是被关系者本性中不同部分之间的关系，以及这些部分与"成为某人兄弟"这一关系的关系。）

[2] 这里作者试图指出，如果不接受世界就是经验，就不得不接受经验与实在之间的二分法。这意味着我们对世界（或实在）的经验与世界（或实在）并不是同一个事物。而这正是布拉德雷所拒绝的多元论立场。因此，要反对多元论就要接受世界等同于经验，即接受整体论立场。——译者注

引入了另一个伦理学说的观点并对之加以驳斥，但与此同时又保留其中有所助益的方面。其中包含着非常有趣的讨论，特别是《为了快乐的快乐》（Pleasure for Pleasure's Sake）、《我的身份地位及其义务》（My Station and its Duties）这两篇文章，但这一讨论的终点却并不令人满意，因为理想化的自我，即"善的自我"，是不可获得的，因为善的自我的存在要依赖于恶的自我的存在，（要实现善的自我，）自我就必定要克服它努力成为的事物；正是因为如此，最终的善是无法达到的，因为恶注定会存在。

前文提及的观念论思潮的引领者中，有一位提出了一个至今困扰着哲学家们的问题。这就是由麦克塔格特（1866—1925）提出的时间非真实性论证。

麦克塔格特最初的著作都是对黑格尔的广泛研究。在他于其主要著作《存在的性质》（The Nature of Existence，第一卷出版于1921年，第二卷出版于其逝世后的1927年）中实质性提出自己版本的观念论之前，他发表了关于黑格尔哲学的三本著作和一篇重要的简短专著。他同时也是布拉德雷的崇拜者，深受其影响。尽管麦克塔格特承认这些影响，但他的学说是极具原创性的。

对哲学家怪癖感兴趣的人会在麦克塔格特这里得到很大满足。他有一副古怪的外表——硕大的头颅，摇摇摆摆横着走路——剑桥周围到处出现他骑着三轮脚踏车或小心翼翼向他随时随地会遇到的猫咪们打招呼问候的身影。（相反，当猫咪闯入布拉德雷在牛津的学院的土地时，他会用左轮手枪向它们射击。）麦克塔格特非常害羞，伯特兰·罗素年轻时也是这样。罗素曾说当麦克塔格特第一次前往他在三一学院的办公室拜访他时，他害羞到没有请麦克塔格特进门，而麦克塔格特则害羞到不敢入内，所以他与在门口踱步的麦克塔格特之间有一段长时间的僵持。

麦克塔格特发表于1893年的专论——与其说是本书，倒不如说是一个小册子——题为《绝对的进一步规定性》（The Further Determination of the Absolute），在其中他指出实在是精神性的、永恒的，并且存在于彼此相爱的精神所构成的共同体中。这一观点成为贯穿其著作的有关实在的基本观念。与布拉德雷的立场不同，这是一种对绝对的多元论和关系式的立场，而非一元论、整体论的。

麦克塔格特在其《黑格尔辩证法研究》(*Studies in the Hegelian Dialectic*, 1896)一书中已然提出如下观点，即不存在时间这种事物。但他在此提出的论证与其在1908年发表于《心灵》(*Mind*)期刊中日趋闻名的论文《论时间的非真实性》('On the Unreality of Time')中的论证并不一致。如下是他的论证。

有两种谈论时间的方式：一种是将事件排序为先于或后于；另一种是在指定现在后，按照相对现在的关系将事件排序为过去或将来。他将后一种排序，即过去—现在—将来，称为"A序列"；而将前一种排序，即先于/后于，称为"B序列"。接着他论证说如果时间是真实的，我们就需要这两个序列，尽管我们会认为A序列要比B序列更为基本。其理由在于B序列中事件所处的位置是固定的：两个事件X和Y处于这样一种状况，即如果X要**先于**Y发生，那么永远都是如此。但是没有变化就不存在时间，并且变化是涉及事件从过去通过现在而向将来的展开。因此如果A序列存在，就只有变化存在。

可是A序列涉及一个矛盾。这是因为对一切发生的事件而言，如下这点是真的，即对每个事件而言，基于某个既定的观点都具有过去、现在、将来这三种状态。如果某个事件现在是正在发生，那么它在现在之前就曾属于将来状态，并且当这个事件完成后，它就将处于过去状态——但是在过去它就处于现在状态，并且从这个观点来看，当下就是将来状态——并且当事件已然成为将来状态时，现在就会成为过去。因此，对任何事件X，我们可以说这三个描述"X是过去""X是现在"以及"X是未来"都可以适用，并且这三个描述中"现在"可适用于什么事件，与我们对何时是"现在"的选择有关。这些描述中没有任何两个能够同时适用而不产生矛盾，但因为涉及何者是过去、现在与未来的排序是任意的，我们无法说哪种描述是更合适的，更无法说哪一种是正确的。

换句话说，如果你试图论证X在不同的时间中既是过去、现在也是将来，那么你不得不使用 A 序列的概念来选择一个时点，以此 X 能够被述说为过去、现在或将来。但使用 A 序列来描述在时间序列中设定的这个时点——我们称之为时点 1——那就既是丐题（循环论证）又会产生倒退：如我们会看到的那样，为了证成对时点 1 的选择，你需要运用 A 序列来选择一个时点 2 去固定时点 1，但接下来为了证成通过选择时点 2 而固定时点 1，你就需要运用 A 序列来固定时点 3……这样无限进行下去。

因此 A 序列是矛盾的，并且设若没有 A 序列就没有变化，那就意味着变化并不存在；进而变化如果不存在，那么时间就不存在。从世界向我们显现的方式（正如一切观念论者所认为的那样，这是误导人的）这个立场来看，如果我们被给予一个任意的具体的"现在"，那么以 B 序列词汇将事件描述为先于与后于是有一定用处的，事实上使用 A 序列词汇也是如此。但 B 序列并不允许变化，所以就不如 A 序列具有基础性。如果时间存在的话，A 序列就对其具有本质意义，这就是 A 序列的矛盾性对时间观念本身而言为什么致命的原因。

不过，B 序列在我们处理世界向我们（令人误解的）显现的方式时所具有的有用性，要求我们解释该有用性是如何可能的。麦克塔格特因此而提出了他所说的"C 序列"，它是无须参照时间而得以理解的 B 序列，也即无须诉诸变化。C 序列将事件置入一个固定的、线性的、非对称且可传递的先于/后于秩序之中，这正是 B 序列之所是，只是我们通常在使用 B 序列概念时具有下述意涵，但在 C 序列中又将它除去了，即"在先"的事物会转变或改变为"在后"的事物，而这隐秘地预设了 A 序列的成立。

C 序列认为（表面）事件都是思想或经验，并且麦克格哈特（在其《存在的性质》中）指出 C 序列是个人心灵所特有的立场——这些心灵由于爱而彼此相关，并构成实在；这意味着尽管 C 序列的经验对每个心灵而言都是个人化的，但在某种程度上是彼此协同的。

哲学家仍在与麦克格哈特有关时间非真实性的论证缠斗。即使那些希望找到一种方法证明时间具有真实性的哲学家也接受 A 序列/B 序列的区分是讨论这一问题的起点。

有人或许会简要地提及"最后的观念论者",即卓尔不凡的斯普里格（T. L. S. Sprigge 或 Timothy Sprigge, 1932—2007）。他的观点虽然主要受到斯宾诺莎、布拉德雷、威廉·詹姆士与桑塔亚那的影响,但多少有些接近麦克塔格特的立场,因为他相信实在就其根本而言是心灵的共同体,心灵的相互关系构成了绝对:实在就是"一个单一的神圣意识,在其中不可思议之多的有限经验流彼此互动、相互交织"。他的形而上学与他的生活方式截然不同:如果实在是经验的总体,那么对一切事物——包括动物与自然本身——的经验就具有巨大价值。他的著作《为绝对观念论辩护》（*The Vindication of Absolute Idealism*, 1984）迄今为止都是传统哲学的最后巨著。传统哲学被分析哲学一扫而空,后者在某种程度上算是对前者的回应,但也是在逻辑学与科学领域发展的推动下,对观念论曾试图取代的经验主义传统的一种延伸。

实用主义（Pragmatism）

在 19 世纪最后几十年间,与英国观念论者处于同一时期的一群美国哲学家——其中杰出人物包括查尔斯·桑德斯·皮尔士（Charles Sanders Peirce, 1839—1914）以及威廉·詹姆士（William James, 1842—1910）——逐步发展出一套他们称之为"实用主义"的哲学学说。这一学说稍晚一些的追随者约翰·杜威（John Dewey, 1859—1952）继续着他们提出的思想,并在第一次与第二次世界大战之间颇具影响力。之后这场运动走入了沉寂,直到其中一些主题重新出现在 20 世纪末一些美国哲学家著作之中。

皮尔士记录了他和一些朋友如何在 19 世纪 70 年代马萨诸塞州的坎布里奇发起"形而上学俱乐部"来讨论哲学。聚会要么在他书房,要么在威廉·詹姆士的书房中举行,其他成员还包括昌西·赖特（Chauncey Wright）、小奥利弗·温德尔·霍姆斯（Oliver Wendell Homers Jr.）以及尼古拉斯·圣约翰·格林（Nicholas St John Green）。皮尔士称赞格林为"实用主义的祖父",因为后者坚持认为这个群体要认真对待由精神分析学家及哲学家亚历山大·贝恩(Alexander Bain)提出的"信念"的定义:"信念就是据此人们准备行动的东西。"皮尔士写道:"根据这一定义,实用主义几乎就是必然的结果。"亚历山大·贝恩(1818—1903)是位苏格兰哲学家与精神分析学家,他是最先将科学方法运用于心理学领域的人物之一(而且在此方面对威廉·詹姆士有主要影响)。贝恩认为人们去相信是很自然的事情,怀疑则是一种令人不舒适的境况;科学研究将自身从怀疑中解放出来的方法,就是导向他描述为"平静、满足、幸福的心境",也即信念。皮尔士之所以持有这一观点,是因为它与其下述观点非常吻合,即研究是一个旨在修正和调适行为以使其在世界中更具实效的过程。当我们的行为不足以实现一个目标时就会产生问题;解决该问题的方法就是寻找到一条行为规则来克服这个问题并推动我们向该目标进发。这便是研究的目的:获得稳定且持久的信念。皮尔士说我们可以认为这些信念"为真",并且将它们所涉及的事物称为"实在"。

皮尔士承认人们会使用不同方法来试图获得稳定的信念,其中最主要的当属诉诸权威以及先天推理(a priori reasoning)。但他坚持认为,就"相信什么"这个问题所带来的观点分歧而言,科学方法是最佳解决之道,因为长期而言所有使用该方法的人会"趋同"于最为稳定的信念。他写道:"必然被所有研究者同意的观点,就是我们所说的真理,而此观点表征的对象就是实在。"

皮尔士最具影响力的著述之一就是一篇题为《如何使我们的观念清楚明白》('How to Make Our Ideas Clear')的文章。在其中他阐明了下述"实用主义准则":"考虑我们观念的对象具有什么后果,可以设想这些后果都具有实践关联。于是,我们关于这些后果的观念就是我们关于对象的全部观念。"譬如,我们对"坚硬"亦即对某个坚硬事物的观念,正是我们对坚硬在实践中意味着什么的观点,譬如一个坚硬物体有多难被打破、抓开或刺穿。以这种方式去界定"坚硬"就类似于我们所说的"操作性定义",或通过述说一个事物做了什么来界定它是什么。当我们考虑"硬"

这个词的含义，并且将之与其他词汇的含义加以区分后，皮尔士认为我们会看到"任何事物中都不存在能够精细界定的意义区分，而只有可能的实践差异"。

需要注意的是，这是关于意义而非真理的理论，因为明显为真或为假的信念都是具有意义的。但是这个理论却把我们引向与之适切的真理观。当科学方法的运用清除了没有实践价值的信念后，我们就获得了真理，并且真理就存在于那些证明自身有用性的事物中。

皮尔士不得不承认在某一时刻被广泛持有的信念在之后会被修正，因此他接受一种可错主义（fallibilist）认识论，尽管他持此立场主要是针对那些"基础主义者"，也即认为存在着牢固的知识起点的人。他们认为这个牢固起点可以是如一些理性主义者所说的天赋观念，或如经验主义者所说的感觉经验的"与料"（素材）。这就为他的立场提出了一个难题，因为他的立场蕴含着要确定"真理"与"实在"的含义，除了研究者之间的趋同外，还需要一些事物发挥作用。威廉·詹姆士试图处理这一问题，但其结果是导向了一个相当不同的立场。

詹姆士没有聚焦于趋同，而是关注一个信念的有效性。他说真理就是能发挥作用的事物："'为真'不过是我们思考方式中的一个方便的语汇，正如'正确'是我们行为方式中的一个方便的语汇一样。"词语的选择在"什么算作（道德上）正确的行为"这一情境中似乎相当令我们震惊，但我们将方便的信念称之为"真"的观点对实用主义者而言却足够自然。不过对此观点的反驳也很明显：世上存在着有用的谬误，以及没有实践效用的真理，因此相信某个事物产生有用结果这个事实并不能保证该事物的真值。

詹姆士认为他解决了那些坚持下述老生常谈之人尚未解决的一个难题。这个老生常谈就是真理在某种意义上是我们的观念与实在之间的"一致"。他质问道，这个"一致"是什么，以及这个"实在"又是什么？我们头脑中的观念与世界中存在的事物（或在其他领域，譬如像数字这样抽象对象的领域）之间的"一致""符合"或"匹配"关系的性质总是极难

331

19 世纪的哲学　　**341**

具体化。如果你认为心灵不仅仅是以某种方式反映实在的镜子，而是会出于实践目的与现实互动，那么你就会看到"真理"如何会被视为由这两者间的关系共同构成。我们如何划分现实，以及我们对之持有何种信念，都与我们的需要与旨趣有莫大关联，且当然与在其使用中逐渐演进的感知与认知能力有关。这个观点带有明显的康德主义色彩。

詹姆士对实用主义的采纳与19世纪下半叶的思想氛围有很大关系。随着科学的兴起与达尔文学说的出现，科学所蕴含的世界观与传统的宗教世界观及与之相连的道德之间存在着张力。詹姆士认为坚持科学方法的人"心智坚强"（tough-minded），而其他人则"心智软弱"（tender-minded）。他接纳科学的馈赠，但也希望在科学的世界观中有宗教的一席之地。他将实用主义视为对这个问题的解答，因为它在服从于一个心智坚强的立场的同时，也通过强调信仰宗教的有用性和益处而为心智软弱的观点提供了辩护。不过这受到了伯特兰·罗素的挑战，后者认为这使得詹姆士认为"圣诞老人存在"这个命题为真。

杜威通过将研究过程描述为从一个不确定的"境况"（situation）开始，并旨在将此境况转变为一个融贯一致的状态，发展了皮尔士将研究视为寻求"确定的信念"这个观点。研究起始时所处的不清晰状态并不仅仅是因为研究者缺乏正确的信念，而是研究者不充分的信念以及他们持有此信念时客观上具有不确定性的境况所共同造成的。因此，这两个因素都要求境况应当具有确定性。这意味着"境况"是客观状态，研究者及其信念都是从属于它的组成部分；这进一步导向了如下这个为所有实用主义者接受的观念，即经验（也即感知、思想与研究）是一个整体，在其中我们不仅仅是感觉印象的被动接受者，而是主动地推论并概念化一个世界，并通过诉诸信念彼此间的关联来证成我们关于这个世界的信念——这是一种证成的"融贯论"立场。杜威指出，我们是从这个世界中的参与者视角出发（展开研究的），甚至在我们开始哲学活动之前，就已然处于我们与之互动和接触的事物中。因此我们并不是从一个"白板"的位置开始（研究）的。

从信念本质上是一种工具这一实用主义立场出发,可以推导出怀疑论并不足取,因此它就不能像笛卡尔曾提出的那样,成为一个有效的研究起点。实用主义中隐含的可错主义并没有构成一种怀疑论,因为如皮尔士所说,接受信念的可错性并不等于认为信念就是错误的,并且它与认为一切研究至少最终会趋同于一些信念进而使得它们为真的乐观主义相一致。在任何情况下,一个怀疑举动本身都要求证成,并且因为它自身并没有实际效用,它就使得我们在追寻所需要的稳定且有用的信念的过程中将之加以去除。

实用主义的研究者将之与心理学中的行为主义以及科学哲学中的工具主义联系在一起,其中后一种观点是说科学理论就是组织我们有关现象的思想并预测我们行为的方法,其中所使用的道德概念并不指称实际存在的实体与过程。以此方式理解杜威,是由于杜威所说的"哲学谬误",这种观点认为我们有关世界与心灵的理论中的词汇是指称性的,而非被发明出来以解决问题的工具。实用主义者认为这一立场使得他们能够在形而上学中的观念论与实在论之间开辟出一条道路,这条道路要更忠实于科学方法的训诫——虽然与此同时,如詹姆士所希冀的那样,它也尊重信念的其他更"心智软弱"的领域的有效性。

不过实用主义者之间也存在相当大的差异。皮尔士认为运用科学方法会带来非个人化且客观的结论,也即心智坚强的研究者所持有的心智坚强的学说。满足科学方法要求的信念所具备的特征,都是在适用该方法后可供观察的结果。但詹姆士为心智软弱的立场又留有余地,意味着这种对科学方法的满足不仅是可观察的,也是情感性的。通过《实用主义:一些旧思想方法的新名称》(*Pragmatism: A New Name for Some Old Ways of Thinking*)一书,詹姆士让实用主义风靡一时,但他也使得实用主义服务于个人化的、主观的事务。这很令皮尔士失望,因为在皮尔士试图让哲学变得更具科学性的地方,詹姆士却让它更加心理学化了。

杜威的旨趣与前两者又有不同。他的关注点是社会与社会伦理,并且他认为信念是人类制造的工具,以此来应对他们栖居其中的社会现实。可能他将詹姆士有关真理的"现金值"论述更往前推进了一步，[1]认为使得一个信念为真有效的事物，就是社会中认为该信念为真且基于社会对该信念的同意的共识。不过这并不是说将信念交付给偶然，因为在确保社会在涉及何种信念是其生活所依凭的最佳信念这个问题上，教育是总会自我纠偏的捷径坦途。

不过他的观点中存在如下不一致：推崇教育能够"构建这样一个社会，在其中社会的同意使得该社会生活所依凭的信念有效"，意味着尚有其他标准来识别值得同意的信念，并且教育能够帮助我们依凭这些信念来生活。杜威赞许理性共同体这个观念，并认为教育是产生该共同体的过程。但如果这个共同体以信念形式碰巧喜欢的任何事物都能构成这个共同体的真理，理性这个概念的含义就是空洞的。在彼此竞争的信念之间做出裁断，需要偏好的偶然性之外的标准。

近年来，哲学界的许多美国哲学家都自称实用主义者，其中包括理查德·罗蒂（Richard Rorty）、希拉里·普特南（Hilary Putnam）、罗伯特·布兰顿（Robert Brandom）以及康奈尔·韦斯特（Cornel West）。若非普特南将实用主义刻画为下述观念的结合，他们之间的差异就会使得将他们统归于实用主义这个标签变得有些令人困惑。普特南指出实用主义将适用于以下所有立场：怀疑论要求与信念一样多的证成，若新的证据出现则没有信念会免于被修正，以及对我们信念在实践中运用的考量会约束我们所能言说与思考的事物。不过"新实用主义"多少就是另一回事了：它有时被视作一种后现代主义观点，即真理总是相应于社会语境的。虽然我们能够理解这一观点主张是如何源于杜威的，但它却是皮尔士所反对的立场。

---

[1] 真理的"现金值"指的是一个命题是否为真，要看它在现实生活中的效用。这通常被称为"实用主义真理观"。——译者注